# 教师招聘考试

## 高效学习

## 教育理论基础

山香教师招聘考试命题研究中心
主编 ///

首都师范大学出版社
CAPITAL NORMAL UNIVERSITY PRESS

**图书在版编目(CIP)数据**

教师招聘考试高效学习·纠错题集. 教育理论基础 / 山香教师招聘考试命题研究中心主编. --北京 : 首都师范大学出版社, 2022.7

ISBN 978-7-5656-7069-5

Ⅰ. ①教… Ⅱ. ①山… Ⅲ. ①教育理论—教师—聘用—资格考试—习题集 Ⅳ. ①G451.1-44

中国版本图书馆 CIP 数据核字(2022)第 105918 号

教师招聘考试高效学习·纠错题集

**JIAOYU LILUN JICHU**

**教育理论基础**

山香教师招聘考试命题研究中心 主 编

---

策划编辑 张文强

责任编辑 杨林玉 曹亮亮 封面设计 山香教育

首都师范大学出版社出版发行

地 址 北京市西三环北路105号

邮 编 100048

咨询电话 010-68418523(总编室) 010-68982468(发行部)

网 址 http://cnupn.cnu.edu.cn

印 刷 河南黎阳印务有限公司

经 销 全国新华书店

版 次 2022年7月第1版

印 次 2022年7月第2次印刷

开 本 787mm×1092mm 1/16

印 张 21

字 数 485千

定 价 58.00元

---

# 前　言

犯错不可避免，通往成功的道路就是一条不断试错的艰辛之路。先贤说：人恒过，然后能改。可怕的不是犯错，而是对错误的无视，以致一错再错！

在“火热”的教师招聘考试中，无数考生曾数次踏入同样的错题陷阱。错题产生的原因五花八门，除了因马虎大意所致的做题失误外，更多的错误源于对知识点理解不透导致与相似点的混淆。此类错题大有归类整理、强化巩固的必要。然而，备考时间分秒必争，如何在最短的时间吸取前人的教训，让我们能少走弯路，成功“排雷”？

山香教育凭借多年招教培训的丰富经验，依托于山香网校 App 题库海量数据，为你献上这本不可多得的《教师招聘考试高效学习·纠错题集.教育理论基础》！

本书具有以下亮点：

## 亮点一：考点归类，结构清晰

把杂乱无序的错题划入具体的考点，方便考生系统化打捞知识盲点，系统化纠错。

## 亮点二：错率分阶，由易到难

每个专题或部分下以差错率高低分为“50%以上”及“75%以上”两档，符合从基础点向重难点过渡的学习规律。

## 亮点三：变式练习，精准提分

每一纠错真题后，即设置相应考点的变式练习，活学活用，精准提分。

## 亮点四：思路分析，助力解惑

在对考生易错答案做抽丝剥茧式的思路分析基础上，对关键信息做重点标注，帮助考生吃透考点、走出困惑。

## 亮点五:进阶测评,验收成果

本书精心设置“进阶测评”模块,选取专题或部分的相关试题,及时帮助考生验收学习成果。

鉴于时间和水平,本书难免存在一些不足之处,衷心希望各位读者朋友批评指正,同时希望这本题集能为考生顺利通过教师招聘考试提供帮助。

编　者

# 目　录

## 第一部分　教育学

## 第二部分 心理学与教育心理学

## 第三部分 教育法律法规



## 第四部分 新课程改革

## 第五部分　教师职业道德



## 第六部分　教育教学技能

# 第一部分　教育学

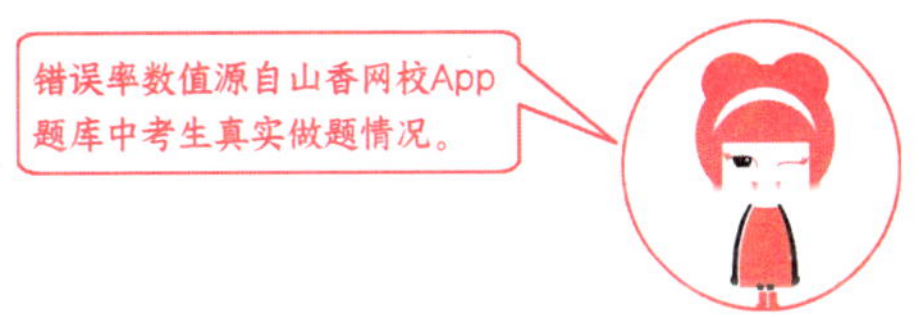


## 专题一　教育与教育学

### 错误率：50%以上

**考点1 ▶ "教育"的日常用法**

[**2020 河南·单选**]下列表述中，将教育视作一种过程的是(　　)

A. 教育是振兴经济的基础

B. 我从这个报告中受到了深刻的教育

C. 你的孩子真有出息，你是怎么教育孩子的

D. 我今天听了一场关于愉快教育的学术报告

[**考生易错**]C 或 D

[**思路分析**]本题有 23% 的同学易错选 C 项、20% 的同学易错选 D 项。考生易将日常生活中"教育"一词的用法弄混。在日常生活中，人们经常使用"教育"一词。这些用法大致可分为三类：一类是作为一种过程的"教育"，表明一种深刻的思想转变过程，如"我从这部影片中受到了一次深刻的教育"中的"教育"；一类是作为一种方法的"教育"，如"你的孩子真有出息，你是怎么教育孩子的"中的"教育"；一类是作为一种社会制度的"教育"，如"教育是振兴地方经济的基础"中的"教育"。作为过程的"教育"与作为方法的"教育"很容易弄混。考生可结合二者的关键点进行区分：前者强调受教育者从某种"经验"中获得启示、启发，常伴随着受教育者的思想转变过程；后者则强调教育者采取怎样的方式来教育受教育者。"我今天听了一场关于愉快教育的学术报告"中的"愉快教育"为一个专有名词。

[**正确答案**]B

**变式练习**

[**单选**]在家长会上，小刚父母碰到小红父母时说："你家小红教育得真好，她每次考试都名列前茅。"小刚父母所说的教育属于(　　)

A. 一种过程的教育　　B. 一种方法的教育

C. 一种社会制度的教育　　D. 一种社会公德的教育

**答案**：B

**解析**:“教育”的日常用法有三种:作为一种过程的“教育”;作为一种方法的“教育”;作为一种社会制度的“教育”。其中,作为一种方法的“教育”的典例是:“你的孩子真有出息,你是怎么教育孩子的”中的“教育”。故选B项。

## 考点2 ▶教育的各基本要素之间的关系

[**2018 河南·多选**]教育的确是一个复杂的社会现象,但构成教育活动的基本要素是相对稳定的,它们是:教育者、受教育者、教育影响。关于教育构成要素的表述,正确的是( )

A. 受教育者就是接受教育的客体

B. 教育影响包括教育内容和教育手段

C. 教育者是教育过程中“教”的主体

D. 教育内容是教育者和受教育者共同的客体

[**考生易错**]ABCD

[**思路分析**]本题有38%的同学易错选A项。考生易弄混教育各要素之间的关系。关于教育的构成要素说法较多,一般认为教育者、受教育者(学习者)和教育媒介(教育影响)是构成教育活动的基本要素。此外,还有两种说法比较常考。说法一:教育者、受教育者、教育措施(主要包括教育的内容和手段)是教育的三个基本要素;说法二:教育者、受教育者、教育内容是构成教育活动的基本要素。

(1)教育者。教育者是从事教育活动的人。其中,教师是学校教育者的主体,是直接的教育者,在整个教育过程中起主导作用,是学生身心发展的主要影响源。

(2)受教育者。受教育者是教育的对象,是学习活动的主体。受教育者也叫学习者,是指各种教育实践中主动地接受教育和从事学习的人,而不是被动的。

(3)教育媒介(教育影响)。教育媒介指建构于教育者和受教育者之间起桥梁或沟通作用的一切事物的总和。教育媒介是教育活动的中介。从内容上说,主要就是教育内容、教育材料或教科书;从形式上说,主要是教育手段、教育方法和教育组织形式。

在教育的构成要素中,教育者和受教育者是复合主体:(1)教育者是教育过程中“教”的主体;(2)受教育者是教育过程中“学”的主体,也即接受教育的主体;(3)教育内容是教育者和受教育者共同的客体。

[**正确答案**]BCD

### 变式练习

[**多选**]教育要素之间的联系主要表现为( )

A. 教的主体与学的主体之间的联系

B. 教育活动主客体之间的联系

C. 教师与社会的联系

D. 学生与社会的联系

**答案**:AB

**解析**:作为教育的要素,教育者、受教育者和教育内容三者之间有着密切而复杂的联系,概括起来说,这种联系主要集中体现于教育过程中**主体和客体**间的关系。主要包括:(1)教的主体与学的主体间的联系;(2)教育活动主客体之间的关系;(3)教育过程的主要矛盾。

## 考点3 ▶教育的功能

[**2019 河北·判断**]教育功能揭示的是教育所能满足主体一定需要的属性。( )

A. 正确

B. 错误

[考生易错]A

[思路分析]本题有62%的同学易将题干内容判断为正确。考生易将“教育功能”与“教育价值”两个知识点弄混。教育价值是教育主体与教育客体间相互作用的产物,是在教育主体需要和教育客体得以满足的过程中产生和发展起来的。它揭示的是教育所能满足主体一定需要的属性,也就是教育对主体的意义,也即教育的价值。教育功能则是教育对人的发展和社会发展所能起到的影响和作用,尤指对人和社会的发展所起到的积极的促进作用。

教育价值与教育功能都是回答教育对人的发展和社会发展的作用。其区别在于:(1)教育价值是教育应该发挥的作用;教育功能是教育能够发挥的和实际发挥的作用。(2)教育价值反映了“理想的教育应该干什么”,教育功能反映了“应该干什么”的教育在实践中“实际干了什么”。(3)教育价值是教育的“应然”表现,教育功能是教育的“实然”表现。

[正确答案]B

**变式练习**

1.[单选]下列有关教育功能的说法,错误的是(　　)

A.教育功能有正向和负向之分

B.教育功能即教育价值

C.教育的政治功能自学校出现就出现了

D.教育功能有隐性和显性之分

**答案:**B

**解析:**教育价值是教育应该发挥的作用,教育功能是教育能够发挥和实际发挥的作用,二者不能等同,故B项说法错误。

2.[判断]教育功能反映了“理想的教育应该干什么”。(　　)

A.正确　　　　B.错误

**答案:**B

**解析:**教育价值是人们对“好”教育的一种期待,它反映了“理想的教育应该干什么”;教育功能是一种实效,它反映了“应该干什么”的教育在实践中“实际干了什么”,是否实现了预期的价值。题干说法错误。

## 考点4 终身教育

[2019山东·多选]“终身教育”这一术语是1965年在联合国教科文组织主持召开的成人教育促进国际会议期间,由联合国教科文组织成人教育局局长保罗·朗格朗正式提出来的。下列关于终身教育的表述,正确的是(　　)

A.终身教育是学习化社会的基本特征

B.终身教育主要是为了发展人的职业能力和素质

C.终身教育涵盖了人的一生,不限于儿童和青年时期

D.终身教育包括正规教育,不包括非正规教育和非正式教育

[考生易错]ABC或ACD

[思路分析]本题有39%的同学易错选B项、23%的同学易错选D项。考生易因对终身教育的作用及终身教育的特点掌握不到位而错选。发展人的职业能力和素质、使人适应工作和职业需要是终身教育的重要作用之一。除了人的工作和职业需要之外,终身教育还应

该重视铸造人格、发展个性,使每个人的潜在才干和能力得到充分的发展。

终身性是终身教育最大的特征。它把教育看成是人一生中连续不断的学习过程,是人们在一生中所受到的各种培养的总和,实现了从学前期到老年期的整个教育过程的统一。它既包括正规教育,又包括非正规教育,包括了教育体系的各个阶段和各种形式。

[正确答案]AC

**变式练习**

1.[多选]终身教育作为发达国家和发展中国家在今后若干年内制定教育政策的指导原则,是现代教育制度的发展方向,其主要理论可概括为( )

A.教育贯穿于人的一生以及人的各个发展阶段

B.终身教育不是传统教育的简单延伸,不包括非正规教育

C.课堂教学不再是教育的核心,终身教育没有固定内容和方法

D.终身教育有助于实现教育民主化

**答案:**ACD

**解析:**终身教育是指持续一生的教育过程,也指正规和非正规教育的总和。故 A 项正确,B 项错误。终身教育没有固定内容和方法,并且终身教育将动摇整个教学观念和教学方法的传统基石,使得课堂教学不再是教育的核心,其基本特点是具有**连续性**和**整体性**。故 C 项正确。终身教育的培养目标主要有两个方面:培养新人和实现教育民主化。故 D 项正确。

2.[判断]“教育的终身化”出现在文艺复兴后的欧洲。( )

A.正确　　　　B.错误

**答案:**B

**解析:20 世纪 60 年代**以后提出的教育贯穿人一生的终身教育思想,强调职前教育与职后教育的一体化、青少年教育与成人教育的一体化、学校教育与社会教育的一体化。文艺复兴发生在 14~16 世纪。因此题干说法错误。

考点 5 《学记》的地位

[2018 山西·单选]被称为“教育学的雏形”的文献是( )

A.《理想国》　　　　B.《论演说家的教育》

C.《学记》　　　　D.《大教学论》

[考生易错]B 或 D

[思路分析]本题有 24% 的同学易错选 B 项、27% 的同学易错选 D 项。考生易将“教育学开始诞生的标志”与“教育学的雏形”两个知识点弄混。题干的重点是“教育学的雏形”,“雏形”的意思是“最初的未定型的形式”,强调的是教育学开始诞生、定型之前的具有雏形性质的文献。夸美纽斯的《大教学论》标志着教育学开始诞生,不满足“雏形”的定义。而《学记》是中国也是世界教育史上的第一部有关教育问题的专著,成文大约在战国末期,在教育学开始诞生之前。因此《学记》是可以被称为“教育学的雏形”的文献。

昆体良是古罗马教学法大师,他是西方教育史上第一个专门论述教育问题的教育家。其代表作《雄辩术原理》(《论演说家的教育》或《论演说家的培养》)是西方最早的教育著作,也被誉为古代西方的第一部教学法论著。

[正确答案]C

变式练习

1. [单选]中国历史上最早专门论述教育问题的著作是(　　)

A.《论语》　B.《大学》　C.《学记》　D.《中庸》

**答案**:C

**解析**:《学记》(收入《礼记》)是中国古代最早的一篇专门论述教育、教学问题的论著,也是**世界教育史上的第一部教育专著**,成文大约在战国末期。

2. [判断]我国古代影响最为久远的教育专著是《论语》。(　　)

A. 正确　B. 错误

**答案**:B

**解析**:《学记》(收入《礼记》)是中国也是世界教育史上的第一部教育专著,成文大约在战国末期。《学记》从正反两方面总结了儒家的教育理论和经验,系统阐发了教育的作用和任务、学校制度、教育目的、教学原则、教师的地位和作用、师生关系等。《论语》是孔门弟子辑录的孔子言行录,也记载着一部分孔子门徒的言行。故题干说法不正确。

## 考点6 教育学的独立

[2018 **河北·单选**]教育学的产生与发展经历了四个阶段,(　　)首次将教育学作为一门独立学科划分出来,标志着教育学有了自己独立的学科地位。

A. 孔子　B. 柏拉图　C. 培根　D. 夸美纽斯

**[考生易错]**D

**[思路分析]**本题有60%的同学易错选D项。考生易将培根与夸美纽斯对教育学独立的贡献弄混。根据已有的资料考察,最先提出教育学这个概念的是弗兰西斯·培根。他首次提出把教育学作为一门独立的学科,他提出的归纳法为教育学的发展奠定了方法论基础。夸美纽斯的《大教学论》是教育学开始成为独立学科的标志。此外,还需要注意的是赫尔巴特的《普通教育学》是教育学真正成为独立学科的标志。

**[正确答案]**C

变式练习

[单选]标志着教育学作为一门独立学科正式诞生的著作是(　　)

A.《学记》　B.《普通教育学》　C.《大教学论》　D.《教育漫话》

**答案**:B

**解析**:教育学的学科独立是一个历史过程,所谓的**学科形成时期**,是指教育学成为一门独立学科所经历的时期。这个时期的起点是17世纪捷克教育家夸美纽斯《大教学论》的问世,终点是19世纪初德国教育家赫尔巴特《普通教育学》的发表。可以说标志着教育学这个学科开始诞生的是夸美纽斯的《大教学论》,**正式诞生**的是赫尔巴特的《普通教育学》。

## 考点7 马克思主义教育学著作

[2019 **辽宁·单选**]最早以马克思主义为基础探讨教育学问题的著作是(　　)

A. 克鲁普斯卡娅的《国民教育与民主主义教育》

B. 凯洛夫的《教育学》

C. 杨贤江的《新教育大纲》

D. 布卢姆的《教育过程》

**[考生易错]** B

**[思路分析]** 本题有45%的同学易错选B项。考生易将马克思主义与教育学研究相结合的三部著作的地位弄混。考生在做此题时,应注意区分马克思主义与教育学研究相结合的三部著作的地位:(1)最早以马克思主义为基础探讨教育学问题的著作——克鲁普斯卡娅的《国民教育与民主主义教育》;(2)被公认的世界第一部马克思主义的教育学著作——凯洛夫的《教育学》(1939年);(3)我国第一部马克思主义的教育学著作——杨贤江(化名李浩吾)的《新教育大纲》(1930年)。

**[正确答案]** A

**变式练习**

1. [单选]标志着社会主义教育理论体系诞生的《教育学》专著的主编是( )

A. 凯洛夫
B. 赞科夫
C. 马卡连柯
D. 苏霍姆林斯基

**答案:** A

**解析:** 凯洛夫主编的《教育学》是最早运用马克思主义观点阐述教育教学问题的著作,这本著作标志着社会主义教育理论体系的诞生。

2. [单选]我国第一本运用马克思主义观点论述教育的著作是( )

A.《教育论》
B.《教育通论》
C.《新教育大纲》
D.《中国教育改造》

**答案:** C

**解析:** 我国教育家杨贤江以李浩吾为化名出版的《新教育大纲》(1930年)是我国第一部马克思主义的教育学著作。

## 错误率:75%以上

### 考点1 ▶教育媒介

[2018 河北·判断]教育手段是教育者作用于受教育者身心的手段,也是教育活动的主体和对象联系起来的中介。( )

A. 正确
B. 错误

**[考生易错]** A

**[思路分析]** 本题有77%的同学易将题干内容判断为正确。考生易因对教育手段的概念理解不透彻而误判。教育媒介是教育活动的中介。从内容上说,主要就是教育内容、教育材料或教科书;从形式上说,主要是教育手段、教育方法和教育组织形式。教育手段是指教育活动中所采取的方式、方法,也是教育活动的主体和对象联系起来的中介。它既包括教育者和受教育者在教育活动中所采用的教和学的方式和方法,也包括进行教育活动时所运用的一切物质条件。即,教育活动本身是一个双边活动,并不单指教育者作用于受教育者身心。因此题干说法片面。

**[正确答案]** B

**变式练习**

**[判断]**教育媒介是教育活动的中介。从内容上说，主要就是教育内容、教育材料或教育方法。(　　)

A. 正确　　　　B. 错误

**答案:**B

**解析:**教育媒介是教育活动的中介。从**内容**上说，主要就是教育内容、教育材料或教科书；从**形式**上说，主要是教育手段、教育方法和教育组织形式。

## 考点2 孔子的教育思想

**[2020 河南·多选]**下列有关孔子的教育思想表述正确的有(　　)

A. 在教育作用上，强调为政以德，“性相近，习相远”

B. 在教育目的上，强调“仕而优则学，学而优则仕”

C. 在教育内容上，提出《诗》《书》《礼》《易》《乐》《春秋》六艺教育

D. 在教学原则和方法上，突出“因材施教”“启发诱导”“藏息相辅”“学思并重”等原则

**[考生易错]**AB 或 ABCD

**[思路分析]**本题有 39% 的同学易漏选 C 项、43% 的同学易错选 D 项。考生易将《学记》中的教育思想与孔子的教育思想弄混。孔子政治主张的基本出发点是“为政以德”，他认为教育工作本身就是一项政治工作，文化教育工作可以把社会的政治思想、伦理道德，传播到民众当中，这样就会对政治产生重大影响；但是教育工作并不等于政治工作，它是通过传播文化，培养人们的道德，对政治施加影响。同时，孔子承认在人的成长中教育起了决定作用，这一思想集中体现在其“性相近，习相远”的思想中。

“仕而优则学，学而优则仕”从理论上概括了孔子教育目的的一个重要方面。其意是：为官者已尽职尚有余力，应致力于学问；为学者有了丰富的知识还有余力，应去做官。主张把从政与学习联系起来，可见孔子教育的目的是仕途，要培养的是治国安民的贤能之士。

在教育内容上，孔子承袭了西周的传统，以“六艺”为教学内容，提出他的“六艺”的教育，即《诗》《书》《礼》《乐》《易》《春秋》。

在教学方法上，孔子把学生的学习过程归结为三个紧密联系的环节，即掌握知识、进行思考、见诸行动，简称学、思、行。基于对教学过程的这种认识，他提出了一系列的教学原则和方法：(1)因材施教；(2)启发诱导；(3)学思并重；(4)由博返约。

《学记》提出的教学原则主要有：(1)教学相长；(2)尊师重道；(3)藏息相辅；(4)豫时孙摩；(5)启发诱导；(6)长善救失。此外，《学记》还主张“学不躐等”，即教学要遵循学生心理发展特点，循序渐进；同时，重视学生的学习，指出“善学者，师逸而功倍，又从而庸之”。

**[正确答案]**ABC

**变式练习**

1. **[单选]**孔子说：“学而不思则罔，思而不学则殆。”这表明了孔子特别强调(　　)

A. 启发式教学　　　　B. 学习和思考相结合

C. 因材施教　　　　D. 学习和行动相结合

**答案:**B

**解析:**孔子强调学思结合，两者并重而不偏，提出“学而不思则罔，思而不学则殆”。

2.［判断］“性相近，习相远”与孔子的“有教无类”思想本质上是不一致的。（　　）

A. 正确　　B. 错误

**答案：**B

**解析：**在春秋末期，孔子面对官学衰落和私学兴起，“学在官府”变为“学在四夷”的社会现实，从“性相近，习相远”的理论前提出发，极力主张扩大教育的对象，明确提出“有教无类”的主张。所以二者的思想本质是一致的。

## 考点3 夸美纽斯的教育思想

［2020 河南·多选］下列关于夸美纽斯的表述正确的有（　　）

A. 第一个提出较为完整的教学原则体系　　B. 主张建立全国统一的学制

C. 主张实施班级授课制　　D. 强调教育的“泛智”原则

**［考生易错］**ACD

**［思路分析］**本题有69%的同学易漏选B项。主要原因是考生对夸美纽斯的教育思想掌握不全面。夸美纽斯依据自然适应性原则，详细地论述了教学过程中应遵循的规则，在总结前人经验的基础上，第一个提出较为完整的教学原则体系，提出并论证了直观性、系统性、量力性、巩固性和自觉性等教学原则。

为了便于管理全国学校，为了使所有儿童都有上学机会，夸美纽斯主张建立全国统一学制，他把儿童从出生到青年分为四个阶段，每个阶段六年，设有与之相适应的学校。他在《大教学论》中提出了一个四阶段的单轨学制：母育学校（婴儿期）、国语学校（儿童期）、拉丁语学校（少年期）和大学（青年期），每个阶段为六年，共二十四年。

夸美纽斯提出实行学年制和班级授课制。所谓学年制，就是所有公立学校在一年之中只招一次学生，秋季始业，同时开学，同时放假。一学年分四个学季，四次节假日。学校工作应按年、月、日、时安排妥切。学年结束时，通过考试同时升级。

“泛智”思想是夸美纽斯教育体系中又一指导原则，也是其教育理论的核心，是他从事教育实践和研究教育理论的出发点和归宿。所谓“泛智”，用夸美纽斯的话来说，就是“把一切事物教给一切人类”。它包含着两个方面内容：一是教育内容泛智化；二是教育对象普及化。

**［正确答案］**ABCD

### 变式练习

**［多选］**下列选项中，属于夸美纽斯的教育思想的是（　　）

A. 教育适应自然　　B. “泛智”教育

C. 直观性教学原则　　D. 教育性教学

**答案：**ABC

**解析：**夸美纽斯的主要教育观点包括：（1）“**泛智**”教育；（2）教育适应自然；（3）班级授课制；（4）提出并论证了直观性、系统性、量力性、巩固性和自觉性等教学原则。在西方教学史上，赫尔巴特第一次提出了“教育性教学”的概念。

## 考点4 赫尔巴特的教育思想

［2020 山东·多选］下列教育思想中，由赫尔巴特提出的是（　　）

A. 教育性教学原则　　B. 兴趣的多方面性

C. 自然主义教育　　D. 教学形式阶段

[考生易错]AD 或 ACD

[思路分析]本题有66%的同学易漏选B项、75%的同学易错选C项。考生容易因为赫尔巴特提出"旧三中心论"这个知识点而将B项"兴趣"排除。赫尔巴特在世界教育史上被认为是"现代教育学之父"或"科学教育学的奠基人"。他的《普通教育学》的出版(1806年)标志着规范教育学的建立,同时,这本书也被认为是第一本现代教育学著作。其观点主要有以下几点:(1)教育理论体系的理论基础。赫尔巴特提出教育理论体系的两个理论基础是伦理学和心理学,他把道德教育理论建立在伦理学的基础上,把教学理论建立在心理学的基础上。(2)教育目的:"可能的目的","必要的目的"。(3)教育性教学原则。在西方教学史上,赫尔巴特第一次提出了"教育性教学"的概念。(4)儿童管理与训育论。赫尔巴特认为教育过程应有一定的顺序,包括管理、教学和训育三个阶段。(5)课程体系。赫尔巴特强调系统知识的传授,强调课堂教学的作用,强调教材的重要性,强调教师的权威作用和中心地位,形成了传统教育"课堂中心""教材中心""教师中心"的特点。但这并不意味着赫尔巴特就排斥"兴趣"的作用。赫尔巴特根据学生的六种兴趣提出了六种课程:经验的兴趣——自然学科,思辨的兴趣——数学与逻辑,审美的兴趣——艺术学科,同情的兴趣——语言学科,社会的兴趣——社会学科,宗教的兴趣——宗教学科。(6)教学形式阶段论。即明了、联合(联想)、系统、方法。

卢梭是坚定的"性善论"者,他高度尊重儿童的天性,倡导自然教育。他的著作《爱弥儿》系统阐述了他的自然主义教育思想。

[正确答案]ABD

**变式练习**

1. [单选]德国教育家赫尔巴特在《普通教育学》中提出的教学过程阶段是(　　)

A. 模仿、理论、联系　　B. 明了、联合(联想)、系统、方法

C. 困难、问题、假设、验证、结论　　D. 分析、综合、联想、系统、方法

**答案:**B

**解析:**赫尔巴特的教学四阶段论即明了、联合(联想)、系统、方法。

2. [多选]关于赫尔巴特提出的"教育性教学",下列说法正确的是(　　)

A. 揭示了知识教学与思想教育之间的关系　B. 指明了教育的性质

C. 指明了教育的方向　　D. 被视为教学的一条规律

**答案:**AD

**解析:**在西方教学史上,赫尔巴特第一次提出了"教育性教学"的概念。"教育性教学"指没有任何无教学的教育,也没有任何无教育的教学。它揭示了知识教学与思想教育之间的关系,也是一条教学规律。

## 考点5 ▶杜威与陶行知的教育思想

[2020 河南·单选]杜威指出,把那些"早已准备好了的教材"强加给儿童,是"违反儿童的天性"的,多种多样的学科课程只会将儿童统一的生活经验加以割裂和肢解,从而阻碍儿童的发展。因此他提出了(　　)

A. 教育心理学化　　B. 教材心理化

C. 生活即教育　　D. 教学做合一

[考生易错]C或D

[思路分析]本题有31%的同学易错选C项、33%的同学易错选D项。考生易将“杜威的教育生活论”与“陶行知的生活教育论”两个知识点弄混。“生活教育”理论是陶行知教育思想的核心,具体包括三个方面:(1)“生活即教育”——生活教育的本质论及核心;(2)“社会即学校”——生活教育的范围论;(3)“教学做合一”——生活教育的方法论。

杜威认为,教育即生活,教育即生长,教育即经验的改组或改造。“教育是生活的过程,而不是将来生活的准备。”此外,杜威还提出“学校即社会”,这是对“教育即生活”的进一步引申。在经验论的基础上,杜威提出“从做中学”,要求以活动性、经验性的主动作业取代传统的书本式教材的统治地位。

杜威认为把“早已准备好了的教材”强加给儿童,是“违反儿童的天性”的,多种多样的学科课程只会把儿童自己统一的生活经验给以割裂和肢解,必将阻碍儿童的生长,因此他强调教材的源泉应该是儿童自己的活动所形成的直接经验。在此基础上,他提出“教材心理化”,认为儿童获取知识应当首先估计儿童的心理发展水平,在课程中占中心地位的应是各种形式的活动作业,让儿童从做中学。

在西方教育史上,裴斯泰洛齐是第一个明确提出“教育心理学化”口号的教育家。所谓“教育心理学化”就是把教育提高到科学的水平,将教育科学建立在人的心理活动规律的基础上。

[正确答案]B

## 变式练习

1.[多选]下列关于杜威教育思想的表述,正确的是(　　)

A.杜威提出“教育即生活”主张的终极原因在于加强教育与社会的联系

B.杜威提出的“教育即生长”思想与卢梭的“教育即自然发展”有异曲同工之妙

C.杜威认为教育是社会进步及社会改革的基本方法,学校是社会进步和改革的最基本和最有效的工具

D.杜威认为教育无目的,追求的是教育过程内在的目的,反对外在的、固定的、终极的教育目的

**答案:**CD

**解析:**加强教育与社会的联系、满足儿童的需要,并非杜威提出“教育即生活”的终极原因。杜威坚信教育是社会进步及社会改革的基本方法,认为社会的改造要依靠教育的改造,教育改造之所以必要,是因为要给社会生活的变革以充分的和明显的影响。杜威的希冀是通过教育改造社会生活,使之更完善、更美好。因此,A项错误。“教育即生长”要求摒除压抑、阻碍儿童自由发展之物,使一切教育和教学适合儿童的心理发展水平和兴趣、需要的要求。然而这种尊重绝非放任自流,任由儿童率性发展。因此,B项错误。

2.[多选]陶行知的“生活即教育”和杜威的“教育即生活”的理论,两者的相同点是(　　)

A.承认教育和生活之间存在着密切的联系

B.承认教育对改造生活的重要作用

C.认为生活含有重要的教育意义

D.认为学校是社会生活的一种形式

**答案:**ABC

**解析**：陶行知的"生活即教育"和杜威的"教育即生活"的相同点是：(1)承认教育和生活之间存在着密切的联系，反对将教育与生活分离；(2)认为生活含有重要的教育意义；(3)承认教育对改造生活的重要作用。杜威认为学校是社会生活的一种形式，教育不是为生活做准备，而是最完全的**现实生活**；陶行知认为生活就是教育，生活的内容至广至大，因而生活也是一种**广泛的教育**。故选 A、B、C 三项。

## 进阶测评

| 限时：30 分钟 | 用时：________分钟 | 总题数：29 道 | 正确题：________道 |
|---|---|---|---|

### 一、单项选择题

1. 教育形成相对独立形态的标志是(　　)

A. 专业教师的出现　　B. 教育学成为一门独立学科

C. 学校的出现　　D. 社会对教育的需求

2. 广义教育与狭义教育(学校教育)的根本区别是(　　)

A. 目的性　　B. 计划性

C. 实践性　　D. 特殊性

3. 利特的《职业陶冶、专业教育、人的陶冶》属于哪个教育学派的著作(　　)

A. 实验教育学　　B. 实用主义教育学

C. 马克思主义教育学　　D. 文化教育学

4. 以下有关教育和学校教育的说法中，错误的是(　　)

A. 教育与学校教育有着不同的历史起点

B. 教育和学校教育都是人类文明发展到特定历史阶段的产物

C. 学校教育是当代教育结构中的主干

D. 学校教育的价值是个体价值和社会价值的有机统一

5. 在古希腊"七艺"课程中，侧重自然科学的是(　　)

A. 文法　　B. 修辞

C. 辩证法　　D. 算术

6. "五指活动"是陈鹤琴对其"活教育"课程组织的形象表述，它体现了儿童生活的(　　)

A. 差别性　　B. 整体性　　C. 实践性　　D. 创造性

7. "教师不是像卢梭所说的那样为自然之助手，而是儿童观念的提供者、多方面兴趣的控制者。"持这一观点的代表人物是教育家(　　)

A. 夸美纽斯　　B. 洛克

C. 裴斯泰洛齐　　D. 赫尔巴特

8. 康德在《康德论教育》一书中明确认为，教育是一门很难的艺术，其实践必须和"真知灼见"结合起来，否则就会变成"机械的"东西。以下属于康德教育观点的是(　　)

A. 教育的方法必须成为一种科学

B. 教育者的第一门科学，虽然远非其科学的全部，也许就是心理学

C. 使人类教育心理学化

D. 把一切事物教给一切人类的全部艺术

9. 下列属于教育现象的是(　　)
A. 老虎教会幼崽捕食
B. 幼鸟模仿大鸟扇动翅膀学习飞翔
C. 带小学生参观国家博物馆
D. 教会小狗做算术题

10. 教育本质的"双重属性说"认为,教育本来具有(　　)双重性质。
A. 为阶级斗争服务和为经济发展服务
B. 上层建筑和生产力
C. 为上层建筑服务和为阶级斗争服务
D. 为经济发展服务和为人的全面发展服务

11. 教育的功能可以分为显性功能和隐性功能。下列哪一项是教育的隐性功能(　　)
A. 提高学生的知识水平
B. 促进学生的身心发展
C. 复制现有的社会关系
D. 推动社会进步

12. 实用主义教育学是19世纪末20世纪初兴起于美国的一种教育思潮,下列不属于其基本主张的是(　　)
A. 教育起源于生产劳动,其劳动方式和性质的变化必然引起教育形式和内容的变化
B. 课程组织应以学生的经验为中心,而不是以学科知识体系为中心
C. 师生关系以儿童为中心,教师只是学生成长的帮助者,而非领导者
D. 教学过程应重视学生自己的独立发现和体验,尊重学生发展的差异性

## 二、多项选择题

1. 下列选项中对教育经验与教育规律之间的关系的表述,正确的是(　　)
A. 教育经验是指符合教育规律的有效做法
B. 教育规律是在教育经验之上,抽象总结出反映事物本质特点的东西
C. 教育经验是发现教育规律的基础
D. 教育经验与教育规律之间是相辅相成的

2. 教育影响可分解为下列哪几种成分(　　)
A. 教育媒体
B. 教育内容
C. 教育手段
D. 教育活动方式方法

3. 随着大众传播的发展,远距离教育的发展,尤其是电脑、多媒体技术的应用,有人开始提出所谓的"学校消亡论"。近年来,越来越多的家长认为学校不能给孩子提供他们想要的教育,于是选择把孩子留在家里自己担任教师对孩子进行教育。从现代教育发展趋势的角度分析,下列说法正确的是(　　)
A. "学校消亡论"的说法是正确的
B. 学校、家庭、社会教育要互相配合
C. 家庭学校能更好地进行个性化教育
D. 学校环境能更好地系统传授知识

4. 学校教育的系统性主要表现在(　　)
A. 计划性和组织性
B. 协作性和全面性
C. 宏观性和预期性
D. 强制性和时代性

5. 在漫长的中国封建社会里,学校教育得到了进一步发展,其具体的类型有(　　)
A. 书院　B. 官学　C. 太学　D. 私学

6. 教育学的基本问题有(　　)
A. 教育与社会发展的关系
B. 教育与人的发展的关系

C. 如何培养人的问题　　D. 教育的教学规律问题

7. 亚里士多德是古希腊伟大的教育家，他的教育思想主要反映在(　　)等著作中。

A.《政治学》　　B.《伦理学》

C.《雄辩术原理》　　D.《乌托邦》

8. 以下属于捷克教育家夸美纽斯提出的教师职业道德思想的是(　　)

A. 认为教师职业伟大而光荣

B. 教师要充分了解自己职业的社会意义，加强品德修养

C. 教师要如慈父一般爱护儿童，和善愉快地传授知识

D. 教师要努力提高自己的知识素养

9. 第二次世界大战以后出现的著名教育家及论著有(　　)

A. 赞科夫的《教学与发展》　　B. 布卢姆的《教育目标分类学》

C. 赫尔巴特的《普通教育学》　　D. 布鲁纳的《教育过程》

10. 孟子提出的教师道德规范包括(　　)

A. 以身作则，教者必以正　　B. 提高自身能力，以其昭昭

C. 加强个人修养，反省、知耻、改过　　D. 注重实践，知行合一

11. 古代斯巴达教育的特点是(　　)

A. 培养政治家和商人　　B. 比较注重个体身心和谐发展

C. 重视女子教育　　D. 注重军事化管理

三、判断题

1. 道家的教育思想是“道法自然”，这与西方的自然主义教育思想是一致的。　(　　)

A. 正确　　B. 错误

2. “教育即生活”并不是要在教育与生活之间画上等号。　(　　)

A. 正确　　B. 错误

3. 教育学作为一门知识的历史要比教育学作为一门学科的历史悠久得多。　(　　)

A. 正确　　B. 错误

4.《学记》提出道德教育的三纲领是“明明德”“亲民”“止于至善”。　(　　)

A. 正确　　B. 错误

5. 在晏阳初看来，教育的目的、内容、原则、方法是为了生活的需要，并非被动地服从生活，要主动对生活进行改造，使社会成为一所大学校，这样社会才能具备教育的功能。　(　　)

A. 正确　　B. 错误

6. 陈鹤琴先生提出的“生活教育理论”的核心思想是生活即教育。　(　　)

A. 正确　　B. 错误

## 参考答案及解析

一、单项选择题

1. C　【解析】学校是专门的教育机构，它的出现是教育自身相对独立形态形成的标志，是人类教育发展史上里程碑式的突破。学校的出现，意味着教育从日常生活中脱离。至此，教

育以两种形式并存向前发展:一种形式是,教育依然存在于社会生活的方方面面,与生产劳动和生活密切相关;另外一种便是学校教育。

2. B 【解析】教育的本质属性是育人,也就是有目的地培养人的活动,所以无论是广义的教育还是狭义的教育都是有目的的;广义的教育可能是无组织的、自发的、零散的,也可能是有组织的、自觉的、系统的,所以广义的教育和狭义的教育的根本区别不是目的性和组织性,而是**计划性**。

3. D 【解析】文化教育学是19世纪末以来出现在德国的一种教育学说,其代表人物主要有狄尔泰、斯普朗格、利特等人,代表著作主要有狄尔泰的《关于普遍妥当的教育学的可能》、斯普朗格的《教育与文化》、利特的《职业陶冶、专业教育、人的陶冶》等。

4. B 【解析】教育与学校教育有着不同的历史起点。教育是与人类社会共始终的,而学校教育则是人类文明发展到**特定历史阶段**的产物。故A项表述正确,B项表述错误。尽管学校教育产生在社会教育和家庭教育之后,并且在其发展过程中历经兴衰变换,却始终以社会和家庭教育无可比拟的速度向前发展着,进而成为当代教育结构中的主干。故C项表述正确。学校教育的价值是作为整体的学校教育对个体和社会发展的意义,对个体和社会一定需要的满足。它是学校教育的个体价值和社会价值的有机统一。故D项表述正确。

5. D 【解析】古希腊教育中的“**七艺**”,实际上是以**人文科学为主体**的。文法、修辞、辩证法、音乐,直至今日都是主要的人文学科。所以,“七艺”课程中侧重自然科学的是算术。

6. B 【解析】“活教育”的课程打破惯常,按学科组织的体系,采取活动中心和活动单元的形式,即能体现儿童生活整体性和连贯性的“五指活动”形式,也即:儿童健康活动、儿童社会活动、儿童科学活动、儿童艺术活动和儿童文学活动。

7. D 【解析】赫尔巴特认为,教学是一项塑造儿童心灵的艺术。教师不是卢梭所说的那样是自然之助手,而是儿童观念的提供者、“**多方面兴趣**”的控制者。对心灵施教就是**建设心灵**。知识不再是心灵的装饰品,而是心灵的要素。

8. A 【解析】B项是赫尔巴特的教育观点。C项是裴斯泰洛齐的教育观点。D项是夸美纽斯的教育观点。

9. C 【解析】A、B两项属于动物之间的“哺育”,是一种基于亲子和生存本能的自发行为,其产生与动物的生理需求直接相关,内容与动物的生存本能(如捕食、逃避天敌等)相关,动物的学习以本能为依据,因此不能称为“教育”。教育是人类特有的一种现象,D项不符合题意。故本题选C项。

10. B 【解析】教育本质的“双重属性说”认为,教育具有上层建筑和生产力的双重性质,既不能简单地把它归之于生产力,也不能完全归之于上层建筑,它同时具有双重属性。

11. C 【解析】显性教育功能是依照教育目的、任务和价值,教育在实际运行中所出现的与之相符合的结果。如促进人的全面和谐发展、促进社会的进步,就是显性教育功能的表现。隐性教育功能是非预期的且具有较大隐藏性的功能。如不公正的教育复制了现有的社会关系,再现了社会的不平等,对有些家长而言,学校起了照管儿童的功能等,都是隐性教育功能的表现。

12. A 【解析】实用主义教育学的代表人物是杜威、克伯屈,其基本主张有:(1)教育即生活,教育的过程与生活的过程是合一的;(2)教育即学生个体经验持续不断的增长;(3)学校

是一个雏形的社会;(4)课程组织应以学生经验为中心;(5)师生关系以儿童为中心;(6)教学过程注重学生的独立发现和体验,尊重学生发展的个体差异。A项是马克思主义教育学的观点。

**二、多项选择题**

1. ABCD 【解析】教育经验是指符合教育规律的有效做法。教育经验是对教育实践的较低层次的反映。教育经验是教育规律的**实践形态**,成功的教育经验必定反映着教育规律,教育规律则潜藏于教育经验之中。教育规律是在众多教育经验的基础上,通过**抽象概括**总结出来的反映事物本质特点的东西。教育规律是对教育实践的深层次和本质联系的反映。

2. ABCD 【解析】教育影响是置于教育者与受教育者之间的一切"中介"的总和。它包括作用于受教育者的影响以及运用这种影响的**活动方式和方法**。教育影响又可分解为教育媒体、教育内容、教育手段、教育活动方式方法和教育环境五种成分。

3. BCD 【解析】学校教育有其自身价值,学校教育在人身心发展中起**主导作用**,故"学校消亡论"的说法是错误的。

4. AB 【解析】人的培养是一个复杂的系统工程,要求学校教育具有较强的**系统性**,以避免教育影响的自发性、盲目性和随意性。学校教育的系统性主要表现在:(1)计划性。有计划的教育工作才可能保证教育影响的效率和效果。(2)组织性。学校本身就是一种组织机构,教育活动通常是通过一定的组织形式来进行的。(3)协作性。学校教育总体上是协调一致、同频共振的。(4)全面性。学校教育通常比其他教育更有条件实施全面的教育。

5. ABD 【解析】我国古代的学校分为**官学、私学和书院**。太学属于官学的一种。

6. AB 【解析】任何一部教育学,不论其章节多少,篇幅多大,都不外乎是阐述教育与社会发展的关系和教育与人的身心发展的关系这两个教育学的**基本问题**。

7. AB 【解析】亚里士多德的教育思想主要体现在他的**《伦理学》**和**《政治学》**等著作中。

8. ABCD 【解析】捷克著名教育家夸美纽斯对教师职业道德做了比较认真的研究。他高度重视教师的作用,宣称教师的职业伟大而光荣,是"太阳底下最光辉的职业"。教师要充分了解自己职业的社会意义,加强品德修养,成为"道德卓异的人"。在师生关系上,他主张教师要如慈父一般爱护儿童,和善愉快地传授知识。他还把努力提高知识素养看作教师职业道德的基本要求之一。

9. ABD 【解析】第二次世界大战发生时间为1939年9月1日~1945年9月2日。1956年,美国著名教育家、心理学家**布卢姆**出版了**《教育目标分类学》**;1963年,美国心理学家、教育家**布鲁纳**出版了**《教育过程》**;1975年,苏联心理学家、教育家**赞科夫**出版了**《教学与发展》**。赫尔巴特的《普通教育学》出版于1806年,不属于第二次世界大战以后出现的教育论著。所以C项不选。

10. ABC 【解析】孟子非常重视教师自身的品德修养,强调教师要以身作则:"教者必以正"。即教师要教导好学生,应以身垂范,品行高尚。在教育学生时,应"**以其昭昭**"。在个人道德修养上,提出了**反省、知耻、改过**等重要方法。

11. CD 【解析】古代雅典教育是在西方最早形成体育、德育、智育、美育和谐发展的教育,教育内容比较丰富,教育方法也比较灵活,教育目的是培养有文化、有修养和多种才能的政治家和商人。A、B项属于古代雅典教育的特点。古代斯巴达教育以培养军人为最高宗旨,以军事训练为主要内容。此外,斯巴达非常重视女子教育,原因是斯巴达人认为只有强壮的妇女才能养育强壮的子女,妇女也可以参加战斗。C、D 项属于古代斯巴达教育的特点。

三、判断题

1. B 【解析】西方的自然主义教育思想是要使人的自然本性得到张扬,要求把人作为中心,是要培养自然状态的人,能够充分利用人的自然本性,发扬人的自然本性。道家的"道法自然"教育思想是要让人完全地融入到大自然中,达到自然与人的统一。所以两者存在本质差别。

2. A 【解析】杜威提出的"教育即生活"有两方面的含义:一是要求学校与社会生活结合,二是要求学校与儿童的生活结合。这并不是要在教育与生活之间画上等号。

3. A 【解析】教育实践孕育了作为一门知识的教育学。教育学作为一门知识的历史要比教育学作为一门学科的历史悠久得多。

4. B 【解析】朱熹在他所著的《**大学章句**》中,把《大学》提出的"明明德""亲民""止于至善"三者称为"**大学之纲领**",把"格物""致知""诚意""正心""修身""齐家""治国""平天下"八项称为"**大学之条目**"。后人称之为"三纲领八条目",简称"三纲八目"。

5. B 【解析】陶行知提出了**生活教育理论**,认为"生活即教育""社会即学校""教学做合一"。陶行知对生活教育的内涵做出过丰富的阐释:(1)生活含有教育的含义;(2)要在生活中接受教育,即把现实生活作为教育的中心;(3)在生活与教育关系上,生活决定教育,教育的目的、内容、原则、方法都是为了生活的需要,但教育不是被动地服从生活的。"社会即学校"是和"生活即教育"**紧密相关**的,是"生活即教育"思想在学校与社会关系上的具体化:一是强调革除学校教育脱离社会生活的弊病;二是要求学校生活要引入社会生活的因素,使学校成为改造社会的中心;三是要求对社会进行改造,使社会成为一所大学校,使社会具有教育的功能。所以题干所述属于陶行知的教育思想,而不是晏阳初的教育思想。

6. B 【解析】陶行知提出了生活教育理论,认为"生活即教育""社会即学校""教学做合一"。其中,"生活即教育"是陶行知生活教育理论的核心。陈鹤琴提倡"活教育"。

**测评结果建议**

亲爱的考生:

利用阶段测试,可以巩固复习成果,同时起到查漏补缺的效果,实现高效备考的目标。针对不同的测评成绩及时调整备考策略,是我们探索出的一套行之有效的备考方法。

以下应对方案适用于各专题(部分)末尾的"进阶测评",期望您"对号入座",科学备考。假如您的正确率在60%以下,说明目前您的知识掌握得不太全面,建议您静下心来,保持空杯心态,若能结合山香教育"基础精讲班"系列网课协同复习,会为您的考编打下更加坚实的基础;假如您的正确率在60%到80%之间,建议您再抓一下关键考点,若能结合山香教育全能备考"提升篇"系列图书协同复习,会使您的学习事半功倍;假如您的正确率在80%以上,那么恭喜您测评基本达标,建议您保持学霸的学习模式,开启下一专题的学习。小香祝您早日圆梦!

——山香教育

# 专题二　教育的基本规律

## 错误率：50%以上

### 考点1 ▶人力资本理论

[2019 **广东·多选**]教育与经济发展关系的相关理论中,人力资本理论的主要观点包括(　　)

A. 人口数量重于人口质量

B. 人力资本投资的作用大于物力资本投资的作用

C. 教育投资是人力资本的核心

D. 政府负担的教育费用所占比重应逐步加大

[**考生易错**]BC

[**思路分析**]本题有38%的同学易漏选D项。考生易对人力资本理论的概念理解不透彻。所谓人力资本,是指体现在人身上的资本,是对生产者进行教育、培训等支出及其接受教育的机会成本等的总和,以人的劳动能力的高低和可使用程度作为衡量依据。人力资本理论的基本观点包括:(1)人口质量重于人口数量;(2)人力资本投资的作用大于物力资本投资的作用;(3)教育投资是人力资本的核心;(4)教育投资收益率高于物力投资的收益率;(5)教育投资收益率是可以测算的。

人力资本理论强调教育及教育投资对国民经济增长的贡献率,将教育作为促进经济增长、发展社会经济的重要支撑点。这就说明政府应该重视人才的作用,加大人才培养的教育经费的投入比重。

[**正确答案**]BCD

**变式练习**

[**单选**]美国学者舒尔茨提出的人力资本理论深刻地揭示了(　　)

A. 教育对经济发展的促进作用

B. 经济发展水平对教育的制约作用

C. 政治对教育的制约作用

D. 教育对科学技术的制约作用

**答案:**A

**解析:**人力资本理论的主要代表人物是美国的经济学家**舒尔茨**。1959年,舒尔茨提出人力资本理论,指出全面的资本概念应该包括物力资本和人力资本。舒尔茨认为人力资本主要指凝聚在劳动者身上的知识、技能及其所表现出来的劳动能力,这是现代经济增长的**主要因素**。故该理论体现了教育对经济发展的促进作用。

### 考点2 ▶教育的个体社会化功能

[2018 **广东·单选**]通过班主任的教育,小贝不仅明白了自己要遵纪守法、尊老爱幼,而且知道自己作为学生应该以学习为主,遵守学校纪律,积极完成作业。这主要体现了教育促进(　　)的社会化。

A. 个体行为

B. 个体思想意识

C. 个体性格特征

D. 个体角色和职业

[考生易错]A

[思路分析]本题有57%的同学易错选A项。考生易混淆“个体行为”与“个体角色和职业”。教育的个体社会化功能主要表现为:(1)教育根据社会的规范和要求促进个体思想意识的社会化;(2)教育通过引导和规范个体的行为,促进个体行为的社会化;(3)教育通过指导学生根据自己的兴趣和能力确定自己未来的职业意向和角色,培养个体的职业角色意识。

个体行为侧重于指某一单一行为,这种行为与个体本身的职业身份无关。而个体角色和职业侧重于指某一角色和职业所对应的相应行为。社会化的本质是角色承担。个体在生活中要承担多种角色,有家庭角色、工作角色、社会角色。人们对特定角色的行为具有一定的期待,角色必须有与之相配的行为规范和方式。角色是社会生活赋予的,每个人都必须学习特定角色的行为规范,表现出相应的行为方式,符合社会或人们对特定角色的价值期待。诸如学生应该以学习为主,遵守学校纪律,上课认真听讲,积极完成作业,等等。题干中的小贝通过班主任的教育,自己作为学生应该以学习为主,遵守学校纪律,积极完成作业,明白了作为“学生”这一角色所应该做到的行为规范,属于教育促进个体角色和职业的社会化。

[正确答案]D

**变式练习**

1.[多选]教育可以通过(　　)来实现个体社会化。

A.促进个体行为的社会化　　B.培养个体的职业角色意识

C.培养个体的坚定意志　　D.促进个体行为的个性化

**答案:**AB

**解析:**教育的个体社会化的功能主要体现在三个方面:(1)教育根据社会的规范和要求促进个体思想意识的社会化;(2)教育通过引导和规范个体的行为,促进个体行为的社会化;(3)教育通过指导学生根据自己的兴趣和能力确定自己未来的职业意向和角色,培养个体的职业角色意识。

2.[多选]教育对个体发展有正向的促进功能,能够促进个体社会化,其中包括(　　)

A.促进个体思想意识的社会化

B.促进个体行为的社会化

C.培养个体的职业角色意识

D.开发人的创造性,促进个体价值的实现

**答案:**ABC

**解析:**D项是学校教育促进实现个体的个性化的表现。学校教育主要通过以下几个方面实现个体的个性化:(1)教育促进人的主体意识的形成和主体能力的发展;(2)教育促进个体差异的充分发展,形成人的独特性;(3)教育开发人的创造性,促进个体价值的实现。

**考点3 个体身心发展的顺序性与阶段性**

[2018山东·单选]我国现代学制的发展趋势中,幼儿园与小学教育相衔接,体现了个体身心发展的(　　)

A.不平衡性　　B.顺序性

C.阶段性　　D.个别差异性

[考生易错]B

**[思路分析]**本题有58%的同学易错选B项。考生易混淆个体身心发展的“顺序性”与“阶段性”。个体身心发展的顺序性是指人的身心发展是一个由低级到高级、由简单到复杂、由量变到质变的连续不断的发展过程。教育工作要遵循这种顺序性，循序渐进地促进人的发展。所以，教育一般不可“陵节而施”，否则就会出现教育的异化，造成教育的负效应。个体身心发展在不同的年龄阶段表现出不同的总体特征及主要矛盾，面临着不同的发展任务，这就是身心发展的阶段性。个体身心发展的阶段性规律，决定了教育工作必须根据不同年龄阶段的特点分阶段进行。教育工作必须从学生的实际出发，针对不同年龄阶段的学生，提出不同的具体任务，采取不同的教育内容和方法，既不能把小学生当中学生看待，也不能把初中生和高中生混为一谈。同时应注意前后相邻阶段的衔接，做好幼儿园与小学的衔接、小学与初中的衔接工作，来保证学生发展到不同的阶段可以获得相应阶段的教育。

顺序性强调的是发展方向一定是不可变、不可逆的。如果题干中强调顺序、方向等，尤其是出现“先……后……”等字眼时，基本与个体身心发展的顺序性挂钩。阶段性强调的是在个体发展的不同阶段，有着不同的阶段特征，因而面临着不同的发展任务，因此作为教育者要针对各个年龄阶段的特征和发展任务来选择教育的内容和方法等。所以在做题的时候，看题目是否强调的是不同阶段以及不同阶段的教育内容和方法不一样。

**[正确答案]**C

**变式练习**

1. **[单选]**教育中“拔苗助长”的现象违反了个体身心发展的(　　)

A. 顺序性　　　　B. 互补性

C. 不均衡性　　　　D. 个别差异性

**答案:**A

**解析:**个体身心发展的顺序性是指人的身心发展是一个由低级到高级、由简单到复杂、由量变到质变的连续不断的发展过程。人的发展的顺序性是客观的、不以人的意志为转移的，教育工作要遵循这种顺序性，循序渐进地促进人的发展。所以，教育一般**不可“陵节而施”**，否则就会出现教育的异化，造成教育的负效应。“拔苗助长”违反了个体身心发展的顺序性。

2. **[单选]**小学低年级教学很少使用模像直观，高中教学经常使用模像直观。这违背了个体身心发展的(　　)

A. 阶段性规律　　　　B. 互补性规律

C. 稳定性规律　　　　D. 可变性规律

**答案:**A

**解析:**个体身心发展在不同的年龄阶段表现出不同的总体特征及主要矛盾，面临着不同的发展任务，这就是身心发展的阶段性。个体身心发展的阶段性规律，决定了教育工作必须根据不同年龄阶段的特点分阶段进行。小学低年级教学可以多应用直观的方法，而对高年级学生来说，要多注意培养学生的逻辑思维能力。

### 考点4 ▶个体身心发展的个别差异性与互补性

**[2020 辽宁·单选]**亮亮是一个不爱学习的孩子，每次考试成绩都是倒数第一，同学们也都不喜欢他。但是他酷爱打篮球，在一次篮球赛上，由于亮亮发挥出色，为班级争得了荣

誉，同学们因此对他刮目相看。这体现了个体身心发展的(　　)

A. 互补性　　B. 顺序性

C. 个别差异性　　D. 不平衡性

**[考生易错]**A

**[思路分析]**本题有48%的同学易错选A项。考生易将个体身心发展的"个别差异性"与"互补性"弄混。个体身心发展的个别差异性，是指个体之间的身心发展以及个体身心发展的不同方面之间，存在着发展程度和速度的不同。人的先天素质、环境和教育以及自身的主观能动性的不同，决定了人的身心发展存在着个别差异。互补性是指机体某一方面的机能受损甚至缺失后，可通过其他方面的超常发展得到部分补偿。机体各部分存在着互补的可能，为人在自身某方面缺失的情况下能与环境协调，从而继续生存与发展提供了条件。互补性也存在于心理机能与生理机能之间。

个别差异性强调的是不同个体间的优势与劣势不同，互补性强调的是个体自身的生理与心理机能相互补偿。题干中的亮亮虽然不爱学习，考试成绩倒数第一，但是却酷爱篮球并在篮球赛上有出色的发挥，这就说明了亮亮在学习和篮球两个方面的发展程度不同，与其他儿童存在差异，即体现了个体身心发展的个别差异性。

**[正确答案]**C

**变式练习**

1. **[单选]**如果一个人的心理承受能力差，缺乏自我调节能力和坚强的意志，那么不严重的疾病，也会把他击倒，这体现了个体身心发展的(　　)

A. 不平衡性　　B. 阶段性　　C. 互补性　　D. 个别差异性

**答案：**C

**解析：**互补性存在于心理机能与生理机能之间。人的精神力量、意志、情绪状态对整个机能起到**调节作用**，能帮助人战胜疾病和残缺，使身心依然得到发展。反过来，如果一个人的心理承受能力差，缺乏自我调节能力和坚强的意志，那么不严重的疾病，也会把他击倒。

2. **[单选]**两个八岁儿童，一个只能简单造句，另一个能写好短文，这体现了个体身心发展的(　　)

A. 个别差异性　　B. 顺序性　　C. 互补性　　D. 阶段性

**答案：**A

**解析：**个体身心发展的个别差异性，是指个体之间的身心发展以及个体身心发展的不同方面之间，存在着发展程度和速度的不同。其表现有：(1)不同儿童同一方面的发展速度和水平不同；(2)不同儿童不同方面的发展存在着差异；(3)不同儿童所具有的个性心理倾向不同；(4)个别差异也表现在群体间。题干中两个同岁儿童语言表达能力的不同说明不同儿童同一方面的发展速度和水平不同，这体现了个体身心发展的个别差异性。

## 错误率：75%以上

考　点 ▶生产力对教育发展的影响和制约

[2019 **广东·多选**]在西方封建社会中，教会学校的目的是培养教士和僧侣，课程内容是简单的"七艺"。随着社会生产力发展，资本主义教育目的在于巩固资产阶级和维护统治

阶级利益，课程内容注入了科学知识，增加了很多新的学科。这表明生产力水平(　　)

A. 影响教育目的的确定　　B. 制约课程设置和教学内容的选择

C. 决定教育的规模和速度　　D. 制约学校结构

**[考生易错]** BC 或 BD

**[思路分析]** 本题有 39% 的同学易漏选 A 项、62% 的同学易错选 C 项、56% 的同学易错选 D 项。考生对"生产力水平对教育的制约"理解不到位。题干中提到，在西方封建社会中，教会学校的目的是培养教士和僧侣，资本主义教育目的在于巩固资产阶级和维护统治阶级利益。说明随着社会生产力的发展，带来了西方封建社会的教育目的与资本主义教育目的的不同，表明生产力水平影响教育目的的确定。同时，西方封建社会的课程内容与资本主义时期的教育内容也有所不同，表明生产力水平制约课程设置和教学内容的选择。

生产力水平决定着教育的规模和速度。其中，教育的规模和速度一般是指学校等各级各类教育机构的设置与数量规模，以及相应的发展速度。而生产力水平制约着学校结构则是指，科技的发展和社会的进步，总是不断引起社会结构的调整变化，进而引起对各类专门人才的需求。这些需求总是通过市场对人才的需求反映出来，学校的专业设置及结构调整，必须依据人才市场所需要的专门人才的规格及数量而进行，即学校的专业设置受制于社会生产力发展状况。

**[正确答案]** AB

**变式练习**

1. [判断]生产力对教育的发展具有制约作用，生产力水平低意味着教育发展水平低。(　　)

A. 正确　　B. 错误

**答案：**B

**解析：**虽然教育受生产力发展水平的制约，但教育与生产力的发展并非完全同步。一方面，在一定时期内，如果人们的思想意识落后于生产力，教育思想、内容、手段等将会落后于生产力的发展；另一方面，当生产力处于较低水平时，受到文化交流、社会转型或者传统的影响，教育的思想、方法可能超越生产力的发展水平。

2. [判断]社会需求决定社会供给。因此，从根本上说，教育发展的规模和速度是受社会成员对文化的需求决定的。(　　)

A. 正确　　B. 错误

**答案：**B

**解析：**教育发展的规模与速度，取决于生产力发展所提供的物质条件和对教育事业所提出的要求。题干说法错误。

## 进阶测评

| 限时：25 分钟 | 用时：________分钟 | 总题数：26 道 | 正确题：________道 |
| --- | --- | --- | --- |

### 一、单项选择题

1. 在古代，教育与经济发展的关系是(　　)

A. 经济先于教育的发展　　B. 教育先于经济的发展

C. 教育与经济同步发展　　D. 二者互不相干

2. 恩格斯曾说："教育将使年轻人能够很快熟悉整个生产系统，将使他们能够根据社会需要或他们自己的爱好，轮流从一个生产部门转到另一个生产部门。"该观点体现了（　　）
A. 教育可以改变人的劳动能力的性质与形态
B. 教育的发展有助于劳动力配置结构的改善
C. 教育有助于规范劳动者的劳动行为
D. 教育是人的劳动能力再生产的重要手段

3. 接受了多元的音乐文化教育后，现代一些音乐创作者将传统的戏曲元素和西方的流行元素融合在一起，使歌曲更加悦耳动听。这反映了教育的（　　）
A. 文化传承功能　　B. 文化选择功能
C. 文化交流功能　　D. 文化创新功能

4. 判断和确定教育性质最主要的标志是（　　）
A. 教育领导权　　B. 受教育权
C. 教育管理体制　　D. 教育宗旨和目的

5. 父母、教师培养孩子自信和努力的品质是依据身心发展的（　　）
A. 顺序性　　B. 不平衡性
C. 互补性　　D. 个别差异性

6. 未受过教育的个体，其发展是率性的自然发展、自然成熟的过程；受过教育的个体，其发展是从自在的发展转向自觉的发展，会以一种科学有效的方式，使个体获得更好、更快的发展。这体现了教育对个体发展的价值在于（　　）
A. 引导个体发展的方向　　B. 提升个体发展的速度
C. 开发个体的特殊才能　　D. 唤醒个体生命的自觉

7. 美国教育注重培养能适应"民主社会"要求的理想公民，有浓厚的实用主义色彩；英国看重涵养文化、陶冶品行及形成智能的训练，有鲜明的绅士教育遗风；法国重视造就才智出众的精英；德国注重培养以国家为重的公民。教育上这些差异表明（　　）
A. 文化传统制约教育传统的特性
B. 文化知识制约教育的内容与水平
C. 文化模式制约教育的背景与模式
D. 文化和政治因素同时制约教育的发展

8. 影响个体发展的因素有很多，分析起来大体包括四种。其中，制约人的身心发展的方向、性质和进程的因素是（　　）
A. 遗传因素　　B. 环境因素
C. 教育因素　　D. 个体主观能动性

9. 列宁曾经说过："文盲是站在政治之外的，必须先教他们识字，不识字就不能有政治，不识字只能有流言蜚语、传闻偏见，而没有政治。"这句话体现了教育的政治功能中的（　　）
A. 教育能够促进年轻一代的政治社会化　　B. 教育能够促进政治民主化
C. 教育能够制造政治上的舆论　　D. 教育能够催生社会思潮

10. "寒门出贵子"这句话体现了教育的（　　）
A. 生态功能　　B. 社会纵向流动功能
C. 经济功能　　D. 社会横向流动功能

11. 2020年上半年，受新冠肺炎疫情影响，全国各级各类学校暂缓开学，全体在校生通过钉钉课堂等智慧便捷的网课软件在家学习，在互联网互通“云课堂”中度过特殊的春季学期。这说明(　　)

A. 科学技术能够影响教育的内容、方法和手段

B. 科学技术能够影响受教育者的数量和质量

C. 科学技术能够改变教育者的观念

D. 科学技术影响着教育政策

12. “教育既有培养创造精神的力量，也有压抑创造精神的力量，甚至有的教育还在摧残儿童。”这说明(　　)

A. 教育在人的发展中起主导作用

B. 教育在人的发展中具有导向性作用

C. 教育比遗传素质更能影响人的发展

D. 教育对人的发展的主导作用是有条件的

13. 巴甫洛夫曾经指出：“神经活动类型在生活进程中发展着、变化着，并且神经活动类型，不仅是遗传的结果，也是环境和有机体之间复杂的相互作用的结果，教育能养成儿童生活所必需的神经活动类型。”这主要说明了(　　)

A. 遗传素质是人的身心发展的生理前提

B. 遗传素质具有可塑性

C. 遗传素质的发展过程制约着人的身心发展的年龄特征

D. 遗传素质的差异性对人的身心发展有一定的影响作用

14. 下列语句蕴含的教育观与其他三项不同的是(　　)

A. “近朱者赤，近墨者黑”

B. “仁义礼智，非由外铄我也，我固有之也”

C. “蓬生麻中，不扶而直；白沙在涅，与之俱黑”

D. “染于苍则苍，染于黄则黄，所入者变，其色亦变”

**二、多项选择题**

1. 家长盲目培养所谓的“神童”，违背了人的身心发展的(　　)规律。

A. 顺序性　　B. 互补性　　C. 阶段性　　D. 个别差异性

2. 下列选项中，(　　)体现了经济对教育的作用。

A. 经济发展为教育发展提供基础性条件

B. 经济发展水平对教育结构有制约作用

C. 经济发展水平对人才培养规格有制约作用

D. 经济发展水平对教育的内容、手段、组织形式的改革有决定作用

3. 下列选项中，体现出身心发展中个体差异性特点的有(　　)

A. 长善救失　　B. 少年得志　　C. 因材施教　　D. 大器晚成

4. 为什么说遗传素质是人的发展的物质基础(　　)

A. 遗传因素为人的身心发展提供了可能性

B. 遗传素质的成熟程度制约着人的身心发展过程

C. 遗传素质的差异性影响着人的身心发展的个别差异

D. 遗传素质具有一定的可塑性

5. 小李对美术比较敏感，但她不喜欢美术，也很难成为美术家。这说明影响个体身心发展的因素有（　　）

A. 遗传　　B. 环境

C. 教育　　D. 个体主观能动性

6. 时至今日，我国在很多方面仍然受到儒家文化的影响。例如，在我国的家庭教育或学校教育中都十分强调孝道，教育者要求受教育者孝顺父母长辈。以上描述体现了（　　）

A. 文化影响教育的价值取向　　B. 文化影响教育目的

C. 文化影响教育内容的选择　　D. 文化影响教育教学方法的使用

7. 对于教育与文化之间的关系，表述恰当的是（　　）

A. 教育是文化的一部分，文化是教育传递、深化、提升的手段

B. 文化对课程的影响主要体现在课程内容的丰富、课程结构的更新两个方面

C. 不同的教育在很大程度上是由不同的文化价值观支配和决定的

D. 文化环境的不同，在一定程度上影响人们对师生关系的认识

8. 国家通过发展教育可以（　　）

A. 控制人口增长　　B. 提高人口质量

C. 改善人口结构　　D. 促进人口迁移

**三、判断题**

1. 教育不能成为政治发展的根本动力。（　　）

A. 正确　　B. 错误

2. 教育与儿童的发展之间是一种主从的关系，其中儿童的发展是主，学校教育只是从属于儿童发展，并为儿童发展服务的过程。（　　）

A. 正确　　B. 错误

3. 教育对社会发展的作用，是通过促进生产力发展来实现的。（　　）

A. 正确　　B. 错误

4. 在人口增长速度比较快的地区，教育发展应以提高教育质量为重点。（　　）

A. 正确　　B. 错误

## 参考答案及解析

**一、单项选择题**

1. A　【解析】古代社会，由于农业社会经济发展缓慢、科技水平较低，教育主要是再现与继承知识和经验的功能，学校教育也主要是为**特权阶层**服务，少数统治阶层人才的培养以牺牲大多数人的发展为条件，教育难以真正适应社会发展进步的要求，与社会发展相比，教育呈现出“**后行**”的特点。

2. D　【解析】依据题干，“轮流从一个生产部门转到另一个生产部门”说明教育可以使劳动力得到全面发展，提高**劳动转换能力**，摆脱现代分工对每个人造成的片面性。恩格斯的话体现了教育可以再生产劳动力。

3. C 【解析】文化交流功能是教育的文化功能之一，文化交流实际上是指在一定社会价值体系下，不同文化之间**相互影响、吸收和融合**的过程。文化交流主要通过两条途径实现：一是以教育活动本身为交流手段实现文化交流，例如学者间的学术交流等；二是通过教育内容、方法等实现文化交流。题干中“将传统的戏曲元素和西方的流行元素融合在一起”体现了不同文化之间的相互影响、吸收和融合，反映了教育的文化交流功能。

4. A 【解析】政治经济制度决定教育的领导权。教育的领导权是判断和确定教育**性质**最主要的**标志**。

5. C 【解析】互补性是指机体某一方面的机能受损甚至缺失后，可通过其他方面的**超常发展**得到**部分补偿**。个体身心发展的互补性告诉我们，发展的可能性有些是直接可见的，有些却是隐现的，培养自信和努力的品质是教育工作的重要内容。

6. B 【解析】教育对个体发展的独特价值表现在：(1)引导个体发展的方向。没有受过教育的个体，其发展是一种盲目的发展。教育作为有意识地引导个体发展的活动，会根据教育目的对个体的发展作出**定向**，不仅改变个体自然发展的盲目性，而且对个体的发展作出**社会性规范**，培养社会所需要的人。(2)提升个体发展的速度。没有受过教育的个体，其发展是一种率性的**自然发展、自然成熟**的过程。教育的作用就在于改变个体的发展方式，使之从自在的发展转变为自觉的发展，以一种科学有效的方式，提升个体发展的速度，使个体获得更好、更快的发展。(3)开发个体的特殊才能。教育面对具体的人，而每一个人又都是一个独特的生命体。作为一种有意识的活动，教育就必须依据每个人的特长和发展的需要，提供适合每个人的教育，开发个体的特殊才能，促进个体个性的发展。(4)唤醒个体生命的自觉。人是一种有意识的存在，意识使人的发展成为一种自觉的存在。教育需要传授知识技能、开发人的潜力，但更需要唤醒**生命发展自觉**，使个体发展的过程成为**生命自觉行为**。

7. A 【解析】题干中的教育上的差异都与各国的**文化传统**紧密相关，文化传统越久，对教育传统的制约性越大。

8. B 【解析】环境制约人身心发展的**方向和性质**，制约着人身心发展的进程。

9. B 【解析】教育通过促进政治民主化作用于政治。一个国家的政治是否民主，主要由该国的政体所决定，但与这个国家人民的文化水平、受教育程度也有重要的关系。一个国家的教育越发达，人们的受教育程度越高，就越能认识民主的价值，在政治生活和社会生活中正确行使自己的**民主权利**。诚如列宁所言，“文盲是站在政治之外的，必须先教他们识字，不识字就不能有政治，不识字只能有流言蜚语、传闻偏见，而没有政治。”在一个文盲充斥的国家，独裁、迷信、官僚主义往往大行其道。

10. B 【解析】教育的社会流动功能，按其流向可分为横向流动功能与纵向流动功能。教育的社会横向流动功能是指社会成员因受到教育和训练而提高了能力，可以根据社会需要，结合个人意愿与可能，更换其工作地点、单位等，做水平的流动，改变其环境而不提升其在社会阶层或科层结构中的地位，亦称水平流动。教育的社会纵向流动功能是指社会成员因受教育的培养与筛选，能够在社会阶层、科层结构中做纵向的提升，包括职称晋升、职务升迁、薪酬提级别，改变了其社会层级地位与作用。“寒门出贵子”即体现了教育的社会纵向流动功能。

11. A 【解析】科学技术对教育的作用主要表现在：(1)科学技术能够改变教育者的观念；

(2)科学技术能够影响受教育者的数量和教育质量;(3)科学技术能够影响教育的内容、方法和手段;(4)科学技术影响教育技术。“全体在校生通过钉钉课堂等智慧便捷的网课软件在家学习”是科学技术影响教育方法和手段的体现。

12. D 【解析】由题干可知,教育既可以促进个体发展,也可以阻碍个体发展,并非所有的教育都能够促进个体发展,教育促进个体的发展是有条件的。故选 D 项。

13. B 【解析】遗传素质随着环境和人类实践活动的改变而改变。正如巴甫洛夫曾经指出:“神经活动类型在生活进程中发展着、变化着,并且神经活动类型,不仅是遗传的结果,也是环境和有机体之间复杂的相互作用的结果,教育能养成儿童生活所必需的神经活动类型。”遗传素质随着环境、教育和人类实践活动的深入而改变,即使是有好的遗传素质,如果没有得到较好的环境与教育,或者个人主观不努力,也难以有较好的发展。这说明遗传素质具有可塑性。

14. B 【解析】内发论强调内在因素,如“需要”“成熟”,强调人的身心发展的力量主要源于人自身的内在需要,身心发展的顺序也是由身心成熟机制决定的。即在人的身心发展过程中起决定作用的是遗传素质。外铄论认为人的发展主要依靠外在的力量,诸如环境的刺激和要求、他人的影响和学校的教育等。总的来说,外铄论一般都注重教育的价值,对教育改造人的本性,形成社会所要求的知识、能力、态度等方面,都保持积极乐观的态度。B 项的意思是:仁义礼智都不是由外在的因素加给我的,而是我本身固有的。这体现了内发论的观点,其他三项为外铄论的观点。

**二、多项选择题**

1. AC 【解析】身心发展的顺序性是指人的身心发展是一个由低级到高级、由简单到复杂、由量变到质变的连续不断的发展过程。教育工作要遵循这种顺序性,**循序渐进**地促进人的发展。身心发展的阶段性是指个体身心发展在不同的年龄阶段表现出不同的**总体特征及主要矛盾**,面临着不同的**发展任务**。个体身心发展的阶段性规律,决定了教育工作必须根据不同年龄阶段的特点分阶段进行。家长培养“神童”时,让其提早学习超越其年龄的知识,这违背了人的身心发展的顺序性和阶段性规律。

2. ABCD 【解析】经济对教育的决定作用体现在:(1)经济发展为教育发展提供**基础性条件**;(2)经济的发展水平决定教育的**规模和速度**;(3)经济发展水平对人才培养**规格**和教育**结构**有制约作用;(4)经济发展水平对教育的内容、手段和组织形式的改革有决定作用。

3. BCD 【解析】个体身心发展的个别差异性,是指个体之间的**身心发展**以及个体身心发展的不同方面之间,存在着发展程度和速度的不同。B、C、D 三项均符合个体身心发展差异性的特点。

4. ABCD 【解析】遗传素质是人的发展的**物质基础**,具体体现在以下几个方面:(1)遗传素质为人的身心发展提供了**可能性**;(2)遗传素质的成熟程度制约着人的身心发展过程;(3)遗传素质的差异性影响着人身心发展的个别差异;(4)遗传素质具有一定的**可塑性**。

5. AD 【解析】“小李对美术比较敏感”体现出**遗传素质**对个体身心发展的影响,“但她不喜欢美术,也很难成为美术家”则反映了**个体主观能动性**对身心发展的影响。

6. AC 【解析】题干中,我国在很多方面仍然受到儒家文化的影响。例如,在我国的家庭教育或学校教育中都十分强调孝道,这体现了文化对教育的**价值取向和教育内容**的选择的影响。

7. BCD 【解析】从广义上说，教育是文化的一部分，但教育又是一种非常特殊的文化，因为教育既是文化的构成体，又是文化传递、深化与提升的手段。这就是教育的**双重文化属性**。故 A 项说法错误。文化对学校课程的影响主要体现在两个方面：(1)**课程内容**的丰富；(2)**课程结构**的更新。故 B 项说法正确。不同的教育在很大程度上是由不同的文化价值观支配和决定的。一个社会的教育是以保存或传承现有文化成果作为主要的、甚至是唯一的价值取向，还是在继承现有文化的同时致力于传统文化的转型并创造新文化，取决于社会总体的文化价值观。故 C 项说法正确。不同的文化影响着人们对知识及其来源的认识，在教育上影响着人们对师生关系的认识，由此**决定**了人们对教育教学方法的不同应用。故 D 项说法正确。

8. ABCD 【解析】教育具有优化人口的功能：(1)教育可以控制人口**数量**，控制人口增长；(2)教育可以改善人口素质，提高人口**质量**；(3)教育可以促进**人口结构**趋于合理化；(4)教育有助于人口迁移。

三、判断题

1. A 【解析】社会政治经济制度发展的**根本动力**是生产力与生产关系的矛盾运动，教育在这种矛盾运动中只起加速或延缓作用，而不起决定作用。

2. A 【解析】在教育与儿童的发展这两件事上，它们之间是一种**主从**的关系，其中儿童的发展是主，学校教育只是从属于儿童发展，并为儿童发展服务的过程；它们之间也是**目的和手段**的关系，儿童发展是源于人类本性的目标实现过程，而教育仅是实现发展的特殊手段，其特殊性表现为教育在儿童的发展中起**主导作用**。

3. B 【解析】教育对社会发展的促进作用，即教育的**社会发展功能**。教育的本质是培养人才，通过人才的培养发挥对社会的影响，是教育实现社会发展功能的**基本途径**。

4. B 【解析】在人口增长速度快的地区，教育发展应以**扩大规模、满足数量需求**为战略重点；而在人口增长速度较为平缓且经济发展有保障的地区，教育发展则以**提高教育质量**为战略重点。

# 专题三　教育目的与教育制度

## 错误率：50%以上

### 考点1 培养目标与教学目标

[2019 河南·判断]培养目标是教育者在教育教学过程中，在完成某一阶段工作时，希望受教育者达到的要求或产生的变化结果。(　　)

A. 正确　　　　B. 错误

**[考生易错]**A

**[思路分析]**本题有50%的同学易将题干内容判断为正确。考生易将"培养目标"与"教学目标"的概念弄混。培养目标是根据国家的教育目的制定的某一级或某一类学校、某一专业对人才培养的具体要求，是国家教育目的在不同教育阶段、不同级别的学校、不同专业方向的具体化。教学目标是指教学活动结束后学生所能达到的预期标准。它是教育者在教育教学过程中，在完成某一阶段的工作时，希望受教育者达到的要求或产生的变化结果。

教学目标是培养目标在教学活动中的进一步具体化。培养目标强调的是各级各类学校的任务，而教学目标则强调的是具体的教学活动中的预期标准。

**[正确答案]**B

**变式练习**

1.[单选]各级各类学校的培养目标是由特定的社会领域和(　　)决定的，各级各类学校要完成各自的教育任务，必须制定各自的培养目标。

A. 特定的社会层次的需要　　　　B. 特定的教育阶段

C. 特定的专业方向　　　　D. 人的身心发展特点

**答案：**A

**解析：**根据各级各类学校的任务确定的对所培养的人的特殊要求习惯上称为培养目标。它是由特定的**社会领域**和特定的**社会层次的需要**决定的，各级各类学校要完成各自的教育任务，必须制定各自的培养目标。

2.[单选]学习"昆虫的种类"这节课时，老师要求学生能准确识别昆虫，这种要求属于教育目的层次中的(　　)

A. 教育目的　　B. 培养目标　　C. 课程目标　　D. 教学目标

**答案：**D

**解析：**教师的教学目标是指教学活动结束后学生所能达到的预期标准，也即教育者在教育教学过程中，在完成某一阶段的工作时，希望受教育者**达到的要求**或产生的变化结果。根据题干所述，老师要求学生在学完"昆虫的种类"这节课后能准确识别昆虫，这属于教师的教学目标。

3.[判断]教学目标与培养目标彼此相关，培养目标是教学目标的具体化。(　　)

A. 正确　　　　B. 错误

**答案：**B

**解析**:教学目标是培养目标的具体化。

**考点2 确立教育目的的依据**

[**2020 内蒙古·多选**]制定教育目的的依据包括( )

A. 特定的社会政治、经济、文化背景　　B. 青少年儿童身心发展规律

C. 人们的教育理想　　D. 教育实践经验

[**考生易错**]ABCD 或 AB

[**思路分析**]本题有22%的同学易漏选C项、57%的同学易错选D项。考生易对确立教育目的的依据理解不透彻。确立教育目的的依据主要包括:(1)特定的社会政治、经济、文化背景。(2)人的身心发展特点和需要。教育目的的确定还要受到受教育者身心发展的规律这一客观依据的影响。(3)人们的教育理想。人们在考虑教育目的时往往会受其哲学观念、人性假设和理想人格等观念和价值取向这些主观依据的影响。

[**正确答案**]ABC

**变式练习**

[**单选**]确定教育目的的客观依据是( )

A. 哲学观念　　B. 人性假设

C. 生产力和科技发展水平　　D. 理想人格

**答案**:C

**解析**:特定的社会政治、经济、文化背景是确立教育目的的客观依据。主要表现为:(1)教育目的的确定受社会生产力和科学技术发展水平的制约。(2)教育目的的确定受一定社会经济和政治制度的制约。(3)教育目的的确定必须考虑历史发展的进程。(4)不同国家的**文化背景**也使教育培养的人各具特色。

**考点3 个人本位论与社会本位论**

[**2017 河南·单选**]教育史上,认为教育的目的就在于帮助人们充分地实现他们的自然潜能,以便在此基础上建立理想的社会和国家的是( )

A. 教育目的的社会本位论　　B. 教育目的的个人本位论

C. 教育无目的论　　D. 教育目的泛化论

[**考生易错**]A

[**思路分析**]本题有60%的同学易错选A项。考生易将题干的重点把握错误。个人本位论倡导个性解放,尊重人的价值。教育的目的是培养健全发展的人,发展人的本性,挖掘人的潜能,增进受教育者的个人价值。社会本位论认为,个人的发展必须服从社会需要,因为个人生活在社会中,受制于社会环境。教育的目的是为社会培养合格的成员和公民,使受教育者社会化。题干中虽然提到了在实现人们自然潜能的基础上建立理想的社会和国家,但是首要的教育目的在于帮助人们充分地实现他们的自然潜能,认为人的发展是至关重要的,符合个人本位论的观点。

[**正确答案**]B

**变式练习**

1.[**单选**]我国古代各个历史时期的教育都要求受教育者“修己、立己、成己”,以养成个

人的“个性、智能、学识”，并要外化出去。这反映了教育目的的(　　)

A.“社会本位论”价值取向　　B.“个人本位论”价值取向

C.“文化本位论”价值取向　　D.“学而优则仕”价值取向

**答案：**A

**解析：**“社会本位论”价值取向的观点包括：(1)确立教育目的的根据是社会的要求，个人的发展必须服从社会需要，因为个人生活在社会中，受制于社会环境。(2)教育的目的是为社会培养合格的成员和公民，使受教育者**社会化**。(3)社会价值高于个人价值，教育质量和效果可以用社会发展的各种指标来评价。题干中，描述的“修己、立己、成己”，以养成个人的“个性、智能、学识”，并要外化出去，更关注的是社会价值，所以反映了教育目的的“社会本位论”价值取向。

**2.［单选］**德国教育家凯兴斯泰纳曾提出过“造就合格公民”的教育目的，这种教育目的论属于(　　)

A.个人本位论　　B.社会本位论

C.集体本位论　　D.个别差异论

**答案：**B

**解析：**“造就合格公民”的教育目的强调的是为社会培养合格的成员和公民，属于社会本位论的观点。

## 考点4 马克思主义关于人的全面发展学说

**［2020 河南·多选］**根据马克思主义关于人的全面发展学说，下列表述正确的有(　　)

A.人的全面发展是与人的片面发展相对而言的

B.人朝什么方向发展，怎样发展，发展到什么程度取决于社会条件

C.人类的全面发展只有到了社会主义中级阶段才能实现

D.教育与生产劳动相结合是实现人的全面发展的唯一方法

**［考生易错］**AD

**［思路分析］**本题有35%的同学易漏选B项。考生易因对马克思主义关于人的全面发展学说的主要内容掌握不到位而出错。马克思主义关于人的全面发展学说是马克思、恩格斯在经济学的研究中考察社会物质生产与人的发展关系时所提出的关于人的发展问题的基本原理，是马克思主义教育思想的重要组成部分。它的基本思想是：(1)人的发展是与社会发展相一致的。(2)人的全面发展是与人的片面发展相对而言的，全面发展的人是精神和身体、个体性和社会性得到普遍、充分而自由发展的人。(3)从历史发展的进程来看，人的发展受到社会分工的制约。旧式劳动分工造成人的片面发展，大工业机器生产要求人的全面发展，并为人的全面发展提供了物质基础和可能性。(4)人朝什么方向发展，怎样发展，发展到什么程度取决于社会条件。(5)马克思预言，人类的全面发展只有在共产主义社会才能得以实现。(6)教育与生产劳动相结合是实现人的全面发展的唯一方法。

**［正确答案］**ABD

### 变式练习

**1.［单选］**马克思在《资本论》中指出，造就全面发展的人的唯一方法是(　　)

A.生产劳动同智育与体育相结合　　B.生产劳动同德育与体育相结合

C. 生产劳动同智育与美育相结合　　D. 生产劳动同德育与美育相结合

**答案**:A

**解析**:马克思在《资本论》中指出:"未来教育对所有已满一定年龄的儿童来说,就是生产劳动同智育和体育相结合,它不仅是提高生产的一种方法,而且是造就全面发展的人的唯一方法。"

2. [**多选**]马克思主义关于人的全面发展的内涵极为丰富,突出表现在(　　)

A. 人的自由发展

B. 人的才能的全面发展

C. 人的匀速发展

D. 人的生产物质生活本身的劳动能力的全面发展

**答案**:ABD

**解析**:纵观马克思主义对人的全面发展含义的各种表述可知,人的全面发展具有丰富的内涵:(1)人的生产物质生活本身的劳动能力的全面发展;(2)人的才能的全面发展;(3)人自身的全面发展;(4)人的自由发展。

## 考点5 素质教育在实施中存在的误区

[**2020 河北·单选**]素质教育的误区之一:素质教育就是多开展课外活动,多上文体课。对应此误区正确的观点应该是(　　)

A. 主渠道是教学,主阵地是课堂　　B. 加强考试在学生培养中的功能

C. 坚持面向全体学生的目标　　D. 坚持使学生全面发展的观点

[**考生易错**]D

[**思路分析**]本题有48%的同学易错选D项。考生易将素质教育的实施误区与其对应正确观点弄混。"素质教育就是多开展课外活动,多上文体课"是对素质教育形式化的误解。教育培养人的基本途径是教学,学生的基本任务是在接受人类文化精华的过程中获得发展。这就决定了素质教育的主渠道是教学,主阵地是课堂。

"素质教育就是要学生什么都学、什么都学好"是对素质教育使学生全面发展的误解。素质教育强调为学生的发展奠定基础,同时又要发展学生的个性,因此素质教育对学生的要求是合格加特长。

"素质教育就是不要考试,特别是不要百分制考试"是对考试的误解。考试包括百分制考试本身没有错,要说错的话,就是应试教育中使用者将其看作学习的目的。考试作为评价的手段,是衡量学生发展的尺度之一,也是激励学生发展的手段之一。

"素质教育就是不要'尖子生'"是对素质教育面向全体学生的误解。素质教育坚持面向全体学生,意味着素质教育要使每个学生都得到与其潜能相一致的发展。

素质教育在实施中存在的不同误区是易错点也是易考点,考生需在全面理解素质教育的基础上重点掌握,不能仅从表面上去判断某一论断是否正确。

[**正确答案**]A

### 变式练习

[**多选**]下列有关素质教育的说法,正确的是(　　)

A. 素质教育就是特长教育　　B. 素质教育以人的素养发展为核心

C. 素质教育关注的是人的发展质量　　　　D. 素质教育的最终目标是取消考试

**答案**:BC

**解析**:素质教育的目的,就是为了形成一个人的人文素养、科学素养、社会生活素养、心理素养和人格素养等。上述五个方面的素养**相互关联**,涵盖了一个人的全部精神世界与物质世界。它是一种以人的素养发展为核心,关注人发展质量的教育。B、C 两项正确。

素质教育指向人的全面素养的提高,并注重德育为先、能力为重、全面发展,以**人文素养**作为统领诸多专业素养的第一元素,强调人对世界、环境、人生的看法和意义,包括人的人生观、世界观、价值观、道德观等,也就是一个人对人、事、物的看法,也可以称为人的“**心态**”。素质教育并不是简单的特长教育,素质教育对学生的要求是合格加特长,A 项说法错误。排除。

D 项是对考试的误解,考试包括百分制考试本身没有错,要说错的话,就是应试教育中使用者将其看作学习的目的。考试作为评价的手段,是衡量学生发展的尺度之一,也是激励学生发展的手段之一。故 D 项排除。

## 考点 6 ▶教育制度与教育体制

[2019 **河南·单选**]反映一个国家配合政治、经济、科技体制而确定下来的学校办学形式、层次结构、组织管理等相对稳定的运行模式和规定。这是指(　　)

A. 教育体制　　　　B. 学校管理制度

C. 教育制度　　　　D. 学校领导制度

[**考生易错**]C

[**思路分析**]本题有 38% 的同学易错选 C 项。考生易将“教育制度”与“教育体制”的概念弄混。教育制度是指一个国家或地区各级各类教育机构与组织的体系及其各项规定的总称。它包括相互联系的两个基本方面:一是各级各类教育机构与组织的体系;二是各级各类教育机构与组织体系赖以存在和运行的一整套规则。教育体制是一个国家配合政治、经济、科技体制而确定下来的学校办学形式、层次结构、组织管理等相对稳定的运行模式和规定。它是由教育的机构体系与教育的规范体系所组成的。

两者区分的重点:(1)教育制度——机构与组织的体系及其各项规定;(2)教育体制——相对稳定的运行模式和规定。考生在做题时要抓住关键字眼进行区分。

[**正确答案**]A

**变式练习**

[**判断**]教育体制其实就是教育制度。(　　)

A. 正确　　　　B. 错误

**答案**:B

**解析**:教育体制是一个国家配合政治、经济、科技体制而确定下来的学校办学形式、层次结构、组织管理等相对稳定的运行模式和规定;教育制度是指一个国家或地区各级各类教育机构与组织的体系及其各项规定的总称。二者是不同的。

## 考点 7 ▶学校的产生

[2018 **湖南·单选**]学校产生的重要标志是(　　)

A. 生产力的发展　　　　B. 奴隶制国家的形成

C. 文字的产生和应用　　　　D. 专职教师的出现

**[考生易错]**D

**[思路分析]**本题有36%的同学易错选D项。考生易将学校产生的基础与条件弄混。学校的产生应该具备以下几个条件:(1)生产力的发展以及社会生产水平的提高,为学校的产生提供了物质基础;(2)脑力劳动和体力劳动的分离,为学校的产生提供了专门从事教育活动的知识分子;(3)文字的创造与知识的积累,为学校教育活动的开展提供了有效的教育手段与充分的教育内容;(4)国家机器的产生,需要专门的机构培养官吏和知识分子来为统治阶级服务。

学校产生的历史基础是生产力的发展和奴隶制国家的形成;学校产生的客观条件是体脑分工和专职教师的出现;学校产生的重要标志是文字的产生和应用。考生可通过关键词进行识记:基础是"生产力""奴隶制国家";客观条件是"体脑""专职教师";标志是"文字"。

**[正确答案]**C

**变式练习**

[单选]教育从生产劳动中第一次分离的标志是(　　)

A. 学校的产生　　　　B. 剩余产品的出现

C. 有了国家　　　　D. 创造了文字

**答案:**A

**解析:学校的产生**标志着教育从生产劳动中的第一次分离。

## 考点8 ▶现代学制的类型

[2019 **广东·单选**]下列哪种学制有利于教育的逐级普及,对现代生产和现代科技的发展具有更大的适应能力(　　)

A. 单轨学制　　B. 双轨学制　　C. 多轨学制　　D. 分支型学制

**[考生易错]**D

**[思路分析]**本题有52%的同学易错选D项。考生易将"单轨学制"与"分支型学制"的特点弄混。单轨学制最早产生于美国,后来被许多国家采用,其优点在于它有利于教育逐级普及,对现代科技和现代生产的发展具有更大的适应能力,阶级的对立与差别不十分明显。分支型学制既有利于教育的普及,又使学术性保持较高水平。但教学不够灵活,特别是地域性较强的课程得不到很好的发展。考生在识记时,要结合各学制的概念去深入理解。

**[正确答案]**A

**变式练习**

1. **[单选]**世界学制的演变表明:义务教育延长到哪里学制就并轨到哪里。最能体现教育机会均等的学制是(　　)

A. 分支型学制　　B. 双轨制　　C. 单轨制　　D. 多轨制

**答案:**C

**解析:**单轨制有利于教育的**逐级普及**,是机会均等地普及教育的最好形式。它对现代生产和现代科技的发展具有更强的**适应能力**。故选C项。

2. **[单选]**英国政府1870年颁布的《初等教育法》中,一方面保持原有的专为资产阶级

子女服务的学校系统,另一方面为劳动人民的子女设立国民小学、职业学校。这种学制属于(　　)

A. 双轨学制　　B. 单轨学制　　C. 中间型学制　　D. 分支型学制

**答案:**A

**解析:**英国是双轨学制的典型代表。其学校系统分为两轨:一轨是**学术教育**,为特权阶层子女所占有,学术性很强,学生可升到大学以上;另一轨是**职业教育**,为劳动人民的子弟所开设,属生产性的一轨。两轨之间互不相通,互不衔接。双轨制不利于教育的普及。

## 错误率:75%以上

### 考点1 ▶教育目的的功能

[2019 **广东·单选**]教育目的是对受教育者未来发展结果的一种设想,具有理想性的特点,这体现了教育目的的(　　)

A. 选择功能　　B. 激励功能　　C. 导向功能　　D. 评价功能

**[考生易错]**C

**[思路分析]**本题有74%的同学易错选C项。考生易将教育目的的"导向功能"与"激励功能"弄混。教育目的对教育工作具有导向作用,它不仅为受教育者指明方向、预定发展结果,也为教育工作者指明工作方向和奋斗目标。因此,教育目的无论是对受教育者还是教育者都具有目标导向作用。教育目的对贯彻教育方针具有激励作用,它不仅能指导整个教育实践活动过程,而且能够激励人们为实现共同的目标而努力。教育目的本身就包含对学生成长的期望和要求,因此对学生的发展具有很大的激励作用。

导向功能侧重于指明方向和奋斗目标、预定发展结果。而激励功能则强调激励人们为实现共同的目标而努力,包含着对学生成长的期望和要求。题干中指出教育目的是对受教育者未来发展结果的一种设想,具有理想性的特点,这就决定了它具有激励教育行为的作用,可以激励学生努力学习。

**[正确答案]**B

### 变式练习

1. **[多选]**教育目的的评价作用表现在以下哪几个方面(　　)

A. 评价学校的办学方向　　B. 评价教师的教学质量

C. 指明受教育者的发展方向　　D. 检查学生的学习质量

**答案:**ABD

**解析:**教育目的是衡量、评价教育实施效果的根本依据和标准。评价学校的办学方向、办学水平、办学效益,检查教育教学工作的质量,评价教师的教学质量和工作效果,检查学生的学习质量和发展程度等,都必须以教育目的为依据和标准来进行。C项属于教育目的的导向作用的表现。

2. **[多选]**教育目的对教育活动的定向功能具体体现为(　　)

A. 对教育社会性质的定向作用　　B. 对人的培养的定向作用

C. 对课程选择及其建设的定向作用　　D. 对教师教学方向的定向作用

**答案:**ABCD

**解析:**教育目的及其所具有的层次性,不仅内含对**整体教育活动**努力方向的指向性和结

果要求，而且还含有对**具体教育活动**的具体规定性。具体体现为：(1)对教育社会性质的定向作用，对教育“为谁培养人”具有明确的规定；(2)对人的培养的定向作用；(3)对课程选择及其建设的定向作用；(4)对教师教学方向的定向作用。

**考点2 我国教育目的的内涵**

[**2019 河南·多选**]下列有关我国教育目的的表述正确的有(　　)

A. 社会主义是我国教育性质的根本所在

B. 使受教育者德智体美等方面全面发展，明确了我国人才培养的素质要求

C. 注重提高全民族素质反映了我国教育的基本使命

D. 为经济建设和社会全面发展进步培养各级各类人才是当今社会发展赋予教育的根本宗旨

[**考生易错**]ABC 或 ABCD

[**思路分析**]本题有82%的同学易错选C项、65%的同学易错选D项。考生易将我国教育目的的“根本宗旨”与“基本使命”两个知识点弄混。我国教育目的的精神实质包括：(1)社会主义是我国教育性质的根本所在——明确了我国教育的社会主义方向；(2)使受教育者德智体美等方面全面发展——明确了我国人才培养的素质要求；(3)注重提高全民族素质——是我国当今社会发展赋予教育的根本宗旨，也是我国当代教育的重要使命；(4)为经济建设和社会全面发展进步培养各级各类人才——反映了我国教育的基本使命。

“根本宗旨”侧重于一种指导思想，起统帅作用；“基本使命”则侧重于要达成的具体目标。考生在做题时要加深对关键词的理解。

[**正确答案**]AB

**变式练习**

[**单选**]下列选项中，(　　)不属于我国教育目的所包含的基本点。

A. 坚持全面发展　　B. 培养独立个性

C. 坚持素质教育　　D. 培养社会主义建设人才

**答案**：C

**解析**：现阶段我国教育目的的基本点主要表现在：(1)坚持社会主义方向性。要求培养的人是社会主义事业的建设者和接班人。(2)坚持**全面**发展。(3)培养独立**个性**。(4)教育与生产劳动相结合，是实现我国教育目的的根本途径。(5)注重提高**全民族素质**。

## 进阶测评

| 限时:35 分钟 | 用时:________分钟 | 总题数:35 道 | 正确题:________道 |
|---|---|---|---|

**一、单项选择题**

1. “教师让学生学会认知、学会生活、学会生存、学会做人、学会在实践中不断地充实和完善自己”体现出(　　)的发展观。

A. 注重学生的可持续发展　　B. 注重学生的全面发展

C. 注重学生的非智力因素的发展　　D. 注重学生的智力因素的发展

2. 学校体育能够使学生在劳累之后在体力和精神上得到恢复和放松，这体现了学校体育的(　　)

A. 娱乐功能　　B. 教育功能

C. 健体功能　　D. 价值功能

3. 教育机构的设置、层次类型的分化、各级各类教育机构的制度化，都受社会生产力发展水平的制约，这说明教育制度具有(　　)

A. 规范性　　B. 客观性　　C. 历史性　　D. 强制性

4. 同为资本主义国家，法国的教育制度是集权制，美国和英国的教育制度是分权制。同样是实施分权制，美国和英国的分权制又有不同，各有自己的传统和特色。这主要体现了(　　)对教育制度的影响。

A. 经济　　B. 政治　　C. 文化　　D. 自然

5. 学校(　　)建设的重点是尊重与参与、学习与创新、发展与确定诚信价值观。

A. 物质文化　　B. 制度文化

C. 教师文化　　D. 学生文化

6. 学校全体成员在学习、工作和生活过程中所共同拥有的价值观、信仰、态度、作风和行为准则是(　　)

A. 校园物质文化　　B. 校园精神文化

C. 校园组织与制度文化　　D. 校园文化

7. “实用主义教育目的”“要素主义教育目的”“永恒主义教育目的”这些教育目的观的提出，说明了教育目的具有(　　)

A. 理想性　　B. 排他性

C. 实践性　　D. 理论性

8. 当代学制发展的特征不包括(　　)

A. 重视学前教育，注重早期智力开发

B. 初等教育入学年龄提前

C. 改革初等教育，重点发展中等职业教育

D. 终身教育迅速发展

9. 随着终身教育理念的提出与深入，现代学校制度改变了原来金字塔式的学制结构，现代社会里中等教育逐渐普及，职业技术教育、中等专业教育蓬勃发展，高等教育形式多样、层次增多，这使得金字塔式学制中间加宽，塔尖不再那么尖锐。这些特征体现出现代教育制度的(　　)特征。

A. 开放性　　B. 民主化　　C. 弹性化　　D. 科学性

10. 我国古代社会提出的“在明明德，在亲民，在止于至善”的教育目的，体现了(　　)对教育目的确立的影响。

A. 经济　　B. 政治　　C. 文化　　D. 科技

11. 18 世纪初，欧洲商业和手工业的发展推动着中等学校向现代学校的方向迈出了决定性的一步，其标志性事件就是(　　)

A. 小学的普及　　B. 实科中学的出现

C. 大学的产生　　D. 初等中学的出现

12. 下列关于应试教育和素质教育区别的说法正确的是(　　)

A. 应试教育强调以学生为中心,素质教育强调充分发挥教师的主导作用

B. 应试教育强调以课堂教学为中心,素质教育则是多渠道、多层次的,二者均是课内与课外两条渠道

C. 应试教育强调以课本为中心,素质教育是多种课程的互补

D. 应试教育的教学水平可以达到探索性水平,素质教育可以达到说明性水平、探索性水平

13. 实施美育有多种途径和方法,下列属于通过日常生活进行美育的是(　　)

A. 带领学生到户外欣赏大自然的美

B. 组织学生参加美化学校环境的活动

C. 在课堂上让学生鉴赏电影

D. 组织学生参加舞蹈活动

14. 关于德育、智育、体育、美育在全面发展教育中的作用,下列表述正确的是(　　)

A. 德育起前提和支持作用　　B. 体育起灵魂和统帅作用

C. 智育起基础作用　　D. 美育起动力作用

15. 学校的考试制度规定:在考试过程中,任何学生和教师不能有舞弊行为,否则,一经查实,就要给予相应的处分。这体现了教育制度的(　　)

A. 客观性　　B. 规范性　　C. 强制性　　D. 历史性

16. 成绩一向不佳的小刚希望参加学校的男子篮球队,王老师拒绝了他的申请,关切地对他说:"小刚,你还是把心思多放在学习上,先把成绩提上来再说。"王老师的做法(　　)

A. 不恰当,不应该随意拒绝学生请求

B. 不恰当,不注重学生的全面发展

C. 恰当,体现教师对学生严慈相济

D. 恰当,体现教师对学生的关心

## 二、多项选择题

1. 教育目的的显著特点有(　　)

A. 教育目的的意识性

B. 教育目的对教育活动具有质的规定性

C. 教育目的的社会性

D. 教育目的的时代性

2. 教育目的结构包括(　　)

A. 教育所培养的人的身心素质　　B. 教育所培养的人的知识结构

C. 教育所培养的人的社会价值　　D. 教育所培养的人的人格特征

3. 下列关于教育目的的价值取向确立应注意的问题,说法正确的有(　　)

A. 当代教育目的的选择和确立,要认清和摆脱科学主义和人文主义哲学观的片面性

B. 当代教育目的的选择和确立,在价值取向上不能将理性和非理性对立

C. 就现实社会的同一方面而言，教育对其适应或超越有固定的先后之分

D. 教育的人文价值与功利价值是对立的，应该引导“以义抑利”

4. 科学设置教学目标要注重(　　)

A. 教学目标的时代性和多元性　　B. 教学目标的整体性和发展性

C. 教学目标的激励性和层次性　　D. 教学目标的可操作性和可检测性

5. 素质教育具有(　　)的要义。

A. 面向全体　　B. 全面提高

C. 主动发展　　D. 个别发展

6. 国家实施素质教育有(　　)的基本要求。

A. 坚持德育为先　　B. 坚持能力为重

C. 坚持全面发展　　D. 坚持间接经验为主

7. 美育作为培养“完整的人”的重要方面，其作用主要表现在(　　)

A. 以美怡情　　B. 以美导善　　C. 以美为荣　　D. 以美健体

8. 教育目的对教育活动的导向作用具体体现为(　　)

A. 教育政策的制定　　B. 教育制度的确立

C. 教育内容的取舍　　D. 教育效果的评价

9. 学校文化的形成主要来自(　　)

A. 社会的主流文化　　B. 学生亚文化

C. 社会的特定要求　　D. 外来文化

10. 教育目的是所有教育活动的出发点和最终归宿，是教育基本理论的重要组成部分。关于教育目的的说法正确的有(　　)

A. 教育目的与教育方针既有联系，也有区别，教育目的较理想，而教育方针较现实

B. 按结构层次从高到低依次是教育目的、培养目标、教学目标、课程目标

C. 在当下中小学中，“升学率”最被看重，这属于教育的实然的教育目的

D. 教育目的是人提出来的，形式上是主观的，因此教育目的没有客观性

11. 下列关于中国近代学制演变的叙述，正确的是(　　)

A. 壬寅学制是我国教育史上的第一个近代学制，也是我国近代第一个比较系统的法定学制

B. 癸卯学制是近代中国第一个由政府颁布并在全国范围内正式实施的学校教育制度

C. 壬子癸丑学制，以美国的学制为蓝图

D. 壬戌学制，又叫 1922 年学制，是中国近代教育史上影响最深的学制

12.《论语·颜渊》有言：“君子之德风，小人之德草。草上之风，必偃。”也就是人们常说的“风行草偃”。下列能体现这一作用和精神的是(　　)

A. 学校校训　　B. 学校雕塑

C. 教风影响　　D. 班级舆论

13. 下列关于学校文化的表述,正确的是(　　)

A. 校园文化是学校文化的缩影

B. 学校硬件设备属于物质文化

C. 学校制度文化是学校精神文化的物质载体

D. 学校文化并非天然形成,而是共同习得的

**三、判断题**

1. 广义的教育目的是指存在于人的头脑之中的对受教育者的期望和要求。(　　)

A. 正确　　B. 错误

2. 根据美国教育家杜威的教育目的观,升学、就业属于教育的外在目的。(　　)

A. 正确　　B. 错误

3. 我国教育目的的根本性质和特点,是要求受教育者在德、智、体等方面全面发展。(　　)

A. 正确　　B. 错误

4. 我国教育目的所规定的教育组成部分包括德育、智育、体育、美育和劳动技术教育。其中,德育是实现个体和社会协调统一、和谐发展的纽带和桥梁。(　　)

A. 正确　　B. 错误

5. 目前在我国,义务教育和基础教育是同一个概念。(　　)

A. 正确　　B. 错误

6. 素质教育最终要通过教师落实到学生身上,学生的素质决定素质教育的水平。(　　)

A. 正确　　B. 错误

## 参考答案及解析

**一、单项选择题**

1. A 【解析】题干所述体现的是素质教育的发展目标,素质教育是一种可持续发展的**能力观**、**教育观**,是一种适应终身教育的**学习观**。因此,答案选 A。

2. A 【解析】学校体育的功能包括健体功能、教育功能、娱乐功能。其中,娱乐功能是指学校体育能够使学生在劳累之后在**体力**和**精神**上得到恢复和放松。

3. B 【解析】教育机构的设置、层次类型的分化、各级各类教育机构的制度化,都受客观的生产力发展水平制约,具有客观性。

4. C 【解析】教育活动既是在一定的文化背景下进行的,又承担着一定的文化功能,如文化选择,文化传承,**文化整合与文化创造**等。不同的文化类型必然会影响到教育的类型,影响到教育制度。题干的描述都是由于文化的不同而引起的,即体现了文化对教育制度的影响。

5. B 【解析】学校制度文化相对于物质文化与精神文化,是学校在日常管理要求或规范中长期逐步形成的管理机构和规章制度、条例、措施、规定、行为规范等,体现学校个体特有的管理理念、人文精神、发展目标、运行效果等。学校制度文化建设的重点是尊重与参与、

学习与创新、发展与诚信价值观的确立,服务、激励、保障等学校制度文化的构建,具体包括对学校制度文化建设的认识,师生工作学习主动性、创造性和实效性制度的激活,富有人文情怀、创新活力与团队精神的学校部门群体的制度,学生教育管理制度,班级管理制度,教师教育教学管理制度等的文化建设。

6. D 【解析】所谓校园文化,就是学校全体成员在学习、工作和生活的过程中所共同拥有的**价值观、信仰、态度、作风和行为准则**。

7. A 【解析】教育目的具有三个特性:**抽象性、理想性和终极性**。其中,教育目的的理想性是指教育目的表述总是渗透着人们对美好生活的追求,反映着人们对人生理想的看法,它带有**超越现实生活**的性质。教育目的是一种理想,它同政治理想、社会理想等紧密结合在一起。因此,从不同的哲学观点出发就有不同的教育目的,如实用主义教育目的、要素主义教育目的、永恒主义教育目的、存在主义教育目的等。

8. C 【解析】当代学制发展的特征:(1)教育社会化与社会教育化;(2)重视**早期智力**开发和**学前教育**;(3)初等教育入学**年龄提前**,义务教育年限延长;(4)改革中等教育,发展职业教育;(5)高等教育**大众化**,结构层次与类型多样化;(6)以**终身教育**思想为指导,实现教育制度一体化,发展**继续教育**。

9. A 【解析】现代社会里,中等教育趋向普及,职业技术教育、中等专业教育蓬勃发展,高等教育**形式多样、层次增多**,原有金字塔型的封闭的学制结构,中间加宽,塔尖不再那么尖锐,而早期教育、继续教育、终身教育的发展,学制的开放性、梯形化特征日益明显。

10. C 【解析】教育目的的确立,除了受社会政治经济制度和生产力发展水平的影响外,还受文化的影响。例如,我国古代社会的主流文化是以儒学为核心的伦理型文化,这种文化反映在人才培养上,就是强调教育目的是"**在明明德,在亲民,在止于至善**"。

11. B 【解析】18 世纪初,欧洲的商业和手工业的发展产生了对**管理人才**和**技术人才**的需求,于是出现了以学习自然科学和现代外语为主要课程的实科中学。这是中等教育发展史上的一个**里程碑**,意味着中等学校向现代学校的方向迈出了决定性的一步。

12. C 【解析】在教学过程方面,应试教育强调以教师为中心。素质教育强调充分发挥教师的主导作用和学生的主体作用,两个作用密切结合。故 A 项说法错误。在教学结构方面,应试教育是单渠道的,强调以课堂教学为中心,只抓课内不抓课外,教学方法一般是讲、练、背、考。素质教育则是多渠道、多层次的,课内与课外两条渠道并举。故 B 项说法错误。在教学内容方面,应试教育强调以课本为中心,忽视知识的相互渗透和综合化。素质教育不是采用单一课程,而是多种课程的**互补**。故 C 项说法正确。教学基本上有三种水平,其一是**记忆性水平**;其二是**说明性水平**;其三是**探索性水平**。在教学效果方面,应试教育基本上只能达到记忆性水平或说明性水平。素质教育则要求达到探索性水平。故 D 项说法错误。

13. B 【解析】美育实施的途径有:(1)通过课堂教学和课外文化艺术活动进行美育;(2)通过大自然进行美育;(3)通过日常生活进行美育。通过日常生活进行美育的方式包括:一是利用家庭环境进行美育;二是组织学生参加美化学校环境的活动;三是引导学生在日常生活中体现美。故 B 项正确。另外,A 项属于通过大自然进行美育。C、D 项属于通

过课堂教学和课外文化艺术活动进行美育。

14. D 【解析】“五育”之间的联系表现在:(1)德育在全面发展教育中起着**灵魂**与**统帅**的作用;(2)智育在全面发展教育中起着前提和支持的作用;(3)体育在全面发展教育中起着**基础**作用;(4)美育在全面发展教育中起着**动力**作用;(5)劳动技术教育可以综合德育、智育、体育和美育的作用。

15. C 【解析】教育制度具有客观性、规范性、历史性和强制性。其中,强制性是指教育制度作为教育系统活动的规范是面向整个教育系统的。从某种意义上说,它独立于个体之外,对个体的行为具有一定的强制作用。例如,学校的考试制度规定任何学生和教师在考试过程中不能有舞弊行为,否则,一经查实,就要给予相应的处分。考试制度对于学生和教师个人都有一种强制性。

16. B 【解析】题干中的王老师过于看重小刚的学习成绩,虽然重视了小刚智育的发展,却忽视了小刚体育的发展。因此,王老师的做法不恰当,不注重学生德智体美劳的全面发展。

**二、多项选择题**

1. BCD 【解析】同人类社会生活和活动的目的一样,教育目的也带有意识性、意欲性、可能性和预期性的特点。除此之外,教育目的还有两个较为明显的特点:(1)教育目的对教育活动具有质的规定性;(2)教育目的具有**社会性和时代性**。A 项属于教育目的与其他人类社会活动目的的共同特点。BCD 项属于教育目的的显著特点,符合题意。

2. AC 【解析】教育目的的结构,是指教育目的的组成部分及其相互关系。从这个角度看,教育目的一般由两大部分组成。第一部分反映了对教育所要培养的人的**身心素质**所做出的规定。第二部分即对教育所要培养的人的**社会价值**做出规定。

3. AB 【解析】就现实社会的同一方面而言,教育对其适应或超越具有不固定的先后之分。因此,C 项错误。在重视人文精神、重视教育的人文价值的同时,要避免把它与功利价值对立起来。现实中“重利轻义”的现象是**片面**的,但因此而“重义轻利”,甚至“以义抑利”也是不可取的。如果把人文精神或教育的人文价值与功利价值对立起来考虑问题,就易导致“以义抑利”的禁欲主义。因此,D 项错误。

4. BCD 【解析】科学设置教学目标要注意:首先,要注重教学目标的**整体性和发展性**;其次,要注重教学目标的**激励性和层次性**;再次,要注重教学目标的**可操作性和可检测性**。

5. ABC 【解析】素质教育的三要义:第一,面向全体;第二,全面提高;第三,主动发展。

6. ABC 【解析】国家实施素质教育的要求包括坚持**德育为先**、坚持**能力为重**、坚持**全面发展**。

7. ABD 【解析】审美教育的社会作用包括以美导善、以美启真、以美健体和以美怡情。

8. ABCD 【解析】无论是教育政策的制定、教育制度的确立、教育内容的取舍、教育方法和手段的选择,还是对教育效果的评价,都是以教育目的为依据和前提的。无论是对教育者还是受教育者来说,教育目的都具有导向作用。

9. ABC 【解析】学校文化的形成主要来自两个方面:一是教育者根据社会的特定要求及社会的主流文化的基本特征精心设计和有意安排的文化;二是**学生亚文化**,主要由学生团体中的各种习惯、风俗、民约、传统、时尚、规范、语汇、价值观念等构成。

10. AC 【解析】教育目的的层次从高到低依次是:教育目的、培养目标、课程目标和教学目标,B 项错误。教育目的具有客观性,D 项错误。

11. ABD 【解析】壬寅学制是中国近代教育史上最早由国家正式颁布的学制系统,虽然正式公布,但并未实行。癸卯学制是中国近代教育史上第一部由国家颁布的并在**全国实行**的学制系统,成为中国近代教育走向制度化、法制化阶段的标志。壬子癸丑学制参照的是日本学制,是我国教育史上第一个具有资本主义性质的学制。壬戌学制,又叫 1922 年学制,是中国近代教育史上影响最深的学制。

12. ACD 【解析】孔子所谓"君子之德风,小人之德草,草上之风,必偃",就是强调风气的教化作用。这和学校隐性文化的作用一致。学校雕塑属于学校显性文化,B 项不选。

13. ABD 【解析】学校物质文化是学校精神文化的物质载体。C 项说法错误。

**三、判断题**

1. A 【解析】广义的教育目的是指存在于人的头脑之中的对受教育者的期望和要求。狭义的教育目的是指由国家提出的教育总目的和各级各类学校的教育目标,以及课程与教学等方面对所培养的人的要求。故题干说法正确。

2. B 【解析】外在教育目的不如内在教育目的较为切近具体的实际教育活动,对实际的、具体的教育活动来说,它只是一种**方向**、**方针**,而不是具体教育活动所能直接达到的目标。升学和就业是**实际的**、**具体的**教育活动,因此属于教育的内在目的。

3. B 【解析】坚持社会主义方向,是我国教育目的的**根本性质和特点**。

4. B 【解析】劳动技术教育实质是培养学生的创造性实践能力,它是实现个体与社会协调统一、和谐发展的**纽带和桥梁**。

5. B 【解析】我国的基础教育通常包括学前教育、初等教育与中等教育(包括初中阶段和高中阶段)。目前我国实行九年制义务教育,我国的义务教育主要包括小学教育和初中教育,不包括学前教育和高中教育。故目前在我国,义务教育属于基础教育的一部分,二者不能混为一谈。

6. B 【解析】实施素质教育,最终要通过教师落实到学生身上。教师的素质决定了素质教育的水平,因此,素质教育呼唤高素质的教师队伍。

# 专题四　教师与学生

## 错误率：50%以上

### 考点1 ▶教师的作用

[2017 **辽宁·单选**]教师是人类灵魂的工程师，在塑造年青一代的品格中起着(　　)作用。

A. 桥梁　　B. 关键　　C. 主导　　D. 决定

**[考生易错]**C

**[思路分析]**本题有44%的同学易错选C项。考生易将教师在不同范围内的“作用”弄混。教师的作用：(1)教师是人类文化的传播者，在社会的发展和人类的延续中起桥梁与纽带作用。(2)教师是人类灵魂的工程师，在塑造年青一代的品格中起着关键性作用。加里宁称教师是“人类灵魂的工程师”。(3)教师是人的潜能的开发者，对个体发展起促进作用。(4)教师是教育工作的组织者、领导者，在教育过程中起主导作用。考生在识记该知识点时，可结合关键词来区分：(1)文化传播者——发展和延续——桥梁、纽带作用；(2)灵魂工程师——塑造品格——关键作用；(3)潜能开发者——个体发展——促进作用；(4)组织者、领导者——教育过程——主导作用。

**[正确答案]**B

**变式练习**

**[单选]**教师是教育工作的组织者、领导者，在教育过程中起(　　)

A. 领导作用　　B. 主导作用　　C. 主体地位　　D. 执行作用

**答案**：B

**解析**：教师是教育工作的组织者、领导者，在教育过程中起**主导作用**。

### 考点2 ▶教师职业的发展阶段

[2019 **山东·判断**]教师作为一种历史悠久的社会职业，其进入专门化阶段的标志是专门的教育机构——学校的产生。(　　)

A. 正确　　B. 错误

**[考生易错]**A

**[思路分析]**本题有54%的同学易错将题干内容判断为正确。考生易将专职教师与学校的产生关系弄混。专职教师的出现是学校产生的客观条件，而教师职业的专门化以专门培养教师的教育机构的出现为标志。这里的教育机构专指培养教师的师范教育机构，并不是我们常规理解的学校。先有专门从事教师的人员出现，然后推动了学校的产生。而师范教育机构的出现，使得教师这个社会职业进入到专门化的阶段。

**[正确答案]**B

**变式练习**

1. **[单选]**我国奴隶社会时期，教育的一个重要特点是“学在官府”“以吏为师”。按照教师职业的历史发展，这属于教师职业的(　　)

A. 非职业化阶段　　B. 职业化阶段　　C. 专门化阶段　　D. 专业化阶段

**答案:**A

**解析:**教师职业发展的非职业化阶段的重要特征就是,没有专门的教育机构和专门的教师职业。“学在官府”“以吏为师”说明当时的教师都由**官吏兼任,官师一体**。这在教师职业发展历史中属于非职业化阶段。

2. [单选]春秋时期孔子兴办私学,“自行束脩以上,吾未尝无诲焉”。就教师职业的历史发展而言,这属于教师职业发展的( )

A. 非职业化阶段 B. 职业化阶段

C. 专门化阶段 D. 专业化阶段

**答案:**B

**解析:**教师职业的发展经历了非职业化阶段、职业化阶段、专门化阶段、专业化阶段。职业化阶段,独立的教师行业伴随着私学的出现而出现。例如,我国春秋时期的诸子百家,其中影响和规模最大的是儒、墨两家。这种私学教师在一定程度上改变了官学教师身上过重的官吏色彩,使教师开始回归到**专业教育工作者**的角色上来。从这个意义上来看,春秋战国时期这些出卖脑力劳动的“士”堪称中国第一代教师群。古希腊的“智者”也以专门教授人们知识为生。这时,私学教师逐渐形成一种行业。不过,这时虽有专门的教师,但教师职业基本上还不具备专门化水平,私学教师没有形成从教的专业技能。“自行束脩以上,吾未尝无诲焉”的意思是只要是主动给我十条干肉作为拜师礼物的,我从没有不给予教诲的。这表明此时的教师以专门教授人们知识为生,故属于教师职业发展的职业化阶段。

## 考点3 教师劳动的示范性与创造性

[2020 河北·单选]“教师即课程”的观点反映了教师工作的( )

A. 复杂性 B. 创造性 C. 长期性 D. 示范性

[考生易错]D

[思路分析]本题有47%的同学易错选D项。考生易将教师劳动的“示范性”与“创造性”弄混。教师劳动的示范性是指教师的言行举止,如人品、才能、治学态度等都会成为学生学习的对象。教师劳动的示范性特点是由学生的可塑性、向师性心理特征决定的。同时,教师劳动的主体性也要求教师的劳动具有示范性特点。教师必须以身作则、为人师表。

教师劳动的创造性主要表现在以下三个方面:(1)因材施教。(2)教学方法上的不断更新。“教学有法,教无定法”是对教师劳动创造性的最好注脚。(3)教师需要“教育机智”。考生在理解“教师即课程”这句话时,可与新课程强调的“教学过程是课程创生与开发的过程,而不只是课程传递与执行的过程”相联系。“教师即课程”强调教师要有课程意识、创生意识,教师要对课程进行改造与创新,只有如此,教师才能真正地进入课程,才能使静态的课程设计转化为动态的课程实施,才能使预设的课程转化为创生的课程。即教师在教学过程中,要不断创生和发展课程,这体现了教师工作的创造性。

[正确答案]B

### 变式练习

1. [多选]以下没有体现教师劳动具有创造性的句子有( )

A. 教学有法,教无定法 B. 一把钥匙开一把锁

C. 十年树木,百年树人 D. 桃李不言,下自成蹊

**答案:**CD

**解析：**“**教学有法，教无定法**”说明教师在教学方法上要不断更新，体现了教师劳动的**创造性**。“一把钥匙开一把锁”说明教师要根据每个学生的实际情况施教，即因材施教，这也体现了教师劳动的创造性。“十年树木，百年树人”是对教师劳动长期性的最佳阐释。“桃李不言，下自成蹊”体现了教师劳动的示范性特点。

2. [**多选**]“教师的身体可以退出教育过程，精神却永远融入了学生的心灵，滋润着学生的未来生活，他是无法完全从学生那里隐退出去的。学生是教师内在素质的体现者，教师借学生之身巧妙地扩展着自己。在这里，学生的一举一动都反映出教师的影子，学生的生命就是教师的生命，学生的成败深切地牵动着教师的心灵。”这段话反映出教师劳动的特征有(　　)

A. 示范性　　B. 创造性　　C. 复杂性　　D. 长效性

**答案：**AD

**解析：**教师劳动的长效性是指教师劳动所产生的效果会对学生长期起作用，不会随学生学业的结束而消失。题干中，教师的精神无法完全从学生那里隐退出去，体现了教师劳动的长效性。由于学生对教师往往有一种特殊的信任感和依恋感，又朝夕与教师相处，教师的一言一行都会成为学生的榜样。学生这种“向师性”，加上模仿性强等特点，便形成了教师的劳动具有示范性的特征。题干中“学生的一举一动都反映出教师的影子”，体现了教师劳动的示范性。

## 考点 4 ▶教师劳动的连续性、广延性与长期性

[**2019 河南·单选**]教师不能仅仅根据学生现在的表现去判断他的过去和将来，而要查看学生的成长档案，和学生之前的班主任进行沟通。这体现了教师劳动特点的(　　)

A. 连续性　　B. 广延性

C. 长期性　　D. 示范性

[**考生易错**]B 或 C

[**思路分析**]本题有 33% 的同学易错选 B 项、22% 的同学易错选 C 项。考生易将教师劳动的“连续性”“广延性”“长期性”弄混。教师劳动的长期性指人才培养的周期比较长，教育的影响具有迟效性。教师劳动的成效并不是一时就可以检验出来的，而是需要教师付出长期的大量的劳动才能看到结果、得到验证，教师的某些影响对学生终身都会发生作用。教师劳动的广延性是指空间的广延性。教师没有严格界定的劳动场所，课堂内外、学校内外都可能成为教师劳动的空间，这个特点是由影响学生发展因素的多样性决定的。教师劳动的连续性是指时间的连续性。教师的劳动没有严格的交接班时间界限，这个特点是由教师劳动对象的相对稳定性决定的。

广延性——空间的广延性，无严格界定的劳动场所；连续性——时间的连续性，无严格的交接班时间界限；长期性——培养周期长、影响迟效。考生要抓住关键词进行区分。题干所述表明教师的劳动在时间上具有连续性，体现了教师劳动特点的连续性。

[**正确答案**]A

**变式练习**

1. [**单选**]教师不仅要在课内、校内发挥影响力，还要进行家访，协调学校、家庭、社会的教育影响，这体现的教师劳动特点是(　　)

A. 广延性　　B. 长期性　　C. 示范性　　D. 复杂性

**答案：**A

**解析：**广延性是指空间的广延性。教师没有严格界定的劳动场所，课堂内外、学校内外

都可能成为教师劳动的空间，这个特点是由影响学生发展因素的**多样性**决定的。学生的成长不仅受学校的影响，还受社会和家庭的影响。教师不能只在课内、校内发挥影响力，还要走出校门，协调学校、社会、家庭的教育影响，以便形成教育合力。

2. [单选]有人说教师工作是个无底洞，没有明显的时空界限。这反映了教师劳动的(　　)特点。

A. 复杂性和创造性　　B. 主体性和示范性

C. 长期性和间接性　　D. 连续性和广延性

**答案**：D

**解析**：教师劳动的连续性是指时间的连续性，教师的劳动没有严格的交接班时间界限；教师劳动的广延性是指空间的广延性，教师没有严格界定的劳动场所，课堂内外、学校内外都可能成为教师劳动的空间。题干中的"没有明显的**时空界限**"即体现了教师劳动的连续性和广延性。

## 考点5 ▶教师的本体性知识与条件性知识

[2020 河南·单选]"君子既知教之所由兴，又知教之所由废，然后可以为人师也。"这句话表明，教师应具备的素质是(　　)

A. 广博的科学文化知识　　B. 精深的学科专业知识

C. 丰富的教育科学知识　　D. 良好的教育能力

**[考生易错]**A 或 B 或 D

**[思路分析]**本题有15%的同学易错选A项、20%的同学易错选B项、15%的同学易错选D项。考生易将教师的本体性知识(学科专业知识)与条件性知识(教育科学知识)弄混。广博的科学文化知识是指，教师的知识不仅要"专"，而且要"博"，教师的专业知识应建立在广博的科学文化知识的基础之上。精深的学科专业知识(本体性知识)主要包括：(1)掌握该学科的基本知识和基本技能；(2)掌握该学科的基本理论和学科体系；(3)了解该学科的发展脉络；(4)了解学科领域的思维方式和方法论。教师的教育科学知识(条件性知识)主要包括三个方面：(1)学生身心发展知识；(2)教与学的知识；(3)学生成绩评价的知识。

考生可以抓住关键词进行区分识记：广博的科学文化知识——教师要博学多才；精深的学科专业知识——所属学科知识掌握透彻；教育科学知识——教育学、心理学及各科教材教法等理论知识。教育能力是指教师完成一定的教育教学活动的本领，具体表现为完成一定的教育教学活动的方式、方法和效率。题干这句话的意思是：君子不但懂得教学成功的经验，又懂得教学失败的原因，就可以做好教师了。这说明教师要具备丰富的教育科学知识，要能够为自身的教育教学工作提供科学的理论指导。

**[正确答案]**C

### 变式练习

1. [单选]刘老师是某小学语文教师，除了钻研语文学科知识外，他还对心理学特别热衷，也因此更能理解学生学习和发展的需要。这体现出刘老师具有(　　)

A. 正确的学生观　　B. 正确的教育观

C. 理解学生的知识与技能　　D. 教育学生的知识和能力

**答案**：D

**解析**：精深的学科专业知识是本体性知识，必备的教育科学知识是条件性知识。题干中

刘老师掌握了学科专业知识和教育科学知识，说明其具有教育学生的知识和能力。

2.［多选］一名知名幼儿园教师回忆道："我在读师范时，认真学好各门功课，还认真学画画、练美术字、参加诗歌朗诵、创作舞蹈等，我也很喜欢音乐，学指挥、练习钢琴。夏天在小小的琴房里练钢琴，尽管蚊子咬，浑身是汗，却乐趣无穷，整个身心都沉醉在琴声中了。这些在我后来的工作中都发挥了很大的作用。"可以看出，一名优秀教师应具备（　　）

A. 精深的学科专业知识　　B. 广博的科学文化知识

C. 终身学习的能力　　D. 深厚的教育科研能力

**答案**：AB

**解析**：题干中的幼儿园教师在读师范时"认真学好各门功课"，还认真学习画画、指挥、弹琴等其他知识，体现了其具备精深的学科专业知识和广博的科学文化知识。

## 考点6 培养学生主体性的措施

［2019 天津·多选］发挥学生的主体性，恰当的方式有（　　）

A. 让学生争当"小老师"，把讲台交给学生，老师做学生

B. 在班级管理中，让学生自主管理，每一位学生都有机会参与

C. 采取集体教学、小组教学和个别教学相结合，强调小组教学的作用

D. 不干预学生的学习和活动，鼓励自由学习和发展

**［考生易错］**BCD 或 ABCD

**［思路分析］**本题有 25% 的同学易漏选 A 项、28% 的同学易错选 D 项。考生易对在发挥学生主体性的过程中，教师应做出的行为产生误解。主体性教育要求在班级管理中，突出学生的自主管理，让每一位学生都有机会参与到班级管理中来；在课程上，重视研究性学习和探究性学习；在教学组织形式上，采取集体教学、小组教学和个别教学相结合，尤其强调小组教学的作用。但是，培养学生的主体性，突出学生的自主管理，并不意味着教师对学生的学习和活动不进行任何的干预。教师是教育工作的组织者、领导者，在教育过程中起主导作用。教师要引导学生的学习与活动，并在学生需要的时候提供适当的帮助。教师主导作用的发挥并不意味着学生主体性的缺失。

**［正确答案］**ABC

### 变式练习

［多选］在教育过程中，下列哪些措施能有效培养学生的主体性（　　）

A. 重视学生自学能力的培养

B. 重视学生主体参与课堂，获得体验

C. 尊重学生的个性差异，进行有针对性的教育

D. 严格教学程序，注重教学效果

**答案**：ABC

**解析**：培养学生主体性的方法有：(1)建立民主而和谐的师生关系，重视学生**自学能力**的培养；(2)重视培养学生主体参与课堂，让学生获得主体参与的体验，尤其让学生体验成功；(3)尊重学生的个性差异，对学生进行具有**针对性的教育**。主体性教育要求在班级管理中，突出学生的**自主管理**，让每一位学生都有机会参与到班级管理中来；在课程上，重视**研究性学习**和**探究性学习**；在教学组织形式上，采取集体教学、小组教学和个别教学相结合，尤其强调**小组教学**的作用。故本题答案选 A、B、C。

## 错误率：75%以上

### 考点1 ▶教师的教育专业素养

[2019 **河南·多选**]要成为一个合格的教师，就必须有良好的教育能力，而良好教育能力的体现是(　　)

A. 学识渊博　B. 善于实践　C. 富有情感和感染力　D. 富有个性

[**考生易错**]ABCD 或 ABC

[**思路分析**]本题有80%的同学易错选A项、87%的同学易错选B项、32%的同学易漏选D项。考生易对教师的"教育能力"的理解产生偏差。教育能力是指教师完成一定的教育教学活动的本领，具体表现为完成一定的教育教学活动的方式、方法和效率。教师的教育能力是教师职业的特殊要求，也是与其他职业明显区别的一个要求，比如语言表达能力。没有较强语言表达能力的教师，很难成为一名优秀教师。教师的语言首先要求准确、明了、有逻辑性；其次是要求富有情感、感染力；再进一步的要求是富有个性，能够体现出一名教师的独特风采。"学识渊博"属于教师的人文素养，"善于实践"属于教师的研究能力。

[**正确答案**]CD

**变式练习**

[**多选**]教师的职责是教书育人，因此，教师不仅要有所教学科的专业素养，还要有教育专业素养。下列属于教育专业素养的是(　　)

A. 先进的教育理念　B. 良好的教育能力

C. 一定的研究能力　D. 专业的实践能力

**答案**：ABC

**解析**：教师的教育专业素养包括：(1)先进的**教育理念**；(2)良好的**教育能力**；(3)一定的**研究能力**。

### 考点2 ▶师生关系

[2020 **四川·单选**]关于师生角色关系的表述，以下与其他三项不同的是(　　)

A. "天地君亲师"　B. "安其学，亲其师"

C. "传道、授业、解惑也"　D. "道之所存，师之所存也"

[**考生易错**]A 或 C

[**思路分析**]本题有43%的同学易错选A项、30%的同学易错选C项。考生易对传统的"天地君亲师"思想中蕴含的师生地位的认知产生偏差。"亲师"并不是我们现代所理解的亲近教师、尊重教师，而是将教师的地位放在了一个极高的地位上。"师道尊严"，本指老师受到尊敬，他所传授的道理、知识、技能才能得到尊重，后多指为师之道尊贵、庄严。唐代韩愈的《师说》进一步概括为"师者，传道、授业、解惑也"，他还指出："无贵无贱，无少无长，道之所存，师之所存也"。在这里，"道"的至上性，不仅是"尊师"的重要前提，而且也是"民知敬学"的重要保证。中国古代的尊师传统，不仅仅局限在儒家的经书教育中，而且也包括佛教、道教、医疗、建筑等各个方面。正是在这样浓厚的文化氛围中，"师"才能够在"天地君亲师"的牌位中占据一席之地。故A、C、D三项都体现了教师的权威。

《学记》："故安其学而亲其师，乐其友而信其道，是以虽离师辅而不反也。"这句话的意思是:安心学习,亲近师长,乐于与同学交朋友,并深信所学之道,尽管离开师长的辅导,也不会违背所学的道理。这体现了师生平等的关系。

[正确答案]B

**变式练习**

[单选]“我爱我师,我更爱真理。”这句名言体现的师生关系的特点是(　　)

A. 民主平等　　B. 心理相容　　C. 教学相长　　D. 尊师爱生

**答案:**A

**解析:**“我爱我师,我更爱真理”是亚里士多德的名言,意思是我尊重教师,但更不放弃对真理的追求,如果我的老师出错了的话,我会选择站在真理这边指出他的错误,体现的是教师和学生在真理面前具有平等的人格地位。因此,“我爱我师,我更爱真理”体现了师生关系中的**民主平等**的特点。

心理相容指的是教师与学生之间在心理上协调一致,在教学实施过程中表现为师生关系密切、情感融洽、平等合作。教学相长包括三层含义,一是教师的教可以促进学生的学;二是教师可以向学生学习;三是**学生可以超越教师**。现代教育中的“**尊师爱生**”并非封建等级关系、政治连带关系、伦理依附关系,而是师生交往与沟通的情感基础、道德基础,其目的主要是**相互促进**。综上所述,A 项符合题意。

## 进阶测评

| 限时:25 分钟 | 用时:________分钟 | 总题数:26 道 | 正确题:________道 |
| --- | --- | --- | --- |

### 一、单项选择题

1. 教师专业化发展的奠基阶段是(　　)

A. 自我教育　　B. 在职培训
C. 入职培训　　D. 师范教育

2. 在课堂教学中,能体现教师个人教学技巧、教育智慧和教学风格的是(　　)

A. 本体性知识　　B. 条件性知识
C. 实践性知识　　D. 一般文化知识

3. 某教师在教育教学工作中,逐渐形成关于教育本质、教育目的的看法,并且理解到“科教兴国”的真正含义。这体现出该教师(　　)

A. 专业能力的发展　　B. 专业知识的拓展
C. 专业理想的建立　　D. 专业自我的形成

4. 为了生动地描述课文中的人物形象,周老师在语文课上进行课文朗读时,通常会模仿文中人物说话的语气,甚至还会生动地模仿人物动作。这种做法体现教师劳动特点中的(　　)

A. 独特的创造性　　B. 劳动量的隐含性
C. 劳动的专业性　　D. 劳动的科学性与艺术性

5. 孟子说,“得天下英才而教育之”是君子三乐之一,这体现了教师劳动的(　　)

A. 社会价值　　B. 专业价值
C. 个人价值　　D. 创造价值

6.(　　)的结果是教师与学生相互促进、共同发展,是学生的道德、思想、智慧、兴趣、人格等的全面生成,是教师专业自我的成熟过程。

A. 共享共创　　B. 民主平等
C. 尊师爱生　　D. 和谐亲密

7. 一个下雨天,教室的地板被踩湿了,很滑。老师上课时,滑了一下,险些摔在地上。此时,同学们哄堂大笑,这位老师站起身来说:"醉卧沙场君莫笑,古来征战几人回。"同学们一听,顿时安静下来。上述案例主要体现出教师的(　　)

A. 教育机智　　B. 应激反应　　C. 非条件反射　　D. 因势利导

8. 师生沟通是搞好师生关系的前提。促进教师与学生良好沟通的心理条件是教师要具备(　　)

A. 同理心　　B. 正确的学生观
C. 较高的知识素养　　D. 自我反思能力

9. 人类现实利益关系在教育中反映了师生之间的(　　)

A. 道德关系　　B. 代际关系
C. 权威与服从关系　　D. 授受关系

10. 理想的师生关系是一种使彼此感到愉悦、相互吸引的融洽和睦关系。现实中,师生人际偏见、情感冲突、个性对立干扰了正常的教育教学秩序,引发了学生厌学、教师厌教的现象。这种师生关系属于(　　)

A. 以年轻一代成长为目标的社会关系
B. 以直接促进学生发展为目标的教育关系
C. 以维持和发展教育关系为目标的心理关系
D. 以提高分数为目标的辅导关系

11. 教师要为学生创设一个有助于其生命充分成长的情境,把学生蕴涵的生命潜能激发出来,使学习过程成为学生生命成长的历程。这是由学生的(　　)决定的。

A. 自主性　　B. 独特性　　C. 整体性　　D. 生成性

12. 教师是教学过程的主导,学生是主体,这种观点属于(　　)

A. 教师中心观　　B. 主导主体观
C. 学生中心观　　D. 双主体观

## 二、多项选择题

1. 教师专业需要某些特殊能力,其中最重要的可能是(　　)

A. 思维的条理性和逻辑性　　B. 口头表达能力
C. 渊博的知识　　D. 组织教学活动能力

2. 近年来,教师专业发展主要呈现出以下几种取向,即教师专业发展的(　　)

A. 理性取向　　B. 实践—反思取向
C. 社会取向　　D. 生态取向

3. 关于学生主体性的表述，下列选项中正确的是(　　)

A. 学生认识的主体性是自然存在的

B. 在教学系统中，学生是认识人类文明经验的主体

C. 学生主体性的发挥与自身努力和教师引导分不开

D. 学生主体性的充分发挥是教学活动有序进行的基础

4. 良好师生关系的构建是师生关系建立、调整和优化的过程。对教师来说，要建立民主、和谐亲密、充满活力的师生关系，可以采取的方式包括(　　)

A. 了解和研究学生　　B. 树立正确的学生观

C. 主动与学生沟通　　D. 公平对待学生

5. 师生关系是学校教育中最基本的人际关系，平等、民主的关系包含的层次内容有(　　)

A. 加强民主管理　　B. 地位与人格的平等

C. 在真理面前人人平等　　D. 发展队员的自主能力

6. "学生是发展中的人。"这句话说明了(　　)

A. 学生和成人的身心发展特点不同　　B. 学生具有发展的需要

C. 学生具有发展的巨大潜在可能性　　D. 学生具有获得成人教育关怀的需要

7. 当学生在课堂上回答不出问题时，教师和蔼地对学生说："不着急，我们一起回忆学过的内容和昨天的实验课，昨天你们小组实验得很成功，你还能想起实验过程吗?"学生思考片刻，答对了一部分，教师很兴奋地说："对，只要我们动脑筋，就有思路，再想想，还有补充的吗?"学生思考了一下，做了补充，教师又点了点头说："很好，请坐，其他同学还有补充的吗?"这位教师的做法符合学生发展的哪些特点(　　)

A. 学生具有巨大的发展潜力　　B. 学生是处于发展过程中的人

C. 学生是发展的主体　　D. 学生是独特的个体

8. 了解学生是教师教学的重要前提，下列关于当代学生发展特点的表述正确的有(　　)

A. 学生的自我意识增强，表现出鲜明的功利观念和个性化欲望

B. 喜欢独立思考，勇于表现自我

C. 学习的载体不再是书本和教师，而是互联网

D. 同辈群体之间的互相影响更加明显

9. 教师劳动对社会的贡献的实际价值是间接表现出来的，教师的劳动成果具有(　　)

A. 隐含性　　B. 奠基性　　C. 群体性　　D. 滞后性

10. 师生关系主要表现为(　　)

A. 非正式关系　　B. 人际关系

C. 组织关系　　D. 心理关系

**三、判断题**

1. 教师的教育能力中语言表达能力是占首位的。(　　)

A. 正确　　B. 错误

2. 教学过程中的师生关系是知识授受的关系。 (　　)

A. 正确　　B. 错误

3. 身教重于言教,教师的自身活动和言行是最重要的教育手段,这体现了教师劳动的主体性。 (　　)

A. 正确　　B. 错误

4. 教育对象的特殊性与教育内容的复杂性决定了教师劳动具有创造性。 (　　)

A. 正确　　B. 错误

## 参考答案及解析

### 一、单项选择题

1. D 【解析】职前师范教育阶段是师范生进行专业准备与学习,初步形成教师职业所需要的知识与能力的关键时期,是教师专业化发展的**起始和奠基阶段**。

2. C 【解析】教师的专业知识主要包括本体性知识、条件性知识、实践性知识和一般文化知识。其中,实践性知识即课堂情境知识,体现教师个人的教学技巧、教育智慧和教学风格,如导入、强化、发问、课堂管理、沟通与表达、结课等技巧。

3. C 【解析】教师个体的专业发展的具体内容包括:(1)**专业理想**的建立;(2)专业知识的拓展;(3)**专业能力**的发展;(4)**专业自我**的形成。其中,教师的专业理想是教师在对教育工作感受和理解的基础上所形成的关于教育本质、目的、价值和生活等的理想和信念。例如,"科教兴国"的理想,"让每个学生都成才和成人"的理念等。它是教师在教育教学工作中的世界观和方法论,是教师专业行为的理性支点和专业自我的**精神内核**。

4. D 【解析】教师的劳动不仅具有**科学性**,而且具有**艺术性**;教学不仅是一门科学,而且是一门艺术。教师的劳动是塑造学生心灵的实践活动,它要求教师具有现场表演的技巧。渗透在教师的教育和教学活动过程中的教师劳动的艺术性,至少包含下列几种要素:(1)形象性的示范表演;(2)人格风范和环境气氛的熏染;(3)师生之间心灵的交流、撞击和融合;(4)"灵机一动"的临场**创造性发挥**。题干中周老师"模仿文中人物说话的语气,甚至还会生动地模仿人物动作"即形象性的示范表演。故本题答案选D。

5. C 【解析】教师劳动具有极其丰富的个人价值,有一般劳动所享受不到的乐趣。这种乐趣来自学生平日的点滴进步,来自**桃李满天下**,来自学生毕业后对社会的贡献。难怪孟子说"君子有三乐","得天下英才而教育之"便是其中一乐。

6. A 【解析】共享共创的结果是教师和学生相互促进、共同发展,是学生的道德、思想、智慧、兴趣、人格等的全面生成,是教师专业自我的**成熟过程**。

7. A 【解析】教育机智是教师在教育教学过程中的一种**特殊定向能力**,是指教师根据学生新的特别是意外的情况,迅速而正确地做出判断,随机应变地采取及时、恰当而有效的教

育措施解决问题的能力。题干描述的是老师顺利地化解了尴尬的处境，体现出了教师的教育机智。

8. A　【解析】**同理心**的培养是教师与学生进行良好沟通的前提。

9. A　【解析】师生之间存在**道德关系**，即人类现实利益关系在教育教学中的反映。

10. C　【解析】师生之间心理交往贯穿于教育的全过程，渗透于一切师生关系之中。心理关系有认知方面的，也有情感方面的。师生间积极肯定的认识，可以促进教育过程的进行，取得更好的教育效果。但在教学过程中，师生的心理情感总是伴随着认识、态度、情绪、言行等的相互体验而形成亲密或排斥的心理状态。不同的情绪反应对学生课堂上参与的积极性和**学习效率**有重大影响。题干所描述的是师生心理关系的消极方面，仍属于师生关系中心理关系的内容。辅导关系不是师生关系的内容，且题干也未提及考试分数的相关内容，D 项与题目无关。故本题选 C。

11. D　【解析】学生具有**生成性**，他们迫切需要接受人类社会的熏陶和教育，使其在未来的发展中能跟上社会的进步。教师所要做的就是掌握学生身心发展的规律，熟悉不同年龄阶段学生身心发展的特点，并依据学生身心发展的规律和特点开展教育教学活动，同时相信学生的巨大发展潜能，坚信每个学生都是可以积极成长的，是可以获得成功的。为此，教师就要为学生创设一个有助于其生命充分成长的**情境**，把学生蕴涵的**生命潜能**激发出来，使学习过程成为学生生命成长的历程。

12. B　【解析】**主导主体说**认为教师在教育教学过程中起主导作用，而学生处于主体地位。这是我国在整个 20 世纪 80 年代影响最大的一派观点。

**二、多项选择题**

1. ABD　【解析】教师专业需要某些特殊能力，其中最重要的可能是思维的条理性、逻辑性以及口头表达能力和组织教学活动的能力。

2. ABD　【解析】近年来，教师专业发展主要呈现出以下三种取向：(1) 教师专业发展的**理性取向**；(2) 教师专业发展的**实践—反思取向**；(3) 教师专业发展的**生态取向**。

3. BCD　【解析】现代教学充分体现着学生认识的主体性，关于学生认识的主体性的具体理解，需要把握以下几点：(1) 在教学系统中，学生面临着认识人类文明经验的历史任务。关于学生认识的主体性的理解，首先要有一种人类文化传承意义上的总体观照，要赋予所有学生以认识文明经验的主体地位。(2) 具体教学活动的有序进行需要以学生主体性的充分发挥为基础。(3) 在具体的教学活动中，学生认识的主体性并不是自然存在的，它是有意识的专门努力的结果。一方面，学生认识的主体性的具体表现和师生业务关系的组合模式有内在的关联，这是因为，教师对于教学活动负有组织领导的职责。另一方面，学生自身的积极性和学习能力，也影响着学生是否真正成为认识的主体。(4) 关于学生认识的主体性，还有必要梳理学生是**责权主体**的观念。

4. ABCD　【解析】对于教师来说，建立民主、和谐亲密、充满活力的师生关系，可以采取了解和研究学生、树立正确的学生观、主动与学生沟通和公平对待学生等方式。

5. BC 【解析】教师必须与学生建立和谐、民主、平等的关系。这种平等关系主要体现在三个方面，其一，**地位与人格**的平等；其二，在**真理**面前人人平等；其三，**通情达理**，彼此和谐。

6. ABCD 【解析】“学生是发展中的人”包括四层含义：(1)学生具有和成人不同的身心发展特点；(2)学生具有发展的巨大**潜在可能性**；(3)学生具有发展的需要；(4)学生具有获得成人教育关怀的需要。

7. ABCD 【解析】学生是处于发展过程中的人，是发展的主体，具有巨大的**发展潜力**，教师应该尊重学生的独特性，承认学生之间的差异性，因材施教。题干中的老师在学生回答不出问题的情况下，耐心地引导学生一步步回答问题，说明老师承认学生是发展中的人，是独特的人，看到了学生的发展潜力，尊重了学生的主体性。

8. ABD 【解析】当代学生发展的一般特点有：(1)喜欢独立思考，勇于表现自我。(2)当代学生的视野更加开阔。(3)学生的价值观日趋多元化。学生的自我意识不断增强，表现出鲜明的功利观念和个性化欲望。“一切向前看”和“一切向钱看”都有一定表现。(4)学生同辈群体之间的互相影响更加明显。(5)身体和心理问题增多。

9. ABD 【解析】教师的劳动对社会的贡献是巨大的，这种贡献的实际价值是**间接表现**出来的，具有劳动成果的隐含性、奠基性和滞后性。

10. ABCD 【解析】师生关系主要指师生之间在教育过程中所发生的直接交往和联系，包括为完成教育任务而形成的工作关系、为交往而形成的人际关系、以组织结构形式表现的组织关系、发生在正式组织之外的非正式关系、以情感认识等为表现形式的心理关系。

三、判断题

1. B 【解析】教师的教育能力中教学能力是占首位的。

2. B 【解析】师生关系的内容具体包括：(1)师生在教育内容的教学上结成**授受关系**；(2)师生在人格上是**平等的关系**；(3)师生在社会道德上是**互相促进的关系**。因此，题干的描述是片面的。

3. A 【解析】教师劳动的主体性指教师自身可以成为活生生的教育因素和具有影响力的榜样。对于教师来说，首先，教育教学过程就是教师直接用自身的知识、智慧、品德影响学生的过程。题干所述体现了这一点。

4. B 【解析】**教育对象**的特殊性和**教育情境**的复杂性决定了教师劳动具有创造性。

# 专题五 课 程

## 错误率：50%以上

### 考点1 ▶显性课程与隐性课程

[2019 广东·判断]隐性课程为显性课程提供间接经验的或价值体系的支持。(  )

A. 正确　　　　B. 错误

**[考生易错]** A

**[思路分析]** 本题有73%的同学易将题干内容判断为正确。考生易忽略“显性课程”与“隐性课程”的联系。隐性课程可以转化为显性课程。当显性课程中存在的积极或消极的隐性课程影响为更多的课程主体所意识，而有意加以控制的时候，隐性课程便转化为显性课程。由此可见，显性课程与隐性课程不是二元对立的，二者互动互补、相互作用，在一定的条件下，二者可以相互转化。这种互动互补、相互作用的关系，使得某些课程由显性不断向隐性深层发展，学校课程的内容不断丰富。显性课程与隐性课程是相互促进的。显性课程通过普遍性的经验积淀逐渐形成新的隐性课程，推进隐性课程的发展；隐性课程则为显性课程提供直接经验或价值体系的支持。

**[正确答案]** B

**变式练习**

1. [多选]下列属于隐性课程的有(  )

A.《中学生诗词选读》　　B. 学校建筑

C.《小学生日常行为规范》　　D. 幼儿园创设的游戏、环境

**答案：** BCD

**解析：** 显性课程亦称公开课程，是指在学校情境中以直接的、明显的方式呈现的课程。A项属于显性课程。隐性课程亦称潜在课程、自发课程，是学校情境中以间接的、内隐的方式呈现的课程。学校建筑、《小学生日常行为规范》以及幼儿园创设的游戏、环境等均属于隐性课程。

2. [多选]下列关于隐性课程和显性课程的说法，正确的有(  )

A. 显性课程是有计划、有组织的

B. 隐性课程的随机性强

C. 学生通过显性课程获得的往往是系统的学术性知识

D. 学生从隐性课程中获得的往往是心态、价值观等非学术性知识

**答案：** ABCD

**解析：** 隐性课程的实施往往表现出非计划性、非预期性、随机性特点；而显性课程的实施则具有鲜明的计划性、组织性、可预期性特点。故A、B项说法正确。隐性课程往往是学生在学校情境中无意识获得的非学术性经验；而显性课程则通常是学生以有意识的方式获得的学术性经验。故C、D项说法正确。

考点2 课程目标取向的分类

[2019 **广东·单选**]美术课上,郭老师在讲解《创意空间》这一节课时,没有直接介绍创意空间的概念及要求,而是让学生进行自由创作,利用手中的画笔、卡纸和模具来完成创意制作。这种课程目标取向属于( )

A. 普遍性目标取向　　B. 行为性目标取向

C. 生成性目标取向　　D. 表现性目标取向

[**考生易错**]B 或 C

[**思路分析**]本题有 18% 的同学易错选 B 项、31% 的同学易错选 C 项。考生易将课程目标取向的分类弄混。普遍性目标是根据一定的哲学或伦理观、意识形态、社会政治需要,对课程进行总括性和原则性规范与指导的目标,一般表现为对课程有较大影响的教育宗旨或教育目的。它对各门学科都有普遍的指导价值。《大学》提出的"格物、致知、诚意、正心、修身、齐家、治国、平天下"的教育宗旨,即为典型的普遍性目标。

行为取向的课程目标是期待的学生的学习结果,具有导向、控制、激励与评价功能。行为目标具体、明确,便于操作、评价,对学习以训练知识、技能为主的课程内容较为适合。

生成性目标不是由外部事先规定的目标,而是在教育情境之中随着教育过程的展开而自然生成的目标。表现性目标指在教育情境的种种遭遇中每一个学生个性化的创造性表现,是生成性目标的进一步发展。

生成性目标强调的是学习活动的过程,不像行为目标那样重视结果,强调目标的适应性、生成性。而表现性目标强调的是学生的创造精神、批判思维,它在设计中所采用的行为动词通常是与学生表现什么有关的或者结果是开放性的,主要适用于各种"制作"领域。考生在做题时应抓住关键词进行区分。

[**正确答案**]D

**变式练习**

1. [**单选**]"通过使用铁丝与木头发展三维形式"这一课程目标属于( )

A. 基础性目标　　B. 行为性目标　　C. 生成性目标　　D. 表现性目标

**答案**:D

**解析**:表现性目标是由美国课程学者艾斯纳针对行为目标的局限性而提出来的。表现性目标关注的是学生在活动中表现出来某种程度上首创性的反应形式,而不是事先规定的结果。为了理解表现性目标,艾斯纳给出了例证:**解释**《失乐园》的意义;**审视与欣赏**《老人与海》的重要意义;通过使用铁丝与木头**发展**三维形式等。它们不指定学生在参加这些教育活动后能做什么,而是识别学生将遭遇的形式,从这一遭遇中教师与学生都获得对评价有用的资料。

2. [**单选**]柏拉图把"有德性的生活"视为教育的最终目的,亚里士多德认为教育的终极目的是"幸福",他们为教育实践所设置的科目就直接指向"有德性的生活"和"幸福"。以上表述反映了课程与教学目标的价值取向中的( )

A. "行为目标"取向　　B. "普遍性目标"取向

C. "生成性目标"取向　　D. "表现性目标"取向

**答案**:B

**解析**:普遍性目标是根据一定的哲学或伦理观、意识形态、社会政治需要,对课程进行总

括性和原则性规范与指导的目标，一般表现为对课程有较大影响的**教育宗旨或教育目的**。题干所述的课程与教学目标的**价值取向**属于“普遍性目标”取向。

### 考点3 ▶三维课程目标

[**2019 广东・单选**]地理教师在教授过程中，将该课的目标设立为培养学生逻辑思维能力。该教学目标属于三维目标中的(　　)

A. 情感与方法目标　　B. 过程与方法目标

C. 知识与技能目标　　D. 情感态度与价值观目标

[**考生易错**]C

[**思路分析**]本题有49%的同学易错选C项。考生易将“知识与技能目标”与“过程与方法目标”弄混。“知识与技能”目标是基础性目标，重在智能的提升，强调基础知识和基本技能的获得，相当于传统的“双基教学”。而“过程与方法”目标突出的是让学生“学会学习”，使学生获得知识的过程同时成为获得学习方法和能力发展的过程。知识与技能强调的是具体的基础知识与基本的读、写等技能。而过程与方法强调的是获取知识的能力，例如题干提到的逻辑思维能力。

[**正确答案**]B

**变式练习**

1. [**单选**]新课程改革倡导三维课程目标，这和布卢姆提出的(　　)领域的教育目标是一致的。

A. 认知、动作技能和情感　　B. 过程与方法、动作技能和情感

C. 过程方法、情感　　D. 认知、过程与方法、动作技能和情感

**答案**：A

**解析**：新课程的三维课程目标是知识与技能、过程与方法、情感态度与价值观，而美国教育心理学家**布卢姆**将教学目标分为**认知、情感和动作技能**三个领域，两者基本一致。

2. [**多选**]下列有助于实现“情感态度与价值观”层面上的教学目标的是(　　)

A. 参加绿色环保活动　　B. 参加爱心助残活动

C. 学会快速阅读的方法　　D. 参加小组合作学习

**答案**：ABD

**解析**：“知识与技能”目标强调基础知识和基本技能的获得；“过程与方法”目标突出的是让学生“学会学习”；“情感态度与价值观”目标强调教学过程中激发学生的情感共鸣，引起积极的态度体验，形成正确的**价值观**。A项有助于培养学生的绿色环保意识，养成良好的行为习惯；B项有助于培养学生的爱心以及乐于助人的精神；D项有助于培养学生的团队合作精神。这三项都有助于实现“情感态度与价值观”层面上的教学目标。C项属于“过程与方法”层面上的教学目标。

### 考点4 ▶教材

[**2020 河南・多选**]面对新教材，教师应该(　　)

A. 研究所教学科的《课程标准》

B. 研究教材

C. 从课程整体设计高度、从学科知识技能整合视角、从教材知识技能的体系编排审视教

材,灵活运用教材

D.研究学生特点

[**考生易错**]ABCD

[**思路分析**]本题有55%的同学易错选D项。考生易将教师钻研教材的步骤与依据弄混。课程标准规定了学科的教学目标、任务,知识的范围、深度和结构,教学进度以及有关教学方法的基本要求,是编写教科书和教师进行教学的直接依据。因此,面对新教材,教师首先要研究所教学科的《课程标准》;其次,要研究教材,教师要从课程整体设计高度、从学科知识技能整合视角、从教材知识技能的体系编排审视教材,灵活运用教材。而研究学生的特点,则是教师依据教材来设计教学目标时需要重点考虑的内容。题目问的是教师面对新教材时的做法,而不是设计教学目标时应该如何,所以考生在做题时要认真审题。

[**正确答案**]ABC

**变式练习**

[**判断**]教学实施中,教师应该用教材教,而不是教教材。(　　)

A.正确　　　　B.错误

**答案**:A

**解析**:新课程将教材视为"跳板"而非"圣经",倡导教师"用教材教",而不是简单地"教教材"。新的课程计划和课程标准为教学活动预留了充分的空间,视教材为案例,开放教材,鼓励教师充实并超越教材。教师应将教材视为教学活动的"跳板",使之成为学生学习和创新的有力凭借。

## 考点5 ▶条件性课程资源与素材性课程资源

[2018 **河南·多选**]以下属于条件性课程资源的是(　　)

A.活动方式与方法　　　　B.物力与财力

C.技能与经验　　　　D.环境

[**考生易错**]ABD或BCD

[**思路分析**]本题有42%的同学易错选A项、41%的同学易错选C项。考生易将"条件性课程资源"与"素材性课程资源"弄混。素材性课程资源直接作用于课程并成为课程的要素,并内化为学生身心发展的素质。例如:知识、技能、经验、活动方式与方法、情感态度与价值观等。条件性课程资源是指实施课程的必要而直接的条件,包括与课程实施有关的人力、物力和财力,以及时间、场地、媒体、设备、设施和环境,还有对于课程本质的认识状况等。

区分素材性课程资源与条件性课程资源,关键要理解:素材性课程资源——本身可以直接成为课程内容;条件性课程资源——课程实施的条件。

[**正确答案**]BD

**变式练习**

1.[**单选**]按照课程资源的功能特点可将语文课程资源划分为素材性课程资源和条件性课程资源,下列属于条件性课程资源的是(　　)

A.语文活动的方法　　　　B.语文教学媒介

C.语文知识　　　　D.情感态度和价值观

**答案**:B

**解析**:按课程资源的**功能特点**区分,有素材性课程资源和条件性课程资源。素材性课程资源包括知识、技能、经验、活动方式与方法、情感态度与价值观以及培养目标等。A、C、D三项均属于素材性课程资源。条件性课程资源包括与课程实施有关的人力、物力和财力,以及**时间**、场地、媒体、设备、设施和环境,还有对于课程本质的认识状况等。B项属于条件性课程资源。

2.[**单选**]学校为增强学生体质,专门修建的综合性体育场馆属于(　　)

A. 校外课程资源　　B. 条件性课程资源

C. 隐性课程资源　　D. 素材性课程资源

**答案**:B

**解析**:条件性课程资源包括与课程实施有关的人力、物力和财力,以及时间、场地、媒体、设备、设施和环境,还有对于课程本质的认识状况等。因此,学校专门修建的综合性体育场馆属于条件性课程资源。超出学校范围的课程资源是校外课程资源,学校修建的体育场馆属于校内课程资源。隐性课程资源是指以潜在的方式对教育教学活动施加影响的课程资源,如学校的风气,社会风气,家庭氛围,师生关系,教师或学生的经验、感受、困惑、意见等,体育场馆不属于隐性课程资源。素材性课程资源包括知识、技能、经验、活动方式与方法、情感态度与价值观以及培养目标等。其特点是直接作用于课程,成为课程的要素,并内化为学生身心发展的素质。

## 错误率:75%以上

### 考点1 活动课程

[2019 **河南·多选**]活动课程主要的局限性在于(　　)

A. 不能给学习者提供系统的科学文化知识

B. 对教师的专业素养提出了较高的要求,一般教师难以适应

C. 容易导致学生散漫、凌乱的学习

D. 片面强调从“做”中学,容易导致活动课程沦为肤浅的、缺少智力训练价值的纯操作活动

[**考生易错**]ACD或ABCD

[**思路分析**]本题有30%的同学易漏选B项、70%的同学易错选C项。考生易忽略活动课程的实施中,对教师素养与能力的要求。活动课程的局限性:(1)活动课程以学习者的经验为中心来组织,容易导致学科知识的支离破碎,学生难以掌握完整系统的学科知识体系;(2)活动课程以学习者的活动为中心,但学习者的活动具有多种性质,并非所有的活动都有教育价值,也并非所有的活动都能带来同样的教育价值,因此在实施中容易导致“活动主义”,为活动而活动,如果把握不当,会极大地影响教学效率和教育质量;(3)活动课程在课程实施中对教师的教学组织能力以及相关教学设施提出了较高要求,它要求教师具有相当高的专业素养和教育艺术素养,在师资条件不具备的情况下,活动课程的实施具有一定的风险性。

活动课程的实施并不是完全交给学生的,而是在教师的带领下展开的,也因此对教师提出了更高的要求。如果教师不具备相关专业素养,那么容易把活动课程误解为让儿童随意

地从事一些肤浅的、缺少智力训练价值的操作活动。这样一来,儿童思维能力的发展容易落空。

[正确答案]ABD

**变式练习**

1.[多选]活动课程容易出现的问题有( )

A.忽视学生的需要和兴趣

B.综合性不强

C.夸大学生的个体经验

D.忽视知识本身的逻辑顺序

**答案:**CD

**解析:**活动课程的优点:重视学生的需要、兴趣和直接经验,突破了学科界限,知识与生活密切联系,综合性较强,有利于培养学生的主体性和社会适应性。

活动课程的缺点:夸大了学生的个人经验,忽视了知识本身的逻辑顺序,影响了系统的知识学习,只能使学生学到一些片段零碎的知识,最终导致教学质量的下降,此外不指定具体的教材和课程标准,因而活动课程往往带有**随意性**和**狭隘性**。

2.[判断]当前我国中小学开设的社会实践、户外教育、健康教育等种类课程属于综合课程。( )

A.正确

B.错误

**答案:**B

**解析:**综合课程是指采用各种**有机整合**的形式,使学校教学系统中分化的各种要素及各成分之间形成有机联系的课程形态。活动课程亦称经验课程,是指围绕着学生的需要和兴趣、以活动为组织方式的课程形态,即以学生的主体性活动经验为中心组织的课程。活动课程在国外小学、中学和大学等各个层次普遍采用。它既可作为课堂教学的一部分,又可作为课堂教学的一种补充。活动课程种类繁多,如探索学习、实地考察、社会实践、社会服务、户外教育、消费教育、健康教育等。

## 考点2 校本课程

[2019 安徽·多选]下列关于校本课程开发表述正确的是( )

A.校本课程开发的主体是专家而非教师

B.校本课程开发要立足地方和学校的实际需要

C.校本课程开发要体现个性化的价值追求

D.校本课程开发要善于利用学校课程资源

[考生易错]BCD

[思路分析]本题有84%的同学易错选B项。考生易将"地方课程"与"校本课程"的要求弄混。地方课程是地方教育主管部门允许利用地方课程资源所设计的课程,是对国家课程的补充。校本课程是自下而上的、由学校教师等人员依据学校资源特点负责编制、实施、评价的课程,是对国家课程和地方课程的补充。前者强调的是"地方""区域性""本土性";后者则强调的是"学校特色""学校文化"。考生在做题时可抓住关键词进行区分。

此外,校本课程开发过程中的参与者是非常广泛的,但是开发的主体是教师而不是专家。个性化是校本课程开发的价值追求。校本课程开发强调充分利用和开发现有的学校和社区课程资源,根据已有的条件进行切实可行的资源重组,开发出适合自己学校的、具有特色的、学生喜欢的课程。

[正确答案]CD

**变式练习**

1.[多选]校本课程即以学校为本位,由学校自己确定的课程,它与国家课程、地方课程相对应。校本课程开发应体现的特征是(　　)

A. 以学生自主学习为着力点

B. 以国家课程为依据

C. 以校本课程资源整合为突破点

D. 以学校特色文化为生长点

**答案:**ACD

**解析:**推进校本课程的建设要体现以下几个特点:(1)以学生自主学习为**着力点**;(2)以学校特色文化为**生长点**;(3)以转变教师角色定位为**重心点**;(4)以校本课程资源整合为**突破点**。

2.[多选]关于地方课程和校本课程的共性,以下说法正确的有(　　)

A. 当地教师充分参与课程的调研和编写

B. 采取的是"自上而下"的课程管理模式

C. 属于指令性课程,以必修课的形式出现

D. 教材大纲的确定要充分听取当地教师的意见

**答案:**AD

**解析:**国家课程是自上而下、由国家政府负责编制,在全国各地统一实施、评价的课程。地方课程是地方教育主管部门允许利用**地方课程资源**所设计的课程,是对国家课程的**补充**。校本课程是**自下而上**的、由学校教师等人员依据学校资源特点负责编制、实施、评价的课程,是对国家课程和地方课程的补充。故B项错误。校本课程是一种多样化的课程,其课程的形式多种多样,既可以是**必修课**,也可以是**选修课**。故C项错误。

## 进阶测评

| 限时:30分钟 | 用时:________分钟 | 总题数:30道 | 正确题:________道 |
| --- | --- | --- | --- |

### 一、单项选择题

1. 影响课程发展的内部因素不包括(　　)

A. 学制　　B. 课程理论

C. 儿童观　　D. 课程传统

2. 课程目标设计的基本方式中,表现性目标的设计方式主要适用于(　　)领域。

A. 知识　　B. 过程　　C. 制作　　D. 测试

3. 在课程目标编写时,如果某一课程目标侧重于学生需要掌握的基础知识和基本技能,其课程目标取向是(　　)

A. 普遍性目标取向　　B. 行为性目标取向

C. 生成性目标取向　　D. 表现性目标取向

4. 现代学科课程的奠基人是(　　)

A. 孔子　　B. 夸美纽斯

C. 杜威　　D. 布鲁纳

5. “一千个读者就有一千个哈姆雷特”,每位学生在课堂上感受到的课程往往不同,按照古德莱德的课程层次理论,这里谈的是(　　)

A. 正式的课程　　B. 领悟的课程

C. 运作的课程　　D. 经验的课程

6. (　　)直接指导着人们制定课程的行为。

A. 学制　　B. 课程理论

C. 课程目标　　D. 课程自身发展的辩证否定规律

7. 课程的开发应以知识为中心,并根据知识的内在逻辑规律来编排课程,从而使教育能高效地传递人类文化遗产的精华,同时教师在教学中应主动积极,用严格的评价标准来保证教育质量。这属于(　　)

A. 永恒主义课程理论　　B. 要素主义课程理论

C. 结构主义课程理论　　D. 人本主义课程理论

8. 能够把学生的“未来生活世界”与“现实生活世界”统一起来的课程内容组织形式是(　　)

A. 直线式与螺旋式的统一　　B. 纵向组织与横向组织的统一

C. 逻辑顺序与心理顺序的统一　　D. 分析与综合的统一

9. 在选择课程内容上,恰当处理学科知识与课程内容的关系,意味着实现(　　)

A. 科学性与思想性的统一　　B. 学科逻辑与儿童心理逻辑的统一

C. 事实与价值的统一　　D. 主体与客体的统一

10. 当前我国普通高中的课程结构由(　　)三个层次构成。

A. 科目、单元、课　　B. 学习领域、科目、单元

C. 学习领域、科目、模块　　D. 科目、模块、课

11. 下列不属于课程实施结构的是(　　)

A. 组织和领导课程计划

B. 评价教学活动的过程与结果

C. 对具体的教学单元和课的类型与结构进行规划

D. 选择并确定与学生的学习特点和教学任务相适应的教学模式

12. 合数门相邻学科内容而形成的综合性课程,如有的国家把地理、历史综合形成“社会研究”课程,把物理、化学生态、生理、实用技术综合成“综合自然科学”,这种课程是(　　)

A. 联络课程　　B. 广域课程

C. 相关课程　　D. 融合课程

13. 在课程标准的组成部分中,统率课程标准的指导思想的是(　　)

A. 前言部分　　B. 课程目标部分

C. 课程内容标准部分　　D. 课程实施建议部分

14. 认为课程的内容应该首先考虑的是国家和民族的利益，学科课程是向学生提供经验的最佳方法的课程理论是（　　）

A. 结构主义课程理论
B. 要素主义课程理论
C. 活动课程理论
D. 永恒主义课程理论

**二、多项选择题**

1. 课堂教学要想落实"知识与能力"目标，就要（　　）

A. 情境创设
B. 新知探究
C. 知识应用
D. 贯穿训练

2. 潜在课程主要是指（　　）

A. 学生在人际交往中受到的影响
B. 教学过程中的思想品德教育内容
C. 制度与非制度文化的影响
D. 学校物质环境所构成的物质文化的影响

3. 为了传承地域文化，很多地方教育主管部门根据当地的习惯与文化，按照国家相关规定，开发出一系列极具区域文化特色的课程，比如戏剧课程、方言课程等。这种类型的课程属于（　　）

A. 隐性课程
B. 显性课程
C. 地方课程
D. 核心课程

4. 拓展型课程适用于下列哪些情况（　　）

A. "读、写、算"的基础课程教学
B. 注重加强学生文学、艺术鉴赏方面教育与拓展学生文化素质的课程
C. 提供目标、结论，引导学生自己探索研究的课程
D. 培养学生知识与社会实践相结合的能力的环境保护课程

5. 课程内容的组织要处理好的关系是（　　）

A. 过程与结果
B. 直观与抽象
C. 直接经验与间接经验
D. 教师与学生

6. 周老师上课时，越来越感觉班里的学生只注重教材内容的死记硬背而忽略大千世界的美好。如果周老师想带领学生拓展课程资源，可以入手的方面有（　　）

A. 带领学生开展社会调查
B. 开发利用图书馆、实验室等资源
C. 带领学生参观专业机构、博物馆
D. 建立资源管理数据库，拓宽数据资源分享渠道

7. 课程开发的基本维度主要是（　　）

A. 对课程的研究
B. 对社会的研究
C. 对学科的研究
D. 对学生的研究

8. 下列关于隐性课程的表现形式，描述错误的有（　　）

A. 观念性隐性课程包括学校人际关系状况，师生心态、行为方式等

B. 物质性隐性课程包括学校建筑、教室的设置、校园环境等

C. 心理性隐性课程包括学校的校风、学风，教师及其他管理者的价值观等

D. 制度性隐性课程包括学校管理体制、班级管理方式和运行方式等

三、判断题

1. 课程的水平组织的基本标准是连续性和顺序性。（　　）

A. 正确　　B. 错误

2. 核心课程是以人类基本活动为主题而编制的课程系统。（　　）

A. 正确　　B. 错误

3. 学科课程也称分科课程，是一种主张以学科为中心来编定学校课程的理论，它是最古老的、使用范围最广泛的课程类型。中西方最早提出分科课程的分别是孔子和亚里士多德。（　　）

A. 正确　　B. 错误

4. 后现代主义课程论指出课程不应该帮助学生去适应社会，而是要建立一种新的社会秩序和社会文化。（　　）

A. 正确　　B. 错误

5. 课程标准是学校组织教育和教学工作的重要依据。（　　）

A. 正确　　B. 错误

6. 必修课、选修课等课程之间如何协调是课程实施的问题。（　　）

A. 正确　　B. 错误

7. 当课程被认为是知识时，一般特点在于：课程往往是从学习者角度出发和设计的，课程是与学习者个人经验相联系、相结合的，强调学习者作为学习主体的角色。（　　）

A. 正确　　B. 错误

8. 在情感态度与价值观中，情感是指学习热情和学习兴趣，态度是指学习态度，价值观是指个人价值和社会价值。（　　）

A. 正确　　B. 错误

## 参考答案及解析

一、单项选择题

1. C 【解析】影响课程发展的**内部因素**主要有：学制、课程传统、课程理论和课程自身发展的辩证否定规律等。C项是外部因素。

2. C 【解析】所谓表现性目标，即明确安排学生各种各样的个性化的发展机会和发展程度。它在设计中所采用的行为动词通常是与学生表现什么有关的或者结果是开放性的。这种指向表现性的课程目标，主要适用于各种“制作”领域。

3. B 【解析】行为取向的课程目标是期待的学生的学习结果，具有导向、控制、激励与评价功能。它指明了课程结束后学生自身所发生的行为变化。它的基本特点是：目标**精确、具体和可操作**。题干中侧重于学生需要掌握的基础知识和基本技能的课程目标取向是行为

性目标取向。

4. B 【解析】现代学科课程的奠基人是夸美纽斯。

5. D 【解析】经验的课程，即学生实际体验到的东西。题干中每位学生在课堂上感受到的课程往往不同，就体现了经验的课程的内涵。

6. B 【解析】课程理论包括人们早期的课程思想，涉及课程内容的来源、课程的性质、课程编制、课程目标、课程组织与实施、课程评价等诸方面。它**直接指导**着人们制定课程的行为。

7. B 【解析】知识中心课程理论关注学科知识本身，其代表理论主要有永恒主义课程理论、要素主义课程理论和结构主义课程理论。其中，要素主义课程理论强调学科课程，主张以知识为中心来开发课程，并按照知识**内在的逻辑规律**来组织课程，使学校教育能够快速高效地传递人类文化遗产的精华，进而加速了新生一代文明化的进程；强调教师在教学中应有的积极性和主动性有利于教学进程的有序开展；制定严格的评价标准能够更好地保证教育教学质量。人本主义课程理论是学习者中心课程理论的代表性理论，强调以学生个人的**需要和兴趣**组织课程和教学，而不是按照学科知识内在的逻辑体系施教。故选 B 项。

8. C 【解析】逻辑顺序与心理顺序的统一，实质是在课程观上把学生与课程统一起来，在学生观方面，体现为把学生的"**未来生活世界**"与"**现实生活世界**"统一起来。

9. B 【解析】恰当处理学科知识与课程内容的关系意味着既要尊重学科知识的内在逻辑体系的要求，又要尊重儿童心理发展的内在要求，实现**学科逻辑**与**儿童心理逻辑**的统一。这是课程论的永恒课题。

10. C 【解析】根据《普通高中课程方案（实验）》，高中阶段的课程结构分三个层次：最上层为**学习领域**；学习领域下设**科目**；科目下设**模块**。学习领域、科目和模块构成了新的高中课程的基本结构。

11. A 【解析】课程实施作为一个**动态**的序列化的实践过程，具有一定的运行结构：(1)安排课程表；(2)分析教学任务；(3)研究学生的学习特点；(4)选择并确定教学模式；(5)规划教学单元和课；(6)组织教学活动；(7)评价教学活动的过程与结果。A 项不属于课程实施的结构。

12. B 【解析】广域课程是指合数门相邻学科内容而形成的综合性课程。如有的国家把地理、历史综合形成"社会研究"课程；把物理、化学生态、生理、实用技术综合成"综合自然科学"。**融合课程**是指由若干**相关学科**组合成的新学科。例如，把动物学、植物学、微生物学、生理学、解剖学、遗传学融合为生物学。**相关课程**亦称"**联络课程**"，是指由具有科际联系的各学科组成的课程，同时保持原来学科的划分组成的各相邻学科。

13. A 【解析】课程标准一般由说明（或前言）、课程目标、课程内容标准和课程实施建议等部分组成。说明部分，扼要阐释课程的性质与意义、课程的基本理念与价值诉求、课程的设计思路与总体框架（或结构），这是统率课程标准的**指导思想**。

14. B 【解析】要素主义课程理论的主要观点包括：(1)课程的内容应该是人类文化的"共同要素"，课程设置首先要考虑的是国家和民族的利益；(2)学科课程是向学生提供经验的最佳方法；(3)重视系统知识的传授，以学科课程为中心。

二、多项选择题

1. ABCD 【解析】课堂教学要落实“知识与能力”目标，首先要顺次展开三个层次的教学环节：情境创设、新知探究、知识应用；其次要落实四项训练，在课堂教学中要始终**贯穿训练**。

2. ACD 【解析】潜在课程是一种**潜移默化**的教育影响，主要包括以下几方面内容：(1)学生在学校各种人际交往中受到的影响，如思维方式、价值观念和行为方式等的影响；(2)学校、班级中长期形成的制度与非制度文化的影响，如学校与班级的传统、风气、舆论、仪式、规章制度等；(3)学校物质环境所构成的物质文化的影响，如学校建筑、校园环境、教室布置等。

3. BC 【解析】显性课程亦称公开课程，是指在学校情境中以**直接的、明显的**方式呈现的课程。地方课程是省级教育行政部门以国家课程为基础，依据当地的政治、经济、文化、民族等发展的需要而开发设计的课程。题干中的课程是由地方教育主管部门所开发的，极具地方特色，属于地方课程。戏剧课程、方言课程是以直接的、明显的方式呈现的，属于显性课程。所以答案选择B、C项。

4. BD 【解析】A项适用于基础型课程；C项适用于研究型课程。

5. ABC 【解析】课程内容的组织要**重视过程**，处理好过程与结果的关系；要**重视直观**，处理好直观与抽象的关系；要**重视直接经验**，处理好直接经验与间接经验的关系。

6. ABCD 【解析】开发和利用课程资源的途径与方法有：(1)进行社会调查；(2)审查学生活动，总结和反思教学经验；(3)开发实施条件；(4)研究学生情况；(5)鉴别利用校外资源；(6)建立资源数据库。其中，开发和利用课程实施的各种条件，包括图书馆、实验室和各种活动场馆、专用教室等的合理建设。鉴别和利用校外课程资源，包括自然与人文环境，各种机构、各种生产和服务行业的专门人才等资源。周老师如果想带领学生拓展教材内容之外的课程资源，可从上述方面入手，所以ABCD四项均符合题意。

7. BCD 【解析】泰勒在《课程与教学的基本原理》(1949年)中把学习者的需要、当代社会生活的需求、学科的发展并列为课程目标的三个来源。此后，这三个方面成为课程开发的基本维度。

8. AC 【解析】隐性课程的主要表现形式有：(1)观念性隐性课程。包括隐藏于显性课程之中的意识形态，学校的校风、学风，有关领导与教师的教育理念、价值观、知识观、教学风格、教学指导思想等。(2)物质性隐性课程。包括学校建筑、教室的设置、校园环境等。(3)制度性隐性课程。包括学校管理体制、学校组织机构、班级管理方式、班级运行方式。(4)心理性隐性课程。主要包括学校人际关系状况，师生特有的心态、行为方式等。A项体现的是心理性隐性课程，C项体现的是观念性隐性课程。

三、判断题

1. B 【解析】课程组织的基本标准包括垂直组织的标准和水平组织的标准。所谓垂直组织，是指将各种课程要素按纵向的发展序列组织起来。课程的垂直组织有两个基本标准，即“**连续性**”和“**顺序性**”。所谓水平组织，是指将各种课程要素按横向(水平)关系组织起来。课程的水平组织的基本标准是“整合性”。

2. A 【解析】核心课程要求以人类基本活动为主题而编制课程系统，在**实质**上是活动课程的发展。

3. A 【解析】学科课程分科设置，又称分科课程。学科课程是指以文化知识(科学、道德、艺

术)为基础,按照一定的价值标准,从不同的知识领域或学术领域选择一定的内容,根据知识的逻辑体系,将所选出的知识组织为学科的课程类型。它是最古老、**使用范围最广泛**的课程类型。孔子定“**礼、乐、射、御、书、数**”六门功课教授学生,这可以看作分科课程的雏形;古希腊智者学派创文法、修辞、辩证法,柏拉图将其与算术、几何、天文、音乐并称,成为“**七艺**”;及至**亚里士多德**在吕克昂学园,以“逍遥学派”之风,教学生政治、物理、天文、生物、历史等课程,这是西方分科课程之原始形态。

4. B 【**解析**】社会中心课程理论的**核心观点**是:课程不应该帮助学生去适应社会,而是要建立一种新的社会秩序和社会文化。

5. B 【**解析**】学校组织教育和教学工作的重要依据是**课程计划**。

6. B 【**解析**】课程的结构指课程各部分的组织和配合,即探讨课程各组成部分如何有机地联系在一起的问题。如何使必修课、选修课、活动课、社会实践活动之间**相互配合、协调一致**,共同完成学校课程的任务是我国教育界在学校课程结构方面需要探讨的一个重要问题。

7. B 【**解析**】当课程被认为是经验时,其一般特点是:(1)课程往往是从学习者的角度出发和设计的;(2)课程是与学习者的个人经验相联系、相结合的;(3)强调学习者作为学习的主体。故题干表述错误。

8. B 【**解析**】新课程强调**情感、态度、价值观**三个要素。情感不仅指学习兴趣、学习热情、学习动机,更是指内心体验和心灵世界的丰富。态度不仅指学习态度、学习责任,更是指乐观的生活态度、求实的科学态度、宽容的人生态度。价值观不仅强调个人的价值,更强调个人价值与社会价值的统一;不仅强调科学的价值,更强调科学价值与人文价值的统一;不仅强调人类的价值,更强调人类价值与自然价值的统一,从而使学生从内心确立起对真、善、美的**价值追求**以及人与自然和谐**可持续性发展**的理念。

# 专题六　教　学

## 错误率：50%以上

### 考点1 教学的概念

[2018 贵州·多选]教学活动包括学生配合教师上课而进行的(　　)等活动。

A. 独立完成作业　B. 预习和复习　C. 社会实践　D. 课外活动

[考生易错]ABC 或 ABD

[思路分析]本题有56%的同学易错选C项、54%的同学易错选D项。考生易将教学的概念弄混。教学是在一定教育目的规范下,教师的教和学生的学共同组成的传递和掌握社会经验的双边活动。教学是由教与学两方面组成的。其中,教除了指教师在课堂上的教授工作以外,还包括教师在课间对学生的辅导活动。而学既包括学生在教师的直接教授下的学习,也包括学生为配合教师上课而进行的预习、复习与独立完成作业等自学活动。社会实践与课外活动不属于教学活动的范畴,属于课外、校外教育。

[正确答案]AB

**变式练习**

1.[单选]学生为配合教师上课而进行的预习、复习与独立完成作业等自学活动属于(　　)

A. 课外、校外教育　　B. 社会实践

C. 教学活动　　D. 课后辅导

**答案:**C

**解析:**学生在教师的直接教授下的学习,以及学生为配合教师上课而进行的预习、复习与独立完成作业等自学活动均属于教学活动。

2.[判断]教学是以传授知识、掌握知识为中心,从而促进学生身心的全面发展。(　　)

A. 正确　　B. 错误

**答案:**B

**解析:**教学是在一定教育目的规范下,**教师的教**和**学生的学**共同组成的传递和掌握社会经验的**双边活动**。这种教育活动的核心,是学生通过教师有目的、有计划地积极引导和培养,主动掌握系统的文化科学知识和技能,发展能力,增强体质,陶冶品德,培养美感,从而促进学生自身全面发展的过程。即教学不仅要传授学生知识,还要促进学生能力的发展。

### 考点2 有效教学

[2018 山东·单选]摒弃有效性的教学是(　　)

A. 不存在的　　B. 存在的

C. 极少的　　D. 有待改进的教学

[考生易错]D

[思路分析]本题有51%的同学易错选D项。考生易对有效教学的意义理解不透彻。崔允漷说:"任何教学都是以有效性为目的的,摒弃有效性的教学是不存在的"。课堂有效性是教学的追求。教学过程追求的就是在规定的时间传授给学生知识,并且能够让学生理解吸收知识。

[正确答案]A

**变式练习**

1.[多选]有效教学遵循的基本原则是(　　)

A.以学生发展为中心　　B.以教师的良好状态为保障

C.以学科内容为载体　　D.以融洽的师生关系为基础

**答案:**ACD

**解析:**根据对有效教学的本质与标准的限定,结合我国的教学实践,我们认为教学应该遵循如下一些基本原则:(1)以学生发展为中心;(2)以学科内容为载体;(3)以融洽的师生关系为基础;(4)以学生的良好状态为保障。

2.[判断]有效教学行为是我们依据一定的标准主观判断为有效的教学行为,其有效性是绝对的。(　　)

A.正确　　B.错误

**答案:**B

**解析:**有效教学行为总是相对有效的教学行为。有效教学行为只是我们依据一定标准主观判断为有效的教学行为,其有效性不是绝对的。教学行为结果具有延时性,此时看似无效的行为反而可能在日后发挥作用,即使是在有明确目标的课堂教学中,我们往往也很难直接说出哪种教学行为有效、哪种教学行为无效。因此对教学行为有效性的即时判断不一定准确。

## 考点3 ▶形式教育论

[2019 河北·单选]形式教育论认为教育应发展人的能力,这个能力指(　　)

A.创新能力　　B.实战能力

C.理性思维能力　　D.解决实际问题能力

[考生易错]D

[思路分析]本题有47%的同学易错选D项。考生易将"形式教育论"与"实质教育论"的观点弄混。形式教育论起源于古希腊,形成于17世纪,盛行于18~19世纪。其代表人物是英国的洛克和瑞士的裴斯泰洛齐。形式教育论认为教学的主要任务在于通过开设希腊文、拉丁文、逻辑、文法和数学等学科发展学生的智力,至于学科内容的实用意义则是无关紧要的。实质教育论起源于古希腊和古罗马,形成于18世纪,兴盛于19世纪,20世纪初衰落。其代表人物是德国的赫尔巴特和英国的斯宾塞。实质教育论认为教学的主要任务在于传授给学生有用的知识,至于学生的智力则无须进行特别的培养和训练。

形式教育论重视发展人的智力,认为教育的目的就是对人的各种不同的官能进行训练,包括人的理性思维能力。而实质教育论强调传授给学生对实际生活有用的知识。形式教育论的关键词:智力、官能、思维等。实质教育论的关键词:实际生活、有用。考生在做题时可抓住题目中的关键词进行判断。

[正确答案]C

变式练习

[单选]形式教育论重视发展人的智力,认为教育的目的就是对人的各种不同的官能进行训练。以下被形式教育论认为是最有发展价值的学科是(　　)

A. 物理　　B. 化学　　C. 希腊文　　D. 地理

**答案**:C

**解析**:形式教育论认为形式学科(如**希腊文、拉丁文、数学、逻辑学**等)或古典人文课程最有发展价值;实质教育论认为与人类的世俗生活密切相关的实质学科(如物理、化学、天文、地理、法律)或实科课程最有价值。

## 考点4 思想性(教育性)和科学性相统一的原则

[**2019 天津·多选**]教学原则中思想性与科学性相统一原则是指教学不仅要注重先进科学的基础知识和基本技能的传授,同时又要结合知识和技能中的德育因素,对学生进行政治教育、思想教育和道德品质教育。下列能够体现这一原则的情形是(　　)

A. 刘老师在语文课上讲苏轼的《念奴娇·赤壁怀古》时,对赤壁之战的历史和周瑜的人物形象也进行了讲解,同学们很受启发

B. 李老师在历史课上讲抗金英雄岳飞时,高度赞扬了岳飞的爱国主义精神,使同学们受到了感染

C. 王老师在化学课上讲到元素周期表中的“镭”元素时,向学生介绍了“镭”元素发现者居里夫人献身科学的事迹,使同学们深受教育

D. 赵老师在地理课上讲到山西的风土民情时,对黄土高原的形成和黄河的发源进行了讲解,使学生们对我国北方的自然条件有了更深的了解

[**考生易错**]ABC 或 BCD

[**思路分析**]本题有47%的同学易错选A项、32%的同学易错选D项。考生易对思想性(教育性)和科学性相统一原则的概念理解不透彻。思想性(教育性)和科学性相统一原则是指教学要以马克思主义为指导,授予学生科学知识,并结合知识教学对学生进行社会主义品德和正确人生观、科学世界观教育。思想性(教育性)和科学性相统一原则的实质是要求在教学活动中把教书和育人有机地结合起来。教学的教育性与科学性是相辅相成的、相互促进的。A项中的老师只是帮助学生进一步理解了历史人物的形象,并没有对学生进行人生观、世界观的教育。D项中的老师帮助学生加深了对北方自然条件的了解,也同样没有依据此内容对学生进行思想教育。因此,A、D两项并没有体现思想性(教育性)和科学性相统一原则。考生在做题时,一定要抓住“思想性(教育性)”这一关键词进行区分,重点分析是否对学生进行人生观、世界观与思想品德的教育。

[**正确答案**]BC

变式练习

1. [**单选**]苏珊通过野外短途旅行,把保护生态环境的理念灌输给学生。她在教学中贯彻了(　　)

A. 巩固性原则　　B. 循序渐进原则

C. 科学性与教育性相统一原则　　D. 尊重学生与严格要求学生相结合原则

**答案**:C

**解析：**思想性（教育性）和科学性相统一的原则是指教学要以**马克思主义**为指导，授予学生科学知识，并结合知识教学对学生进行社会主义品德和正确人生观、科学世界观教育。这一原则的实质是要求在教学活动中把**教书**和**育人**有机地结合起来。苏珊老师通过野外短途旅行，把保护生态环境的理念灌输给学生，在开展野外知识教学的同时对学生进行思想教育，体现了对该原则的运用。

2. ［判断］“文以载道”体现了量力性的教学原则。（　　）

A. 正确　　　　B. 错误

**答案：**B

**解析：**思想性（教育性）和科学性相统一的原则是指教学要以马克思主义为指导，授予学生科学知识，并结合知识教学对学生进行社会主义品德和正确人生观、科学世界观教育。这一原则的实质是要求在教学活动中把**教书和育人**有机地结合起来。“文以载道”的意思是，文章是用来表达思想、阐明道理的，强调在教授学生学习文章时，还要讲明其中的道理，这体现了思想性（教育性）和科学性相统一的教学原则。

### 考点5 ▶理论联系实际原则与直观性原则

［2019 **广东·单选**］某节数学课上，刘老师把学生回答的关于分24个包子的计算过程板书出来：24 ÷ 2 = 12（人）、24 ÷ 3 = 8（人）、24 ÷ 4 = 6（人）……。这一做法主要体现了教学原则中的（　　）

A. 巩固性原则　　　　B. 直观性原则

C. 理论联系实际原则　　　　D. 因材施教原则

**［考生易错］**B

**［思路分析］**本题有42%的同学易错选B项。考生易将“理论联系实际原则”与“直观性原则”弄混。理论联系实际原则是指教师在教学中，应使学生从理论与实际的结合中来理解和掌握知识，并引导他们运用新获得的知识去解决各种实际问题，培养他们分析问题和解决问题的能力。直观性原则是指在教学活动中，教师应尽量利用学生的多种感官和已有的经验，通过各种形式的感知，使学生获得生动的表象，从而比较全面、深刻地掌握知识。部分考生看到题干中的老师将“计算过程板书出来”，误以为题干内容体现了直观性原则。仔细审视题干内容，可发现题干中的老师通过分包子的例子，将数学知识与分包子的生活事件联系起来以帮助学生理解，体现的是理论联系实际的教学原则。若题干表述的内容是教师向学生展示分包子的不同方法，让学生直观感受如何分包子，则体现了直观性原则。

**［正确答案］**C

**变式练习**

1. ［单选］陶行知指出“接知如接枝”，这体现的教学原则是（　　）

A. 直观性原则　　B. 启发性原则　　C. 系统性原则　　D. 量力性原则

**答案：**A

**解析：**直观性原则的意义在于通过给学生提供直接经验或利用学生已有的经验，帮助他们掌握原本生疏难解的理论知识。“接知如接枝”是陶行知先生的一个精辟比喻。意思是：我们要有自己的经验做根，以这经验所发生的知识做枝，然后别人的知识方才可以接得上去，别人的知识方才成为我们知识的一个有机部分。因此，“接知如接枝”体现了直观性教学原则。

2. [单选]“读万卷书,行万里路”体现的教学原则是(　　)

A. 理论联系实际原则　　B. 循序渐进原则

C. 直观性原则　　D. 巩固性原则

**答案:**A

**解析:**“读万卷书”即学习理论知识,“行万里路”即进行社会实践,这体现的是理论联系实际原则。

## 考点 6 ▶教学方法的概念

[2020 河南 · 单选]下列关于教学方法的表述中正确的是(　　)

A. 教学方法就是教法

B. 教学方法就是学法

C. 教学方法是教与学相互作用的活动方式

D. 教学方法包括教法、学法和教与学的方法

**[考生易错]**D

**[思路分析]**本题有 53% 的同学易错选 D 项。考生易对教学方法的概念理解不透彻。教学方法是指教师和学生为了完成教学任务、实现教学目标而采取的共同活动方式,是教师引导学生掌握知识技能、获得身心发展而共同活动的方法。教学方法侧重强调教师指导学生学习以达到教学目的而采取的教与学相互作用的活动方式。考生在判断教学方法的概念时要抓住“相互作用”“共同活动”等关键词。

**[正确答案]**C

### 变式练习

1. [单选]教师教的方法和学生学的方法构成了(　　)

A. 预习方法　　B. 教学方法　　C. 复习方法　　D. 评价方法

**答案:**B

**解析:**教师教的方法和学生学的方法构成了教学方法。故选 B 项。

2. [判断]教学方法就是教师讲课的方法,是教师为完成教学任务而采用的方法。(　　)

A. 正确　　B. 错误

**答案:**B

**解析:**教学方法是指教师和学生为了完成教学任务、实现教学目标而采取的**共同活动方式**,是教师引导学生掌握知识技能、获得身心发展而共同活动的方法。它包括教师教的方法和学生学的方法。

## 考点 7 ▶谈话法

[2017 河南 · 多选]使用谈话法进行教学时,应注意(　　)

A. 要从学生实际出发,提一些经过想一想学生能够回答的问题

B. 提问后要注意听取学生的回答,并做出相应的评价,对回答有困难的学生,可提供一些辅助性的问题启发诱导他

C. 尽可能地提些暗示性的问题,多提些能让学生开动脑筋自己去思考的问题

D. 对提的问题、提问的对象、学生可能回答的情况、应如何进一步做好启发引导、谈话所需的时间,都要做到心中有数

[考生易错]ABCD

[思路分析]本题有63%的同学易错选C项。考生易对谈话法的运用要求理解不透彻。运用谈话法的基本要求包括:(1)要做好计划,教师要对谈话的中心、提问的内容做充分准备,并拟定谈话提纲;(2)要善问,提出的问题要明确、具体、难易适宜,符合学生已有的知识程度、经验,还要有启发性、形式要多样化;(3)要善于启发诱导,谈话时,教师要面向全体学生,给学生留有思考的余地,因势利导,让学生一步步地去获得新知;(4)谈话结束后,应结合学生回答的情况进行归纳和小结,给出问题的正确答案,指出谈话过程中的优缺点。提问时应尽量少用暗示,要让学生能够明确理解问题,C项说法错误。

[正确答案]ABD

**变式练习**

[多选]谈话法是教师按照一定的教学目标向学生提出问题,要求学生回答,并通过问答的形式来引导学生获取或巩固知识的方法。运用谈话法,教师应做到(　　)

A. 谈话方式要因人而异　　B. 准备好问题和谈话计划

C. 谈话要面向全体学生　　D. 注意启发诱导学生

**答案:**ABCD

**解析:**教师运用谈话法需做到:谈话方式要因人而异,准备好问题和谈话计划,谈话要面向全体学生,注意启发诱导学生,谈话结束后做好归纳小结。

### 考点8 演示法

[2019 山东·判断]演示法的运用要紧密配合教学:演示前,要根据教学需要,做好教具等的准备;上课前,将教具等带入教室,以引起学生的注意。(　　)

A. 正确　　B. 错误

[考生易错]A

[思路分析]本题有60%的同学易将题干内容判断为正确。考生易对演示法中直观教具的使用要求理解不透彻。演示法是指教师通过展示实物、教具和示范性的实验来说明、印证某一事物和现象,使学生掌握新知识的一种教学方法。教师在进行演示时,要引导学生仔细观察,且做恰当的言语提醒。教师要尽量使全班学生集中注意力,尽量使全班学生都能观察到演示活动,运用多种感觉器官去感知,以加深印象。演示要紧密配合教学,过早拿出直观教具,演示完不及时收好教具,都会分散学生注意。

[正确答案]B

**变式练习**

1. [单选]教师在对教具和实验进行演示操作的同时,最重要的是必须(　　)

A. 讲解操作的要领　　B. 讲解相关的书本知识

C. 指导学生观察　　D. 激发学生的兴趣

**答案:**C

**解析:**教师在进行演示时,要引导学生仔细观察,且做恰当的言语提醒。教师要尽量使全班学生集中注意力,尽量使全班学生都能观察到演示活动,运用多种感觉器官去感知,以加深印象。

2. [判断]教师应该提前将准备好的直观教具带入教室,以做准备。(　　)

A. 正确　　B. 错误

**答案**:B

**解析**:演示要紧密配合教学,过早拿出直观教具,演示完不及时收好教具,都会分散学生注意。

## 考点9 ▶班级授课制

[**2020 河南·多选**]以下关于“班级授课制”的说法中,正确的有(　　)

A. 班级授课制仍然是我国教育教学的重要组织形式

B. 班级授课制的产生大大提高了教学效率

C. 班级授课制最早是由美国教育家夸美纽斯提出的

D. 最早确定班级授课制基本轮廓的著作是《大教学论》

[**考生易错**]ABCD

[**思路分析**]本题有50%的同学易错选C项。考生易将班级授课制的相关知识搞混。古罗马教育家昆体良在教学组织形式方面,首次提出了分班教学的思想,这是班级授课制思想的萌芽。文艺复兴时期的著名教育家埃拉斯莫斯(又译伊拉斯谟)最早提出“班级”一词。

1632年捷克教育家夸美纽斯在《大教学论》中首次从理论上对班级授课制作了系统的论述,奠定了理论基础,班级授课制由此诞生。我国最早采用班级授课制的是1862年清政府在北京设立的京师同文馆,并在癸卯学制(1904年)中以法令形式确定下来,随之在全国范围内推广。

关于班级授课制的发展,大体上经历了三个发展阶段:第一阶段:以夸美纽斯为代表的教育家从理论上加以总结和论证,使它基本确立起来;第二阶段:以赫尔巴特为代表,提出了教学过程的形式阶段的理论;第三阶段:以苏联教育学为代表,提出课的类型和结构,使班级授课制更趋成熟。

[**正确答案**]ABD

### 变式练习

1. [**单选**]我国学校普遍实行班级授课制的时间是(　　)年。

A. 1862　　B. 1904　　C. 1935　　D. 1949

**答案**:B

**解析**:在我国,最早采用班级授课制的是清政府于1862年设于北京的**京师同文馆**,并在癸卯学制(1904年)中以法令形式确定下来,随之在全国范围内推广。

2. [**单选**]对班级授课制进行系统阐释的教育家是(　　)

A. 裴斯泰洛齐　　B. 斯宾塞　　C. 夸美纽斯　　D. 杜威

**答案**:C

**解析**:1632年,捷克教育家夸美纽斯出版的《大教学论》最早从理论上对班级授课制做了阐述,为班级授课制奠定了理论基础。

## 考点10 ▶个别教学

[**2019 广东·判断**]可选择的学习任务是个别教学的中心环节。(　　)

A. 正确　　B. 错误

[**考生易错**]B

[**思路分析**]本题有58%的同学易将题干内容判断为错误。考生易对“个别教学”理解不透彻。个别教学是适应学生个别差异,发展学生个性的教学。可选择的学习任务是个别

教学的中心环节。教学内容的个别化控制首先要求给予学生自主选择的机会。如果学生有几种不同类型的作业让他们来选择，那么学生将主动地去寻找自己的作业。个别教学强调发现、珍惜、发掘受教育者的良好个性潜能和优势，是满足特殊化教育需要、实现个性发展的手段和途径。

[正确答案]A

**变式练习**

1. [单选]教育史上最早出现的教学组织形式是(　　)

A. 个别教学　　B. 小组教学

C. 班级授课制　　D. 复式教学

**答案：**A

**解析：**在古代，中国、埃及和希腊的学校大都采用个别教学形式，学校的学生集中于一室，教师轮流传唤每位学生，分别向每位学生传授知识，布置、检查和批改作业，即教师对学生一个一个轮流地教。教师在教某个学生时，其余学生均按教师要求进行复习或做作业。因此，个别教学是教育史上**最早出现**的教学组织形式。

2. [判断]我国封建社会的私塾，由一位先生教几名甚至几十名孩子在一块读书，可以看作是班级授课的雏形。(　　)

A. 正确　　B. 错误

**答案：**B

**解析：**在漫长的奴隶社会和封建社会中主要的、甚至唯一的教学组织形式是个别教学。封建社会的**私塾**属于个别教学。

### 考点11 ▶ 复式教学

[2019 河北·单选]下列关于复式教学的叙述，正确的是(　　)

A. 复式教学中教师的教学和学生的自学或做作业同时进行

B. 复式教学就是对两个以上年级的学生进行教学的一种教学组织形式

C. 复式教学适用于学生多、教师少的情况

D. 复式教学情境下的学生的基本技能和自学能力相对较弱

[考生易错]B

[思路分析]本题有35%的同学易错选B项。考生易对“复式教学”的概念理解不透彻。复式教学是把两个或两个以上不同年级的学生编在一个教室里，由一位教师分别用不同的教材，在一节课里对不同年级的学生进行教学的一种特殊组织形式。复式教学强调的是不同年级的学生在同一个班级共同上课。此外，并不是因为学生多、教师少才进行复式教学。若学生太多的话，彼此影响，根本无法在一个教室里进行教学，故复式教学适用于学生少、教师少的情况。

[正确答案]A

**变式练习**

1. [单选]一些地区的教学条件和经济条件比较落后，为了普及这些地区的教育而产生的，至今在我国一些农村地区、民族地区和落后山区仍在采用的教学组织形式是(　　)

A. 个别教学　　B. 分组教学　　C. 现场教学　　D. 复式教学

**答案:**D

**解析:**复式教学是把两个或两个以上不同年级的学生编在一个教室里,由一位教师分别用不同的教材,在一节课里对不同年级的学生进行教学的一种特殊组织形式。复式教学的主要特点是直接教学和学生自学或做作业交替进行。它适用于**学生少、教师少**、校舍和教学设备较差的**农村**以及偏远地区。

2.[**多选**]下列关于复式教学的叙述中,正确的有(　　)

A. 复式教学的主要特点是直接教学和学生自学或做作业交替进行

B. 备课时对教学过程的组织、教学时间的分配和教学秩序的处理等有更复杂的要求

C. 复式班的编制以尽可能地减少各年级之间的相互干扰为一般原则

D. 复式教学的日课表的编制以"同堂异科"编排为好

**答案:**ABCD

**解析:**组织复式教学时需要注意的问题有:(1)复式教学最根本的特点是"复"字,当教师给一个年级上课时,其他年级的学生根据教师的指示进行预习、复习、练习。前者叫作直接教学,后者叫作**自动作业**,在课堂上要使这两方面交替和配合进行。(2)复式教学的基本原则是要尽可能减少各年级的相互干扰。从课表编制来说,应以"**同堂异科**"编排为好,以避免相同科目集中学习时的彼此干扰。教师要对各个年级的集中讲授与自学作业的内容、时间、教学进程的组织进行精心设计。(3)复式教学的备课比单式教学要复杂,除了一般要求之外,复式教学在备课时还要特别注意:①明确重点;②安排合理;③顺序科学。

## 考点 12 ▶ 导生制

[**2020 四川 · 单选**]对班级教学的实施产生重要推动作用的是(　　)

A. 道尔顿制　　B. 巴达维亚法　　C. 圣路易编制法　　D. 导生制

[**考生易错**]A

[**思路分析**]本题有42%的同学易错选A项。考生易将"道尔顿制"与"导生制"对班级教学的贡献弄混。对班级教学的实施产生重要推动作用的当数"导生制"。导生制也称为贝尔—兰喀斯特制,这种教学组织形式仍以班级为基础,但教师不直接面向班级全体学生,教师先把教学内容教给年龄较大的学生,而后由他们中间的佼佼者——导生去教年幼的或成绩较差的其他学生。而"道尔顿制""巴达维亚法""圣路易编制法"这三种教学组织形式都是对班级教学进行的改造。其中,道尔顿制是最早提出对班级教学进行改造的。

[**正确答案**]D

### 变式练习

1.[**单选**]最早提出对班级教学进行改造,强调学习者自定学习步调,要求依据每个儿童学习各学科的难易度,适当分配课程时间的是(　　)

A. 协同教学　　B. 道尔顿制　　C. 导生制　　D. 特朗普制

**答案:**B

**解析:**最早提出对班级教学进行改造的是"道尔顿制"。道尔顿制主张改善传统教授法几乎不顾及每个儿童本身特点的弊端,使学习者能按照自定的步调学习;针对传统方法中各科的课程时刻表不分优劣生一律平等的弊端,依据每个儿童学习各学科的难易度,适当分配课程时间。

2. [判断]“道尔顿制”对班级教学的实施产生了重要的推动作用。(　　)

A. 正确　　B. 错误

**答案:**B

**解析:**对班级教学的实施产生重要推动作用的当数“导生制”。道尔顿制最早提出对班级教学进行改造,主张废除教师面向全体学生的课堂讲授,废除课程表和年级制,代之以教师辅导学生按“**公约**”个别自学。故题干描述错误。

## 考点13 ▶ 备课与上课

[2018 河南·判断]上好一节课的先决条件是要有明确的教学目的。(　　)

A. 正确　　B. 错误

**[考生易错]**A

**[思路分析]**本题有59%的同学易将题干内容判断为正确。考生易弄混“备课”与“上课”的地位。备课是为上课以及其他教学环节所做的准备工作,是教学工作的起始环节,是上好课的先决条件,是教师必须掌握的一项基本功。教师备课要做好三方面的工作,即钻研教材、了解学生、设计教法,也即备教材、备学生、备教法。而上课是整个教学工作的中心环节,是教师教和学生学的最直接的体现,是提高教学质量的关键。上好课的基本要求包括:(1)教学目标明确;(2)教学内容准确;(3)教学结构合理;(4)教学方法适当;(5)讲究教学艺术;(6)板书有序;(7)充分发挥学生的主体性。有明确的教学目的只是上好一节课的要求之一。

**[正确答案]**B

### 变式练习

1. [单选](　　)是教师教学工作的起始环节,是上好课的先决条件。

A. 备课　　B. 上课　　C. 作业的布置与反馈　　D. 课外辅导

**答案:**A

**解析:**备课是教师教学工作的起始环节,是上好课的先决条件,备好课是上好课的前提。

2. [判断]备课是整个教学活动的中心环节,是提高教学质量的关键。(　　)

A. 正确　　B. 错误

**答案:**B

**解析:**备课是教师教学工作的起始环节,是上好课的先决条件。上课是整个教学工作的中心环节,是教师教和学生学的最直接的体现,是提高教学质量的关键。

## 考点14 ▶ 课的类型

[2019 天津·单选]划分课的类型的主要标准是(　　)

A. 教学原则　　B. 教学目的　　C. 教学任务　　D. 教学内容

**[考生易错]**B或D

**[思路分析]**本题有23%的同学易错选B项、27%的同学易错选D项。考生易将课的类型划分标准弄混。教学任务和教学方法是划分课的类型的主要标准。根据教学的任务划分,课可分为传授新知识课(新授课)、巩固新知识课(巩固课)、培养技能技巧课(技能课)和检查知识课(检查课)。根据主要使用的教学方法划分,课可分为讲授课、演示课(演示实验或放幻灯片、录像)、练习课、实验课和复习课。考生可结合常用的教学方法来记忆,看到“课”的前面是与教学方法相对应的内容,通常属于按照教学方法进行分类的课程。

**[正确答案]**C

变式练习

1.[单选](　　)是中小学用得最多的课的类型,它适用于比较容易的课程。

A.新授课　　B.复习课　　C.技能课　　D.综合课

答案:D

解析:根据一节课所完成任务的类型数,课的类型可分为单一课和综合课。综合课是中小学用得最多的课的类型,它适用于比较容易的课程。

2.[单选]化学课上老师用红磷和白磷等化学原料给学生们展示燃烧现象,学生们对此表现出了极大的兴趣。按照教师所使用的教学方法,该堂课属于(　　)

A.新授课　　B.演示课　　C.技能课　　D.复习课

答案:B

解析:演示课主要是演示实验或放幻灯片、录像。题干中的课的类型属于演示课。

## 考点15 教学评价的功能

[2018广东·单选]期中考试成绩出来后,芳芳根据试卷得分高低分析了自己的强项以及弱项,然后对症下药,重点攻破这些弱项。这体现了教学评价可以(　　)

A.诊断教学问题　　B.提供反馈信息　　C.调控教学方向　　D.检验教学效果

[考生易错]A或C

[思路分析]本题有26%的同学易错选A项、20%的同学易错选C项。考生易将教学评价的功能弄混。诊断功能和反馈功能都涉及指出学生的问题,但是反馈功能在指出学生的问题之后还会给出相应的措施。教学评价可以提供反馈信息。对于学生而言,肯定的评价可以进一步激发学生学习的积极性,提高学习兴趣,否定的评价则可以帮助学生发现错误及其"症结"之所在,以便在教师的指导下"对症下药",及时纠正。题干中芳芳的这一系列行为就体现了教学评价的这一功能。

[正确答案]B

变式练习

[单选]通过教学评价,教师可以了解学生在知识、技能和能力等方面已经达到的水平和存在的问题,分析造成学生学习困难的原因。这体现了教学评价(　　)的功能。

A.诊断教学问题　　B.提供反馈信息　　C.调控教学方向　　D.检验教学成果

答案:A

解析:教学评价具有诊断教学问题的功能。通过教学评价,教师可以了解自己的教学目标确定得是否合理,教学方法、教学手段的运用是否得当,教学的重点、难点是否讲清,也可以了解学生在知识、技能和能力等方面已经达到的水平和存在的问题,分析造成学生学习困难的原因,从而调整教学策略,改进教学措施,为教师的教学和学生的学习指明方向,有针对性地解决教学中存在的各种问题。

## 考点16 相对性评价与绝对性评价

[2020广东·单选]小华同学在两次数学考试中都得了76分,但第一次考试在班上排名是第14名,第二次排名是第6名,因此,老师认为小华比原来进步了。在这里老师对小华的判断综合考虑了(　　)

A.相对评价和形成性评价　　B.绝对评价和相对评价

C.定量评价和绝对评价　　D.定量评价和定性评价

[考生易错]A

[思路分析]本题有58%的同学易错选A项。考生易将“相对性评价”与“绝对性评价”的概念弄混。相对性评价又称为常模参照性评价，是运用常模参照性测验对学生的学习成绩进行的评价，它主要依据学生个人的学习成绩在该班学生成绩序列或常模中所处的位置来评价和决定他的成绩的优劣，而不考虑是否达到教学目标的要求。绝对性评价又称为目标参照性评价（标准参照评价），是运用目标参照性测验对学生的学习成绩进行的评价。它主要依据教学目标和教材编制试题来测量学生的学业成绩，判断学生是否达到了教学目标的要求，而不以评定学生之间的差异为目的。

考生在理解这两个概念时，可把相对性评价理解为“看位置”，把绝对性评价理解为“看标准”。小华的两次班级排名体现了相对评价，“两次数学考试中都得了76分”体现了绝对评价。

[正确答案]B

**变式练习**

1.[单选]我国的教师资格证考试以及格分为过关标准，这种评价属于（　　）

A.相对性评价　　B.绝对性评价

C.形成性评价　　D.诊断性评价

**答案:**B

**解析:**进行绝对性评价时，每个人的成绩分数只与统一的、固定的客观标准进行比较，即这种评价并不照顾评价对象的整体水平状况而提高或降低**评价标准**。绝对性评价宜用于升级考试、毕业考试和合格考试。题干中的“以及格分为过关标准”就是这一评价方式的典型体现。

2.[多选]下列关于相对性评价的描述，合理的是（　　）

A.相对性评价又称为常模参照性评价，它更关注被评价者在群体中的相对位置

B.相对性评价具有甄选性强的特点，因而可以作为选拔人才的依据

C.相对性评价又称为目标参照性评价，它更关注被评价者在群体中的相对位置

D.相对性评价可以衡量被评价者的实际水平，了解学生对知识、技能的掌握情况

**答案:**AB

**解析:**相对性评价又称为常模参照性评价，是运用常模参照性测验对学生的学习成绩进行的评价，它主要依据学生个人的学习成绩在该班学生成绩**序列**或常模中所处的**位置**来评价和决定学生的成绩的优劣，而不考虑是否达到教学目标的要求。相对性评价具有甄选性强的特点，因而可以作为选拔人才的依据。

## 错误率：75%以上

### 考点1 ▶教学的一般任务

[2019 广西·多选]一般意义上的教学任务包括（　　）

A.促进学生身心健康发展

B.教会学生学习

C.培养学生良好的思想道德和审美情趣

D. 引导学生掌握终身学习必备的基础知识和技能

[考生易错]ABCD

[思路分析]本题有68%的同学易错选B项。考生易将“教学观念”与“教学任务”的概念弄混。“观念”强调的是一种思想,起到领导统帅的作用,并不涉及具体的任务与要求。而“任务”则侧重指具体可行的任务与要求。例如题干中的教会学生学习,就是一个较为宽泛的教学观念,可以包含多种教学目标。而促进身心健康发展、培养良好的思想道德和审美情趣以及掌握终身学习必备的基础知识和技能等则属于具体的教学目标,也即教学的一般任务。

[正确答案]ACD

**变式练习**

[单选]关于教学基本任务的表述,不正确的是(　　)

A. 双基教学　　B. 发展学生的智力、体力、创造才能

C. 思想品德教育　　D. 促进学生全面发展

**答案:**D

**解析:**教学的一般任务(**基本任务**)包括:(1)引导学生掌握科学文化基础知识和基本技能(简称“**双基**”);(2)发展学生的智力、体力和创造才能,促进学生身心的健康发展;(3)培养学生的社会主义品德和审美情趣,奠定学生的科学世界观基础;(4)关注学生**个性发展**。

## 考点2 教学过程

[2019 河北·单选]教学过程是一种特殊的认识过程,(　　)是教学活动区别于其他活动的最突出、最基本的特点。

A. 师生为传承知识而相互作用的认识活动

B. 学生学习和运用知识的认识活动

C. 有目的、有组织、有计划进行的认识活动

D. 受认识论的一般规律所制约的认识活动

[考生易错]C

[思路分析]本题有71%的同学易错选C项。考生易将“教育”的定义与“教学过程”的定义两个知识点弄混。狭义的教育是指教育者根据一定的社会要求,有目的、有计划、有组织地对受教育者的身心施加影响,把他们培养成为社会所需要的人的活动。而教学过程是一种特殊的认识过程。教学活动中的交往活动是围绕认识活动进行的;教学中的促进学生身心发展并使其符合社会标准与目标的价值活动,则是在相关的认识与交往活动基础上进行的。所以师生为传承知识而相互作用的认识活动是教学活动区别于其他活动的最突出、最基本的特点。

考生在区分“教育”与“教学过程”时要注意,前者强调有目的、有计划、有组织,而后者强调师生相互作用。

[正确答案]A

**变式练习**

1. [单选]教学过程是一种特殊的(　　)

A. 心理过程　　B. 信息过程　　C. 逻辑过程　　D. 认识过程

**答案**:D

**解析**:教学过程是一种特殊的认识过程,故选 D 项。

2. [**判断**]师生为传承知识而**相互作用**的认识活动是教学活动区别于其他活动的最突出、最基本的特点。(　　)

A. 正确　　　　B. 错误

**答案**:A

**解析**:师生为传承知识而相互作用的认识活动是教学活动区别于其他活动的最突出、最基本的特点。

## 考点 3 因材施教原则

[**2018 重庆・单选**](　　)的教学原则既为学生身心发展的客观规律所决定,也受我国的教育目的制约。

A. 因材施教　　B. 循序渐进　　C. 启发性　　D. 量力性

[**考生易错**]B

[**思路分析**]本题有 63% 的同学易错选 B 项。考生易将"循序渐进原则"与"因材施教原则"的概念弄混。循序渐进原则在西方常称为系统性原则,是指教师要严格按照科学知识的内在逻辑和学生的认知发展规律进行教学,使学生掌握系统的科学文化知识,能力得到充分的发展。循序渐进的"序"包括两大方面:科学知识的逻辑顺序和学生身心发展规律。其中,学生身心发展规律包括学生认识能力的发展顺序、学生的认识顺序以及学生生理发展节律。

因材施教原则是指教师在教学中,要从课程计划、学科课程标准的统一要求出发,面向全体学生,同时又要根据学生的个别差异,有的放矢地进行有差别的教学,使每个学生都能扬长避短,获得最佳的发展。

循序渐进原则与因材施教原则虽然都受学生身心发展规律的制约,但是循序渐进原则还受科学知识逻辑顺序的制约。而因材施教原则要从课程计划、学科课程标准的统一要求出发,所以因材施教的教学原则既由学生身心发展的客观规律所决定,也受我国教育目的的制约。

[**正确答案**]A

### 变式练习

[**单选**]罗老师在教学中,对反应迟钝的学生采取激励的方式,鼓励他们思考;对语言表述缺乏条理的学生,让他们在课堂上多做复述和发言,以克服不足。罗老师主要遵循的教学原则是(　　)

A. 直观性原则　　　　B. 因材施教原则

C. 循序渐进原则　　　　D. 发展性原则

**答案**:B

**解析**:因材施教原则是指教师在教学中,要从课程计划、学科课程标准的统一要求出发,面向全体学生,同时又要根据学生的个别差异,有的放矢地进行有差别的教学,使每个学生都能**扬长避短**,获得最佳的发展。题干中的罗老师对反应迟钝的学生,鼓励他们思考;对语言表述缺乏条理的学生,让他们多做复述和发言。这说明罗老师能根据学生的个别差异采取不同的教育措施,以促进每个学生获得最佳的发展,遵循了因材施教原则。

考点 4 ▶发展性原则与系统性原则

[2018 **广西·多选**]某小学音乐教师讲授《明日歌》等诗词歌曲时,把《经典咏流传》节目引入课堂,组织学生观看节目、学唱歌曲,并用自己的话描述对歌词的理解。在加深学生对歌曲主题理解的同时,学生的音乐素养也得到了提升。该教师的教学遵循了(　　)

A. 因材施教原则　　B. 系统性原则　　C. 发展性原则　　D. 直观性原则

[**考生易错**]CD 或 BCD

[**思路分析**]本题有 43% 的同学易漏选 B 项、75% 的同学易错选 C 项。考生易将"系统性原则"与"发展性原则"弄混。循序渐进原则在西方常称为系统性原则,是指教师要严格按照科学知识的内在逻辑和学生的认知发展规律进行教学,使学生掌握系统的科学文化知识,能力得到充分的发展。量力性原则,也称可接受性原则、发展性原则,是指教学的内容、方法、分量和进度要适合学生的身心发展,使他们能够接受,但又要有一定的难度,需要他们经过努力才能掌握,以促进学生的身心发展。系统性原则强调的是按照学生的认识顺序,由浅入深、由易到难、由简到繁地进行教学。而发展性原则强调的是教学内容要符合学生的接受能力。题干中的音乐教师在讲授音乐知识的同时,引入节目到课堂,让学生看节目、学唱歌曲,描述对歌词的理解,加深对歌曲主题的理解,最终使学生的音乐素养得到了提升,这体现了系统性原则。此外,学生通过观看电视节目不断加深对歌曲主题的理解,体现了直观性原则。

[**正确答案**]BD

**变式练习**

[**单选**]有的教师在教学中对学生要求低,教学进度慢,导致许多学生"吃不饱";有的教师对教学要求高,教学内容过难,教学进度过快,导致许多学生"吃不了"。上述两种情况都违背了(　　)的教学原则。

A. 巩固性　　B. 发展性　　C. 循序性　　D. 启发性

**答案:**B

**解析:**发展性原则是指教学的内容、方法和进度要适合学生的发展水平,但又有一定的难度,需要他们经过努力才能掌握,以便有效促进学生的身心发展。题干中的两种做法都没有适合学生身心发展的实际水平,违背了发展性原则。

考点 5 ▶讲授法

[2019 **河南·判断**]讲授是教学的一种主要方法,运用其他教学方法时,都需要配合适当的讲授。一般认为,教师的讲解质量决定着学生学习的质量,教师讲授与分析对提高学生学习效率有重要意义。(　　)

A. 正确　　B. 错误

[**考生易错**]A

[**思路分析**]本题有 83% 的同学易将题干内容判断为正确。考生易忽略在运用讲授法时,学生所发挥的作用。讲授是教学的一种主要方法,运用其他教学方法时,都需要配合适当的讲授。在传统教学中,一般认为,教师的讲解质量决定着学生学习的质量,往往重教师讲授与分析的一面,忽视学生思考与领悟的一面。其实,教师讲授的效果,主要决定于学生的理解、领悟和认同。学生的主观能动性的发挥,极大地影响着教学效果,在运用任何教学方法时,都不能忽略。

[正确答案]B

变式练习

1. [单选]教师讲授的效果,主要决定于(　　)

A. 学生的理解、领悟和认同　　B. 教学内容的选择

C. 教师的讲解质量　　D. 教学方法的选择

**答案:**A

**解析:**教师讲授的效果,主要决定于学生的理解、领悟和认同。

2. [判断]当前在中小学,讲授法已经过时,应该抛弃。(　　)

A. 正确　　B. 错误

**答案:**B

**解析:**讲授是教学的一种主要方法,运用其他教学方法时,都需要配合适当的讲授。故题干说法错误。

### 考点 6 ▶诊断性评价和形成性评价

[2019 河南 · 多选]形成性评价的主要功能有(　　)

A. 辨别造成学生学习困难的原因　　B. 为学生的学习定步

C. 改进、强化学生的学习　　D. 给教师提供反馈

[考生易错]CD 或 ABCD

[思路分析]本题有 66% 的同学易错选 A 项、44% 的同学易漏选 B 项。考生易将"诊断性评价"与"形成性评价"的功能弄混。诊断性评价的主要功能有:(1)检查学生的学习准备程度;(2)决定对学生的适当安置;(3)辨别造成学生学习困难的原因。形成性评价的主要功能有:(1)改进学生的学习;(2)为学生的学习定步;(3)强化学生的学习;(4)给教师提供反馈。B 项,"定步"是指在课堂学习中确定一系列课堂活动的速度,教师在教学过程中根据学生的表现来及时调整教学的进度,为学生的学习定步,这属于形成性评价的功能。此外,诊断性评价的重点在教学过程开始前,而形成性评价的重点则在教学过程进行中。

[正确答案]BCD

变式练习

[单选]评价的重点在于"过程"的教学评价类型是(　　)

A. 诊断性评价　　B. 形成性评价　　C. 总结性评价　　D. 整体性评价

**答案:**B

**解析:**形成性评价是在教学过程中为改进和完善教学活动而进行的对学生学习过程及结果的评价。故形成性评价的重点在于"过程"。

## 进阶测评

| 限时:35 分钟 | 用时:________分钟 | 总题数:37 道 | 正确题:________道 |
|---|---|---|---|

### 一、单项选择题

1. 谈话法是教师在教育活动中常用的教学方法,下列属于谈话法优点的是(　　)

A. 充分发挥教师的主导作用,使学生在短时间内获得大量系统的科学知识

B. 照顾到每个学生的特点,充分激发学生的思维活动,有利于发展学生的语言表达能力

C. 激发学生的学习热情,培养对问题的钻研精神并训练学生的语言表达能力

D. 可以有效地发展学生的各种技能技巧,对培养学生的意志品质有很重要的作用

2. 某堂课上,政治老师在讲授法律常识的有关内容后,组织全班同学围绕“学法、知法、守法”的主题发表自己的见解,同学们畅所欲言,说出来各自的想法。这位老师所采用的教学方法是(　　)

A. 探究法　　B. 讨论法　　C. 谈话法　　D. 练习法

3. 为使学生了解有关电荷的知识,老师在课堂上做了有关摩擦生电的实验。该老师所采用的教学方法是(　　)

A. 实验法　　B. 演示法　　C. 观察法　　D. 讨论法

4. 诊断性评价和形成性评价是不同阶段的评价,以下有关陈述正确的是(　　)

A. 诊断性评价和形成性评价都是在教学过程中实施的

B. 诊断性评价的范围比形成性评价广,包括认知、动作技能以及情感领域等

C. 形成性评价一般是相对评价

D. 诊断性评价比形成性评价进行得频繁,比如某课某单元结束后的小测验

5. 陈老师在讲授科学课程《光是怎样传播的》这一课时,给学生选定课题、准备相应的工具并适当指导,引导学生创造性解决本节课的问题。陈老师选用的教学方法是(　　)

A. 研究法　　B. 实验法　　C. 讨论法　　D. 实习作业法

6. 确定教学评价目标的第一步是确定所要达成的学习效果。以下对教学评价目标说法正确的是(　　)

A. 教学评价目标要间接考核学生的行为方式

B. 教学评价目标要抽象化

C. 教学评价目标要使用量化的方式

D. 教学评价目标要进行主观描述

7. 与其他的认识过程不同,教学过程在主客体之间嵌入了一个“中介因素”——教师。这体现了教学过程的(　　)特点。

A. 交往性　　B. 教育性　　C. 间接性　　D. 指导性

8. 备课可以分为备学生、备教材、备教法、备学法,其中(　　)是教学活动的基础。

A. 备学生　　B. 备教材

C. 备教法　　D. 备学法

9. 教学过程是教养和教育的统一。这里的教育是指(　　)

A. 学校教育　　B. 学科知识教育

C. 道德和思想品德教育　　D. 社会教育

10. 现代教学过程是强调(　　)的过程。

A. 获得知识　　B. 强化学习能力　　C. 创造知识　　D. 发现知识

11. 教学活动从动力因素到发生机制,从理智投入到情感表达,从目标追求到行为取向,都应该关照学习者自身的意识和需要,关涉学习者自身的品质和特点,进而更应该关心学习者自身的生长和完善。这属于教学过程基本功能中的(　　)

A. 助长生命　　B. 培育能力　　C. 传承知识　　D. 涵养品性

12. 教师通过播放视频,让学生对地球环境恶化的状况有所了解,然后开始进行环境保护知识的讲解。这属于教学过程的(　　)

A. 领会知识阶段　　B. 巩固知识阶段

C. 检查知识阶段　　D. 运用知识阶段

13. “今之教者,呻其占毕,多其讯言,及于数进而不顾其安。使人不由其诚,教人不尽其材。”这句话体现的教学原则是(　　)

A. 循序渐进原则　　B. 巩固性原则

C. 量力性原则　　D. 主体性原则

14. 教学活动要适合学生的发展水平,防止发生教学难度低于或高于学生的实际程度的状况,这贯彻了(　　)

A. 系统性原则　　B. 量力性原则

C. 巩固性原则　　D. 直观性原则

15. 教师运用最广、最普遍的教学方法是(　　)

A. 讨论法　　B. 讲授法　　C. 谈话法　　D. 问答法

16. 一节好课的最根本的标准是(　　)

A. 教学目的明确　　B. 教学内容正确

C. 教学方法灵活　　D. 学生主体性充分发挥

17. 在下列教学组织形式中,有利于高效率、大面积培养学生的是(　　)

A. 个别教学制　　B. 班级授课制

C. 分组教学制　　D. 道尔顿制

**二、多项选择题**

1. 教学过程有多个层面,包括(　　)等。

A. 以一节课为时间单位,从开始上课到下课的教学过程

B. 为完成一个教学单元或一个相对独立的教学课题的教学任务,从开始到结束的整个教学过程

C. 在一个教学阶段里,比如小学期间、初中期间等,从入学到毕业的教学过程

D. 贯穿在从幼儿园到大学的整个学校教育系统中的教学过程

2. 常见的教学过程组织形式有(　　)

A. 自主学习　　B. 集中授课　　C. 协作学习　　D. 策略研究

3. 以下说法体现了启发式教学思想的有(　　)

A. 人不知而不愠

B. 问则疑,疑则思

C. 不愤不启,不悱不发

D. 教之而不受,虽强告之无益

4. 下列描述体现了系统性教学原则的是(　　)

A.《学记》:“语之而不知,虽舍之可也”

B. 孟子:“盈科而后进”

C. 荀子:“不积跬步,无以至千里;不积小流,无以成江海”

D. 刘向:“耳闻之不如目见之,目见之不如足践之”

5. 数学老师在讲"对数表"一课时,拿出一张 A4 纸,告诉学生:"这张纸的厚度是 0.083 毫米,现在我将这张纸对折 3 次,厚度还不到 1 毫米。那么请同学们想一想,如果能够对折 30 次的话,它的厚度是多少呢?"学生有的回答 10 厘米,有的说 1 米多,老师却说:"我已经计算过了,如果我没算错的话,这厚度要远远超过珠穆朗玛峰的高度。"学生们惊讶不已,甚至有人认为老师算错了。在这样的一种氛围下,教师顺势引入"对数表"的教学。在这一教学过程中,教师运用了哪些教学方法(　　)

A. 参观法　　B. 练习法

C. 谈话法　　D. 演示法

6. 王老师在教学过程中经常以实物教具进行直观演示,或带领学生进行教学性的参观,使学生利用各种感官直接感知客观事物或现象而获得知识。这种以直接感知为主的教学方法的特点包括(　　)

A. 教学材料生动形象,具体真实　　B. 短时间内充分提高教学效率

C. 学生视听结合,记忆深刻　　D. 能够激发学生的求知欲望

7. 从教育评价的角度看,有效的学生评价具有(　　)

A. 诊断功能　　B. 导向功能　　C. 管理功能　　D. 激励功能

8. 形成性评价的目的是(　　),产生新的学习需求。

A. 帮助教师有效调控自己的教学过程　　B. 帮助学生有效调控自己的学习过程

C. 随时激发学生的学习动机　　D. 随时形成终结性的结果

9. 对以下教学活动所体现出来的教学原则描述正确的有(　　)

A. 地理老师借助八大行星的模型,帮助学生了解八大行星各自的大小、形状和位置等,体现了直观性原则

B. 历史老师组织学生单元复习、梳理重点知识、建立科学的知识结构体现了循序渐进原则

C. 数学老师在讲解线面平行的判定定理前,先让学生预习课本五分钟后,然后让学生从周围的实物中举出一些线面平行的例子,体现了量力性原则

D. 语文老师在讲到民族英雄戚继光时从历史事实出发,高度赞扬他的爱国主义精神,使学生受到感染,体现了科学性与思想性相统一的原则

10. 教师在选择教学方法时,要遵循的步骤和要求有(　　)

A. 明确选择教学方法的标准

B. 认真听取教育专家的说明与建议

C. 尽可能广泛地了解有关新的教学方法,以便自己选择

D. 对各种可供选择的教学方法进行比较

11. 科学课上,教师让学生分小组观察自己养的蚕宝宝,了解蚕的生活习性,并在全班交流学习成果,教师运用的教学方法是(　　)

A. 参观法　　B. 演示法　　C. 讨论法　　D. 讲授法

12. 下列关于教学方法的表述,正确的是(　　)

A. 注入式教学把学生看成是知识的容器,讲授法是其典型代表

B. 讨论法和读书指导法属于以语言传递为主的教学方法

C. 演示法是一种辅助性教学方法,要和讲授法、谈话法等配合使用

D. 美国心理学家布鲁纳倡导的发现法是一种以引导探究为主的教学方法

13. 形式教育论者与实质教育论者曾经有过长期的争论。有关这两者的说法正确的是(　　)
A. 他们争论的焦点在于掌握知识与发展智力的关系问题
B. 形式教育论者可能主张学习拉丁文等与现实生活较远的科目
C. 实质教育论者认为教学要传授给学生对生活有用的东西
D. 形式教育论者不看重对学生智力的训练

三、判断题

1. 在班级授课制中,同一个班的每个学生的学习内容与进度必须一致。(　　)
A. 正确　　B. 错误

2. 在教育评价体系中,处于核心地位的是教学评价。(　　)
A. 正确　　B. 错误

3. 校内评价、社会评价和自我评价构成了评价系统的主体。(　　)
A. 正确　　B. 错误

4. 课外辅导的对象是少数学习基础差的学生。(　　)
A. 正确　　B. 错误

5. 教学原则是探寻教学规律的客观依据和基础。(　　)
A. 正确　　B. 错误

6. 教学的科学性和思想性主要靠教师来保障。(　　)
A. 正确　　B. 错误

7. 班级授课制是课堂教学的主要形式。(　　)
A. 正确　　B. 错误

## 参考答案及解析

一、单项选择题

1. B 【解析】谈话法的优点在于:能够照顾到每个学生的特点,充分激发学生的思维活动,有利于发展学生的语言表达能力;使教师通过谈话直接了解学生的学习程度,及时检验自己的教学效果,从而提出一些补救措施来弥补学生的知识缺陷,开拓学生的思路,使学生保持注意和兴趣。

2. B 【解析】讨论法是**全班或小组成员**在教师的指导下,围绕某一中心问题发表自己的看法和见解,从而进行相互学习的一种方法。题干中的老师组织全班同学围绕“学法、知法、守法”的主题发表自己的见解,体现了对讨论法的运用。

3. B 【解析】演示法是指教师通过展示实物、教具和示范性的实验来说明、印证某一事物和现象,使学生掌握新知识的一种教学方法。题干中老师通过做实验让学生了解有关电荷的知识,采用的教学方法是演示法。

4. B 【解析】诊断性评价是在学期开始或一个单元教学开始时,为了了解学生的学习准备状况及影响学习的因素而进行的评价。形成性评价是在教学过程中为改进和完善教学活动而进行的对学生学习过程及结果的评价。诊断性评价一般在教学开始之前进行,A 项说法错误。形成性评价注重学生发展,主要用于改进工作,不注重区分等级、进行选拔,C 项说法错误。形成性评价比诊断性评价进行得频繁,单元小测验属于形成性评价,D 项说法错误。

5. A 【解析】研究法是学生在教师的指导下通过**独立的探索**,创造性地解决问题,获取知识和发展能力的方法。陈老师引导学生通过课题研究创造性地解决本节课的问题,这种教学方法属于研究法。

6. C 【解析】教学目标是对学习者通过教学后应该表现出来的可见行为的具体的、明确的表述,它是**预先确定**的、通过教学**可以达到**的,并用现有技术手段**能够测量**的教学结果。

7. D 【解析】学生的个体认识始终是在教师的指导下进行的。区别于一般的认识过程,教学认识是在主客体之间"嵌入"一个起主导作用的中介因素——教师,形成"学生—课程与教材—教师"相互作用的特殊的"**三体结构**"。学生的认识实际上走的是人类认识的捷径。故题干所述体现了教学过程的指导性特点。

8. A 【解析】成功的教学建立在对学生充分而准确了解的基础上,只有根据学生的发展现状和发展需求设计和实施教学,才能获得良好的教学效果。因此,备学生是教学活动的基础。

9. C 【解析】教学过程是教养和教育的统一。教学过程不仅是一个教养过程,而且还是一个教育过程。所谓"教养",是指体现于各门学科中的**学科知识教育**。所谓"教育",是指**道德教育、思想品德教育**。

10. D 【解析】现代社会,知识创造、更新速度的急剧加快,改变着以知识的学习、积累为目的的教育活动。知识的学习成为手段,成为认识科学本质、训练思维能力、掌握学习方法的手段。在教学过程中,强调的是**"发现"知识**的过程,而不是简单地获得结果,强调的是创造性解决问题的方法和形成探究的精神。

11. A 【解析】助长生命可以从四个方面去理解和把握:(1)感知生命;(2)感受生长;(3)体验生活;(4)感悟生存。在当代教学中,学生的生长就是他们在学校教育设计下的生活的展开和改进的过程。生长,当然是**源于内、形于外**的,当然是自我的、个性的,因而也应该是富有价值感的和蓬勃向上的。这就意味着,教学活动从动力因素到发生机制,从理智投入到情感表达,从目标追求到行为取向,都应该关照学习者自身的意识和需要,关涉学习者自身的品质和特点,进而更应该关心学习者自身的生长和完善。故题干的描述属于助长生命。

12. A 【解析】领会知识包括使学生感知和理解教材,教师要引导学生通过感知形成清晰的表象和鲜明的观点,为理解抽象概念提供感性知识的基础并发展学生相应的能力。题干中的教师通过播放视频使学生对地球环境恶化的状况有所了解,就是让学生形成清晰的表象,为学习环境保护知识打下基础,属于教学过程的领会知识阶段。

13. C 【解析】题干引言翻译成现代汉语就是:"如今教书的人,只知道念诵书本,一味进行知识灌输,急于追求快速进步,不顾学生能否适应。结果使学生学习没有诚意,教育的人也不能因材施教。"从中可以看出教学应坚持**量力性原则**,故答案选 C 项。

14. B 【解析】量力性原则,也称可接受性原则,是指教学的内容、方法、分量和进度要适合学生的身心发展,使他们能够接受,但又要有一定的难度,需要他们经过努力才能掌握,以促进学生的身心发展。这一原则是为了防止发生教学难度低于或高于学生实际程度而提出的。题干的描述体现的就是量力性原则。

15. B 【解析】讲授法是教师运用口头语言系统连贯地向学生传授知识、技能,发展学生智力的教学方法。它可用于传授新知识,也可用于巩固旧知识,是整个教学方法体系中**运用最多、最广**的一种方法。

16. D 【解析】一堂好课的要求包括:(1)教学目标明确;(2)教学内容正确;(3)教学方法适当;(4)教学结构紧凑;(5)学生主体性充分发挥。其中,充分发挥学生的主体性是上好课的最根本的要求,离开了这一点,以上的所有要求就失去了意义。故选 D 项。

17. B 【解析】班级授课制的优点包括:(1)有利于经济有效地大面积培养人才,提高教学效率;(2)它以"课"为教学活动单元,能保证学习活动循序渐进,有利于学生获得系统的科学知识;(3)有利于发挥教师的主导作用;(4)有利于发挥学生集体的教育作用;(5)有利于学生德、智、体多方面的发展;(6)有利于进行教学管理和教学检查。题干描述的是班级授课制的优点。

**二、多项选择题**

1. ABCD 【解析】教学过程实质上是教师引导学生学习的教与学相统一活动的时间流程。它的指称有几个层面:一是指以一节课为时间单位,从开始上课到下课的教学过程;二是指为完成一个**教学单元**或一个相对独立的**教学课题**的教学任务,从开始到结束的整个教学过程;三是指在一个**教学阶段**里,比如小学期间、初中期间等,从入学到毕业的教学过程;四是指贯穿在从幼儿园到大学的整个**学校教育系统**中的教学过程;五是指在人类历史发展进程中的教学过程。

2. ABC 【解析】常见的教学过程组织形式包括**集中授课、自主学习和协作学习**。

3. BCD 【解析】"问则疑,疑则思"的含义为:好的疑问发人深思,会使学生的思维活跃起来。这是启发式原则的要求,B 项正确。"不愤不启,不悱不发"的含义为:不到他努力想弄明白而不得的程度时,就不要去开导他;不到他心里明白却不能完善表达出来的程度时,就不要去启发他。这体现了启发式教学的思想,C 项正确。"教之而不受,虽强告之无益"的含义为:教育学生时,如果学生不乐于接受,那么即使强行灌输也没有好处。这强调了启发式教学思想的重要性,D 项正确。"人不知而不愠"的意思是:别人不了解我,我却不怨恨。这句话体现的是高尚的品德修养。因此,B、C、D 三项符合题意。

4. BC 【解析】"语之而不知,虽舍之可也"的意思是:如果老师开导了(学生)还是不懂,那么暂时放弃开导,也是可以的。这在一定程度上表明教学的内容、方法、分量和进度要适合学生的身心发展,使他们能够接受。这符合量力性原则的内涵。"耳闻之不如目见之,目见之不如足践之"译为:从别人那里听来的事情,没有亲眼所见的可靠;亲眼所见,又不如亲自尝试去做。这句话体现了实践性原则。

5. CD 【解析】题干中,该数学老师通过一张 A4 纸引入"对数表"教学,运用了演示法;提问"它的厚度是多少"运用了谈话法。

6. AC 【解析】以直接感知为主的教学方法,是教师在教学过程中以实物教具进行直观演示,或带领学生进行教学性的参观等,使学生利用各种感官直接感知客观事物或现象而获得知识的方法。其特点是**生动形象**,**具体真实**,学生视听结合,记忆深刻。

7. ABCD 【解析】从教育评价的角度看,有效的学生评价具有诊断、导向、管理、激励、发展等多种功能。

8. BC 【解析】形成性评价的一个重要目的是帮助学生有效调控自己的学习过程,随时激发学生的学习动机,产生新的学习需求。
9. AD 【解析】直观性原则是指在教学活动中,教师应尽量利用学生的多种感官和已有的经验,通过各种形式的感知,使学生获得**生动的表象**,从而比较全面、深刻地掌握知识。A 选项中的地理老师借助模型帮助学生了解八大行星各自的大小、形状和位置等即运用了直观性原则。巩固性原则是指教师在教学中要引导学生在理解的基础上牢固地掌握基础知识和基本技能,而且在需要的时候,能够准确无误地呈现出来,以利于知识技能的利用。B 选项中的历史老师有效组织学生复习,即体现了巩固性原则。思想性(教育性)和科学性相统一的原则是指教学要以马克思主义为指导,授予学生科学知识,并结合知识教学对学生进行社会主义品德和正确人生观、科学世界观教育。D 选项中的语文老师在讲到民族英雄戚继光时,高度赞扬戚继光的爱国主义精神即体现了思想性(教育性)和科学性相统一的原则。启发性原则是指在教学活动中,教师要调动学生的主动性和积极性,引导他们通过独立思考、积极探索,生动活泼地学习,自觉地掌握科学知识,提高分析问题和解决问题的能力。C 选项中的数学老师让学生从周围的实物中举出一些线面平行的例子,以启发学生发现线面平行的判定定理即运用了启发性原则。
10. ACD 【解析】教师在选择教学方法时,要遵循以下步骤和要求:首先,要明确选择教学方法的标准;其次,尽可能广泛地了解有关新的教学方法,以便自己选择;再次,对各种可供选择的教学方法进行比较,主要比较它们之间的特点、适用范围、优越性和局限性等。
11. BC 【解析】演示法是指教师通过展示实物、教具和示范性的实验来说明、印证某一事物和现象,使学生掌握新知识的一种教学方法。讨论法是全班或小组成员在教师的指导下,围绕某一中心问题发表自己的看法和见解,从而进行相互学习的一种方法。题干中的教师让学生观察自己养的蚕宝宝,体现了对演示法的运用;教师让学生在全班交流学习成果,体现了对讨论法的运用。
12. BCD 【解析】依据指导思想的不同,各种教学方法可归并为两大类:注入式和启发式,这是两种根本对立的教学方法指导思想。注入式是一种“填鸭式”的教学方法,是指教师从主观出发,把学生看成单纯接受知识的容器,向学生灌注知识,无视学生在学习上的主观能动性。在我国传统教学中,教师多使用灌输的方式进行教学,在此过程中运用最多的又是讲授法,因此,有人将讲授法等同于注入式教学,这是错误的。衡量一种教学方法是否具有启发性,关键是看教师能否促进学生积极主动地去学习,而不是单从形式上去加以判断。故 A 项表述错误。以语言传递为主的教学方法主要包括讲授法、谈话法、讨论法、读书指导法四种。故 B 项表述正确。演示法是指教师通过展示实物、教具和示范性的实验来说明、印证某一事物和现象,使学生掌握新知识的一种教学方法。它是一种辅助性教学方法,要与讲授法、谈话法等教学方法结合使用。故 C 项表述正确。发现法是以引导探究为主的方法,就是让学生通过独立工作,自己主动发现问题、解决问题及掌握原理的一种教学方法。它是由美国心理学家布鲁纳所倡导的。故 D 项表述正确。
13. ABC 【解析】形式教育论与实质教育论争论的焦点在于掌握知识与发展智力的关系问题。A 项说法正确。形式教育论认为教学的主要任务在于通过开设希腊文、拉丁文、逻辑、文法和数学等学科发展学生的智力,至于学科内容的实用意义则是无关紧要的。B 项说法正确,D 项说法错误。实质教育论认为教学的主要任务在于传授给学生有用的知识，至于学生的智力则无需进行特别的培养和训练。C 项说法正确。

三、判断题

1. A 【解析】在班级授课制中，同一个班的每个学生的学习内容与进度必须一致，但开设的各门课程，特别是在高年级，通常由具有不同专业知识的教师分别担任。

2. B 【解析】学生评价既是教育评价的基础和重点，也是学校教育评价的核心。

3. B 【解析】现代教育评价的理念是发展性评价与激励性评价。其中发展性评价的内涵之一是**评价主体多元化**，从单方转为多方，增强评价主体间的互动，强调被评价者成为评价主体中的一员，建立学生、教师、家长、管理者、社区和专家等共同参与、交互作用的评价制度，以**多渠道**的反馈信息促进被评价者的发展。

4. B 【解析】课外辅导的对象应包括不同类型的学生，重点集中在学习成绩差的学生身上。

5. B 【解析】教学原则虽然是人们主观制定的，但是反映了教学过程的客观规律。教学过程作为一个特殊的认识过程，存在一些共同的、不以人的主观意志为转移的客观规律。可以说，只要有教学工作，就存在教学工作的规律。人们依据**客观存在**的教学规律制定教学原则，用以指导教学工作。

6. A 【解析】贯彻科学性和思想性相统一原则的基本要求之一是教师要不断提高自己的专业水平和思想修养。列宁指出："在任何学校里，最重要的是课程的思想政治方向。这个方向由什么来决定呢？完全只能由教学人员来决定。"所以，教学的科学性和思想性主要靠教师来保障。

7. A 【解析】课堂教学的主要形式是班级授课制。它是把学生按年龄和文化程度分成固定人数的班级，教师根据课程计划和规定的时间表进行教学的一种组织形式。

# 专题七　德　育

## 错误率：50%以上

### 考点1 德育过程的实质

[2019 天津·单选]以下选项中，关于德育过程实质的描述正确的是(　　)

A. 受教育者内在品德转化的过程

B. 一定的社会思想道德规范内化为个体思想品德的过程

C. 德育知、情、意、行发展的过程

D. 教育者提出的德育要求与受教育者已有品德水平之间的矛盾

**[考生易错]**C或D

**[思路分析]**本题有19%的同学易错选C项、28%的同学易错选D项。考生易将德育过程的“实质”与“基本矛盾”弄混。德育过程是教育者按照一定的道德规范和受教育者思想品德形成的规律，对受教育者有目的、有计划地施加影响，以形成教育者所期望的思想品德的过程，是促使受教育者道德认识、道德情感、道德意志和道德行为发展的过程。德育活动的实质在于把外在的社会要求内化为受教育者个体的思想品德。

教育者提出的德育要求与受教育者已有品德水平之间的矛盾是德育过程的基本矛盾。这是德育过程中最一般、最普遍的矛盾，也是决定德育过程本质的特殊矛盾。

**[正确答案]**B

**变式练习**

1. [**判断**]德育过程的实质是知、情、意、行发展的过程。(　　)

A. 正确　　　　B. 错误

**答案**：B

**解析**：德育活动的实质在于把外在的社会要求**内化**为受教育者个体的思想品德。

2. [**填空**]德育活动的实质在于把外在的社会要求________为受教育者个体的思想品德。

**答案**：内化

### 考点2 因材施教原则与长善救失原则

[2019 广东·单选]一位同学非常沉迷于网络，张老师了解这一情况后并没有全盘否定他的上网行为，而是针对他的情况采取了一系列的措施。这体现了(　　)

A. 疏导原则　　　　B. 连贯性原则

C. 因材施教原则　　　　D. 长善救失原则

**[考生易错]**A或D

**[思路分析]**本题有19%的同学易错选A项、31%的同学易错选D项。考生易将“因材施教原则”与“长善救失原则”弄混。因材施教原则是指教育者在德育过程中，应根据学生的年龄特征、个性差异以及品德发展现状，采取不同的方法和措施，加强德育的针对性和实效性。而长善救失原则则是要求用一分为二的观点去看待学生，既看到学生的长处，也看到

学生的缺点。疏导原则是指进行德育时要循循善诱、以理服人，从提高学生认识入手，调动学生的主动性，使他们积极向上。题干中的张老师没有全盘否定学生的上网行为，而是以发展的眼光客观、全面、深入地了解他，根据其具体情况进行针对性教育，这体现了因材施教的德育原则。

[正确答案]C

**变式练习**

1.[单选]“视其所以，观其所由，察其所安。”这句话反映了德育的(　　)

A. 导向性原则

B. 疏导原则

C. 尊重学生与严格要求学生相结合原则

D. 因材施教原则

**答案**:D

**解析**:因材施教原则是教育者在德育过程中，应根据学生的年龄特征、个性差异以及品德发展现状，采取不同的方法和措施，加强德育的针对性和实效性。孔子提出了“视其所以，观其所由，察其所安”的了解学生的有效方法，并根据学生的特点进行有区别的教育。这是孔子对学生进行因材施教的体现。

2.[多选]邱老师看待学生总是“泾渭分明”，认为学习成绩优异的学生自觉性强，从而放松对他们的管理，认为学习成绩落后的学生一无是处。邱老师的做法不符合德育原则中的(　　)

A. 长善救失原则

B. 因材施教原则

C. 疏导原则

D. 在集体中教育原则

**答案**:AB

**解析**:邱老师只看到成绩优异的学生身上的优点和成绩落后学生身上的缺点，没有做到一分为二地看待学生，违背了长善救失原则。对于先进生和后进生，教师应采取不同的教育方式，要严格要求先进生，防止他们产生自满情绪；要关心爱护后进生，尊重他们的人格，培养和激发他们的学习动机。这两点邱老师都没有做到，说明邱老师没有对学生进行因材施教，违背了因材施教的德育原则。

## 考点3　尊重信任学生与严格要求学生相结合的原则

[2019广东·单选]我国明代教育家王阳明指出：“大抵童子之情，乐嬉游而惮拘检，如草木之始萌芽，舒畅之则条达，摧挠之则衰萎。今教童子，必使其趋向鼓舞，中心喜悦，则其进自不能已。”这体现了德育的(　　)原则。

A. 依靠积极因素，克服消极因素

B. 一致性与连贯性

C. 集体教育和个别教育相结合

D. 尊重信任学生与严格要求学生相结合

[考生易错]A

[思路分析]本题有43%的同学易错选A项。考生易将“依靠积极因素，克服消极因素原则”与“尊重信任学生与严格要求学生相结合的原则”两个概念弄混。依靠积极因素，克服消极因素的原则是指在德育工作中，教育者要善于依靠、发扬学生自身的积极因素，调动

学生自我教育的积极性，克服消极因素，以达到长善救失的目的。尊重信任学生与严格要求学生相结合的原则是教育者正确对待受教育者的基本情感和态度。学生受到教师的尊重，内心会产生满意感和光荣感，这是促进学生积极向上的内在力量。依靠积极因素，克服消极因素的原则强调的是既看到学生的优势又看到学生的劣势，而尊重信任学生与严格要求学生相结合的原则强调教师既要有尊重热爱学生的态度，又要提出合理的道德要求并认真严格地管理学生。题干中提到教育孩子，一定要使他们顺着自己的兴趣，多加鼓励，使他们内心喜悦，那么他们自然就能不断进步，体现了尊重信任学生与严格要求学生相结合的原则。

[正确答案]D

**变式练习**

1.[**单选**]苏联教育家马卡连柯认为："当我们对一个人提出很多要求的时候，在这种要求里也包含着我们对这个人的尊重。"这主要体现的德育原则是(　　)

A. 因材施教原则

B. 依靠积极因素，克服消极因素的原则

C. 疏导原则

D. 尊重信任学生与严格要求学生相结合的原则

**答案**：D

**解析**：尊重信任学生与严格要求学生相结合的原则是指在德育过程中，教育者既要尊重信任学生，又要对学生提出严格的要求，把严和爱有机地结合起来，使教育者的合理要求转化为学生的自觉行动。根据题干中的"要求"和"尊重"两个词，可以得出答案是D项。

2.[**多选**]小林是个爱学习的孩子，但情绪容易冲动。一次因为找不到书掀翻了自己的课桌。刘老师找他谈话，表扬了他爱学习的优点，同时批评了他爱发脾气、破坏公物的不良行为。刘老师的做法遵循的德育原则是(　　)

A. 导向性原则

B. 知行合一原则

C. 长善救失原则

D. 尊重信任学生与严格要求学生相结合的原则

**答案**：CD

**解析**：长善救失原则是指在德育工作中，教育者要善于依靠、发扬学生自身的积极因素，调动学生自我教育的积极性，克服消极因素，以达到长善救失的目的。题干中的刘老师表扬小林的优点，批评他的缺点，遵循了长善救失原则。尊重信任学生与严格要求学生相结合的原则是指在德育过程中，教育者既要尊重信任学生，又要对学生提出严格的要求，把**严和爱**有机地结合起来，使教育者的合理要求转化为学生的**自觉行动**。刘老师对学生有强烈的**责任感**，既尊重了学生，又对学生严格要求，认真管理，体现了尊重信任学生与严格要求学生相结合的原则。

## 考点4 德育的途径

[2019 **广东·多选**]德育的途径和方法在德育过程中有着极为重要的作用，就目前我国学校德育的构成来看，培养德育的途径包括(　　)

A. 组织课外活动和校外交往　　B. 参加学校共青团、少先队活动

C. 接受心理咨询　　D. 进行劳动

**[考生易错]** ABD 或 AB

**[思路分析]** 本题有 60% 的同学易漏选 C 项、24% 的同学易漏选 D 项。考生易将德育的各类途径弄混。我国学校德育途径是广泛多样的，具体如下：思想品德课（思想政治课）与其他学科教学、劳动和其他社会实践、课外活动和校外交往、学校共青团和少先队活动、心理咨询、班主任工作。其中，德育的基本途径——思想品德课（思想政治课）与其他学科教学；德育重要而特殊的途径——班主任工作。

**[正确答案]** ABCD

**变式练习**

1. **[单选]** 小学德育是社会主义精神文明建设的奠基工程，是我国学校社会主义性质的一个标志。我国小学德育的基本途径是（　　）

A. 暑期实践活动　　B. 劳动技术教育

C. 少先队活动　　D. 思想品德课与其他学科教学

**答案：** D

**解析：** 思想品德课与其他学科教学是我国小学德育的**基本途径**。

2. **[判断]** 在基础教育中，德育最广泛、最基本的途径是班主任工作。（　　）

A. 正确　　B. 错误

**答案：** B

**解析：** 思想品德课之外的其他各科教学是德育最经常、最基本的途径。而班主任工作是学校对学生进行德育的一个重要而又特殊的途径。

## 错误率：75%以上

### 考点 1 ▶依靠积极因素，克服消极因素的原则

[2019 **河南·单选**] 依靠积极因素，克服消极因素的德育原则是指在德育工作中，教育者要根据学生品德中的积极因素，限制或克服消极因素，扬长避短，因势利导，让学生不断进步。这一原则是（　　）在德育中的反映。

A. 一分为二的观点　　B. 对立统一规律

C. 事物的两面性规律　　D. 矛盾的普遍性规律

**[考生易错]** A

**[思路分析]** 本题有 61% 的同学易错选 A 项。考生易将“依靠积极因素，克服消极因素原则”的贯彻要求及反映的规律两个知识点弄混。一分为二的观点通常指全面看待人或事物，看到积极方面，也看到消极方面，是贯彻依靠积极因素、克服消极因素原则的要求之一。而对立统一规律则是指任何一个学生身上既有积极的一面，又有消极的一面。同时，这两种因素是不断运动斗争着的，在一定条件下可以相互转化。学生正确思想品德的形成就是积极因素不断增长、消极因素不断克服的过程，就是学生思想中新与旧、进步与落后的思想斗争和转化的过程。依靠积极因素，克服消极因素的原则是对立统一规律在德育中的反映。

**[正确答案]** B

变式练习

1.[单选]引导学生自觉评价自己,进行自我教育,是贯彻(  )原则的基本要求之一。

A.理论和实际相结合 B.疏导

C.长善救失 D.因材施教

**答案**:C

**解析**:贯彻长善救失德育原则的基本要求有:(1)“一分为二”地看待学生;(2)发扬积极因素,克服消极因素;(3)引导学生自觉评价自己,勇于自我教育。

2.[单选]陶行知任育才学校校长时,发现一个同学要拿砖头砸人,他制止后,不但没有批评这个同学,反而使用四颗糖果分别奖励他尊重老师、守时、有正义感、敢于承认错误,促进学生积极反省,不断成长。这一案例体现的德育原则是(  )

A.知行统一原则 B.因材施教原则

C.长善救失原则 D.疏导原则

**答案**:C

**解析**:在德育工作中,教育者要依靠、发扬学生自身的积极因素,调动学生自我教育的积极性,克服消极因素,以达到长善救失的目的。陶行知用四颗糖果奖励学生好的品质,从而促使学生**积极反省**自己,这体现的是德育的长善救失原则。

## 考点2 说服教育法

[2020 河南·单选]某校组织学生去大别山革命老区接受红色教育,激发学生爱党爱国、挑战自我、超越自我、奉献社会的精神。该校运用的德育方法是(  )

A.说服教育法 B.榜样示范法 C.实际锻炼法 D.情感陶冶法

**[考生易错]**C

**[思路分析]**本题有61%的同学易错选C项。考生易将“实际锻炼法”与“说服教育法”弄混。实际锻炼法是有目的地组织学生参加各种实际活动,使其在活动中锻炼思想,增长才干,培养优良的思想和行为习惯的德育方法。锻炼的方式主要是学习活动、社会活动、生产劳动和课外文体科技活动。说服教育法又叫说理教育法,是通过语言说理,使学生明晓道理,分清是非,提高品德认识的德育方法。说服教育法的方式:第一类是运用语言文字进行说服教育的方式,如讲解、报告、谈话、讨论、辩论、读书指导等;第二类是运用事实进行说理教育的方式,主要包括参观、访问和调查。题干中某校组织学生到大别山革命老区接受红色教育,是以参观的形式进行德育,故该校运用的德育方法是说服教育法。

**[正确答案]**A

变式练习

[多选]实施德育的基本方法之一是说服教育法,以下属于说服教育法的是(  )

A.讲解 B.报告 C.参观 D.批评

**答案**:ABC

**解析**:说服教育法的方式包括两类:第一类是运用**语言文字**进行说服教育的方式,如讲解、报告、谈话、讨论、辩论、读书指导等;第二类是运用**事实**进行说理教育的方式,主要包括参观、访问和调查。

## 进阶测评

| 限时:30 分钟 | 用时:________分钟 | 总题数:31 道 | 正确题:________道 |
|---|---|---|---|

### 一、单项选择题

1. “德育”一词于(　　)传入我国。

A. 19 世纪初　　B. 19 世纪中叶

C. 20 世纪初　　D. 20 世纪中叶

2. 下列有关德育的阐述,有误的是(　　)

A. 道德是可以教给人的,教人道德就是教人知识,教人形成正确的认识

B. 任何教学过程都必须同时进行德育

C. 现代有思政课等进行德育

D. 道德与品德的直接根源不相同

3. 一位老师为了让学生知道保护环境的重要性,把他们带到了农村,因为在孩子们眼里农村有蔚蓝的天空、碧绿的庄稼、清澈的河水……但当到了那里时,孩子们发现天空变得灰暗,河水散发出臭味,于是大家开始讨论是什么使环境变得如此恶劣。回到学校后,老师让孩子们说说此次农村之行的感想,孩子们都争先恐后地表达自己的看法,每个人都争当“环境小卫士”。上述案例中,老师所采用的德育方法是(　　)

A. 说服教育法　　B. 榜样示范法

C. 情感陶冶法　　D. 自我教育法

4. 教师通常会用一些正面或反面的例子,对学生进行思想教育,如那些体现不顾自身危险、舍己为人的品质的事例。这种品德培养的方法属于(　　)

A. 有效的说服　　B. 树立良好的榜样

C. 价值辨析　　D. 利用群体的约定

5. 自我修养中的(　　)有利于引导学生确立奋斗目标,可用于自励、自警。这是修养的一种好方法,其效果取决于学生是否能够严于律己。

A. 立志　　B. 学习　　C. 反思　　D. 箴言

6. 某老师通过咨询和教育使一个极端胆怯的学生重新树立自信,这种教育属于德育中的(　　)

A. 道德教育　　B. 思想教育　　C. 心理健康教育　　D. 政治教育

7. 学校在实施德育时,既重视课堂教育,也重视体验教育、实践教育、养成教育。上述做法体现了德育过程是(　　)

A. 促进学生思想内部矛盾斗争的过程　　B. 组织学生活动和交往的过程

C. 长期、反复、不断提高的过程　　D. 促进学生知、情、意、行发展的过程

8. 提升直接德育课程实效的关键点是(　　)

A. 提高学生道德认知水平　　B. 丰富学生道德情感世界

C. 增强学生道德意志品质　　D. 突破学生内在情感障碍

9. 某师范教育学院联合团市委等多个部门招募小学教育、学前教育、教育技术和应用心理学等专业大学生志愿者,组建了志愿者团队——红领巾社区德育工作站,并鼓励有条件的社区充分发挥本社区内“五老”人员的帮带作用,共同参与社区内青少年儿童的德育工作。

该师范教育学院的做法是在(　　)

A. 通过开展社区教育进行德育工作　　B. 通过社区开展心理健康教育工作

C. 通过社区建立德育课堂　　D. 借助外部力量创办德育学校

10. 孟子说:“仁言,不如仁声之入人深也;善政,不如善教之得民也。”这体现的是(　　)

A. 人格感化　　B. 艺术陶冶　　C. 环境熏陶　　D. 语言教育

11. 通过校园文化建设,丰富校园文化生活,开展丰富多彩的、积极健康的文化娱乐活动,对学生进行教育的德育方法是(　　)

A. 实践教育法　　B. 情境教育法

C. 说服教育法　　D. 自我教育法

12. “寓德育于教学之中,寓德育于活动之中,寓德育于教师榜样之中,寓德育于学生自我教育之中,寓德育于管理之中”体现了德育过程是(　　)

A. 培养学生知、情、意、行的过程

B. 促进学生思想内部矛盾斗争发展的过程,是教育和自我教育统一的过程

C. 长期的、反复的、逐步提高的过程

D. 组织学生的活动和交往,统一多方面教育影响的过程

13. 我国古代教育提倡“论学取友”“择其善者而从之”。这体现的德育方法是(　　)

A. 说服教育法　　B. 自我修养法

C. 榜样示范法　　D. 情境陶冶法

**二、多项选择题**

1. 下列对德育的理解错误的是(　　)

A. 德育决定了学校教育的性质

B. 德育的性质是由社会文化决定的

C. 德育与教育是两个不同的概念,没有关联

D. 在学校中德育只能通过思想品德课和其他学科教学展开

2. 关于德育的个体功能,以下表述正确的是(　　)

A. 促进个体的社会化功能　　B. 促进个体的智能发展

C. 培养社会的合格公民　　D. 培养社会的规范公民

3. 情感陶冶法是常用的德育方法之一,下列相关说法正确的有(　　)

A. 情感陶冶法的特点表现为强制性、愉悦性和有意识性

B. 情感陶冶法不对学生提出明确的要求

C. 运用情感陶冶法要引导与促进学生参与教育情境创设

D. 教师对学生的热爱及自身道德人格魅力是情感陶冶法中良好的人性环境

4. 从德育途径上说,有直接的道德教育,也有间接的道德教育。下列属于间接的道德教育的是(　　)

A. 思想品德课　　B. 时事政治课

C. 其他学科教学　　D. 班主任工作和社会实践

5. 学校德育的重点在于培养学生的(　　)

A. 道德判断力　　B. 道德敏感性

C. 行动力　　D. 整体性

6. 传统的德育工作形式受到了前所未有的冲击和挑战,需要采取哪些新形式(　　)

A. 开展社区教育　　B. 开展心理健康教育活动

C. 建立德育基地　　D. 创办业余党校

7. 德育应该“服从最强烈的人性冲动”。这句话给我们的启示是(　　)

A. 德育不能背离受教育者的道德认知规律

B. 德育应重视道德行为习惯的训练

C. 舍弃情感,仅靠理性推理而来的道德是毫无意义的

D. 德育应寓于情感教育之中

8. 符合发扬积极因素、克服消极因素这一德育原则的基本要求的有(　　)

A. 坚持“一好百好”“一俊遮百丑”的教育观

B. 树立正确的学生观

C. 要一分为二地看待学生

D. 利用和依靠积极因素去克服消极因素

9. 某中学在《学生生涯规划》的课程教学中,充分利用校友资源、家长资源、高校资源、企业资源等对学生进行职业发展指导。该学校开发利用德育资源贯彻的原则是(　　)

A. 安全性原则　　B. 经济性原则　　C. 开放性原则　　D. 创新性原则

10. 实际锻炼法是指有目的地组织学生进行一定的实际活动以培养良好的品德的方法,运用此方法的要求是(　　)

A. 坚持严格要求　　B. 调动学生的主动性

C. 坚持实事求是　　D. 注意检查与持之以恒

11. 德育方法的选择往往受到道德教育过程内外各方面因素的影响,一般而言,直接影响德育方法选择的因素主要包括(　　)

A. 教师和学生因素　　B. 德育目标和内容

C. 对德育过程的理解和设计　　D. 社会文化和政治体制

12. 中小学德育课程在目标、内容、方法等方面与其他课程不同,该课程与其他课程相比,其主要特点是(　　)

A. 育德性　　B. 理解性　　C. 科学性　　D. 前沿性

13. 下列关于德育过程与品德形成过程关系的说法,正确的有(　　)

A. 德育过程的结果和品德形成过程的结果均存在与社会要求相一致的情况

B. 德育过程是双边活动过程,而品德形成过程是单边活动过程

C. 德育过程中学生主要受有目的、有计划、有组织的教育影响,而品德形成过程学生受各种因素影响

D. 德育过程不能与品德形成过程划等号

三、判断题

1. 德育要赋予每个个体以科学的价值观、道德原则和行为规范,这体现了德育个体性功能中的生存功能。(　　)

A. 正确　　B. 错误

2. 选择和运用德育方法首先要考虑的是学生的年龄特点和个性差异。（　　）

A. 正确　　B. 错误

3. “情通理不通”和“说话的巨人，行动的矮子”等现象说明德育过程受多方面因素的制约，这就要求德育过程可以具有多种开端，不一定恪守知、情、意、行的一般教育顺序。（　　）

A. 正确　　B. 错误

4. 德育过程是组织学生进行练习和创新，统一多方面教育影响的过程。（　　）

A. 正确　　B. 错误

5. 数学课上，老师把某学生对数学题的创意性解法，冠以该同学的名字写在黑板上，该同学在课堂上介绍自己的解题思路，犹如做学术报告。说到精彩处，全班报以热烈的掌声，该同学连声道谢，班级呈现和谐合作的景象，这是一种德育渗透。（　　）

A. 正确　　B. 错误

## 参考答案及解析

### 一、单项选择题

1. C 【解析】我国古代学校教育主要是德育，但并无“德育”之名。“德育”一词于20 **世纪初**传入我国。

2. A 【解析】知识即道德的论断在教育实践上有重要意义。但知识即道德的观点是不完善的，因为知识并不等于道德，道德不仅是知识，还是情感、意志与行动。所以单靠讲授与听讲是不能完成道德学习的全部任务的。故 A 项错误。教学永远具有教育性，任何教学过程都必须具有教育的作用。B 项正确。思想政治课与其他学科教学是学校有目的、有计划、系统地对学生进行德育的基本途径。C 项正确。道德与品德产生的直接根源不同。道德是一种社会现象，它的产生依赖于整个社会条件；品德是一种个体现象，是社会道德的个体化，反映的是一定的社会道德。D 项正确。

3. A 【解析】说服教育法又叫说理教育法，是通过语言说理，使学生明晓道理，分清是非，提高品德认识的德育方法。说服教育法的方式之一是运用**事实**进行说服教育，主要包括参观、访问和调查。题干中老师所采用的德育方法是说服教育法。

4. A 【解析】有效的说服是提高道德认知的途径。用言语说服学生需要一些技巧，主要有以下几种：(1)有效地利用**正反论据**；(2)发挥情感的作用，不仅要以理服人，更要**以情动人**；(3)考虑原有态度的特点。题干中的教师运用正面或反面的例子来教育学生，正是有效地利用正反论据说服学生，从而培养学生的良好品德。故答案选 A 项。

5. D 【解析】自我修养一般包括立志、学习、反思、箴言、慎独等。其中，箴言是指引导学生确立奋斗目标，选出有针对性的格言、箴言做**座右铭**，用以自励、自警，经常对照自己、长期坚持，以提高修养水平。这是修养的一种好方法，其效果取决于学生是否能够严于律己。

6. C 【解析】心理健康教育是指通过对受教育者进行心理健康知识的训练，培养良好的心理素质，预防心理疾病的发生，促进**身心和谐发展**的教育。题干的描述体现的是对个别存在心理问题或心理障碍的学生提供针对性的辅导或矫正，以缓解学生的心理困惑或压力，从而使学生的心理得到健康发展，这属于心理健康教育。

7. B 【解析】德育过程是组织学生的活动和交往，统一多方面教育影响的过程。学校在实施德育时既重视课堂教育，也重视体验教育、实践教育、养成教育，体现了该规律。

8. D 【解析】德育课（直接德育课程）教学必须把**突破学生情感障碍**作为实现价值目标的关键。德育课程的性质及其所要完成任务的特殊性，决定了其在具体的实践中遇到的突出困难是如何突破学生的情感障碍，使学生真正从内心认可某一道德规范，从而为其道德行为提供坚实的价值内核。所以答案选D项。

9. A 【解析】题干中的师范教育学院招募大学生志愿者参与社区内青少年儿童的德育工作，这种做法是通过开展社区教育进行德育工作。故本题答案选择A项。B项将德育工作视为心理健康教育工作，说法错误。C、D选项未在题干中显现。

10. B 【解析】“仁言，不如仁声之入人深也；善政，不如善教之得民也”出自《孟子·尽心上》，意思是：政教法度之言不如礼乐之声深入人心，良好的政令不如良好的教化能赢得民心。艺术是人类智慧的结晶，能够熏陶人的性情，使人受到陶冶和教育，教育应重视组织学生阅读文学诗歌、聆听音乐、欣赏画展、观看影视，或引导他们自己去创作、表现、演出，从中获得启示、受到陶冶与教育。

11. B 【解析】为了更好地运用情感陶冶法，应注意创设良好的教育情境。良好的情境是陶冶的条件和工具。要有效地陶冶学生，必先创设良好的情境，营造良好的氛围。可通过校园文化建设，丰富校园文化生活，开展丰富多彩的、积极健康的文化娱乐活动来熏陶感染学生。故题干所述的德育方法是情境教育法。

12. D 【解析】德育过程是组织学生的活动和交往，统一多方面教育影响的过程。学生在活动中，必定受到多方面的影响，学校德育应在多方面影响中发挥主导作用，将多方面教育影响统一到教育目的上来，形成合力，促进学生良好品德的形成和发展。题干的描述即体现了这一德育过程规律。

13. C 【解析】榜样示范法是用榜样人物的优秀品德来影响学生的思想、情感和行为的德育方法。我国古代教育中十分重视榜样的作用，要求以尧舜孔孟为榜样，“**法古今完人**”，提倡“论学取友”“择其善者而从之”。题干所述体现的德育方法是榜样示范法。

**二、多项选择题**

1. BCD 【解析】德育具有决定学校教育性质的功能。德育的性质及其在人的发展中的作用，从根本上决定了学校教育的性质，故A项正确；德育的性质是由特定的社会经济基础决定的，故B项错误；教育包括德育，二者有关联，故C项错误；德育的途径多种多样，思想品德课与其他学科教学只是学校有目的、有计划、系统地对学生进行德育的基本途径，故D项错误。

2. AB 【解析】德育的个体性功能是指德育对受教育者个体发展能够产生的实际影响。培养社会的合格公民，培养社会的规范公民是德育的社会功能。故本题选A、B两项。

3. BC 【解析】A项错误，情感陶冶法的特点表现为非强制性、愉悦性、隐蔽性和无意识性。B项正确，情感陶冶法既不向学生传授系统的道德知识，也不对他们提出明确的要求，而是寓教育于情境之中，通过按教育要求预先设置的情境来**感化与熏陶**学生。C项正确，为更好地利用情感陶冶法，需要注意：(1)提高教育者自身修养；(2)创设良好的教育情境；(3)与说理相结合；(4)引导学生参与情境建设。D项错误，教师对学生的热爱及自身道德人格魅力是情感陶冶法中的人格感化，即教育者靠自己的高尚品德、人格以及对学生的深切期望和真诚的爱来触动、感化学生，促进学生思想转变，积极进取。

4. CD 【解析】直接的道德教育是指通过开设专门的道德课程，向学生系统地、有计划地、有目的地传授德育知识。直接的道德教育包括思想品德课和时事政治课。与直接的道德教育不同，间接的道德教育不再把教授伦理知识和呈现并提高道德标准作为课程编制的目标。其**基本精神**在于：将道德教育渗透到各个学科、各种具体的活动之中，间接传递道德价值，体验道德情感，培养道德实践能力。因此，C、D 项属于间接的道德教育。

5. AB 【解析】当代学校德育重在培养学生的道德**判断力**和道德**敏感性**。

6. ABCD 【解析】德育工作新形式：(1) 开展社区教育；(2) 开展心理健康教育活动；(3) 建立德育基地；(4) 创办**业余党校**。

7. CD 【解析】德育应"服从最强烈的人性冲动"是情感派的理论主张。情感派认为，情感是德育的构成性要素，而且在德育中起着**本源**的作用。舍弃情感，仅靠理性推理而来的道德，在情感派看来简直就是毫无意义的。情感论者虽然并不是完全否认认知在德育中的作用，但他们认为理性的作用仅在于发现真伪，德育的根本应植根于情感的培养。认知派启示我们德育不能背离受教育者的道德认知规律，行为派启示我们德育应重视良好行为习惯的训练。所以答案选 C、D 项。

8. BCD 【解析】贯彻发扬积极因素、克服消极因素原则的要求：(1) 树立正确的学生观；(2) 要一分为二地看待学生；(3) 利用和依靠积极因素去克服消极因素；(4) 坚持疏、导结合，以表扬为主、惩处为辅。

9. BC 【解析】经济性原则是指德育资源的开发和利用要尽可能用最少的投入来追求德育价值的最大化，追求德育资源开发的**最佳效益**。

**开放性原则**的要求包括摆脱教材内容的局限，按照德育目标的要求，在课本之外更为丰富和广阔的文化和信息环境中寻找实现德育目标的资源；立足校本德育资源的开发和利用，走出校园对区域性的或具有民族特色的资源进行充分的挖掘和利用等。题干中，该学校充分利用学校以外的德育资源对学生进行职业发展指导，贯彻了经济性原则和开放性原则。

**安全性原则**是指德育资源的开发和利用要以保证教师和学生的生命安全为首要前提，尽量避免开展危险系数过高、对学生安全产生威胁的活动。

**创新性原则**是指德育资源的开发和利用需要创新，需要摆脱道德教育中的刻板和惰性，在创新中让道德教育焕发其应有的活力。A 项和 D 项不符合题意。

10. ABD 【解析】运用实际锻炼法的要求：(1) 目的明确，计划周密，加强指导，坚持严格要求；(2) 生动活泼，灵活多样，调动学生的主动性；(3) 注意检查和持之以恒，随时总结。

11. ABC 【解析】一般来说，直接影响德育方法选择的主要因素可以概括为以下几个方面：(1) **教师和学生**因素；(2) 对德育过程的理解和设计；(3) 德育过程其他要素的影响（德育目标、德育内容、德育手段等）。

12. AB 【解析】德育课程在目标、内容、方法等方面与其他课程不同，该课程与其他课程相比有两个主要的特点：其一，**育德性**。德育课程以促进学生的道德成长为目标追求，不以学生获得道德知识为目标，这是该课程的根本特性。其二，**理解性**。描述和理解是道德学习的有效方式。

13. ABCD 【解析】德育过程与学生思想品德形成过程是两个既相互联系又**相互区别**的概念。二者的区别表现为:(1)思想品德形成过程是学生个体品德自我发展的过程,而德育过程则是教育者对受教育者的教育过程,是**双边活动**过程。(2)思想品德形成过程中,学生受各种因素影响,包括自发的环境因素的影响,而德育过程中学生主要受有目的、有计划、有组织的教育影响。(3)从学生思想品德形成过程的结果看,品德形成可能与社会要求相一致,也可能不一致,而德育过程的结果,学生形成的思想品德则与社会要求相一致。

**三、判断题**

1. A 【解析】德育对于个体生存的贡献是,德育的**核心任务**是要赋予每一个个体以科学的价值观、道德原则和行为规范等。
2. B 【解析】德育目标是德育工作的预期结果,德育方法是为实现德育目标服务的,所以选择德育方法,首先要考虑德育目标的要求。
3. A 【解析】"情通理不通"和"说话的巨人,行动的矮子"等现象说明知、情、意、行在发展方向和水平上常处于不平衡状态,这就要求我们在德育过程中可以具有多种开端,即不一定恪守知、情、意、行的一般教育顺序,而是根据具体情况,深入分析青少年的思想实际和年龄特征,或从训练行为开始,或从陶冶情感开始,或从锻炼意志开始,最终达到学生知、情、意、行的全面、和谐发展。
4. B 【解析】德育过程是组织学生的活动和交往,统一多方面教育影响的过程。
5. A 【解析】各学科的德育渗透要求不一样,因而渗透的方法也不一样。数学中渗透德育的方法有:(1)通过介绍数学家的事迹、数学典故等进行爱国主义教育;(2)从概念、定理、公式等内容的教学中进行辩证唯物主义教育;(3)在教学中对学生进行审美教育;(4)从数学教学中培养学生严谨的工作作风、坚强的意志品质和勇于创新的精神。题干中"创意性解法""介绍自己的解题思路,犹如做学术报告"等表明了老师对学生勇于创新的精神和严谨的工作作风的培养。题干所述是一种德育渗透。

# 专题八 班级管理与班主任工作

## 错误率：50%以上

### 考点1 班级组织的个体化功能

[2020 广东·单选]学生社会技能的欠缺、共鸣的欠缺、自我控制的欠缺等问题会通过班级组织显现出来。这些问题的暴露，为教师开展有针对性的教育、引导和矫正学生的不良倾向创造了有利条件。这体现了班级组织的(　　)

A. 促进发展功能　　B. 满足需求的功能

C. 诊断功能　　D. 矫正功能

**[考生易错]**D

**[思路分析]**本题有40%的同学易错选D项。考生易将班级组织的“诊断功能”与“矫正功能”弄混。诊断功能强调学生置身于班级组织中时，其人格及能力上的特点、差异以及不足就会显现出来。在班级开展的各项活动中，每一个成员都会通过自己和他人的表现以及所获得的评价，判断其表现的优势与不足。如社会技能的欠缺、共鸣的欠缺、情绪不稳定、自我控制的欠缺或过剩、过度利己主义、极端个人主义、极端内向或外向、过度的不安、洁癖、坏心眼、粗暴、说谎以及其他人格偏颇。特别是在班级组织有团体要求时，学生违反这种要求的倾向将会显现无遗。这些问题的暴露，为班主任或教师开展有针对性的教育、引导和矫正学生的不良倾向创造了有利条件。矫正功能强调学生存在的上述人格及能力缺陷，可以通过班级进行矫正。例如，以自我为中心的学生会因受到伙伴的批评而改变行为；自我控制能力欠缺的学生能够在集体的监督约束下逐步形成自律意识。诊断功能侧重指出问题，而矫正功能侧重采用具体措施来解决问题。

**[正确答案]**C

**变式练习**

1. **[单选]**班级组织对个体友情的发展起到了积极影响，这体现了下列哪项功能(　　)

A. 促进发展功能　　B. 满足需求的功能

C. 诊断功能　　D. 矫正功能

**答案：**A

**解析：**班级组织对个体的促进功能指能够为班级成员提供发展的机会。这些发展涉及多个领域：(1)知识及认识的发展。包括知识的增长、认识的深化、观点的扩大、自我理解和对他人理解水平的提高等。(2)情感的发展。包括友情、亲和感、共鸣感、优越感、自卑感以及称赞、嫉妒、憎恨、敌意等积极或消极的个体情感的产生和深化。(3)兴趣态度的发展。包括对自己、对他人、对规范和规则、对文化与社会的关心与态度等方面的发展。(4)社会技能的发展。故本题选择A项。

2. **[单选]**自我中心的学生会因受到伙伴的批评而改变行为，自我控制能力欠缺的学生能够在集体的监督约束下逐步形成自律意识。这体现了班级组织的(　　)

A. 矫正功能　　B. 诊断功能

C. 导向功能　　D. 促进发展功能

**答案**:A

**解析**:矫正功能是指学生存在的人格及能力缺陷,可以通过班级组织进行矫正。题干所述为班级组织的矫正功能的典型事例。

### 考点2 ▶班级管理的功能

[2020 河南·单选]班级管理的基本功能是(　　)

A. 运用教学技术手段精心设计各种不同的教学活动

B. 调动班级成员参与班级管理的积极性

C. 帮助学生成为学习自主、生活自理、工作自治的人

D. 进行社会角色的学习

**[考生易错]**C

**[思路分析]**本题有50%的同学易错选C项。考生易将班级管理的功能弄混。班级管理的功能包括:(1)有助于实现教学目标,提高学习效率——主要功能。(2)有助于维持班级秩序,形成良好的班风——基本功能。班级是学生群体活动的基础,是学生交往活动的主要场所,所以,调动班级成员参与班级管理的积极性,共同建立良好的班级秩序和健康的班级风气,是班级管理的基本功能。(3)有助于锻炼学生能力,学会自治自理——重要功能。

考生在识记班级管理的三个功能时,可采用关键词记忆法,如:主要功能对应"教学目标""学习效率",基本功能对应"班级秩序",重要功能对应"自治自理"。

**[正确答案]**B

#### 变式练习

[单选]班级管理的重要功能是(　　)

A. 维持班级秩序　　B. 实现教学目标,提高学习效率

C. 形成良好的班风　　D. 促进学生自我管理

**答案**:D

**解析**:班级管理的**重要功能**是有助于锻炼学生能力,学会自治自理;**基本功能**是有助于维持班级秩序,形成良好的班风;**主要功能**是有助于实现教学目标,提高学习效率。所以本题选D项。

### 考点3 ▶班主任在班级管理中的职责

[2017 广东·判断]各学科任课教师应协助做好班级管理工作,在班级管理中承担起如组织者、领导者、教育者的职责。(　　)

A. 正确　　B. 错误

**[考生易错]**A

**[思路分析]**本题有53%的同学易将题干内容判断为正确。考生易将各学科任课教师的职责与班主任的职责弄混。班主任肩负着全面管理班级的职责,是学校教育的中坚力量。班主任在班级管理中承担起如组织者、领导者、教育者的职责。但是,强调班主任的组织者、领导者职责并不意味着科任教师就不应当参与班级管理。科任教师应当尊重班主任的工作,和班主任团结协作,积极参谋,构建和谐班级。

**[正确答案]**B

变式练习

1.[单选]( )肩负着全面管理班级的职责,是学校教育的中坚力量,在班级管理中承担起如组织者、领导者、教育者的职责。

A. 科任教师　　B. 班干部
C. 班主任　　D. 学校领导

**答案**:C

**解析**:班主任肩负着全面管理班级的职责,是学校教育的中坚力量。班主任在班级管理中承担起如组织者、领导者、教育者的职责。

2.[判断]班主任承担着学校的全部管理任务,是学校生存发展的关键人物。( )

A. 正确　　B. 错误

**答案**:B

**解析**:班主任肩负着全面管理班级的职责,是学校教育的中坚力量。班主任并非承担着学校的全部管理任务。

## 考点 4 班主任工作的任务

[2019 河南·单选]新学期伊始,赵老师接手了初一年级的一个新班,作为班主任,赵老师的首要任务是( )

A. 促进全班学生全面健康发展　　B. 了解和研究学生
C. 制定班级纪律公约　　D. 组织建立班集体

**[考生易错]**B

**[思路分析]**本题有51%的同学易错选B项。考生易将班主任工作的任务弄混。班主任工作的基本任务是带好班级、教好学生。班主任工作的首要任务是组织建立良好的班集体。班主任工作的中心任务是促进班集体全体成员的全面发展。班主任工作的中心环节是组织和培养班集体(与首要任务基本一致)。班主任工作的重点是对学生进行思想品德教育。班主任工作的前提和基础是了解和研究学生。考生可以这样理解,班主任在接手一个新班级时,首要任务和中心环节都是培养良好的班集体,因为良好的班集体是开展班级各项活动、教育学生的基础。而培养良好的班集体的前提则是了解和研究学生,只有对学生有充分的了解,才能在组建班集体的过程中充分发挥学生的作用。

**[正确答案]**D

变式练习

1.[单选]班主任工作的中心任务是( )

A. 带好班级、教好学生
B. 促进班集体全体成员的全面发展
C. 对学生进行思想品德教育
D. 组织建立良好的班集体

**答案**:B

**解析**:班主任工作的基本任务是带好班级、教好学生。对学生进行思想品德教育,这是班主任的**工作重点**和**经常性**的工作。班主任工作的首要任务是组织建立良好的班集体。班主任工作的中心任务是促进班集体全体成员的全面发展。

2. [判断]班主任工作的基本任务是带好班级、教好学生。(　　)

A. 正确　　B. 错误

**答案:**A

**解析:**班主任工作的基本任务是带好班级、教好学生。

## 考点5 操行评定

[2020 天津·多选]班主任工作中的操行评定的目的包括(　　)

A. 教育学生奋发向上,肯定其优点,找出其缺点,指出其努力的方向

B. 帮助家长全面了解子女在学校的情况,以便与教师密切配合,共同教育学生

C. 帮助班主任总结工作经验,找出问题并改进工作

D. 配合教育部门的规定,完成阶段性师德师风教育评定的各项要求

**[考生易错]**AB 或 ABCD

**[思路分析]**本题有23%的同学易漏选C项、32%的同学易错选D项。考生易对操行评定的概念与目的理解不透彻。操行评定是以教育目的为指导思想,以“学生守则”为基本依据,对学生一个学期内在学习、劳动、生活、品行等方面的小结与评价。而操行评定的目的包括:(1)教育学生奋发向上,肯定其优点,找出其缺点,指出其努力的方向;(2)帮助家长全面了解子女在学校的情况,以便与老师密切配合,共同教育学生;(3)帮助班主任总结工作经验,找出问题,改进工作。考生容易因为操行评定是对学生进行小结与评价,而忽略了操行评定对班主任工作的作用与意义。操行评定能够帮助班主任进一步了解和研究学生,通过学生的发展与表现来找出工作中存在的问题,从而总结经验,改进工作。师德师风教育评定主要是对教师自身的工作进行相应的评价。

**[正确答案]**ABC

### 变式练习

1. [单选]班主任在对学生进行操行评定时,下列做法错误的是(　　)

A. 评语要实事求是,抓住主要问题,有针对性

B. 充分肯定学生的进步

C. 评语用词生动形象,有感染力

D. 指明学生的主要缺点和努力的方向

**答案:**C

**解析:**操行评定的要求包括:(1)操行评语,要**实事求是**,抓主要问题,有针对性,能反映学生思想品德发展的全貌、特点和趋向;(2)要充分肯定学生的进步,指明其主要缺点和努力的方向,不可罗列现象、主次不分;(3)文字要简明、贴切,使人一看就明白,切忌空洞、抽象、一般化,严防用词不当,伤害学生的情感,造成家长的误解。

2. [单选]操行评定是对学生一个学期内学习、生活、品行等方面的小结和评价,其基本依据是(　　)

A. 班级规章制度　　B. 班级舆论、文化氛围

C. 学生守则　　D. 班级发展目标

**答案:**C

**解析:**操行评定是以教育目的为指导思想,以“学生守则”为基本依据,对学生一个学期

内在学习、劳动、生活、品行等方面的小结与评价。

### 考点6 ▶课外、校外教育活动的特点

[2018 广西·单选]课外活动根据各学校、各地区的实际情况或学生的个体意愿开展，说明它具有(　　)

A. 实践性　　B. 灵活性　　C. 自主性　　D. 娱乐性

**[考生易错]**C

**[思路分析]**本题有48%的同学易错选C项。考生易将课外活动的“自主性”与“灵活性”弄混。自主性是指课外、校外教育可以由学生自己组织、设计和动手。课外、校外教育活动是学生自己的活动，学生是课外活动的主体。教师是活动的指导者、辅导者，对学生活动的组织起辅助作用。课外活动的灵活性体现在：(1)活动的具体内容是根据课外活动的目的，从现有设备条件、辅导教师的特点、能力以及学生的不同需要出发确定的；(2)活动的组织形式也要根据实际情况灵活安排。自主性强调学生的独立性，“学生主体、教师辅助”。而灵活性则强调活动的内容和形式能够灵活安排。

**[正确答案]**B

**变式练习**

1. **[单选]**与课堂教学相比，学生在课外活动中具有较大的(　　)

A. 自愿性　　B. 自主性　　C. 灵活性　　D. 发展性

**答案：**A

**解析：**学生在课堂教学中受到较大的强制性，与此相对的是，学生在课外活动中具有较大的自愿性。课外活动是在课堂教学计划之外，学生**自由选择、自愿参加**的一种活动，强调学生可以按照自己的兴趣爱好和特长自愿选择，他们可以根据自己的条件、能力和状态，选择、控制、调节活动内容和方式等。教师可以向学生介绍各种课外活动，诱发学生的动机，给予指导，但参加与否，**决定权在学生**，不具有强制性。

2. **[判断]**课外、校外活动的“自愿性”是指教育活动是在学生独立自主的实践活动中进行的。(　　)

A. 正确　　B. 错误

**答案：**B

**解析：**自主性是课外、校外教育可以由学生自己组织、设计和动手。可以说，课外、校外教育活动是学生自己的活动，学生是课外活动的主体。同时，这也突出了学生的**独立性**。教师是活动的指导者、辅导者，对学生活动的组织起辅助作用。因此题干所述属于课外、校外活动的自主性特点。

### 考点7 ▶家庭教育的特点

[2018 河南·单选]既不像学校教育依靠严格的制度运行，也不像社会教育难以控制。这体现了家庭教育的(　　)

A. 规范化　　B. 科学化　　C. 简单化　　D. 多样化

**[考生易错]**C

**[思路分析]**本题有55%的同学易错选C项。考生易对家庭教育的“多样化”特点理解

不透彻。家庭教育的特点:(1)生活化特点:家庭教育与学校教育不同,首先表现在它不是有计划、有组织地进行的,它涉及孩子成长的各个方面,主要贯穿在日常生活中自然而然地进行。(2)情感化特点:父母和子女之间由天然的血缘关系而产生的特有亲情,使得家庭教育往往比其他教育方式更有力量,使家长的行为富于亲和力与感染力,使子女不知不觉地接受。(3)多样化特点:它既不像学校教育那样依靠严格的制度运行,也不像社会教育那样难以控制。家庭教育以家庭为单位进行,由最了解和热爱子女的家长施教,是十分个别化的。它没有也不必遵循任何固定的模式,无论是教育的内容、形式、方法,还是教育的时机、场合、气氛,都表现出极大的灵活性和多样性。

题干中提到"既不像学校教育依靠严格的制度运行,也不像社会教育难以控制",并不是说明家庭教育简单化,相反,既无法依靠制度运行、也并不是难以控制的表明了家庭教育复杂多样的特点。考生在做题时一定要抓住题目中的关键词。

[正确答案]D

**变式练习**

[判断]父母和子女之间由天然的血缘关系而产生的特有亲情,使得家庭教育往往比其他教育方式更有力量,使家长的行为富于亲和力与感染力,使子女不知不觉地接受。这是家庭教育生活化的特点。(　　)

A. 正确　　　　B. 错误

**答案**:B

**解析**:家庭教育的情感化特点是指:父母和子女之间由天然的血缘关系而产生的特有亲情,使得家庭教育往往比其他教育方式更有力量,使家长的行为富于亲和力与感染力,使子女不知不觉地接受。

## 错误率:75%以上

**考　点 ▶ 班级管理的原则**

[2019 河南·单选]王老师是一位经验丰富的班主任老师,他在工作中设计了讨论、报告、文艺表演、参观等形式多样的主题班会来教育和引导学生热爱中国共产党、热爱祖国、热爱人民,了解家乡发展变化和国家历史常识,了解中华优秀传统文化和党的光荣革命传统,理解日常生活的道德规范和文明礼貌,初步形成规则意识和民主法治观念,养成良好的生活和行为习惯。王老师的做法体现了班级管理工作的(　　)原则。

A. 教管结合　　B. 全员激励　　C. 自主参与　　D. 方向性

[考生易错]A 或 B

[思路分析]本题有 49% 的同学易错选 A 项、23% 的同学易错选 B 项。考生易将班级管理的原则弄混。班级管理的原则如下:(1)方向性原则。方向性原则是指班级管理工作必须坚持正确的方向,用正确的思想引导学生。贯彻方向性原则,首先要坚持以马克思主义基本理论为指导。其次,班级管理者要用正确的教育思想去教育和引导学生,要善于把正确的教育思想体现在班级的各项活动和工作中。(2)全面管理原则。全面管理原则是指班级管理要面向学生全体,着眼于整体,实现学生德、智、体、美、劳等方面的全面发展。(3)自主参与

原则。自主参与原则是指班级成员参与管理,发挥其主体作用。(4)教管结合原则。教管结合原则就是班级管理者对学生既要坚持正面引导、耐心教育,又要凭借必要的规章制度要求学生,约束其行为,实行严格的教育管理。(5)全员激励原则。全员激励原则是指激励全班每个学生,充分发挥他们的智力、体力等各方面的潜能,实现个体的目标和班级总目标。(6)平行管理原则。平行管理原则是指管理者既通过对集体的管理去间接地影响个人,又通过对个人的直接管理去影响集体,从而把对集体和个人的管理结合起来,以达到更好的管理效果。(7)情通理达原则。情通理达原则是指对学生的管理与教育必须有感情的激发和共鸣,还必须讲道理、摆事实,循循善诱、启发诱导,帮助他们提高思想认识。

方向性原则强调班级管理工作必须坚持正确的方向,用正确的思想引导学生。而教管结合原则强调把班级的教育工作和对班级的管理工作辩证统一起来,可简单理解为“教育+管理”。题干中王老师的做法体现的是班级管理的方向性原则。

[正确答案]D

**变式练习**

1. [单选]班主任刘老师的做法是“班干部能做的班主任不做,学生能做的班干部不做”,此班级管理方法体现了( )

A. 平行管理原则　　B. 自主参与原则

C. 教管结合原则　　D. 方向性原则

**答案:**B

**解析:**自主参与原则是指班级成员参与管理,发挥其主体作用。班级的各种组织机构的干部成员都应该由学生民主选举产生,并授予他们进行管理的权利,不能随便干预。当他们遇到困难时,要帮助解决,但不要代替。这也就是我们通常所说的“班干部能做的班主任不做,学生能做的班干部不做”。

2. [判断]班级管理的自主参与原则要求班级管理者把教育工作和对班级的管理工作辩证统一起来。( )

A. 正确　　B. 错误

**答案:**B

**解析:**班级管理的教管结合原则是指把班级的教育工作和对班级的管理工作辩证地统一起来。自主参与原则是指班级成员参与管理,发挥其**主体作用**。

## 进阶测评

| 限时:35 分钟 | 用时:________分钟 | 总题数:33 道 | 正确题:________道 |
|---|---|---|---|

### 一、单项选择题

1. 班级是师生从事教育活动的基本单位,它兼具( )与半自治性。

A. 群体功能性　B. 自功能性　C. 半功能性　D. 整合功能性

2. 班级组织是一种教育性组织,是学生在学校中学习、成长和开展各种活动的基本场所。班级组织的特点不包括( )

A. 班级组织的目标是使尽可能多的学生获得最优发展

B. 情感是班级组织中师生之间、生生之间的纽带

C. 班级组织中师生之间是一种直接的、面对面的互动

D. 班主任和教师的人格力量使班级活动得以有效开展

3. 班级管理要从学生的实际情况出发,因材施教,发挥每个人的创造性,努力适应学生的个性发展。这是就班级管理的(　　)而提出的要求。

A. 针对性　　B. 及时性　　C. 不可预测性　　D. 对象的特殊性

4. 班级管理评价活动是由一系列环节组成的过程,而(　　)开始,意味着班级管理评价进入实施阶段。

A. 建立评价组织　　B. 建立评价目的和任务

C. 收集评价信息资料　　D. 分析评价指标

5. 班级管理中,(　　)强调自我、自控管理的重要性,这是一种以自我管理为中心的管理方式,其基本优点是能更好地调动被管理者的积极性、能动性。

A. 目标管理模式　　B. 平行管理模式

C. 民主管理模式　　D. 常规管理模式

6. 张老师担任初一(2)班班主任期间,每次开班会都会要求学生早、晚自习和平时都复习他任教的语文学科。张老师的做法未能履行好班主任(　　)角色。

A. 学生成长的引路人　　B. 协调多方关系的艺术家

C. 优良班风的培育者　　D. 班级管理的设计师

7. (　　)是班主任成熟的重要标志。

A. 较强的教育研究能力　　B. 良好的组织管理能力

C. 较好的教育教学能力　　D. 灵活的教育应变能力

8. 学生在学校里的生活是以班级为单位的。在班级里,学生可以产生"归属感",脱离班级生活学生可能会感到"无依无靠",这体现的是班级组织个体化功能中的(　　)

A. 传递社会价值观功能　　B. 促进发展功能

C. 满足需求的功能　　D. 诊断功能

9. 有人说:"应当把课外活动列入教学计划和大纲,不然会杂乱无章,一盘散沙。"这种观点主要违背了课外活动的(　　)原则。

A. 自主性　　B. 实践性　　C. 灵活性　　D. 自愿性

10. 班级里出现学生打架的事件,杨老师在了解事情的来龙去脉后,决定在班里开一次临时班会。通过集体讨论,对学生的观点进行引导,学生在这个过程中逐渐明白了其中的道理,当事学生也相互道歉。杨老师在处理这件事情上,遵循了班级管理中的(　　)

A. 方向性原则　　B. 全员激励原则

C. 全面管理原则　　D. 教管结合原则

11. 班主任与某学生对惩罚的方法达成一致意见,即如果他再逃学,就不能参加周末的集体

出游。班主任的这种做法遵循了( )

A. 以身作则原则　　B. 集体教育原则

C. 民主公平原则　　D. 学生主体原则

12. “没有规矩,不成方圆”,因此在组织和培养班集体时应( )

A. 确立班集体的目标　　B. 全面了解和研究学生

C. 建立健全必要的班级规则　　D. 开展丰富多彩的集体活动

13. 课外、校外教育与课堂教学的共同之处在于二者都是( )

A. 有目的、有计划、有组织地进行的

B. 师生共同参与的

C. 学生自愿选择的

D. 受教学计划和教学大纲规范的

14. 班级管理的核心工作是( )

A. 实现教学目标　　B. 完成学习任务

C. 形成良好的班风　　D. 建设和培养良好的班集体

15. 当班主任接到一个教育基础较差的班级时,首先要做好的工作是( )

A. 建立班集体的正常秩序　　B. 建立班集体的核心队伍

C. 组织形式多样的集体活动　　D. 确定班集体的发展目标

16. 组织主题班会的步骤是( )

A. 确定主题—精心准备—具体实施—总结深化

B. 精心准备—确定主题—具体实施—总结深化

C. 精心准备—深化主题—具体实施—总结拓展

D. 精心准备—具体实施—深化主题—总结拓展

17. 班主任工作最繁忙的时期,也是班主任工作能力经受考验的关键期是在( )

A. 班集体的组建阶段　　B. 班集体的形核阶段

C. 班集体的发展阶段　　D. 班集体的成熟阶段

**二、多项选择题**

1. 关于班级群体对学生个体的影响,下列表述正确的有( )

A. 班级环境是学生自我意识发展的重要场所

B. 班级活动为学生的个性化搭建了重要平台

C. 班级舆论是学生自我教育的重要手段

D. 良好的群体气氛使学生能感到班级的温暖、教师的可亲

2. 班级目标的设计依据是( )

A. 国家的教育方针、政策　　B. 学校的培养目标

C. 学生的个性特征　　D. 班级群体的现实发展水平

3. 从根本上解决班级管理中存在的问题就必须做到( )

A. 以满足学生的发展为目的
B. 实现教学目标，提高学习效率
C. 有目的地训练学生进行班级管理的能力
D. 确立学生在班级中的主体地位

4. 班级组织建设的内容主要涉及( )方面。

A. 班级干部的轮流
B. 班级组织机构的设置与职责的制定
C. 班级干部的评比
D. 班级干部的选拔

5. 从班级管理的角度分析，下列说法恰当的有( )

A. 班级管理的最终目的是培养学生的自我管理能力
B. 班级管理中班主任的角色应定位为指导者、引导者、设计者
C. 班级管理应树立“以人为本”的教育理念
D. 一个良好的班集体的建设必须通过各种活动来实现

6. 班级管理的特点主要有( )

A. 管理过程的教育性
B. 管理目标的一致性
C. 管理过程的特殊性
D. 管理方法的多样性

7. 以训练学生自我管理能力为主的班级管理制度改革的重点是( )

A. 适当增加班干部岗位，适当进行班干部的轮换
B. 按照民主程序选举班干部，使班干部从“学生的代表”变为“老师的助手”
C. 把学生的注意力从当班干部引向当“合格的班级小主人”
D. 把班集体作为学生自我教育的主体

8. 作为学生的重要他人，班主任承担的角色任务有( )

A. 学生的代言人
B. 学生成长的守护者
C. 学生的楷模
D. 学生的心理保健者

9. 班主任的个性影响力主要取决于以下哪几个方面( )

A. 班主任的权威、地位、职权
B. 班主任自身对教育工作的情感体验
C. 对学生产生积极影响的能力
D. 高度发展的控制自己的能力

10. 班主任的能力素质包括( )

A. 组织管理能力
B. 教育教学能力
C. 创新能力
D. 随机应变能力

11. 一名优秀班主任在分享她的班级管理方法时谈到，首先要为班上的学生制定学习、纪律、卫生、作息等方面的规章制度，并在日常教学工作中运用正面的事例对学生进行诱导。她注重采纳学生的正确意见，接受学生的监督，通过设立“合理化建议登记簿”为学生行使民主权利创造了条件。这位班主任的做法充分体现了对班级管理原则中( )的遵循与创新。

A. 重点激励原则
B. 自主参与原则

C. 教管结合原则　　D. 协调一致原则

12. 要教育好学生,必须先了解学生,并不断地研究学生。分析书面材料是了解和研究学生的主要方法之一,下列属于书面材料的有(　　)

A. 同学间的反馈　　B. 成长记录册

C. 班级日志　　D. 学生作文

三、判断题

1. 班级既是几十个学生自愿组合的产物,也是学校为便于管理和更好地开展教育、教学活动,实现教育目的而特地组织起来的,带有一定强制性的群体。(　　)

A. 正确　　B. 错误

2. 学生不仅是班级管理的对象,也是班级管理的参与者。(　　)

A. 正确　　B. 错误

3. 班级建设与传统的班级管理一样,关注的是作为管理者的班主任和班干部如何管理好班级、建立秩序,使学校各项工作,尤其是教学工作能正常开展。(　　)

A. 正确　　B. 错误

4. 通常我们看到的教室里墙壁上的字画或名言警句属于显性文化。(　　)

A. 正确　　B. 错误

## 参考答案及解析

一、单项选择题

1. B 【解析】班级是师生从事教育活动的基本单位,它兼具自功能性与半自治性。所谓自功能性,指的是班级作为一种社会组织得以建立,不仅是为了实现某些**外向性的指标**(如提高教学效率、便于学校管理等),更重要的是基于其成员——学生——自身的**奠基性学习**的需要。所谓**半自治性**,是指作为非成人组织的班级,并非完全靠自身的力量来管理自身,而是在相当程度上借助于外部力量。

2. A 【解析】班级组织是一种**教育性组织**,是学生在学校中学习、成长和开展各种活动的**基本场所**。班级组织的特点包括:(1)班级组织的目标是使所有学生获得发展;(2)班级组织中师生之间是一种直接的、面对面的互动;(3)情感是班级组织中师生之间、生生之间的纽带;(4)班级组织中的师与生交往是全面的和多层次的;(5)班主任和教师的人格力量使班级活动得以有效开展。

3. D 【解析】班级管理对象具有很大的特殊性,主要表现在以下几个方面:其一,班级管理的对象年龄一般是六七岁到十七八岁的学生。作为社会成员之一的学生,在教育过程中具有**主观能动性**,有自己的思想、自己的选择。而且学生带着家庭生活、社会生活中培养起来的情感来到学校,具有思想感情。每个学生的身心发展都由各种条件决定,具有明显

的差异性，因此班级管理要从学生的实际情况出发，因材施教，发挥每个人的创造性，努力适应学生的个性发展。其二，这个年龄学段的学生身心还处于不成熟时期，具有发展的可能性和可塑性，还不具备“独立”生活的能力。其三，班级管理的内容不仅包括学习方面，还包括身体发展、个人品质等方面。

4. C 【解析】班级管理评价的实施阶段的步骤是：(1)收集评价信息资料；(2)整理评价信息资料；(3)计量评价结果；(4)撰写评价报告。

5. A 【解析】目标管理是由美国管理学家德鲁克提出来的，其理论核心是将传统的他控式的管理方式转变为强调自我、自控的管理方式，是一种以**自我管理**为中心的管理，目的是更好地调动被管理者的积极性。

6. A 【解析】班主任要想成为学生成长的引路人，首先，要做到关心学生的全面发展，要引领他们在德、智、体、美诸方面得到全面而充分的发展。其次，要对学生的各科学习负责。班主任也是班上的科任教师，他不能只重视自己所教的学科，更不能利用自己的特殊地位把学生注意力引领到自己的课程上。最后，要给全体学生教育爱。不能偏袒一方，否则会引发师生对立，引路人的角色将不复存在。所以，题干中的张老师要求学生早、晚自习和平时都复习他任教的语文学科的做法未能履行好学生成长的引路人的角色。

7. D 【解析】灵活、机智的教育应变能力是班主任成熟、老练的重要标志。

8. C 【解析】班级组织的个体化功能具体表现为：促进发展功能、满足需求的功能、诊断功能、矫正功能。其中，满足需求的功能是指人处于一个团体中，会对团体产生各种需求，良好的班级组织应当能够满足学生的正当需求。题干表述即满足了学生的归属需求。

9. D 【解析】课外活动是指在课堂教学计划之外，学生自由选择、自愿参加的一种活动。如果把它列入教学计划和大纲，那么课外活动就变成了所有学生必须参加的活动，违背了课外活动**自愿性**的特点。

10. A 【解析】方向性原则是指班级管理工作必须坚持正确的方向，用正确的思想引导学生。题干中的杨老师在了解事情的经过后，在班里开了临时班会，通过集体讨论的形式来引导学生的观点，使学生在讨论的过程中明白了道理，打架的学生也互相道歉。在整个过程中，杨老师始终用正确的思想引导学生，即体现了方向性原则。

11. D 【解析】班主任工作的原则包括：(1)学生主体原则；(2)因材施教原则；(3)集体教育原则；(4)民主公正原则；(5)严慈相济原则；(6)以身作则原则。其中，学生主体原则是指学生是认识和实践的主体、自我发展的主体，是班级教育的目的。班主任在班级工作中，应该把学生当作教育过程的**主体和重心**，充分尊重并发挥学生的主体作用。班主任要深入了解学生的需要，调动学生的主动性和创造性，引导学生分析和评价自己，培养学生的自我教育能力。题干中的班主任与某学生对惩罚的方法达成一致意见，体现了班主任尊重学生的主体地位，促进学生的自我发展。

12. C 【解析】“没有规矩，不成方圆”意为：做任何事都要有一定的规矩、规则，否则就无法成功。班集体的正常秩序是维持和控制学生在校生活的基本条件，是教师开展工作的重要保证。建立健全必要的班级规则就是为班级“立规矩”，建立正常的班集体秩序，以保证教师顺利开展工作。

13. A 【解析】课外、校外教育与课堂教学的目的是一致的，都是为了实现全面发展的教育目的，完成学校的教育任务；两者都是在学校的统一领导下有计划、有组织地进行的。

14. D 【解析】班集体是学生学习、生活和成长的重要场所，班级管理是以班集体为基础展开的。因此，建设和培养良好的班集体是班级管理的核心工作。

15. A 【解析】教师在班集体的组建阶段，就应着手正常秩序的建立工作，特别是当接到一个教育基础较差的班级时，首先就要做好这项工作。

16. A 【解析】组织主题班会的步骤：(1)确定主题；(2)精心准备；(3)具体实施；(4)总结深化。

17. A 【解析】班集体的组建阶段是班集体的雏形期，这一时期是班主任工作最繁忙的时期，也是班主任工作能力经受考验的关键期。

**二、多项选择题**

1. ACD 【解析】班级群体对学生个体的影响有：(1)班级环境是学生自我意识发展的重要场所；(2)班级活动为学生的社会化搭建了重要平台；(3)班级舆论是学生自我教育的重要手段；(4)良好的群体气氛使学生能感到班级的温暖、教师的可亲。故B项错误。

2. ABD 【解析】班级目标的设计，主要依据两方面因素：一是国家的教育方针、政策和学校的培养目标；二是班级群体的现实发展水平。

3. ACD 【解析】建立**以学生为本**的班级管理的机制，要做到：(1)以满足学生的发展为目的；(2)确立学生在班级中的主体地位；(3)有目的地训练学生自我管理班级的能力。

4. BD 【解析】班级组织建设的内容主要涉及三个方面：一是班级组织机构的设置与职责的制定；二是班级干部的**选拔**；三是班级干部的**培养**。

5. BCD 【解析】班级管理的最终目的是培养和教育学生成为合格的人才。

6. AD 【解析】班级管理的特点包括：(1)管理过程的教育性；(2)管理对象的特殊性；(3)管理方法的多样性；(4)管理工作的广泛性。

7. ACD 【解析】以训练学生自我管理能力为主的班级管理制度改革的重点是：(1)适当增加“**小干部**”岗位，实行“小干部”轮换制度；(2)按照民主程序选举干部；(3)使“小干部”从“教师的助手”变成“学生的代表”；(4)把学生的注意力从当干部引向当“合格的班级小主人”；(5)把以教师为中心的班级教育活动转变为学生的自我教育活动，把班集体作为学生自我教育的主体。所以B项错误。

8. CD 【解析】作为学生的重要他人，班主任一般承担以下角色任务：(1)家长代理人；(2)学生的朋友和知己；(3)学生的楷模；(4)**心理保健者**。

9. BCD 【解析】班主任的个性影响力取决于三个方面：(1)班主任自身对教育工作的情感

体验;(2)对学生产生积极影响的能力;(3)高度发展的控制自己的能力。

10. ABC 【解析】班主任的能力素质包括班主任的组织管理能力、教育教学能力和创新能力三方面。

11. BC 【解析】题干中的班主任把建立班级规章制度和正面引导教育学生相结合的做法体现了**教管结合**的原则;"注重采纳学生的正确意见,接受学生的监督,通过设立'合理化建议登记簿'"体现了自主参与原则的贯彻要求。

12. BCD 【解析】记载学生情况的书面材料有:(1)学生档案资料,包括学籍卡(表)、历年的成绩单、操行评定、体格检查表、奖惩登记表等;(2)**班级记录资料**,包括班级日志,班会、团支部会议记录,班报等;(3)**学生个人资料**,包括作业、试卷、作文、周记、日记等。A项不属于书面材料,故不选。

三、判断题

1. B 【解析】班级并非是几十个学生自愿组合的产物,而是学校为便于管理和更好地开展教育、教学活动,实现教育目的而特地组织起来的,带有一定强制性的群体,是现代学校制度的产物。

2. A 【解析】学生不仅是班级管理的对象,更重要的是班级管理的参与者。所以,在班级管理中,一方面教育行政部门、学校和教师要承担起应尽的职责;另一方面又要引导学生开展自我管理和参与管理。在某种意义上说,让学生学会自我管理和参与管理,是班级管理的**重要目标**,表明达到"管是为了不管"的**最高境界**。所以题干表述正确。

3. B 【解析】班级建设不同于传统的班级管理。传统的班级管理关注更多的是作为管理者的班主任和班干部如何管好班级、建立秩序,使学校各项工作,尤其是教学工作能正常开展;而班级建设更加关注每个学生在班级生活中的参与和成长,以**动态生成**而非外在控制的方式推进班级发展,共同建设一个富有成长气息的班级。

4. A 【解析】一般来讲,我们认为班级文化可分为"**硬文化**"和"**软文化**"。所谓硬文化是一种"显性文化",多指可以摸得着、看得见的物质文化,如教室墙壁上的名言警句、英雄人物、世界名人的画像或摆成矩形、椭圆形的桌椅等等。而软文化则是一种"隐性文化",包括制度文化、精神文化和行为文化。

# 专题九 教育研究及其方法

## 错误率：50%以上

### 考点1 ▶观察研究法

[2018 山西·单选]在教育研究中，通过单向玻璃进行的隐蔽性观察属于(　　)

A. 显性观察　　B. 参与性观察

C. 隐性观察　　D. 非参与性观察

**[考生易错]**C

**[思路分析]**本题有41%的同学易错选C项。考生易对观察研究法的类型理解不透彻。根据观察者是否直接参与被观察者所从事的活动，可将观察法分为参与性观察法和非参与性观察法。参与性观察法是指研究者直接参与到所观察对象的群体和活动当中去，不暴露研究者的真正身份，在参与活动中进行隐蔽性的研究观察。非参与性观察法不要求研究人员站到与观察对象同一地位上，而是以“旁观者”的身份，采取公开或秘密的方式进行观察。考生在解题过程中，一定要仔细审题，看观察者是否“直接参与”被观察者所从事的活动。

**[正确答案]**D

**变式练习**

1. [单选]学校领导通过随堂听课的方式，了解教师执行课程标准和课程计划情况，这属于(　　)

A. 参与性观察　　B. 非参与性观察

C. 实验室中的观察　　D. 间接观察

**答案：**B

**解析：**根据观察者是否直接参与被观察者所从事的活动，可将观察法分为参与性观察法和非参与性观察法。参与性观察法是指研究者直接参与到所观察对象的群体和活动当中去，不暴露研究者的真正身份，在参与活动中进行隐蔽性的研究观察。非参与性观察法不要求研究人员站到与观察对象同一地位上，而是以“旁观者”的身份，采取公开或秘密的方式进行观察。故学校领导随堂听课属于非参与性观察。

2. [单选]某研究者为了研究课堂教学过程中的师生交往活动，到某小学开展了分时段分项目课堂教学的系统观察。这种观察属于(　　)

A. 参与性、结构式观察　　B. 参与性、非结构式观察

C. 非参与性、结构式观察　　D. 非参与性、非结构式观察

**答案：**C

**解析：**按照观察者是否直接参与被观察者所从事的活动，可以分为参与性观察和非参与性观察。按照观察实施的方法，可以分为结构式观察和非结构式观察。结构式观察是指研究有明确的目标、范围、问题、计划等，常用于对研究对象有**充分了解**的情况；非结构式观察常采用弹性的目标，内容和步骤不事先确定，多用于对观察对象**不甚了解**情况下进行的探索

性研究。题干中“分时段分项目”“系统观察”说明这项观察研究有明确的目标、范围、计划，因此是一种结构式观察。其次，研究者没有参与到观察对象的活动中去，因此是一种非参与性观察。

## 考点2 调查研究法与实验研究法

[2017 广东·判断]调查研究作为教育研究方法之一，其优点是能确立因果关系，认识事物的本质和规律。(　　)

A. 正确　　　　B. 错误

[考生易错]A

[思路分析]本题有51%的同学易将题干内容判断为正确。考生易将“调查研究法”与“实验研究法”的概念弄混。调查研究法是在教育理论指导下，通过运用观察、列表、问卷、访谈、个案研究及测验等方式，收集教育问题的资料，从而对教育的现状做出科学分析，并提出具体工作建议的一整套实践活动。调查研究法最突出的优点是可以深入了解教育现状，发现问题，弄清事实，为教育行政部门制定教育政策、教育规划以及为教育改革提供事实依据。实验研究法是根据研究目的，运用一定的人为手段，主动干预或控制研究对象的发生、发展过程，通过观察、测量、比较等方式探索、验证所研究现象因果关系的研究方法。实验研究的目的是发现事物间的因果关系，是各类研究中唯一能确定因果关系的研究。

考生在区分这两个概念时，可通过提取关键词来记忆：将调查研究法记为“调查教育现状”，将实验研究法记为“因果关系”。

[正确答案]B

### 变式练习

1. [单选]唯一能确定因果关系的研究方法是(　　)

A. 观察研究法　　B. 实验研究法　　C. 个案研究法　　D. 调查研究法

**答案**:B

**解析**:实验研究的目的是发现事物间的因果关系，是各类研究中**唯一**能确定因果关系的研究。

2. [单选]在比较讲授法和讨论法的教学效果时，教师分别选用两个班级，一班采用讲授法，另一班采用讨论法，两班学生在智力、学业基础等方面尽量保持均衡，期末时测量其成绩差异。这种研究方法属于(　　)

A. 观察研究法　　B. 实验研究法　　C. 个案研究法　　D. 调查研究法

**答案**:B

**解析**:实验研究法是根据研究目的，运用一定的**人为手段**，主动干预或控制研究对象的发生、发展过程，通过观察、测量、比较等方式探索、验证所研究现象因果关系的研究方法。题干所述内容体现了实验研究法的内涵。

## 考点3 行动研究法

[2019 浙江·单选]以下表述中，不属于行动研究特点的是(　　)

A.“为教育行动而研究”　　B.“由教育行动者研究”

C.“在教育行动中研究”　　D.“以教育行动为研究”

[考生易错]A或B

[思路分析]本题有27%的同学易错选A项、26%的同学易错选B项。考生易将行动研

究的概念与特点弄混。行动研究是指实际工作者(如教师)基于解决实际问题的需要,与专家、学者及本单位的成员共同合作,将实际问题作为研究的主题,进行系统的研究,以解决实际问题的一种研究方法。教育行动研究的特点可以概括为“为教育行动而研究”“在教育行动中研究”“由教育行动者研究”。

[正确答案]D

**变式练习**

[**判断**]“由教育行动者研究”是教育行动研究的特点。(　　)

A. 正确　　　　B. 错误

**答案**:A

**解析**:教育行动研究的特点可以概括为“为教育行动而研究”“在教育行动中研究”“由教育行动者研究”。

## 考点4 ▶教育叙事研究

[**2020 安徽·单选**]研究者通过搜集和分析研究对象的日常教育经历和体验,在解构和重构个体教育故事的过程中获得对个体经历的解释性理解。这种教育研究方法是(　　)

A. 教育叙事研究　　　　B. 教育行动研究

C. 教育调查研究　　　　D. 教育实验研究

[**考生易错**]B 或 C

[**思路分析**]本题有 22% 的同学易错选 B 项、31% 的同学易错选 C 项。考生易对教育叙事研究的概念理解不透彻。叙事研究是抓住人类经验的故事性特征进行研究并用故事的形式呈现研究结果的一种研究方式。它所关注的是在一定的场景和实践中所发生的故事,以及主人公是如何思考、筹划、应对、感受、理解这些故事的。即教育主体叙述教育教学中的真实情境的过程,是通过讲述教育故事,体悟教育真谛的一种研究方法。也有学者认为“教育叙事研究是研究者通过描述个体教育生活,搜集和讲述个体教育故事,在解构和重构教育叙事材料的过程中对个体行为和经验建构获得解释性理解的一种活动。”考生在识记教育叙事研究的概念时,可抓住“教育故事”“教育经历”“教育事例”等关键词。

[正确答案]A

**变式练习**

1. [**单选**]李老师每天都坚持写日记,记录自己当天的教育教学过程和事例,对自己的教学实践进行反思和改进。这种教育研究方法是(　　)

A. 历史研究法　　　　B. 教育实验法

C. 调查研究法　　　　D. 叙事研究法

**答案**:D

**解析**:叙事研究是抓住人类经验的故事性特征进行研究并用故事的形式呈现研究结果的一种研究方式。它所关注的是在一定的场景和实践中所发生的**故事**,以及主人公是如何思考、筹划、应对、感受、理解这些故事的。即教育主体叙述教育教学中的**真实情境**的过程,是通过讲述教育故事,体悟教育真谛的一种研究方法。题干中,李老师通过记录自己的教育教学过程和事例,对自己的教学实践进行反思和改进的方法属于叙事研究法。

2. [判断]教育叙事研究是教育主体叙述教育教学中的真实情境的过程,是通过讲述教育故事,体悟教育真谛的研究方法。( )

A. 正确 B. 错误

**答案:**A

**解析:**叙事研究是抓住人类经验的故事性特征进行研究并用故事的形式呈现研究结果的一种研究方式。即教育主体叙述教育教学中的**真实情境**的过程,是通过讲述教育故事,体悟教育真谛的一种研究方法。

## 错误率:75%以上

### 考点1 在学校中开展教育研究的意义

[2020 河北·单选]教师的教育素养转化为教育效果的中介和桥梁是( )

A. 教学实践 B. 班主任工作

C. 班会活动 D. 教育研究

**[考生易错]**A

**[思路分析]**本题有74%的同学易错选A项。考生易对"在学校中开展教育研究的意义"理解不透彻。教育研究是教师的教育素养转化为教育效果的中介和桥梁。教师已有的教育素养(如良好的教师道德、知识基础和教育能力等)并不能直接产生良好的教育效果。在教育素养和教育效果之间,存在着一个加工处理与转化的复杂过程,这个复杂的过程就是教育研究活动。有的教师"肚里有货倒不出来",一个重要的原因就是没有认真地进行教育研究,不善于提炼自己的经验。

**[正确答案]**D

**变式练习**

[判断]当教师"肚里有货倒不出来"时,应加强教育研究,增进自己对教育教学的认识,不断提炼自己的经验。( )

A. 正确 B. 错误

**答案:**A

**解析:**教育研究是教师的教育素养转化为教育效果的**中介和桥梁**。有的教师"肚里有货倒不出来",一个重要的原因就是没有认真地进行教育研究,不善于提炼自己的经验。

### 考点2 校本教研

[2018 河南·多选]校本教研的基本特征是( )

A. 为了学校而研究 B. 在学校中研究

C. 基于学校力量 D. 依赖专家力量

E. 形成新的理论

**[考生易错]**BC或ABCE

**[思路分析]**本题有32%的同学易漏选A项、38%的同学易错选E项。考生易对校本教研的概念与特征理解不透彻。校本教研(又称校本研究)是以校为本的教学研究的简称,指以学校自身条件为基础,以学校校长、教师为主力军,针对学校现实存在的问题而开展的有

计划的研究活动。它与传统教育的最大区别是研究的重心下移到学校,是一种“从学校中来,到学校中去”的研究活动。校本教研的基本特征是以校为本,其基本内涵为:(1)为了学校。一切为了学校的发展,为了学校教育能力和教育精神的建设,为了学校文化的提升。(2)在学校中。学校的发展只能在学校中进行,只有植根于学校的生活、贯穿于教学的过程,并被所有教师所认同、所追求的改革才能沉淀为学校的血肉、传统和文化。(3)基于学校。学校发展的主体力量是校长和教师。

[正确答案]ABC

变式练习

[判断]校本教研的基本特征是为了学校、在学校中和基于专家。(　　)

A. 正确　　　　B. 错误

**答案**:B

**解析**:校本教研的基本特征表现为:为了学校、在学校中和基于学校。

## 进阶测评

| 限时:20 分钟 | 用时:________分钟 | 总题数:22 道 | 正确题:________道 |
|---|---|---|---|

**一、单项选择题**

1. 通过系统地收集和分析资料从而衍生出理论的研究方法,其基本宗旨在于从经验资料的基础上建立理论。研究者在研究开始之前一般没有理论假设,直接从实际观察入手,从原始资料中归纳出经验,然后上升到理论。这种研究属于(　　)

A. 实践研究　　B. 行动研究　　C. 田野研究　　D. 扎根理论

2. 教学研究中实验法的种类有很多,教学实验一般采用(　　)

A. 自然实验　　B. 验证性实验

C. 实验室实验　　D. 创新性实验

3. 教师对一年级小学生告状行为进行研究,每当小学生告状行为一出现,就进行观察,并分析原因、表现。该老师采用了(　　)

A. 实况详录法　　B. 时间取样法

C. 事件取样法　　D. 日记描述法

4. 基于经验和直觉,以自身作为研究工具,凭借研究者自身的洞察力,在与研究对象的互动中理解和解释其行为和意义建构的教育研究方法是(　　)

A. 量化研究　　B. 质性研究

C. 调查研究　　D. 经验总结研究

5. 教育叙事研究是一种将客观的过程、真实的体验、主观的阐释有机融为一体的教育经验的发现和揭示过程。下列关于教育叙事研究的步骤,顺序正确的是(　　)

A. 事件的记录与描述,观察并提出问题,反思与分析,总结与提升,交流与评价

B. 事件的记录与描述,观察并提出问题,总结与提升,反思与分析,交流与评价

C. 观察并提出问题,事件的记录与描述,反思与分析,总结与提升,交流与评价

D. 观察并提出问题，事件的记录与描述，总结与提升，反思与分析，交流与评价

6. 通过升学考试、学科竞技以选拔优秀生或专业人才，运用的是（ ）

A. 教育调查法　　B. 教育实验法

C. 教育观察法　　D. 行动研究法

7. 杜威所著的《民主主义与教育》在文献等级中属于（ ）

A. 一次文献　　B. 二次文献

C. 三次文献　　D. 四次文献

8. 教育科研是以教育科学理论为武器，以教育领域中发生的现象为对象，以探索教育规律为目的的创造性的认识活动。关于教育科研的基本程序，下列最为恰当的是（ ）

A. 选定课题—申请立项—批准立项—制订方案—分析研究—撰写报告—申请结题—专家论证—专家鉴定—成果评奖 成果推广

B. 选定课题—申请立项—专家论证—批准立项—制订方案—分析研究—撰写报告—申请结题—专家鉴定—成果评奖—成果推广

C. 选定课题—申请立项—制订方案—专家论证—批准立项—分析研究—撰写报告—申请结题—成果评奖—成果推广

D. 选定课题—申请立项—制订方案—批准立项—专家论证—分析研究—撰写报告—申请结题—成果评奖—成果推广

9. 教师提高研究技能的三种途径是（ ）

A. 自主、合作、探究　　B. 阅读、合作、行动研究

C. 学习、讨论、创新　　D. 兴趣、发现、研讨

10. “宁凿一口井，不挖一条沟”用于教育科研选题，要求选题的（ ）

A. “立足”要高　　B. “射点”要准

C. “切口”要小　　D. “方向”要正

11. 某学校一年级语文教师邓老师发现所教学生错别字偏多，于是他在识字教学中尝试运用了字理教学法，之后他设计申报“低年级小学生产生错别字的心理机制与对策研究”课题。就课题产生而言，邓老师设计的课题来源于（ ）

A. 文献的梳理　　B. 教育改革的实践

C. 各级课题指南　　D. 他人课题的启示

12. （ ）的设计以及描述可以考虑七个“W”问题：谁（Who）、什么（What）、地点（Where）、如何（How）、原因（Why）、时间（When）、受谁影响（Whom）。

A. 定性研究　　B. 质性研究

C. 实地研究　　D. 个案研究

## 二、多项选择题

1. 当今世界，教学研究的发展趋势是（ ）

A. 向学生回归　　B. 向学校回归

C. 向教师回归　　D. 向教学实践回归

2. 个案研究法是当今教育研究中运用广泛的定性研究方法。下列关于该研究方法的说法,正确的有(    )

A. 能生动地描述过程,形象地展示个案

B. 不会遇到任何伦理道德问题

C. 对研究人员的语言技能、洞察力的要求较低

D. 研究结论的主观性较强

3. 教育科学研究的基本组成是(    )

A. 客观事实　　B. 科学理论　　C. 科学假设　　D. 方法技术

4. 教育研究课题的选择是教育科研工作的首要环节,制约着整个研究工作的进行以及研究的价值。下列选项中,符合课题科学性特点的有(    )

A. 如何让差生抄作业

B. 如何实施合理的体罚

C. 课堂讨论有效性的研究

D. 学生网瘾的心理疏导及行为矫治研究

5. 依据调查的对象,教育调查可分为(    )和个案调查。

A. 全面调查　　B. 重点调查　　C. 问卷调查　　D. 抽样调查

6. 校本教研中的行动具有以下哪些特征(    )

A. 可操作性　　B. 验证性　　C. 教育性　　D. 探索性

**三、判断题**

1. 教师行动研究的基本程序可以概括为:"问题""计划""行动"和"反思"。(    )

A. 正确　　B. 错误

2. 定性分析是教育研究走向成熟的重要标志。(    )

A. 正确　　B. 错误

3. 在教育调查研究中,样本容量越大越好。(    )

A. 正确　　B. 错误

4. 对一个新出现的教育问题进行研究,比较适合的资料检索方法是逆查法。(    )

A. 正确　　B. 错误

## 参考答案及解析

**一、单项选择题**

1. D 【解析】所谓扎根理论,是指从经验的基础上建立理论。研究者在研究开始之前,一般没有理论假设,直接从**原始资料**中归纳出概念或命题,然后上升到理论。它是一种**自下往上**建立理论的方法,即在系统收集资料的基础上,寻找反映社会现象的核心概念,然后通过在这些概念之间建立起联系而形成理论。

2. A 【解析】在教学研究中,实验法分为实验室实验法和自然实验法。实验室实验法在实

验室内进行，即在依靠仪器及现代测量技术的前提下，严格控制各种无关变量，并**精密观察和记录**某一现象的产生变化情况，进而分析其原因。自然实验法是在正常的**生活环境**中，适当控制条件，结合其他日常活动而进行的实验。由于教学活动的复杂性，教学实验一般采用自然实验法。

3. C 【**解析**】事件取样法是根据一定的研究目的，以事件为单位进行观察，了解某些特定行为或事件的完整过程而进行的研究方法。事件取样法不受时间间隔与时段规定的限制，其研究的是**特定类别**的完整行为事件，测量的不是限定时间单位的行为表现。只要所期待的事件一出现，便可记录。例如，对低年级小学生告状行为进行研究，每当小学生告状行为一出现，就进行观察，来分析小学生告状的原因、表现，为以后提出相应的解决策略奠定基础。

4. B 【**解析**】质性研究也称为"实地研究法"或"参与观察法"，它是基于经验和直觉的研究方法，以研究者本人作为研究工具，凭借研究者自身的洞察力，在与研究对象的互动中理解和解释其行为和意义建构。

5. C 【**解析**】教育叙事研究法的操作步骤：(1)观察并提出**问题**；(2)事件的记录与描述；(3)反思与分析；(4)总结与提升；(5)交流与评价。

6. A 【**解析**】常用的教育调查研究方法包括问卷、访谈、测验等，题干中的"升学考试""学科竞技"都属于测验的方法，故运用的是教育调查法。

7. A 【**解析**】一次文献包括专著、论文、调查报告、档案材料等以作者本人的实践为依据而创作的**原始文献**。《民主主义与教育》是杜威教育理论和实践经验的总结，是原创的，属于一次文献。故选 A 项。

8. B 【**解析**】学校教育科研的基本程序是：选定课题—申请立项—**专家论证**—批准立项—制订方案—分析研究—撰写报告—申请结题—**专家鉴定**—成果评奖—成果推广。

9. B 【**解析**】教师提高研究技能的三种途径是阅读、合作、行动研究。

10. C 【**解析**】教育科研的选题要注意三点：(1)"**立足**"要高；(2)"**射点**"要准；(3)"**切口**"要小，就是说，选题要大处着眼，小处着手，遵照"宁凿一口井，不挖一条沟"的原则，选题不宜过大、过泛，做到小题目写大文章。

11. B 【**解析**】邓老师的研究课题来源于他自己在工作中发现的**教学问题**以及进行的教学方法改革，所以他的研究课题来源于实践。

12. D 【**解析**】**个案研究**的设计以及描述可以考虑七个"W"问题：谁(Who)、什么(What)、地点(Where)、如何(How)、原因(Why)、时间(When)、受谁影响(Whom)。

**二、多项选择题**

1. BCD 【**解析**】教学研究向**学校**回归、向教师回归、向教学实践回归，是当今世界教学研究的共同趋势。

2. AD 【**解析**】个案研究法的优点：它能生动地描述过程、形象地展示个案，这是定量统计难以做到的。个案研究法的局限：(1)研究结论的主观性较强；(2)常常会遇到**伦理道德**问题；(3)个案研究成果的推广性有限；(4)对研究人员的语言技能、洞察力有较高要求。

3. ABD 【**解析**】教育研究同所有的科学研究一样，由三个要素组成，即客观事实、科学理论和方法技术。

4. CD 【解析】课题的科学性即所选问题不能是“伪问题”。如惩罚或体罚,尽管在实际中被相当一部分教师认为有效,但不能去研究如何惩罚或体罚会更有效。再如一位教师认为,学习后进生常因不会做而不交作业,于是便想采用“让差生抄优生作业”的办法解决不交作业的问题,认为抄作业总比不交作业好。但不能提出“如何让差生抄作业”这样的课题,因为这些问题的研究,既不符合**教育规律**,也不符合学生**身心发展**的要求。

5. ABD 【解析】依据**调查的对象**,可将教育调查分为全面调查、重点调查、抽样调查和个案调查。

6. BCD 【解析】校本教研中的行动具有的特性:(1)**验证性**,检验设计方案的可行性;(2)**探索性**,发现和寻找各种新的可能性;(3)**教育性**,服从、服务于学生的成长和发展。

**三、判断题**

1. B 【解析】行动研究的基本过程大致分为循序渐进的四个环节,即计划、行动、考察和反思。

2. B 【解析】教育研究走向成熟的重要标志是定量研究,它常常可以消除一些无谓的争论,验证和确认定性的结论。

3. B 【解析】我们强调样本容量必须足够大,并不等于说样本容量越大越好。这不仅是因为大容量样本在抽取时会遇到很多**实际困难**,还因为过大的样本数量使得研究工作量和工作难度增大,从而降低了研究效率。此外,有的研究项目不需要很多的样本。所以,我们应该做到的是:选好足够代表总体的样本并通过对样本的研究来对总体特征进行研究,即选取一些具有**代表性的、典型的**样本。

4. A 【解析】逆查法是以目前研究的时间为起点,按照**由近及远**的顺序查找有关资料的方法,适合对于新出现的教育问题的研究。

# 第二部分　心理学与教育心理学

## 专题一　心理学与教育心理学概述

### 错误率：50%以上

**考点1** 心理学的研究对象

[2019 **辽宁·单选**]心理学是研究人的(　　)的科学。

A. 心理活动的规律　　B. 行为和心理活动的规律

C. 生理与心理活动的规律　　D. 行为活动的规律

**[考生易错]**A

**[思路分析]**本题有48%的同学易错选A项。考生对心理学的理解容易流于表面，认为心理学只研究人的内在心理活动。心理支配行为，又通过行为表现出来。心理现象是一种主观精神现象，或是一个“黑箱”，它看不见，摸不着，没有重量、大小和体积；而行为却具有显露在外的特点，它可以用客观的方法进行测量。例如，我们可以用摄像机拍摄体操队员的精彩表演，用计时器记录工人的动作反应时，用智力测验量表测量儿童智力的高低等。由于行为能显示人的心理活动，因此，我们可以通过观察和分析行为来客观地研究人的心理活动，即打开“黑箱”。从外部行为推测内部心理过程，是心理学研究的一条基本法则。所以，心理学也常常叫做“研究行为和心理过程的科学”，即通过对行为的客观记录、分析和测量来揭示人的心理过程的规律。

**[正确答案]**B

**变式练习**

**[判断]**心理学是研究心理现象的科学，因此只研究人的心理现象。(　　)

A. 正确　　B. 错误

**答案：**B

**解析：**心理学既研究动物的心理，也研究人的心理，而以人的心理现象为主要研究对象。除此之外，心理学还研究个体行为、社会心理、个体意识与个体无意识。

## 考点2 心理现象及其结构

[2021 **天津·判断**]心理过程是在个性心理特征的基础上形成和发展起来的,反过来又影响着个性心理特征的完善与发展。( )

A. 正确　　B. 错误

**[考生易错]** A

**[思路分析]** 本题有51%的同学易将题干内容判断为正确。其根本原因在于对心理过程和个性心理特征的概念理解不清。心理过程是心理活动的一种动态过程,是人脑对客观现实的反映过程。它包括认知过程、情绪情感过程和意志过程三个方面。个性心理特征是指在个体身上经常表现出来的、比较稳定的心理特征,主要包括气质、性格和能力等方面的特点。无论是气质、性格还是能力,如果没有对主观和客观世界的认识,没有情绪情感的体验,没有积极地与困难做斗争的意志活动,就无从形成和表现。反过来,已经形成的气质、性格、能力等个性心理特征,又会影响个体的认知过程、情绪情感体验和意志活动。所以题干说法错误。

**[正确答案]** B

### 变式练习

1. [**单选**]个性心理特征是在( )实践的基础上形成和发展的。

A. 认知过程　　B. 情感过程

C. 意志过程　　D. 认知、情感和意志过程

**答案:** D

**解析:** 个性心理是在心理过程中形成的,个性心理包含个性心理倾向性和个性心理特征,心理过程包括认知、情绪情感和意志过程。故个性心理特征是在认知、情感和意志过程中形成的。

2. [**多选**]认识过程也称为认知过程,是指人们获取知识和运用知识的过程。下列属于认识过程的有( )

A. 感觉　　B. 兴趣　　C. 想象　　D. 言语

**答案:** ACD

**解析:** 认知过程包括感觉、知觉、记忆、想象、思维、言语等。兴趣属于个性心理倾向性。

## 考点3 两类信号系统

[2019 **山西·多选**]下列活动属于第一信号系统的是( )

A. 望梅生津　　B. 谈虎色变

C. 飞蛾扑火　　D. 鹦鹉学舌

**[考生易错]** ACD

**[思路分析]** 本题有50%的同学易错选C项。考生容易混淆第一信号系统和第二信号系统的内涵。第一信号系统是用具体事物作为条件刺激而建立的条件反射系统,第二信号系统是用语词作为条件刺激而建立的条件反射系统。无论是第一信号系统还是第二信号系统,都是条件反射的一种。在解答此类题目时,除了要对两种信号系统进行区分,同时也要对条件反射和无条件反射进行区分。C项的飞蛾扑火属于本能的无条件反射,不属于条件反射,自然也就不属于上述两种信号系统。故C项不选。

**[正确答案]** AD

**变式练习**

1. [单选] 下列现象中属于第二信号系统的是(　　)

A. 一朝被蛇咬,十年怕井绳　　B. 婴儿吃奶

C. 望梅生津　　D. 谈虎色变

**答案:** D

**解析:** 用**语词**作为条件刺激而建立的条件反射系统叫作第二信号系统,如成语"谈虎色变"。

2. [判断]"含梅流涎"是用具体事物作为刺激,属于第一信号系统的反射活动。(　　)

A. 正确　　B. 错误

**答案:** B

**解析:** 含梅流涎的意思是嘴里含着梅子导致分泌唾液,因此这属于**生理反应**,且是与生俱来的、无意识的本能反应,故属于无条件反射。

## 考点 4 大脑左右半球的主要功能

[2019 山东·单选] 处理人类情绪情感、物体空间关系的大脑两半球分别是(　　)

A. 左半球、右半球　　B. 左半球、左半球

C. 右半球、左半球　　D. 右半球、右半球

**[考生易错]** A、C

**[思路分析]** 本题有 32% 的同学易错选 A 项、30% 的同学易错选 C 项。考生容易混淆大脑左半球和右半球的主要功能。左半球:抽象逻辑思维和言语中枢的优势半球,它主要负责言语、阅读、书写、运算和推理等。右半球:形象思维和高度空间知觉的优势半球,它主要处理的信息是知觉物体的空间关系、情绪情感、欣赏音乐和艺术等。它与创造性有关。这一知识点可简记为"左抽(抽象逻辑思维)右形(形象思维),左言(言语中枢)右空(高度空间知觉)"。另外,左脑负责抽象逻辑思维和言语,侧重理性、科学性,是"科学脑""语言脑""智力脑";右脑负责形象思维和空间知觉,侧重感性、艺术性和创造性,是"艺术脑""情绪脑"。

**[正确答案]** D

**变式练习**

1. [多选] 大脑两半球功能单侧化的研究表明,主要定位于右半球的功能有(　　)

A. 言语　　B. 情绪情感

C. 逻辑推理　　D. 知觉物体的空间关系

**答案:** BD

**解析:** 大脑左半球是抽象逻辑思维和言语中枢的优势半球,它主要负责言语、阅读、书写、运算和推理等;右半球是形象思维和高度空间知觉的优势半球,它主要处理的信息是知觉物体的空间关系、情绪情感、欣赏音乐和艺术等。

2. [判断] 大脑左半球主要负责形象思维和空间知觉。(　　)

A. 正确　　B. 错误

**答案:** B

**解析:** 大脑左半球是抽象逻辑思维和言语中枢的优势半球,它主要负责言语、阅读、书写、运算和推理等。

## 考点5 心理是客观现实的反映

[2019 河南·单选]心理是人脑对客观现实主观能动的反映,因此,人的心理(　　)

A. 从内容上来说是主观的

B. 从形式上来说是主观的

C. 从内容和形式上来说都是主观的

D. 无论内容还是形式,都不是主观的

[考生易错]C

[思路分析]本题有40%的同学易错选C项。心理是主观与客观的统一。心理反映的内容是不依赖于主体而存在的,是客观的;外界刺激引起的神经过程所表现的外部反映和行为,也是客观的。但对客观世界的反映总是通过每个个体来实现的,而且人对客观世界的反映并不像照镜子那么机械,人的反映要受个人知识经验、实践领域和全部的个性特征制约,并通过完整的心理活动表现出来,这样心理活动总要带有个体的色彩,从而表现出人的心理的主观性。故心理的内容是客观的,形式是主观的。

[正确答案]B

### 变式练习

1. [单选]"一千个人的眼里,有一千个哈姆雷特",这表明人的心理具有(　　)

A. 客观性　　B. 主观性　　C. 目的性　　D. 社会性

**答案:**B

**解析:**由于人的知识经验、需要、愿望以及个性特征的不同,因而对客观现实的反映也不同。人的心理是客观现实的主观映像。"一千个人的眼里,有一千个哈姆雷特",这表明人的心理具有主观性。

2. [多选]下列说法中正确的是(　　)

A. 脑是心理的器官

B. 心理是脑的机能

C. 心理具有主观能动性

D. 心理反映总是正确的

**答案:**ABC

**解析:**心理是脑的机能,脑是心理的器官。因此,A、B两项正确。心理是人对客观现实的主观的、能动的反映。因此C项正确。心理是人脑对客观现实的能动的反映,但反映是否正确要视具体情况而定。所以,D项说法错误。

## 考点6 教育心理学的作用

[2018 河北·单选]"教育心理学可以帮助教师根据学生的智力发展水平,为智力超常或有特殊才能的儿童提供更为充实、更有利于其潜能充分发展的环境和教学内容",这说明教育心理学具有(　　)的作用。

A. 准确了解问题

B. 预测并干预学生

C. 提供理论指导

D. 结合教学进行研究

[考生易错]C

[思路分析]本题有42%的同学易错选C项。考生容易错误理解教育心理学的提供理论指导作用的内涵,认为所有对教育实践活动的指导都体现这一作用。教育心理学对实际教学所提供的科学理论指导主要体现在两个方面:(1)为教育现象提供了不同于传统的新观点;(2)为实际教学提供了一般性的原则或技术。而预测并干预学生作用具体表现为,利用

教育心理学原理，教师不仅可以正确分析、了解学生，而且可以预测学生将要发生的行为或发展的方向，并采取相应的干预或预防措施，达到预期的效果。故题干所述的为智力超常儿童提供不同于一般学生的针对性的干预措施，体现的是预测并干预学生的作用。

［正确答案］B

**变式练习**

**［单选］**李老师发现班里一名学生在阅读方面存在问题，对此他运用了教育心理学的理论和研究方法，对他的问题追根溯源，找到了困难的症结。这表明教育心理学具有（　　）的作用。

A. 为实际教学提供科学的理论指导

B. 帮助教师预测并干预学生

C. 帮助教师准确地了解问题

D. 帮助教师结合实际教学进行教育研究

**答案：**C

**解析：**帮助教师准确地了解问题这一作用是指，学生的情况是千差万别的，一旦出现了学习困难，教育心理学可采用多种方法，帮助教师来了解困难的原因。

## 考点7 ▶ 心理学与教育心理学的发展历程

［2021 **贵州 · 判断**］1924年，房东岳编写了我国第一本《教育心理学》教科书。（　　）

A. 正确　　B. 错误

**［考生易错］**A

**［思路分析］**本题有72%的同学易将题干内容判断为正确。考生容易对心理学和教育心理学发展的历程中的几个第一产生混淆。

| 人物 | 事件及意义 |
|---|---|
| 亚里士多德 | 编写了《论灵魂》，这是历史上第一部论述各种心理现象的著作 |
| 裴斯泰洛齐 | 第一次提出“教育教学的心理学化”的思想 |
| 赫尔巴特 | 首次提出把教学理论的研究建立在心理学这个科学基础之上 |
| 乌申斯基 | 1868年出版了《人是教育的对象》；被誉为俄罗斯教育心理学的奠基人 |
| 卡普捷列夫 | 1877年发表了《教育心理学》，这是最早正式以“教育心理学”命名的著作 |
| 冯特 | 1879年在德国莱比锡大学创建了世界上第一个心理学实验室，标志着科学心理学诞生 |
| 桑代克 | 1903年出版了《教育心理学》，这是西方第一本以“教育心理学”命名的著作；被誉为教育心理学之父 |
| 房东岳 | 翻译日本小原又一著的《教育实用心理学》，这是我国出版的第一本教育心理学著作 |
| 华生 | 1913年发表了《在行为主义者看来的心理学》，标志着行为主义心理学诞生 |
| 廖世承 | 1924年编写《教育心理学》，这是我国第一本《教育心理学》教科书 |
| 奈塞尔 | 1967年出版了《认知心理学》，标志着现代认知心理学诞生 |

【正确答案】B

变式练习

1.[单选]1903 年美国出版了《教育心理学》一书,此书被认为是教育心理学成为一门独立学科的标志。该书的作者是(　　)

A. 杜威　　B. 桑代克　　C. 霍尔　　D. 斯金纳

**答案:**B

**解析:**1903 年,美国心理学家桑代克出版了《教育心理学》,这是西方第一本以"教育心理学"命名的著作,是教育心理学成为一门独立学科的标志,桑代克被称为"教育心理学之父"。

2.[单选]科学心理学的正式诞生,一般公认为始于(　　)

A. 华生的实验工作　　B. 冯特的实验工作

C. 罗杰斯的实验工作　　D. 弗洛伊德的实验工作

**答案:**B

**解析:**德国心理学家**冯特**于 1879 年在**德国莱比锡大学**建立了世界上第一个心理学实验室,标志着科学心理学的诞生。

3.[填空]中国第一本教育心理学翻译著作是________翻译日本小原又一所著的《教育实用心理学》。

**答案:**房东岳

## 考点 8 心理学与教育心理学的研究方法

[2019 山东·单选]心理科学研究中应用最广、成就最大的一种方法是(　　)

A. 观察法　　B. 谈话法

C. 实验法　　D. 问卷法

**[考生易错]**A

**[思路分析]**本题有 45% 的同学易错选 A 项。考生容易混淆观察法和实验法的地位。实验法是指创设一定的情境,对某些变量进行操纵或控制以揭示教育、心理现象的原因和发展规律的研究方法。由于实验法可以揭示变量之间的因果关系,故而在心理学研究中应用最广、成就最大。而观察法是指在教育过程中,研究者通过感官或借助于一定的科学仪器,有目的、有计划地考察和描述个体某种心理活动的表现或行为变化,从而收集相关的研究资料的方法。虽然采用这种方法获得的资料比较真实,但是结果有时浮于表面,多应用于收集原始资料,故而是最基本、最普遍的研究方法。

**[正确答案]**C

变式练习

1.[单选]为了了解学生在日常学习活动中的进步情况,我们应当采用的研究方法是(　　)

A. 实验法　　B. 练习法　　C. 观察法　　D. 发现法

**答案:**C

**解析:**观察法是指在教育过程中,研究者通过感官或借助于一定的科学仪器,有目的、有计划地考察和描述个体某种心理活动的表现或行为变化,从而收集相关的研究资料的方法。因此,可以使用观察法来了解学生在日常学习活动中的进步情况。

2. [**单选**]在心理学的研究中,有计划地严格控制或创设条件去主动引起或改变被试的心理活动,从而进行分析研究的方法称为(　　)

A. 观察法　　B. 心理测验

C. 实验法　　D. 个案研究法

**答案**:C

**解析**:实验法是指按照研究目的,有计划地严格控制或创设条件去主动引起或改变被试的心理活动,从而进行分析研究的方法。题干所述为实验法的内涵,故选 C 项。

## 考点 9 ▶教育心理学的研究原则——教育性原则与发展性原则

[2020 **辽宁·单选**]教育心理学研究中,所采用的手段和方法应能促进学生的心理健康发展。这属于(　　)

A. 客观性原则　　B. 发展性原则

C. 系统性原则　　D. 道德性原则

[**考生易错**]B

[**思路分析**]本题有 62% 的同学易错选 B 项。考生容易混淆教育心理学的研究原则中的教育性原则与发展性原则。教育性原则又称道德性原则,是指在教育心理学的研究过程中,所采用的研究手段与方法应能促进被试心理的良性发展,这是所有关于人的心理学研究中都应遵从的一个基本伦理道德原则。发展性原则是指教育心理学研究要求研究者牢记被试的心理是不断发展变化的,应该采用动态的、变化的指标进行衡量。发展性原则还要求研究者在发挥其主导作用的同时,充分考虑被试已有的知识经验和态度对其心理发展的影响。简而言之,教育性原则强调要促进被试的心理健康发展。发展性原则强调被试的心理状态是不断发展变化的。

[**正确答案**]D

### 变式练习

1. [**单选**]美国心理学家华生为了研究儿童的恐惧心理,在儿童抚摸小白兔时,大声敲锣,结果使这个儿童不但对小白兔,甚至对其他白色的东西都产生了畏惧心理。这种行为违反了教育心理学研究的哪项原则(　　)

A. 客观性原则　　B. 教育性原则

C. 理论联系实际原则　　D. 发展性原则

**答案**:B

**解析**:教育性原则是指在教育心理学的研究过程中,所采用的研究手段与方法应能促进被试心理的良性发展。华生做的心理实验损害了儿童的心理健康,不利于儿童的心理发展,故违反了教育性原则。

2. [**单选**](　　)是所有关于人的心理学研究中都应遵守的一个基本伦理原则。

A. 客观性原则　　B. 教育性原则

C. 发展性原则　　D. 理论联系实际原则

**答案**:B

**解析**:教育性原则是指在教育心理学的研究过程中,所采用的研究手段与方法应能促进被试心理的良性发展，这是所有关于人的心理学研究中都应遵从的一个基本伦理道德原则。

## 错误率：75%以上

**考 点▶调查法**

[2017 **河南·多选**]访谈法是教育心理学研究中的一种常用方法，它是指研究者通过与儿童进行口头交谈了解和收集有关他们心理特征和行为的数据资料的一种研究方法。关于访谈法下列说法正确的有(　　)

A. 访谈者应争取掌握访谈过程的主动权，积极影响儿童

B. 访谈法回收率和有效率较高

C. 访谈法省事省力，但受环境、时间限制

D. 访谈法所得到的资料比较容易量化

**[考生易错]**ABCD

**[思路分析]**本题有70%的同学易错选C项、50%的同学易错选D项。考生对访谈法的理解容易浮于表面，认为访谈法只是主试和被试在一起聊天，就可以简单快捷地获得所需的数据资料。实际上，根据题干可知，访谈法的调查对象多为儿童，在访谈过程中，主试不但要解决儿童在访谈过程可能存在的不配合情绪、天马行空的发散思维，而且问题内容、提问方式等还要针对儿童的思维特点进行改编，同时对依然不能理解问题的儿童进行必要的解释。因此，整个访谈过程费时费力，所得到的结果也很难量化。

**[正确答案]**AB

**变式练习**

1. **[单选]**某中学老师围绕中学生网瘾问题，采用问卷、谈话等方式收集资料，并对所收集的资料进行定量、定性的分析，找出中学生网瘾的成因并提出建议。这种研究方法为(　　)

A. 调查法　　B. 观察法　　C. 实验法　　D. 个案法

**答案：**A

**解析：**调查法是通过各种途径间接了解被试心理活动的一种研究方法。在教育心理学研究中，常用的调查方法有问卷法、访谈法等。

2. **[单选]**访谈法的优点不包括(　　)

A. 能有针对性地收集研究数据

B. 适用于一切具有口头表达能力的不同文化程度的访谈对象

C. 具有较问卷法更高的回收率和有效率

D. 可以揭示变量之间的因果关系

**答案：**D

**解析：**访谈法的优点包括：(1)能有针对性地收集研究数据；(2)适用于一切具有口头表达能力的不同文化程度的访谈对象；(3)具有较问卷法更高的回收率和有效率。D项是实验法的特点。

## 进阶测评

| 限时:15 分钟 | 用时:________分钟 | 总题数:13 道 | 正确题:________道 |
|---|---|---|---|

**一、单项选择题**

1. 在人的个性心理倾向中,决定着一个人总的思想倾向的是(　　)

A. 需要与动机　　B. 信念与世界观

C. 自我意识　　D. 自我价值

2. 以下选项中说法正确的是(　　)

A. 冯特建立了美国第一所心理学实验室

B. 詹姆斯在德国最先报告了记忆实验

C. 霍尔领导了心理学的行为主义运动

D. 桑代克在美国完成了第一个动物学习实验

3. 科学的研究一般都有一个过程,教育心理学的研究也不例外。将下列教育心理学的研究步骤按先后顺序排列,正确的是(　　)

①构想出一个明确而具体的问题　　②确定研究变量和选择测量技术

③确定是理论题目还是实践题目　　④提出假设和选择研究方法

A. ③①②④　　B. ③①④②

C. ④③①②　　D. ④②③①

4. 1903 年,美国心理学家桑代克出版了《教育心理学》一书,这是西方第一本以“教育心理学”命名的著作,标志着教育心理学的诞生。1913 ~ 1914 年该书发展为三大卷《教育心理学大纲》,这一著作奠定了教育心理学的内容体系,它的内容不包括(　　)

A. 人类的本性　　B. 学习心理

C. 教师心理　　D. 个别差异

**二、多项选择题**

1. (　　)决定了心理学的自然科学属性。

A. 心理学的研究对象　　B. 心理学的历史渊源

C. 心理学的研究方法　　D. 人的社会性

2. 以下心理现象中,均不属于个性心理特征范畴的是(　　)

A. 能力、性格　　B. 思维、意志

C. 理想、信念　　D. 需要、动机

3. 反对心理学研究“意识”的心理学家有(　　)

A. 埃里克森　　B. 桑代克

C. 斯金纳　　D. 弗洛伊德

4. 关于下列心理现象的判断,正确的是(　　)

A. 司机师傅看到“减速慢行”的文字标志后放慢车速,这是第一信号系统

B. 人们聚精会神做事时，对周围发生的事情往往“视而不见，听而不闻”，这是负诱导现象

C. 大脑皮层同一部位长时间接受同一单调刺激，往往会引起保护性抑制

D. 一个双耳功能正常的人却不能对声音做出反应，可能的原因是其中枢神经系统的颞叶区受损

5. 冯特对心理学的历史功绩主要有(　　)

A. 心理学的独立

B. 实验心理学的创立

C. 出版《生理心理学原理》

D. 建立心理学专业队伍

6. 关于教育心理学发展进程的说法，下列正确的有(　　)

A. 第一次提出“教育教学的心理学化”的思想是在初创时期

B. 布鲁纳的课程改革运动发生在成熟时期

C. 计算机辅助教学出现在完善时期

D. 合作性研究是成熟时期的成果

7. 观察法作为教育心理学的研究方法之一，它是指在自然条件下，对表现心理现象的外部活动进行有系统、有计划的观察，从中发现心理现象产生和发展的规律性的研究方法。下列研究中，适合采用观察法进行研究的有(　　)

A. 学生课堂行为表现研究

B. 幼儿攻击性行为习得研究

C. 学生课后学习情况研究

D. 学校教学质量满意度研究

**三、判断题**

1. 构造主义主张研究意识，同时并致力于研究心理学的应用。(　　)

A. 正确　　　　B. 错误

2. 教育心理学是一门研究学校情境中学与教的基本心理规律的科学，它是心理学与教育学的交叉学科。这意味着它是一般心理学原理在教育中的应用。(　　)

A. 正确　　　　B. 错误

## 参考答案及解析

**一、单项选择题**

1. B 【解析】在个性心理倾向中，需要是个性积极的源泉；信念、世界观居最高层次，决定着一个人总的思想倾向。

2. D 【解析】冯特在**德国莱比锡大学**创建了世界上第一个心理学实验室，A 项说法错误。

**艾宾浩斯**在德国最先报告了记忆实验,B 项说法错误。**华生**领导了心理学的行为主义运动,C 项说法错误。桑代克在美国完成了第一个动物学习实验,成为心理学史上第一个用动物实验来研究学习的人。D 项说法正确。

3. A 【解析】教育心理学的研究步骤如下:(1)科研选题;(2)形成研究问题;(3)确定变量及其测量技术;(4)提出假设和选择研究方法。

4. C 【解析】1903 年,美国心理学家桑代克出版了《教育心理学》,这是西方第一部以"教育心理学"命名的专著。1913~1914 年,此书又发展成三大卷《教育心理大纲》。桑代克将教育心理学分为三部分:第一部分讲**人类的本性**;第二部分讲**学习心理**;第三部分讲**个别差异及其原因**。

## 二、多项选择题

1. ABC 【解析】心理学的自然科学属性,可从其研究对象、历史渊源与研究方法上得到说明。首先从心理学的**研究对象**来说,心理是人脑的属性,是人脑对客观世界的反映,因此研究人的心理现象必须对人脑的工作原理和机制进行研究,以了解有关心理现象的产生过程及其外在行为表现。而人具有自然性的一面,是自然界长期发展的产物,属于自然界的一部分,是自然存在物、自然实体、生物实体。其次从心理学发展的**历史渊源**来说,心理学与自然科学,尤其是生物学、生理学以及神经学的发展等有着极为密切的联系。最后从心理学的**研究方法**来说,自然科学的研究讲求逻辑性、客观性、可重复性与可测量性,心理学的研究方法在很大程度上亦取法于自然科学。

2. BCD 【解析】心理现象从形式上可以归纳为心理过程和个性心理两个方面。心理过程是心理活动的一种动态过程,是人脑对客观现实的反映过程,包括认知过程、情绪情感过程和意志过程。思维属于认知过程。个性心理包括个性心理倾向性和个性心理特征两方面。个性心理特征是个人身上经常表现出来的稳定的心理特征,它集中反映了人的心理活动的独特性,包括**能力**、**气质**和**性格**。个性心理倾向性是关于人的行为活动动力方面的心理特征,包括需要、动机、兴趣、理想、信念、世界观、自我意识等。故 B、C、D 所述内容均不属于个性心理特征的范畴。

3. BC 【解析】行为主义心理学反对意识,主张研究行为。桑代克、斯金纳是行为主义心理学的代表人物。精神分析心理学主张研究异常行为和无意识。弗洛伊德和埃里克森都是精神分析心理学的代表人物。故本题选 B、C 两项。

4. BCD 【解析】用**具体事物**作为条件刺激而建立的条件反射系统是第一信号系统,用**语词**作为条件刺激而建立的条件反射系统是第二信号系统,A 项属于第二信号系统,故说法错误。负诱导是指由兴奋过程引起或加强邻近区域的抑制过程,B 项属于负诱导的典例。无条件性抑制包括外抑制和超限抑制。其中,超限抑制是指刺激过强、过多或作用过长而引起的抑制,这时大脑皮层的神经细胞的**兴奋性降低**进入抑制状态,从而保护脑细胞免受损害。因此,超限抑制又称为保护性抑制,C 项正确。颞叶主要对听觉刺激进行加工,D 项正确。

5. ABD 【解析】冯特的历史功绩是与心理学历史上出现的**心理科学的独立**、**实验心理学的创立**和**心理学专业队伍**的建立这三件大事分不开的。

6. AB 【解析】在初创时期，瑞士教育家**裴斯泰洛齐**第一次提出“教育教学的心理学化”的思想。A 项正确。在**成熟时期**，布鲁纳发起了课程改革运动。B 项正确。计算机辅助教学（CAI）出现在教育心理学的**成熟时期**。C 项错误。在**完善时期**，美国心理学家布鲁纳总结了教育心理学 20 世纪 80 年代以来的成果：(1) 主动性研究；(2) 反思性研究；(3) 合作性研究；(4) 社会文化研究。D 项错误。

7. AB 【解析】观察法是指在自然条件下，对表现心理现象的**外部活动**进行有系统、有计划的观察，从中发现心理现象产生和发展的规律性的研究方法。调查法是在教育理论指导下，通过运用问卷、访谈、作品分析、**测量**等方式，有目的、有计划、系统地收集研究对象的客观资料，进行整理分析后，从中概括出规律性结论的一种研究方法。A、B 两项都是观察外部活动，适合用观察法，C、D 两项适合采用测量的方法收集数据，故适合用调查法进行研究。

**三、判断题**

1. B 【解析】构造主义主张心理学应该研究人们的直接经验即意识，但忽视个体差异，不考虑应用。

2. B 【解析】教育心理学有自己独特的研究课题，那种认为教育心理学仅仅是普通心理学原理、原则在教育领域中的应用，是一门应用的、缺乏特殊性与独立性的学科的观点是不恰当的。

# 专题二　认知过程

## 错误率：50%以上

### 考点1 ▶感知觉的概念

[2020辽宁·判断]感觉是人脑对作用于感觉器官的客观事物的整体属性的反映。(　　)

A. 正确　　　　B. 错误

**[考生易错]**A

**[思路分析]**本题有50%的同学易将题干内容判断为正确。感觉是人脑对直接作用于感觉器官的客观事物的个别属性的反映。知觉是在感觉的基础上产生的，它是人脑对直接作用于感觉器官的客观事物的整体属性的反映。考生在做题时，可以抓住关键词进行区分：感觉反映事物的个别属性，关键词有“味道”“颜色”等。知觉反映事物的整体属性，关键词有“认识”“认出”“叫出事物的名称”等。

**[正确答案]**B

**变式练习**

1.**[单选]**孩子在采摘园看见大草莓时，下面哪项表述最能直接体现知觉活动(　　)

A. 红色　　　　B. 好甜的味道

C. 我最喜欢吃草莓了　　　　D. 好大啊，我一只手都盛不下

**答案：**C

**解析：**知觉是在感觉的基础上产生的，它是人脑对直接作用于感觉器官的客观事物的整体属性的反映。C项是对草莓的整体属性的反映，A、B、D三项均是对草莓的个别属性的反映。

2.**[判断]**感觉仅依赖个别感觉器官的活动，而知觉依赖多种感觉器官的联合活动。(　　)

A. 正确　　　　B. 错误

**答案：**A

**解析：**感觉是对事物个别属性的反映，每种属性基本只依赖一种感觉器官；而知觉反映的是事物的整体属性，因此，需要多种感觉器官的联合活动。故题干说法正确。

### 考点2 ▶感觉的种类

[2019山东·多选]下面各种感觉中，属于机体觉的是(　　)

A. 头痛　　B. 恶心　　C. 味觉　　D. 痒

**[考生易错]**ABD

**[思路分析]**本题有46%的同学易错选D项。考生易混淆各感觉种类的概念。从感觉器官的角度来划分，感觉可分为外部感觉和内部感觉。外部感觉是指感受外部刺激，反映外部事物个别属性的感觉，主要分为视觉、听觉、嗅觉、味觉和肤觉五大类。内部感觉是指感受内部刺激，反映机体内部变化的感觉，主要分为机体觉、平衡觉和运动觉。机体觉又叫内脏感觉，是内脏器官的异常变化作用于内脏分析器时所产生的感觉。平衡觉是对身体的感觉。

运动觉就是关节肌肉的感觉。区分上述感觉，可从感觉器官的来源入手：所有由有机体外部的感觉器官引发的感觉，均属于外部感觉。感觉器官是内脏器官的，属于机体觉。感觉器官是肌肉、关节的，属于运动觉。感觉器官是平衡器官的，属于平衡觉。痒和触觉、温觉等感觉一样，同属于由皮肤感受器引发的感觉，属于肤觉。

[正确答案]AB

**变式练习**

[多选]以下属于内部感觉的是(　　)

A. 胃疼　　B. 开车时对自己肢体活动的感觉

C. 心悸　　D. 吃了糖之后感觉特别甜

**答案**：ABC

**解析**：内部感觉是指感受内部刺激，反映机体内部变化的感觉。内部感觉主要分为：机体觉(内脏感觉)、运动觉和平衡觉(姿势感觉或静觉)。A、B、C 三项属于内部感觉，D 项属于外部感觉中的味觉。

## 考点3 似动知觉

[2017 **辽宁·多选**]似动知觉是人们在静止的物体间看到了运动，下面属于似动知觉的是(　　)

A. 夜晚的霓虹灯　　B. 看动画片《葫芦娃》

C. 讲课用的幻灯片　　D. 投影仪

[**考生易错**]ABCD

[**思路分析**]本题有50%的同学易错选C项、43%的同学易错选D项。考生容易将似动知觉的范围扩大。似动知觉是指在一定的时间和空间条件下，人们在静止的物体间看到了运动，或者在没有连续位移的地方看到了连续的运动。要想确认一种运动知觉是否为似动知觉，不仅要求被知觉的物体实际上处于静止状态，而且需要人看到此物体产生了运动。幻灯片和投影仪在人的知觉中并没有产生运动，是在静止状态下进行的展示，故与电影、电视等不同，不属于似动知觉。

[正确答案]AB

**变式练习**

1. [**单选**]天空中有云彩飘动，人们会感知到月亮在云中穿行，这属于(　　)

A. 动景运动　　B. 自主运动　　C. 诱导运动　　D. 瀑布效应

**答案**：C

**解析**：由于一个物体的运动使其**相邻**的**静止**的物体产生运动的现象叫诱导运动。例如，夜空中的月亮是相对静止的，而浮云是运动的。可是，由于浮云的运动，人们会感知到月亮在云中穿行。

2. [**单选**]当两条直线按一定空间间隔和时距相继呈现时，我们就会看到从一条直线向另一条直线的连续运动，这种现象属于(　　)

A. 诱导运动　　B. 动景运动　　C. 自主运动　　D. 运动后效

**答案**：B

**解析：**动景运动是指当两个刺激（如光点、直线、图形等）按一定空间间隔和时距相继呈现时，我们就会看到从一个刺激物向另一个刺激物的连续运动。

## 考点4 ▶社会知觉偏差——首因效应和晕轮效应

［2020 江苏·单选］第一次进教室，唐老师十分注意着装和言谈举止，因此给学生留下了良好印象。学生认为魅力十足的唐老师教学能力一定非常强，这种认可属于（　　）

A. 首因效应　　B. 晕轮效应　　C. 投射效应　　D. 近因效应

**［考生易错］**A

**［思路分析］**本题有56%的同学易错选A项。考生容易被题干中的“第一次进教室”迷惑，错认为答案为首因效应。其实，产生错误的根本原因是考生对题干分析不到位，未抓住题干中的关键信息。首因效应是指在总体印象形成上，最初获得的信息比后来获得的信息影响更大的现象。晕轮效应是指当我们认为某人具有某种特征时，就会对他的其他特征做相似判断。而题干强调“学生认为魅力十足的唐老师教学能力一定非常强”，属于根据“魅力高”对“教学能力”做相似判断，故属于晕轮效应。

**［正确答案］**B

**变式练习**

1.［单选］在日常生活中，人们常会说出“情人眼里出西施”“爱屋及乌”“一好百好”之类的俗语。这些俗语体现了哪种效应（　　）

A. 近因效应　　B. 晕轮效应　　C. 定型效应　　D. 投射效应

**答案：**B

**解析：**晕轮效应是指当我们认为某人具有某种特征时，就会对他的其他特征做相似判断。人们常说的“情人眼里出西施”“爱屋及乌”“一好百好”“一俊遮百丑”等，就是典型的晕轮效应。

2.［单选］人与人之间的第一次交往往往容易给人留下深刻的印象，且这种印象在对方的头脑中一经形成就较难改变。我们把这种效应称为（　　）

A. 首因效应　　B. 刻板印象　　C. 光环效应　　D. 近因效应

**答案：**A

**解析：**首因效应（最初效应）是指在总体印象形成上最初获得的信息比后来获得的信息影响更大的现象。如人们交往时很注重第一印象。因此，题干所述符合首因效应的内涵。

## 考点5 ▶社会知觉偏差——刻板印象和晕轮效应

［2017 贵州·单选］同样是体育课表现出色，老师对文化成绩好的学生的评价是“德智体全面发展”，对文化成绩差的学生的评价却是“头脑简单、四肢发达”。这属于（　　）

A. 首因效应　　B. 近因效应

C. 晕轮效应　　D. 刻板效应

**［考生易错］**C

**［思路分析］**本题有50%的同学易错选C项。考生容易混淆社会知觉偏差中的刻板印象和晕轮效应的内涵。社会刻板印象是指，把概括得出的群体特征归属于团体中的每一个人，而无视团体成员中的个体差异。晕轮效应是指，当我们认为某人具有某种特征时，就会对他的其他特征做相似判断。考生在做题过程中，可以通过把握关键点的方式进行区分。

刻板印象的关键点是“群体”推“个体”，无视个体的差异，且这种印象固定、难以改变。晕轮效应的关键点是个体的“一个特征”推“其他特征”。

[正确答案]D

变式练习

[单选]某英语老师认为语文成绩好的学生英语学得更好，因此她在教学过程中更加关注语文学得好的学生，即使语文成绩一高一低的两个学生在一次英语考试中考得了同样的好成绩，该老师也会认为语文成绩高的学生学得好，而语文成绩低的学生则是因为运气好才取得好成绩。则该英语老师的行为符合(　　)

A. 光环效应　　B. 刻板印象

C. 投射效应　　D. 暗示效应

**答案**:B

**解析**:题干所述表明英语老师对学生产生了一种比较固定、概括而笼统的看法，影响了教师对学生的期望。这属于刻板印象。

考点6 知觉的规律——知觉的整体性和知觉的选择性

[2016 河南·单选]晚上人们仰望满天繁星，可以很容易看到北方排列如勺子一样的七颗星。这是(　　)

A. 知觉的整体性　　B. 知觉的选择性

C. 知觉的理解性　　D. 知觉的恒常性

[考生易错]B

[思路分析]本题有46%的同学易错选B项。考生容易混淆知觉的整体性和知觉的选择性的内涵。知觉的选择性是指当面对众多的客体时，知觉系统会自动地将刺激分为对象和背景，并把知觉对象优先地从背景中区分出来。知觉的整体性是指人根据自己的知识经验，把直接作用于感官的客观事物的多种属性整合为统一整体的过程。简而言之，选择性就是自动地将刺激分为对象和背景；整体性就是整体把握客观事物的多种属性。

[正确答案]A

变式练习

1. [单选]某学校一名男生在宿舍楼下用蜡烛摆心形表白，这时围观学生看到的是一颗心，而不是一支支蜡烛。这主要体现了知觉具有(　　)

A. 整体性　　B. 理解性　　C. 选择性　　D. 恒常性

**答案**:A

**解析**:知觉的整体性就是人把事物各部分属性综合起来，从而能够整体地把握该事物。题干中围观者看到的是蜡烛整体显现出的心形形状，而不是一支支蜡烛，这体现了知觉的整体性。

2. [判断]将对象从背景中分离出来的知觉特性是整体性。(　　)

A. 正确　　B. 错误

**答案**:B

**解析**:知觉的选择性是指当面对众多的客体时，知觉系统会自动地将刺激分为对象和背景，并把知觉对象优先地从背景中区分出来。所以，题干表述的是知觉的选择性。

## 考点7 ▶理解对知觉的作用

[2020 河南·单选]熟悉英文词汇知识的人,在读到字母"WOR……"后会联想到 D、K、M 等字母,这体现了(　　)

A. 知识对象的整体与部分的关系　　B. 理解能产生知觉期待和预测

C. 理解有助于知觉的固化　　D. 理解有助于知觉的整体性

[考生易错]A、D

[思路分析]本题有30%的同学易错选A项、33%的同学易错选D项。考生容易混淆理解对知觉的三个作用。知觉的理解性是指人以知识经验为基础对感知的事物加工处理,并用语词加以概括赋予说明的加工过程。理解对于知觉的作用表现在:(1)理解有助于人们把知觉对象从背景中分离出来。这一点强调的是被知觉对象与背景之间的区别,比如作为知觉选择性典例的"双歧图形",如果我们事先知道它是一张侧面的人头,那么图形的两侧就容易成为知觉的对象,而中间部分成为知觉的背景。(2)理解有助于知觉的整体性。这一点强调人在面对同一事物理解前后的不同表现。人对自己理解和熟悉的东西,容易当成一个整体来感知。相反,在不理解的情况下,知觉的整体性会受到破坏。在观看某些不完整的图形时,正是理解帮助人们把缺少的部分补充起来。(3)理解还能产生知觉期待和预测。这一点强调的是对即将出现但还未出现的知觉对象的预测和期待。在题干所举的例子中,后续联想的 D、K、M 等字母并未出现,只是人根据自己的理解对即将出现的字母进行的预测。

[正确答案]B

**变式练习**

[单选]人们在观看过一幅完整的画后,即使把这张画撕开,人们也可以根据残片大致知道画的内容。这体现了(　　)

A. 知识对象的整体与部分的关系　　B. 理解能产生知觉期待和预测

C. 理解有助于知觉的固化　　D. 理解有助于知觉的整体性

**答案:**D

**解析:**理解有助于知觉的整体性。在观看某些不完整的图形时,正是理解帮助人们把缺少的部分补充起来。题干中人们在观看不完整的画时能知道画的大致内容,体现了理解有助于知觉的整体性。

## 考点8 ▶知觉恒常性的种类

[2018 河北·单选]一支白粉笔,在白天看是白色的;在晚上看虽然很暗,但我们仍知道它是白色的。这体现的是(　　)

A. 明度恒常性　　B. 形状恒常性

C. 大小恒常性　　D. 颜色恒常性

[考生易错]D

[思路分析]本题有69%的同学易错选D项。考生容易混淆明度恒常性和颜色恒常性。明度恒常性又称亮度恒常性,是指在照明条件改变时,物体的相对明度保持不变。颜色恒常性是指,一个有颜色的物体在色光照明下,它的表面颜色并不受色光照明的严重影响,而是保持相对不变。明度恒常性强调的条件是不同的光照亮度,而颜色恒常性强调的条件是不同颜色的色光。在题干所举的例子中,白色作为一种无彩色,明度最高,而白粉笔不管是在

白天的高亮度条件下,还是在晚上的低亮度条件下,其表面的相对明度保持不变,没有被知觉为低明度的灰色或黑色,故体现的是明度恒常性。

[正确答案]A

**变式练习**

**[单选]**不论在黄光照射下还是在蓝光照射下,我们总是把一面中国国旗知觉为红色的,这体现了( )

A. 明度恒常性　B. 形状恒常性　C. 大小恒常性　D. 颜色恒常性

**答案:**D

**解析:**颜色恒常性是指一个有颜色的物体在色光照明下,它的**表面颜色**并不受**色光**照明的严重影响,而是保持相对不变。例如,不论在黄光照射下还是在蓝光照射下,总是把一面国旗知觉为红色的。

## 考点9 ▶错觉

[2018 **河南·多选**]以下属于错觉现象的有( )

A. 有扩音设备的时候,还是听到声音来自主席台的发言者

B. 筷子放进水杯里看到筷子变弯了

C. 从空调房里出来感觉外面特别热

D. 月亮明亮的时候感觉星星很少

**[考生易错]**ABD

**[思路分析]**本题有56%的同学易错选D项。考生容易错误理解错觉的概念。错觉是指在特定条件下对事物必然会产生的某种固有倾向的歪曲知觉,是对客观事物不正确的知觉,是知觉的一种特殊情况。因此,考生在做题时,判断一种现象是否为错觉,可以从这种现象"是否与客观情形一致"出发。D项"月明星稀"属于感觉对比现象。

[正确答案]AB

**变式练习**

1. **[判断]**错觉不是知觉。( )

A. 正确　B. 错误

**答案:**B

**解析:**错觉是知觉的一种特殊情况。

2. **[判断]**错觉不是通过主观努力就可以纠正的,错觉不存在个体差异。( )

A. 正确　B. 错误

**答案:**A

**解析:**错觉是一种特殊的知觉,其产生的原因是外界的**客观刺激**,因而不是通过主观努力就可以纠正的。错觉不存在个体差异。

## 考点10 ▶记忆的品质

[2015 **福建·单选**]教师答疑时,能迅速、灵活地提取头脑中的知识,以解决学生当前的问题。这体现了记忆品质的( )

A. 准确性　B. 持久性　C. 敏捷性　D. 准备性

［考生易错］C

［思路分析］本题有45%的同学易错选C项。考生容易混淆记忆品质的内涵。(1)记忆的敏捷是记忆的速度和效率特征。能够在较短的时间内记住较多的东西，就是记忆敏捷性良好的表现。(2)持久性是记忆的保持特征。能够把知识经验长时间地保留在头脑中，甚至终身不忘，就是记忆持久性良好的表现。(3)准确性是记忆的正确和精确特征。对于所识记的材料，在再认和回忆时，没有歪曲、遗漏、增补和臆测，是记忆准确性良好的表现。(4)准备性是记忆的提取和应用特征。使人能及时、迅速、灵活地从记忆信息的储存库中提取所需要的知识经验，以解决当前的实际问题。简而言之，敏捷性是记得又快又多，持久性是记得时间长，准确性是记得对，准备性是提取得快。题干描述的是教师快速提取知识解决问题，强调提取得快，故体现的是准备性。

［正确答案］D

**变式练习**

1.［单选］在记忆事物时，有的人可以过目不忘，而有的人则久难成诵。这种现象体现的记忆特征是(　　)

A. 记忆的敏捷性　　B. 记忆的持久性

C. 记忆的准确性　　D. 记忆的准备性

**答案：**A

**解析：**记忆的敏捷性是记忆的速度和效率特征。能够在较短的时间内记住较多的东西，就是记忆敏捷性良好的表现。故题干所述现象体现的是记忆的敏捷性。

2.［单选］在记忆事物时，有的人记住以后可以很久都不遗忘，而有的人可能不到一天就忘得一干二净，这体现了记忆的(　　)

A. 准确性　　B. 持久性　　C. 敏捷性　　D. 准备性

**答案：**B

**解析：**记忆的持久性是记忆的保持特征。能够把知识经验长时间地保留在头脑中，甚至终身不忘，就是记忆持久性良好的表现。故题干所述现象体现的是记忆的持久性。

## 考点11 ▶ 内隐记忆与外显记忆

［2018 辽宁·多选］内隐记忆与外显记忆的不同表现在(　　)

A. 内隐记忆受学习者认知加工的深度影响大于外显记忆

B. 内隐记忆保持时间久

C. 内隐记忆不易受外界影响

D. 内隐记忆保持时间短

［考生易错］ABC

［思路分析］本题有68%的同学易错选A项。内隐记忆是指在不需要意识参与或不需要有意回忆的情况下，个体的已有经验自动对当前任务产生影响而表现出来的记忆。外显记忆是指个体有意识地或主动地收集某些经验用以完成当前任务时表现出来的记忆。内隐记忆和外显记忆的区别：(1)学习和测验呈现方式的变化对两种记忆有不同影响。(2)加工水平对两种记忆有不同影响。格拉夫发现，对刺激项目的加工深度(意义加工的水平)对外显记忆效果影响大，对内隐记忆效果影响小。(3)两种记忆保持的时间不同。外显记忆的回

忆量随着学习和测验之间时间间隔的延长而减少,但内隐记忆却可以保持较长时间。(4)干扰因素对两种记忆影响不同。外显记忆很容易受到无关信息干扰,但无关信息却很少影响内隐记忆。

[正确答案]BC

**变式练习**

1.[单选]很久以前学过的英语单词,一名学生现在写也许写不出,但是用阅读再认法可以证明他对那些单词依然是有记忆的。学生的这种记忆属于(　　)

A.内隐记忆　　B.外显记忆　　C.形象记忆　　D.运动记忆

**答案:**A

**解析:**内隐记忆是指在不需要意识参与或不需要有意回忆的情况下,个体的已有经验自动对当前任务产生影响而表现出来的记忆。题干所述是内隐记忆的典型现象。

2.[判断]在干扰的形式上,外显记忆不容易受到干扰,内隐记忆却容易在干扰后发生遗忘。(　　)

A.正确　　B.错误

**答案:**B

**解析:**在干扰形式上,内隐记忆与外显记忆有很大的差别。内隐记忆不容易受外在刺激的干扰,而外显记忆容易在干扰后发生遗忘。

## 考点12 ▶机械识记、意义识记、有意识记和无意识记

[2018 河南·单选]小杰暑假读完了成语典故大全,写作文的时候不知不觉就能够用到一些新颖的成语典故。小杰对成语典故的识记方式属于(　　)

A.无意识记　　B.机械识记

C.意义识记　　D.有意识记

[考生易错]A

[思路分析]本题有40%的同学易错选A项。考生容易混淆机械识记、意义识记、有意识记和无意识记的概念。无意识记是指事先没有预定目的、不需要运用任何有助于识记的方法和意志努力,自然而然地识记。有意识记是指有明确的识记目的,并运用一定方法的识记,在识记过程中还需要一定的意志努力的识记。机械识记是指根据材料的外在联系,采取多次重复的方式所进行的识记,即平时所说的死记硬背。意义识记是指在理解的基础上,依据材料的内在联系,并运用已有的知识经验而进行的识记。简而言之,机械识记强调多次重复、死记硬背;意义识记主要指理解意义,也包括人为地赋予材料意义,以帮助记忆。而区分“有意”和“无意”,关键点在于是否有预定目的、是否需意志努力。

[正确答案]C

**变式练习**

1.[单选]根据识记时对材料是否理解,学生对无意义音节、地名、人名、历史年代等的识记属于(　　)

A.机械识记　　B.意义识记　　C.无意识记　　D.有意识记

**答案:**A

**解析**:根据识记有无目的性,识记可分为无意识记和有意识记。根据识记时对材料是否理解,可以把识记分为机械识记和意义识记。其中机械识记是指,在材料本身无内在联系或不理解其意义的情况下,按照材料的顺序,通过机械重复方式而进行的识记。如对无意义音节、地名、人名、历史年代等的识记。因此,本题选 A 项。

2. [**多选**]以下属于无意识记的有(　　)

A. 阅读有趣的书籍后,产生了深刻的印象

B. 针对考试项目进行系统深入复习

C. 学生上课记住了教师讲授的主要知识

D. 观看电影后,对某个精彩片段念念不忘

**答案**:AD

**解析**:无意识记是事先没有预定目的,也不需要运用任何有助于识记的方法和意志努力,自然而然的识记。如看过的有趣的文艺表演、精彩的体育比赛或者童年多彩的生活等,虽已时过境迁,一旦回忆起来仍然历历在目。因此 A、D 两项属于无意识记。有意识记是有明确的识记目的,并运用一定方法的识记,在识记过程中还需要一定的意志努力。B、C 两项为有意识记。

## 考点 13 回忆的种类

[2020 山东·**多选**]“触景生情”是(　　)

A. 有意回忆　　B. 无意回忆　　C. 间接回忆　　D. 直接回忆

[**考生易错**]BC

[**思路分析**]本题有 55% 的同学易错选 C 项。考生容易混淆有意回忆和无意回忆、直接回忆和间接回忆的概念。有意回忆是指有预定目的、有任务、需要意志努力的回忆。无意回忆是指没有预定目的、不需要意志努力的回忆。直接回忆是指由当前事物直接唤起旧经验的重现,不需要中介性联想的回忆。间接回忆是通过一系列中间环节或中介性的联想才能达到要回忆的旧经验。区分“有意”和“无意”,关键点在于是否有预定目的、是否需意志努力。区分“直接回忆”和“间接回忆”,关键点在于是否需要中介性联想。

[**正确答案**]BD

### 变式练习

1. [**单选**]陈东在街上看到小孩子和妈妈拾废品,就想起了自己小时候的经历。这种回忆是(　　)

A. 有意回忆　　B. 无意回忆　　C. 间接回忆　　D. 机械回忆

**答案**:B

**解析**:无意回忆是指没有预定目的,也不需要任何意志努力的回忆,如触景生情或偶然想起了一件往事。故题干所述属于无意回忆。

2. [**单选**]“自由联想”引起的回忆是一种(　　)

A. 有意回忆　　B. 无意回忆　　C. 直接回忆　　D. 追忆

**答案**:B

**解析**:无意回忆是指没有目的的、不需意志努力的回忆。例如触景生情、偶然想起了一件往事、自由联想等。

## 考点 14 ▶ 过度学习

[2019 辽宁·单选]有关研究表明，过度学习量达到(　　)，学习效果最佳。

A. 0.5　　B. 1　　C. 1.5　　D. 2

**[考生易错]**C

**[思路分析]**本题有 64% 的同学易错选 C 项。考生容易混淆过度学习的量和学习的熟练程度这两个概念。过度学习的量是指在刚好能背诵以后，继续学习的量。而学习的熟练程度是指从完全不会开始，到学习结束为止，学习的总量。在计算过度学习的量时，需要将学习的熟练程度减去 100% 。实验证明：过度学习达到 50%，即学习的熟练程度达到 150% 时，学习的效果最好；超过 150% 时，效果并不递增，很可能引起厌倦、疲劳而成为无效劳动。例如，读一篇外语课文，学习 30 分钟就刚好能背诵并正确回忆，为了巩固记忆，又增加了 15 分钟的学习时间，这就是过度学习，其过度量为 50%。

**[正确答案]**A

### 变式练习

1. [单选]陈老师总是提醒学生要抓紧一切时间进行学习，才能达到较好的学习效果，但在教育心理学上"过度学习"不是毫无限度的"超度学习"。一般说来，学习程度以(　　)为最佳，其效应也最大。

A. 100%　　B. 150%　　C. 180%　　D. 200%

**答案：**B

**解析：**实验证明：过度学习达到 50%，即学习的熟练程度达到 150% 时，学习的效果最好。超过 150% 时，效果并不递增，很可能引起厌倦、疲劳而成为无效劳动。因此，学习程度以 150% 为最佳。

2. [单选]所谓过度学习，是指在学习达到刚好成诵以后的附加学习，假如小华学习《静夜思》10 分钟后就刚好能背诵，为取得最好的记忆效果，小华需要再读(　　)分钟。

A. 2　　B. 5　　C. 10　　D. 15

**答案：**B

**解析：**过度学习是指学习达到恰能背诵之后再继续学习。实验证明：过度学习达到 50%，即学习的熟练程度达到 150% 时，学习的效果最好。故小华为取得最好的记忆效果，需要再读 5 分钟。

## 考点 15 ▶ 遗忘的理论——压抑说与提取失败说

[2017 天津·单选](　　)认为，学生走进考场拿到试卷的一刻，因为紧张往往发现有些知识自己明明知道，可一时就是想不起来，等答完后面的题目，前面的题却又能答出来了。这种遗忘只是暂时的，一旦有了正确的线索就能回忆起来。

A. 压抑说　　B. 痕迹消退说　　C. 干扰说　　D. 提取失败说

**[考生易错]**A

**[思路分析]**本题有 61% 的同学易错选 A 项。考试容易混淆压抑说和提取失败说。压抑说认为，遗忘是由于情绪或动机的压抑作用引起的，如果压抑被解除，记忆就能恢复。提取失败说认为，遗忘之所以发生是因为编码不准确，失去了检索线索或线索错误。压抑说重

点强调情绪的压抑作用，提取失败说则重点强调线索。在做题时，区分这两种理论的最好方法，就是看重新回忆所需要的条件。如果是紧张、痛苦等压抑情绪的解除，则是压抑说；如果是获得正确线索，则是提取失败说。

[正确答案]D

**变式练习**

1.[**单选**]因为回忆某些痛苦的经历会使人感到不愉快，所以与之有关的事件可能更容易遗忘。解释这种遗忘现象的理论是(　　)

A. 消退说　　B. 干扰说　　C. 压抑说　　D. 提取失败说

**答案**：C

**解析**：压抑说认为，遗忘是由情绪或动机的压抑作用引起的，如果压抑被解除，记忆就能恢复。该理论是弗洛伊德在给病人催眠时发现的。他认为个体之所以无法回忆，是因为该记忆使病人感到痛苦而被人为地压抑在潜意识之中。因此，这种与痛苦的经历有关的事件可能更容易遗忘的现象可以用压抑学说解释。

2.[**单选**]琪琪在背诵语文课文的时候卡壳了，妈妈给她提示了一个字后，她立马流畅地背诵了起来。可以解释这个现象的遗忘理论是(　　)

A. 消退说　　B. 干扰说　　C. 提取失败说　　D. 压抑说

**答案**：C

**解析**：从信息加工的观点看，遗忘是一时难以提取出需要的信息，遗忘之所以发生是因为编码不准确，失去了检索线索或线索错误。一旦有了正确的线索，经过搜寻，所需要的信息就能提取出来，这就是遗忘的提取失败理论。琪琪在背诵语文课文的时候卡壳了，妈妈给予了她一个线索，她立即就能想起来剩余的信息。这体现了提取失败理论。

## 考点16 ▶ 幻想

[2017 **广东·多选**]随意想象活动具有一定的预见性、方向性，人们在想象过程中一直控制着想象的方向和内容。随意想象可以分为(　　)

A. 梦境想象　　B. 幻想　　C. 再造想象　　D. 创造想象

E. 联想想象

[**考生易错**]CD

[**思路分析**]本题有45%的同学易漏选B项。考生在记忆有意想象(随意想象)的分类时，容易漏记幻想这一特殊的有意想象，或者错误地认为幻想不需要意志努力，属于无意想象。有意想象又称随意想象，是指有预定目的、自觉进行的想象，是意识活动的一种形式。这种想象活动具有一定的预见性、方向性，人们在想象过程中一直控制着想象的方向和内容。幻想是一种与生活愿望相结合并指向于未来的想象。由于幻想需要人们主动的将自己的愿望融入想象内容，同时将想象的方向指向未来，故幻想是有意想象的一种特殊形式。

[正确答案]BCD

**变式练习**

1.[**多选**]下列选项中，属于幻想的有(　　)

A. 有个小学生将来想成为科学家

B. 庄周梦蝶

C. 夜晚注视天空中的星星久了,觉得星星在动

D. 守株待兔

**答案**:AD

**解析**:幻想是有意想象的一种特殊形式,是一种与生活愿望相结合并指向于未来的想象。梦是无意想象的极端表现,B 项属于无意想象;C 项属于自主运动。

2. [**多选**]( )是创造想象的一种特殊形式,体现了个人的愿望,是个人向往的形象,是创造性活动的准备阶段。

A. 科学幻想 B. 理想 C. 空想 D. 梦

**答案**:ABC

**解析**:幻想是创造想象的一种特殊形式,它与一般的创造想象相比具有下述两个特征:(1)幻想体现了个人的愿望,是个人向往的形象;(2)幻想常是创造性活动的准备阶段。幻想可分为科学幻想、理想、空想三种形式。

## 考点 17 ▶思维的间接性和概括性

[2018 **广东·单选**]古人看到“月晕”知道将要“刮风”,看到础石“潮湿”知道将要“下雨”,从而得出“月晕而风,础润而雨”的结论。这体现了思维的( )

A. 概括性 B. 间接性 C. 稳定性 D. 抽象性

[**考生易错**]B

[**思路分析**]本题有 54% 的同学易错选 B 项。考生容易混淆思维的间接性和概括性。间接性是指思维能对感官所不能直接把握的或不在眼前的事物,借助于某些媒介物与头脑加工来进行反映。概括性包含两层意思:(1)把同一类事物的共同特征和本质特征抽取出来加以概括(形成概念)。(2)将多次感知到的事物之间的联系和关系加以概括,得出有关事物之间的内在联系的结论(得出关系)。在做题的时候,需把握题干中的关键词,间接性的关键词是:“根据”“推断”;概括性的关键词是:“对……的认识”“得出……结论”。但在把握关键词时不能过于机械,要理解题干所强调的内容。例如本题题干中强调古人通过总结自然规律得出“月晕而风,础润而雨”的结论。这体现了概括性的第二层含义。当然遇到谚语时不能一概而论,要具体分析题目强调哪方面的意思。题目强调“间接地推测事物”,选间接性;题目强调人们通过自身多年劳动经验,总结归纳出一定的规律,选概括性。

[**正确答案**]A

### 变式练习

1. [**单选**]中医通过望闻问切来诊断疾病,地质学家根据珠峰地层中的海洋生物化石推断在遥远的过去这里曾是一片汪洋。这突出反映了思维的哪一特点( )

A. 直观性 B. 表象性 C. 概括性 D. 间接性

**答案**:D

**解析**:思维的间接性是指思维能对感官所不能直接把握的或不在眼前的事物,借助于某

些**媒介物**与头脑加工来进行反映。题干所述突出反映的是思维的间接性。

2. [**单选**]天空中出现朝霞就会下雨;天空中出现晚霞就会放晴。人们由此得出“朝霞不出门,晚霞行千里”的结论,这主要体现了思维的(　　)

A. 间接性　　B. 抽象性　　C. 稳定性　　D. 概括性

**答案**:D

**解析**:思维的概括性包含两层含义:(1)把同一类事物的共同特征和本质特征抽取出来加以概括;(2)将多次感知到的事物之间的联系和关系加以概括,得出有关事物之间的内在联系的结论。题干所述符合第二层含义。

## 考点 18 ▶思维的灵活性与敏捷性

[**2020 安徽·单选**]要求学生在规定的时间内尽可能多地写出偏旁为“木”的汉字,学生写出的汉字越多,越能体现其思维的(　　)

A. 独特性　　B. 敏捷性　　C. 灵活性　　D. 深刻性

[**考生易错**]C

[**思路分析**]本题有 50% 的同学易错选 C 项。考生容易混淆思维的灵活性和敏捷性的概念。思维的灵活性是指能灵活地思考问题。思维的敏捷性是指思维活动迅速正确,能当机立断。灵活性强调思维能根据条件的变化,随机应变。敏捷性强调思维的速度快且准确。题干中要求学生在规定的时间内尽可能多地写出某一类型的汉字,在学生写出不同汉字时,其面对的条件并未发生改变,而“在规定的时间内尽可能多”则要求学生在写出这些汉字时要快速且书写正确,故体现的是敏捷性。

[**正确答案**]B

### 变式练习

1. [**单选**]某学生在解题时,不喜欢套用现成的公式,而愿意开动脑筋,尽管题目变化很大,他都能应付自如,独立解决。这说明该学生的思维具有(　　)

A. 灵活性　　B. 敏捷性　　C. 批判性　　D. 广阔性

**答案**:A

**解析**:思维的灵活性是指能灵活地思考问题,它表现为能从不同角度、运用不同方法思考问题;在条件发生变化时,能随机应变,及时地改变原有计划、方案,寻找新的解决问题的途径。题干所述说明学生的思维具有灵活性。

2. [**单选**]神探狄仁杰在破案时常常能当机立断、迅速正确地做出判断,这凸显了他思维质量的(　　)

A. 广阔性　　B. 独立性　　C. 灵活性　　D. 敏捷性

**答案**:D

**解析**:思维的敏捷性是指思维活动迅速正确,能当机立断。思维的敏捷性与轻率迥然不同,它不仅要求思维速度快,而且要求思维的正确性高。神探狄仁杰在破案过程中的表现凸显了其思维的敏捷性。

3.[单选]开展广泛的联想,举一反三、触类旁通,从多个角度提供解决问题的可能答案,可以培养学生思维的(　　)

A. 敏捷性　　B. 批判性　　C. 灵活性　　D. 深刻性

**答案:**C

**解析:**思维的灵活性是指能灵活地思考问题。它表现为能从不同角度、运用不同方法思考问题,在条件发生变化时,能随机应变,及时地改变原有计划、方案,寻找新的解决问题的途径。因此,题干中的做法可以培养学生思维的灵活性。

## 考点19 ▶常规思维和聚合思维

[2018 河南·判断]学生根据已知的信息,利用熟悉的规则解决问题的思维方式属于常规思维。(　　)

A. 正确　　B. 错误

**[考生易错]**A

**[思路分析]**本题有72%的同学易将题干内容判断为正确。考生容易机械地理解常规思维的定义,错误地认为使用熟知的信息和规则的思维都是常规思维。常规性思维也称再造性思维或习惯性思维,是指人们运用已获得的知识经验,按现成的方案和程序,用惯常的方法、固定的模式来解决问题的思维方式。常规思维与创造性思维对立。判断一种思维是否为常规思维,主要看这种思维中创造性的高低。常规思维的重点在"常规性"和"普遍性",在一定意义上,常规思维是创造性思维的基础。而聚合思维是指人们根据已知的信息和利用熟悉的规则,产生逻辑的结论从而解决问题的过程。人们在利用已知信息和熟悉规则解决问题时,同样可能存在创造性。例如,程序员使用自己熟悉的编程语言开发全新的软件。

**[正确答案]**B

### 变式练习

1.[单选]学生用已经学会的数学知识解答同一类型的题目所运用的是(　　)思维。

A. 常规　　B. 创造性　　C. 发散　　D. 直观动作

**答案:**A

**解析:**常规思维是指人们运用已获得的知识经验,按现成的方案和程序,用惯常的方法、固定的模式来解决问题的思维方式。例如,学生运用已学会的公式解决同一类型的问题。题干所述属于常规思维。

2.[单选]学生从各种解题方法中筛选出一种最佳解法,从而得出结论。这属于(　　)

A. 聚合思维　　B. 发散思维

C. 常规思维　　D. 创造性思维

**答案:**A

**解析:**聚合思维,也叫求同思维、集中思维、辐合思维、会聚思维,是指人们根据已知的信息和利用熟悉的规则,产生逻辑的结论从而解决问题。这是一种有方向、有条理、有范围的思维方式。从各种解题方法中筛选出一种最佳解法,这属于聚合思维。

## 考点 20 ▶ 合取概念和析取概念

[2018 河南·单选]根据不同的标准,结合单个或多个属性所形成的概念,例如:“好孩子”概念可以结合各种属性,如“学习成绩好”“诚实”“乐于助人”都可称为“好孩子”,强调的是概念解释。这种概念类型属于(　　)

A. 合取概念　　B. 析取概念　　C. 关系概念　　D. 组合概念

[考生易错]A

[思路分析]本题有 50% 的同学易错选 A 项。考生容易混淆合取概念和析取概念的含义。合取概念指根据一类事物中单个或多个相同属性形成的概念。合取概念的这些属性在概念中必须同时存在。析取概念指根据不同的标准,由单个或多个属性的结合形成的概念。析取概念的各个属性只需要存在一部分即可。题干中“学习成绩好”“诚实”“乐于助人”等属性,孩子只要满足一个就可以被称为“好孩子”,属于析取概念。

[正确答案]B

**变式练习**

[单选]一个物品想要被称为“毛笔”,必须有两个属性,即“用毛制作的”和“写字的工具”。这说明“毛笔”这一概念属于(　　)

A. 合取概念　　B. 析取概念　　C. 关系概念　　D. 组合概念

**答案:**A

**解析:**“毛笔”这个概念具有**两个属性**,即“用毛制作的”和“写字的工具”。如果只有前一属性,可认为是毛刷;只有后一属性,可认为是钢笔或圆珠笔等。这说明“毛笔”这一概念属于合取概念。

## 考点 21 ▶ 抽象化和类化

[2013 河南·单选]将事物的本质特征加以总结和归类,剔除不相同的其他特质叫作(　　)

A. 抽象　　B. 辨别　　C. 类化　　D. 同化

[考生易错]A

[思路分析]本题有 50% 的同学易错选 A 项。考生容易混淆抽象化和类化的概念。抽象是在人脑中提炼各种事物或现象的共同的、本质的特征,舍弃其个别的、非本质的特征的过程。而类化则是将类似的属性或特征加以归类。在进行类化时,必须归纳客观事物某些属性或特征的相似性或共同性,而忽略事物之间非本质特征或属性的差异性。简而言之,抽象化是“提炼”,类化是“归类”。题干中将事物的本质特征加以总结和归类,属于类化过程。

[正确答案]C

**变式练习**

[单选]概念的形成要经历三个阶段,第一步是了解事物的属性。要了解事物的属性就需要对具体事物的各种特征进行(　　)

A. 类化　　B. 抽象化

C. 辨别　　D. 抽象符号具体化

**答案**:B

**解析**:概念形成一般经历三个阶段:(1)抽象化;(2)类化;(3)辨别。概念形成首先是要了解客观事物的属性或特征,因此,必须对具体事物的各种特征与属性进行抽象。

## 考点22 ▶ 思维的一般过程

[2017 **广东·单选**]小学生在学习汉字时,分别从音、形、义三个方面进行学习。这属于思维过程中的(　　)

A. 一体化　　B. 综合　　C. 分类　　D. 分析

**[考生易错]**B、C

**[思路分析]**本题有23%的同学易错选B项、22%的同学易错选C项。考生容易混淆思维的一般过程中的分析与综合、比较与分类。分析是指在头脑中把事物或对象分解成各个部分或各个属性。综合是在人脑中把事物或对象的个别部分或属性联合为一体。比较是指在人脑中把各种事物或现象加以对比,来确定它们之间的异同点和关系的思维过程。分类是按照事物的异同,把它们区分为不同种类的思维过程。简而言之,分析是一个分成多个,综合是多个合成一个,比较是一(多)个对比一(多)个,分类是多个分多类。题干中把每一个汉字都分成音、形、义三方面来进行学习,是把一个分成多个的思维过程,故属于分析。

**[正确答案]**D

### 变式练习

1. [**单选**]一个人将自己过去和现在的经历联系起来编成一个短剧,这一思维过程是(　　)

A. 综合　　B. 分析　　C. 抽象　　D. 概括

**答案**:A

**解析**:综合是在人脑中把事物或对象的个别部分或属性联合为一体。例如:把一个人过去与现在的经历联系起来编成一个短剧;儿童把几个积木块搭成一个小房子等。

2. [**单选**]学生掌握数的概念时,把数分为实数和虚数,又把实数分为有理数和无理数等。这属于(　　)

A. 思维的抽象过程　　B. 思维的具体化过程

C. 思维的分类过程　　D. 思维的概括过程

**答案**:C

**解析**:分类是按照事物的异同,把它们区分为不同种类的思维过程。把所有数分为实数和虚数,把实数分为有理数和无理数,这属于思维的分类过程。

## 考点23 ▶ 发散思维的训练——用途扩散和形态扩散

[2019 **河北·单选**]"利用红色可以做什么"属于(　　)发散思维训练。

A. 用途扩散　　B. 结构扩散　　C. 方法扩散　　D. 形态扩散

**[考生易错]**A

**[思路分析]**本题有48%的同学易错选A项。考生容易混淆用途扩散和形态扩散的内涵。用途扩散,即让学生以某件物品的用途为扩散点,尽可能多地设想它的用途。形态扩散,即以事物的形态(如颜色、味道、形状等)为扩散点,设想出利用某种形态的各种可能性。由此可知,用途扩散是以某一具体事物的用途为扩散点,形态扩散的重点在扩展某一事物的形态。

**[正确答案]**D

**变式练习**

**[单选]**"易拉罐的用途:可以做成花篮,可以改造成烟灰缸,可以做成铲土的小铲子",这属于发散思维训练中的(　　)

A. 特征扩散　　B. 结构扩散

C. 用途扩散　　D. 方法扩散

**答案:**C

**解析:**用途扩散,即让学生以某件物品的**用途**为扩散点,尽可能多地设想它的用途。比如,尽可能多地说出易拉罐的用途。

## 考点24 ▶ 注意的转移和注意的分散

[2019 **山东·多选**]注意的转移与注意的分散的区别在于(　　)

A. 前者符合任务的要求,后者则偏离了任务要求

B. 前者是积极的、主动的,后者是消极的、被动的

C. 前者是由于对象的变化,后者是由于个人的努力

D. 前者持续时间较长,后者则持续时间短暂

**[考生易错]**ABCD

**[思路分析]**本题有26%的同学易错选C项、30%的同学易错选D项。考生容易混淆注意的转移和注意的分散这两个概念。注意的转移是根据新的任务,主动地把注意从一个对象转移到另一个对象或由一种活动转移到另一种活动的现象。注意的分散是指注意离开了当前应当完成的任务而被无关的事物所吸引。注意的转移是为了提高活动效率,保证活动的顺利完成。注意的分散是由于外部刺激或主体内部因素的干扰作用引起的,是消极被动的,违背了活动任务的要求,偏离了正确的注意对象,降低了活动效率。故注意的转移是主动的、符合任务要求的,而注意的分散则是不符合任务要求的。在持续时间上,注意的转移和注意的分散都是越短越好。

**[正确答案]**AB

**变式练习**

1. **[单选]**课堂上有的学生会开小差,这属于(　　)

A. 注意的分散　　B. 注意的转移

C. 注意的起伏　　D. 注意的分配

**答案:**A

**解析:**注意的分散是指注意离开了当前应当完成的任务而被无关的事物所吸引。学生

开小差是**注意力不集中**的表现,属于注意的分散。

2.[**单选**]听完一节精彩的语文课,自觉投入到下一节数学课的学习,这体现的注意品质是(　　)

A.注意的分配　　B.注意的转移

C.注意的起伏　　D.注意的广度

**答案**:B

**解析**:注意的转移是根据新的任务,主动地把注意从一个对象转移到另一个对象或由一种活动转移到另一种活动的现象。故题干所述体现了注意的转移。

## 考点25 ▶ 注意规律的应用

[2018 **贵州·多选**]下列选项中,教师的行为属于正确应用无意注意规律的是(　　)

A.走到安静的教室门口时,故意使劲地咳嗽两声

B.发现学生注意力不集中时,故意把音量提高

C.利用彩色粉笔把黑板边缘装饰得格外的醒目

D.教师突然中断讲课,引起分心学生的注意

**[考生易错]**ABCD

**[思路分析]**本题有66%的同学易错选A项、50%的同学易错选C项。考生在答题时,需明确题目的含义。一般来说,心理学规律在教学中的正确应用,指的是在学生的学习活动、身体和心理健康成长等方面有积极意义的应用。如果一种行为对学生的学习、成长不利,那么即使这种行为成功地应用了某些规律,也不能称之为正确的应用。选项A、C中的行为均会导致学生将注意从正在进行的学习活动中移走,造成学生注意的分散,对学生的学习活动产生不利影响,故不选。

**[正确答案]**BD

### 变式练习

1.[**单选**]根据无意注意规律,在教学过程中,教师要成为发挥无意注意积极作用的组织者,避免它的消极因素起作用。下列做法错误的是(　　)

A.创设良好的教学环境　　B.精心组织教学内容

C.采用启发式的教与学的方法　　D.过于装饰美化教室的布置

**答案**:D

**解析**:根据无意注意规律,在教学过程中,教师要成为发挥无意注意积极作用的组织者,需要创设良好的教学环境、精心组织教学内容、采用启发式的教与学的方法等,而过于装饰美化教室的布置会让学生分心,不利于教学活动的进行。

2.[**多选**]为了维持学生在课堂上的有意注意,教师可以(　　)

A.对自己发布的课堂任务进行详细解释

B.严厉批评不听讲的学生

C.合理安排教学活动的分组和时间

D. 有同学开小差时立即停止讲课

**答案:**AC

**解析:**在课堂教学中维持学生有意注意的措施有:(1)明确学习的目的和任务。如对自己发布的课堂任务进行详细解释。(2)培养间接兴趣。(3)合理组织课堂教学,防止学生分心。如合理安排教学活动的分组和时间。(4)运用多种教学手段。因此,答案选A、C两项。而B、D两项中的做法不仅不能维持学生的有意注意,反而会打断课堂教学秩序,让学生分心。

## 错误率:75%以上

### 考点1 时间知觉

[2018 **河南·不定项**]在上课时,如果课程内容丰富,老师讲课生动有趣,我们会觉得时间过得非常快;反之,如果课程内容单调,老师讲的枯燥乏味时,我们会觉得时间过得非常慢。产生这种现象的原因是(　　)

A. 在一定时间内,事件发生的数量越多,性质越复杂,人们倾向于把时间估计得较长

B. 在一定时间内,事件发生的数量越少,性质越简单,人们倾向于把时间估计得较长

C. 对自己感兴趣的东西以及能引起积极情绪体验的东西,人们倾向于把时间估计得较长

D. 在期待某种事物的时候,人们会把时间估计得较短

[**考生易错**]D

[**思路分析**]本题有53%的同学易错选D项。考生容易对影响时间知觉的因素产生混淆。在一定时间内,事件发生的数量越多,性质越复杂,人倾向于把时间估计得较短;而事件的数量少,性质简单,人倾向于把时间估计得较长。在回忆往事时,情况相反。同样一段时间,经历越丰富,就觉得时间长;经历越简单,就觉得时间短。人们对自己感兴趣的东西,会觉得时间过得快;相反,对厌恶的事情,会觉得时间过得慢。在期待某种事物时,会觉得时间过得慢;相反,对不愿出现的事物,会觉得时间过得快。由于单一、简单的事物会让人感到厌烦,而复杂、丰富的事物会让人持续兴奋,所以我们可以总结得出,在体验过程中,愉悦的刺激会让人感觉时间变快,厌恶的刺激会让人感觉时间变慢,而即将体验或体验结束后则相反。四个选项只有B项描述正确,故选B项。

[**正确答案**]B

**变式练习**

1. [**单选**]“欢乐的时光总是短暂的”体现了(　　)

A. 在一定时间内,事件发生的数量越多,性质越复杂,人们倾向于把时间估计得较长

B. 对自己感兴趣的东西以及能引起积极情绪体验的东西,人们倾向于把时间估计得较长

C. 对自己感兴趣的东西以及能引起积极情绪体验的东西,人们倾向于把时间估计得较短

D. 在期待某种事物的时候,人们会把时间估计得较短

**答案:**C

**解析:**人的兴趣和情绪会影响时间知觉。人们对自己感兴趣的东西,会觉得时间过得快,出现对时间的估计不足。相反,对厌恶的、无所谓的事情,会觉得时间过得慢,出现对时间的高估。

2. [单选]每次小明去电影院看自己喜欢的电影,在等待进场的时候,都感觉度日如年。这体现了(　　)

A. 在一定时间内,事件发生的数量越多,性质越复杂,人们倾向于把时间估计得较长

B. 在期待某种事物的时候,人们会把时间估计得较长

C. 对自己感兴趣的东西以及能引起积极情绪体验的东西,人们倾向于把时间估计得较长

D. 在期待某种事物的时候,人们会把时间估计得较短

**答案:**B

**解析:**人的兴趣和情绪会影响时间知觉。人们在期待某种事物时,会觉得时间过得很慢;相反,对不愿出现的事物,会觉得时间过得快等。

## 考点2 记忆的保持

[2019山东·多选]识记的材料在保持过程中可能发生的变化有(　　)

A. 量的减少　　B. 质的变化

C. 量和质都不变　　D. 量的增加

**[考生易错]**AB

**[思路分析]**本题有60%的同学易漏选D项。考生容易忽视记忆保持过程中的"记忆回涨"现象。记忆恢复(记忆回涨)是指识记某种材料,经过一段时间后测得的保持量大于识记后即时测得的保持量。记忆恢复现象常常在下列情况中出现:儿童比成人更普遍;学习难度大的材料比学习容易的材料更容易出现;学习得不够熟练的材料比熟练的材料更易发生。

**[正确答案]**ABD

### 变式练习

1. [单选]人类记忆的保持过程中,记忆内容会(　　)

A. 只发生质变　　B. 只发生量变

C. 不发生变化　　D. 发生量变和质变

**答案:**D

**解析:**保持并非原封不动地保存头脑中识记过的材料的静态过程,而是一个富于变化的动态过程。这种变化表现在量和质两个方面。

2. [判断]记忆恢复现象常常在下列情况中出现:儿童比成年人更普遍;学习难度大的材料比学习容易的材料更容易出现;学习得不够熟练的材料比熟练的材料更易发生。(　　)

A. 正确　　B. 错误

**答案:**A

**解析:**记忆恢复现象常常在下列情况中出现:儿童比成人更普遍;学习难度大的材料比学习容易的材料更容易出现;学习得不够熟练的材料比熟练的材料更易发生。

### 考点 3 ▶有意注意和有意后注意

[2017 **重庆·单选**]小学生在记课堂笔记时对汉字字形结构正误的注意属于(　　)

A. 有意注意　　B. 不随意注意　　C. 无意注意　　D. 有意后注意

**[考生易错]**A

**[思路分析]**本题有 66% 的同学易错选 A 项。考生在判断一种注意是有意注意还是有意后注意时,容易混淆二者的内涵,从而判断失误。有意注意也称随意注意,是有预先目的、必要时需要意志努力、主动地对一定事物所发生的注意。有意后注意也叫随意后注意,是指有预定目的,但不需要意志努力的注意。判断一种注意是有意注意还是有意后注意,主要看这种注意是否需要意志努力。如果不需要意志努力,则为有意后注意,反之则为有意注意。题干中小学生已经可以自行使用汉字记课堂笔记,说明其在使用这些汉字时已经不需要意志努力,故属于有意后注意。

**[正确答案]**D

**变式练习**

1. [**单选**]初学骑车的人总是注意力很集中,像这样有预定目的、需要一定意志努力的注意称为(　　)

A. 有意注意　　B. 有意后注意　　C. 无意注意　　D. 不随意注意

**答案:**A

**解析:**有意注意也称随意注意,是有预先目的、必要时需要意志努力、主动地对一定事物所发生的注意。题干中初学骑车的人的注意有预定目的,也需要意志努力,故属于有意注意。

2. [**单选**]晓雯学习文言文一段时间以后,对文言文的词句等基础知识有了初步掌握,渐渐对文言文产生了兴趣,可以凭兴趣自然地专注学习,此时的注意为(　　)

A. 有意后注意　　B. 有意注意

C. 无意注意　　D. 不随意注意

**答案:**A

**解析:**有意后注意,也称随意后注意,是注意的一种特殊形式,是指有自觉目的,但不需要意志努力的注意。它同时具有无意注意和有意注意的某些特征,是在有意注意的基础上发展起来的。当晓雯在熟悉文言文的知识以后,可以凭兴趣自然地专注学习,此时的注意为有意后注意。

### 考点 4 ▶注意的转移和注意的分配

[2021 **广东·单选**]上课铃声响起后,学生自觉地将跳绳收起来,并将书本拿出来开始上课。这属于(　　)

A. 注意的分配　　B. 注意的转移

C. 注意的分散　　　　D. 注意的稳定性

[考生易错]A

[思路分析]本题有75%的同学易错选A项。考生容易混淆注意的转移和注意的分配的内涵。注意的转移是根据新的任务，主动地把注意从一个对象转移到另一个对象或由一种活动转移到另一种活动的现象。注意的分配是指人在进行两种或多种活动时能把注意指向不同对象的现象。注意的转移强调“继时”，注意的分配强调“同时”。

[正确答案]B

变式练习

1. [单选]学生在课堂上一边听讲，一边记笔记；司机驾驶汽车时手扶方向盘，同时脚踩油门，眼睛还能注意路标和行人。上述现象体现的注意品质是(　　)

A. 注意的选择　　　　B. 注意的转移

C. 注意的起伏　　　　D. 注意的分配

**答案**:D

**解析**:注意的分配是指人在进行两种或多种活动时能把注意指向不同对象的现象。题干所述是注意分配的典型事例。

2. [单选]刚上完一节饶有兴趣的课，但学生不受该节课的影响，自觉进入下节课的学习。这种现象属于(　　)

A. 注意的分散　　　　B. 注意的起伏

C. 注意的分配　　　　D. 注意的转移

**答案**:D

**解析**:注意的转移是根据新的任务，主动地把注意从一个对象转移到另一个对象或由一种活动转移到另一种活动的现象。题干所述体现了学生注意转移的良好品质。

## 考点5 ▶发散思维的特征

[2020山东·多选]教师让学生列举水的用途，小刚一口气说出了许多用途，个别用途让大家意想不到，这表明该学生发散性思维具有(　　)

A. 流畅性　　　　B. 变通性

C. 独特性　　　　D. 多样性

[考生易错]ABC

[思路分析]本题有74%的同学易错选B项。考生容易混淆发散思维流畅性、灵活性和独特性特征的内涵。流畅性是指在限定时间内产生观念数量的多少。灵活性又称变通性，是指摒弃以往的习惯思维方法而开创不同方向的能力。独创性又称独创性，是指产生不寻常的反应和不落俗套的能力，以及重新定义或按新的方式对所见所闻加以组织的能力。简而言之，流畅性是数量多，灵活性是范围广，独特性是内容新。题干中“小刚一口气说出了许多用途”表明其流畅性较好，“说出的个别用途让大家意想不到”表明其发散性思维具有独特性。

[正确答案]AC

**变式练习**

1.［单选］教师要求学生列举砖的用途，某学生在单位时间内列举出很多例证，但都在建筑材料范围之内，这表明该学生的发散思维在流畅性和变通性方面的特点是(　　)

A. 流畅性差，变通性差　　B. 流畅性好，变通性差

C. 流畅性好，变通性好　　D. 流畅性差，变通性好

**答案：**B

**解析：**在测验中，把发散思维的流畅性、变通性和独特性看作是衡量创造性高低的指标。流畅性是指单位时间内发散项目的数量；变通性是指发散项目的范围或维度，范围越大、维度越多，变通性越强；独特性是指对问题能提出超乎寻常的、独特新颖的见解。题干中学生在单位时间内列举出**很多例证**，说明其思维的流畅性好。但例证都在建筑材料**范围之内**，说明其变通性差。

2.［单选］不落俗套和不循常规的思维能力体现的是思维的(　　)

A. 流畅性　　B. 变通性　　C. 再定义性　　D. 独特性

**答案：**D

**解析：**独特性是指产生不寻常的反应和不落常规的能力，以及重新定义或按新的方式对所见所闻加以组织的能力。故题干所述体现了思维的独特性。

## 进阶测评

| 限时：35 分钟 | 用时：________分钟 | 总题数：33 道 | 正确题：________道 |
|---|---|---|---|

**一、单项选择题**

1. 如果你站在大桥上看桥下湍急的水流，不一会儿，你会感觉桥在动。这种心理现象称为(　　)

A. 动景运动　　B. 诱导运动　　C. 自主运动　　D. 运动后效

2. “看见一棵树被一幢房屋挡住，只露出一部分树枝和树叶，那么房屋肯定离我们更近。”这属于空间知觉中的(　　)

A. 大小知觉　　B. 形状知觉　　C. 深度知觉　　D. 方位知觉

3. 小明长期沉迷于刺激性网络游戏，在游戏过程中精神高度紧张，而回到生活中，他对周围事物淡漠甚至麻木，这是(　　)的表现。

A. 外抑制　　B. 分化抑制　　C. 消退抑制　　D. 超限抑制

4. 人们往往会认为数学学得好的人，他的物理、化学也一定学得很好。这种现象被称为(　　)

A. 首因效应　　B. 近因效应　　C. 晕轮效应　　D. 刻板印象

5. 体育课不能安排在第一节是(　　)的应用。

A. 注意的稳定性　　B. 注意的广度　　C. 注意的分配　　D. 注意的转移

6. 艾宾浩斯研究遗忘的方法是(　　)

A. 学习法　　B. 重复法　　C. 干扰法　　D. 节省法

7. 有经验的老师在一节课程中会讲解学生感兴趣的故事、谜题或制造悬念来进行导课，这主要是通过(　　)的规律来组织教学。

A. 无意识记　　B. 有意识记

C. 机械识记　　D. 意义识记

8. 赵老师在历史课的教学中，为了帮助学生更好地理解和记忆，用讲解和讨论的方法来教授有关美国的内容，用团队合作的方法来教授有关英国的内容，用观看影片的方法来教授有关法国的内容。赵老师这一做法所依据的记忆理论是(　　)

A. 衰退理论　　B. 干扰理论

C. 压抑理论　　D. 同化理论

9. 下列现象中不属于想象的是(　　)

A. 看草地上的草绳，以为是蛇

B. 没人时，耳边总听到有人在讲自己的坏话

C. 看文学作品时，脑中浮现出主人公的形象

D. 鲁迅构思出阿 Q 的形象

10. 下列不属于独白言语的特征的是(　　)

A. 说话者独自进行的语言活动　　B. 一种简略性的语言

C. 一种展开性的语言　　D. 有准备、有计划进行的语言活动

11. 思维是人类所具有的一种高级心理现象，下列属于思维的基本过程的是(　　)

A. 分析与综合　　B. 判断与推理

C. 抽象与概括　　D. 系统化与具体化

12. 某小学一年级学生在语文课上读课文时往往“唱读”，在数学课上演算时往往边自言自语边演算，而且出声的言语内容、演算内容基本同步。这说明该小学生处于内部言语发展的(　　)

A. 口述阶段　　B. 思维阶段

C. 过渡阶段　　D. 无声思维阶段

13. 学生上课时有时不知不觉就溜号了，大脑想着昨天的电视剧，又不知不觉地想着一些好吃的东西。这种状态是指(　　)

A. 睡眠状态　　B. 无意识状态

C. 白日梦状态　　D. 自动化的意识状态

14. 有些刺激对人有重要意义，比如自己的名字，上课铃声等，这些刺激的激活阈限低，容易激活。这种现象可以用注意的(　　)来解释。

A. 过滤器理论　　B. 衰减理论

C. 后期选择理论　　D. 多阶段选择理论

15. 人们在阅读课文时由于个体的知识经验不同，从课文中提取的信息是不一样的。我们去火车站接一位不认识的客人，对客人的期待将影响我们对他的识别与确认。以上描述的

加工方式属于(　　)

A. 自上而下的加工　　B. 数据驱动加工

C. 自下而上的加工　　D. 平行加工

16. 难度小的材料适合________复习，难度大的材料适合________复习。(　　)

A. 分散　集中　　B. 集中　分散　　C. 分散　分散　　D. 集中　集中

**二、多项选择题**

1. 下列关于感觉规律的表述，正确的有(　　)

A. 感觉有补偿现象

B. 感觉适应时感受性下降

C. 感受性与感觉阈限成反比关系

D. 感觉对比分为同时对比和继时对比

2. “入芝兰之室，久而不闻其香；入鲍鱼之肆，久而不闻其臭。”这种现象在心理学上属于(　　)

A. 感觉适应　　B. 嗅觉适应

C. 嗅觉感受性下降　　D. 嗅觉感受性增强

3. 明暗相邻的边界上，看起来亮处更亮，暗处更暗了，这是(　　)

A. 马赫带现象　　B. 同时对比

C. 继时对比　　D. 感觉对比

4. 灯泡灭了，但是在黑暗中亮着的灯泡的形状还浮现在眼前，这是一种(　　)

A. 感觉后像　　B. 视觉后像　　C. 负后像　　D. 正后像

5. 错觉包括很多种类，常见的有大小错觉、视错觉、时间错觉、运动错觉等。下列选项中，属于形状和方向错觉的是(　　)

A. 两条平行线由于附加线段的影响，使中间显得凹下去了

B. 被两条平行线切断的直线，看上去不在一条直线上

C. 两条等长的曲线，包含在下图中的一条看上去要比包含在上图中的一条长些

D. 一直身处室内会不容易意识到外面是否天黑

6. 下面活动中用到内隐记忆的是(　　)

A. 系鞋带儿　　B. 用筷子夹菜

C. 熟练书法　　D. 主动记忆电影情节

7. 根据记忆的内容和经验的对象，记忆可分为五种类型。下列有关描述正确的是(　　)

A. 情景记忆接受和储存的信息可以与个人生活、个人经历无关

B. 形象记忆在头脑中保留的是事物具体的形象，以表象的形式储存过去的经验

C. 小刘同学学会了盲打，这实际上是他的机械记忆得到了发展

D. “人面不知何处去，桃花依旧笑春风”诗句中，涉及了丰富的情绪记忆

8. 下列关于小学生记忆发展的描述，正确的是(　　)

A. 从小学三年级开始，学生的有意识记逐渐取代无意识记，并占主导地位

B. 在整个小学阶段，机械识记和意义识记的效果，随年龄的增长而提高

C. 到了三、四年级，学生从机械识记占主导地位，向意义识记占主导地位发展

D. 小学生在记忆抽象材料时，主要还是以事物的具体形象为基础

9. 心理学家认为，无意想象同创造想象一样，都是个体常见且重要的心理现象。教师在培养学生创造想象的同时不可忽视无意想象的影响。以下属于无意想象的是(　　)

A. 白日梦　　B. 理想　　C. 幻觉　　D. 梦

10. 某老师在进行《赠汪伦》这首诗的教学时，首先引导学生借助想象，在脑海里形成主体画面，再带领学生吟诵，配上离别的音乐，加上适当的动作，帮助学生与作者产生情感共鸣。对此，下列说法正确的是(　　)

A. 学生进行的想象是有意的再造想象

B. 吟诵的场景可作为记忆提取的线索

C. 多重编码的方法促进了学生知识的记忆

D. 形成诗词的画面增强了学生的形象记忆

11. 下列引起无意注意的条件，属于主体状态方面的是(　　)

A. 说书先生用“欲知后事如何，且听下回分解”引起听众注意

B. 鹤立鸡群、月明星稀，这容易引起人的注意

C. 相对于刻板、司空见惯的事物，新奇的东西更容易引起人的无意注意

D. 新异刺激所引起的无意注意，如果没有相应的知识经验，很快就会消失

12. 对所学知识的巩固需要进行复习，合理的复习需要做到(　　)

A. 及时复习　　B. 分散复习

C. 有效运用记忆术　　D. 反复阅读结合尝试背诵

三、判断题

1. 有意义学习的材料，一般概念和原理比较容易遗忘，但具体事实不易遗忘。(　　)

A. 正确　　B. 错误

2. 二级概念是儿童对亲身经历的、直接的具体经验进行抽象所获得的概念。(　　)

A. 正确　　B. 错误

3. 痕迹衰退说是一种对遗忘原因的最古老的解释。按照这种理论，遗忘是由记忆痕迹衰退引起的，消退随时间的推移自动发生。它起源于亚里士多德，由艾宾浩斯进一步发展。(　　)

A. 正确　　B. 错误

4. 进入小学后，儿童才开始能够独立地组织和控制自己的注意，小学高年级的注意还常常带有情绪色彩。(　　)

A. 正确　　B. 错误

5. 一般而言，分散复习的效果优于集中复习。(　　)

A. 正确　　B. 错误

## 参考答案及解析

### 一、单项选择题

1. D 【解析】运动后效是指在注视一个朝某个方向运动的物体之后，将视线转向静止的物体，你就会看到这个静止的物体在朝相反的方向运动。例如，你注视瀑布一段时间后，然后将视线转向周围静止的田野，你会看到田野在往上飞；你站在大桥上看桥下急速的流水，一会儿你会感觉到桥在运动，这些都是运动后效的结果。

2. C 【解析】深度知觉涉及三维空间的知觉，即不仅能够知觉物体的**高和宽**，而且能够知觉物体的**距离**、**深度**和**凹凸**等。题干所述是根据遮挡判断出物体的远近，这属于深度知觉。

3. D 【解析】外抑制是外界**新异刺激**出现，对正在进行中的条件反射产生的抑制。分化抑制是指在建立条件反射时，只对条件刺激物加以强化，对类似的刺激物不予强化，使**类似刺激物**引起的反应受到抑制。消退抑制是由于条件反射**没有得到强化**而产生的抑制，它是条件性抑制最简单、最基本的形式。超限抑制是由**相对过强的刺激**所引起的抑制。超限抑制使大脑皮层细胞免受超强刺激所引起的过度兴奋而损伤，因此又叫保护性抑制。刺激性的网络游戏，使人的精神高度紧张，时间一长，很可能导致"超限抑制"现象，使人除了游戏以外的"兴奋灶"大大减少，将几乎所有的注意力都集中在游戏上。所以，长期沉迷网络游戏的人会对周围事物淡漠甚至麻木，出现植物神经紊乱，表现为易出汗、急躁、粗暴、激动甚至虚脱。题干所述体现了超限抑制。

4. D 【解析】社会刻板印象指人们对社会上某一类事物产生的比较固定的看法，也是一种概括而笼统的看法。当人们采用这些较为固定的看法去识别一个具体的人，去对他进行判断、推测和概括的时候，就有可能出现偏差，这就是社会刻板效应。我们往往认为数学学得好的人，物理、化学也学得好，这是典型的社会刻板印象。

5. D 【解析】把能够引起学生浓厚兴趣、易使其过于兴奋的活动安排在前就可能妨碍学生对后继活动的投入，不利于学生将注意转移到后继的学习活动中，因此体育课不能安排在第一节是注意的转移的应用。

6. D 【解析】在记忆保持量的测量方面，艾宾浩斯采用**节省法**（又称**重学法**）。他每次学习8组、每组13个无意义音节的字表，诵读到能连续两次无误背诵为止，并记录所需时间和诵读次数。然后，间隔不同的时间后进行重新学习，记录达到同样的背诵程度所需要的时间和诵读次数。

7. A 【解析】在教学中，**难度适中而新颖的题材**、**令人产生兴趣的东西**、生动形象的事件等，都不需要付出太大的意志努力就容易被人记住。所以，教师要讲究教学艺术，充分利用学生的无意识记，提高教学效果。

8. B 【解析】赵老师采用不同的方法来讲解美国、英国和法国的内容，是为了防止学生对三个国家的知识产生**混淆**。其依据的是记忆理论中的干扰理论。

9. A 【解析】想象是人脑对已储存的表象进行加工改造,形成新形象的心理过程。看文学作品时,脑中浮现出主人公的形象是想象中的再造想象;鲁迅构思出阿Q的形象是想象中的创造想象;幻觉是在异常的精神状态下产生的无意想象。

10. B 【解析】独白言语是说话者**独自进行**的一种展开性的、有准备、有计划的言语活动。故本题选B项。

11. A 【解析】思维的一般过程包括分析与综合、比较与分类、抽象与概括、系统化与具体化。其中,思维的基本过程是分析与综合。

12. B 【解析】整个小学阶段,学生内部言语的发展可以分为思维阶段、过渡阶段和无声思维阶段三个阶段。其中初入学的小学生处于思维阶段,这时的小学生还不善于考虑问题。在读课文时往往是“唱读”,在演算时往往边自言自语边演算,而且出声的言语内容与书写内容基本同步。故本题选B项。

13. C 【解析】每个人都有精力不集中、思想开小差的时候。例如,在上课时,你根本就没有听到老师在讲什么,满脑子都是刚看过的武侠小说中的情节。又如,正在做数学作业时,你突然走神了,想起了昨天发生的一件事,随之思绪万千,沉浸于想象之中。这种现象通常称为白日梦。

14. B 【解析】特瑞斯曼提出了衰减理论。衰减理论主张,当信息通过过滤装置时,不被注意或非追随的信息只是在强度上减弱了,而不是完全消失。特瑞斯曼指出,不同刺激的激活阈限是不同的。有些刺激对人有重要意义,如自己的名字、火警信号等,他们的激活阈限低,容易激活。当它们出现在非追随的通道时,容易被人们接受。

15. A 【解析】自上而下加工又称为概念驱动加工,是指人在知觉时,运用自己已有的知识经验以及概念来加工当前信息的过程。例如,去车站接一位不认识的客人,此时对来人的期待,会影响对这位客人的识别和确认。自下而上加工又称为数据驱动加工,是指由外部事物开始的信息加工,强调感官接收的信息决定其在知觉中的地位。

16. B 【解析】根据复习在时间分配上的不同,复习方式有两种:(1)集中复习,把复习的材料集中在一段时间内进行复习;(2)分散复习,即把复习的材料分配到几段相隔的时间内进行复习。复习难度小的材料可适当集中,难度大的材料可采取分散复习的方式。

**二、多项选择题**

1. ACD 【解析】由于刺激对感受器的持续作用而使感受性发生变化的现象叫感觉适应。其中视觉的适应可分为暗适应和明适应。暗适应是指照明停止或由亮处转入暗处时视觉**感受性提高**的过程;明适应是指照明开始或由暗处转入亮处时视觉感受性下降的过程。因此在感觉适应中,感受性有下降也有提高,故B项说法错误。答案选A、C、D三项。

2. ABC 【解析】感觉适应是指刺激物持续作用于感受器而使其感受性发生变化的现象。感觉适应分为视觉、听觉、嗅觉、肤觉等方面的适应。题干所述是感觉适应中的嗅觉适应。嗅觉适应香臭后,嗅觉的感受性下降。

3. ABD 【解析】题干所述为马赫带效应,它是一种**明度对比**的视觉效应,是一种主观的边缘

对比效应。即当观察两块亮度不同的区域时，边界处亮度对比加强，使轮廓表现得特别明显。马赫带效应属于感觉对比，也是同时对比。

4. ABD　【解析】注视发光的灯泡几秒钟，再闭上眼睛，就会感到眼前有一个同灯泡差不多的光源出现在黑暗的背景里，这时出现的就是正后像。正后像属于视觉后像的一种，而视觉后像是感觉后像中比较显著的现象，故答案选 A、B、D 三项。

5. AB　【解析】错觉包含大小错觉、形状和方向错觉、时间错觉、运动错觉等。其中，形状和方向错觉包括冯特错觉、波根多夫错觉、爱因斯坦错觉等；大小错觉包括贾斯特罗错觉、月亮错觉等。本题中，A 项是冯特错觉，B 项是波根多夫错觉，C 项是贾斯特罗错觉，D 项属于时间错觉。所以，答案选 A、B 两项。

6. ABC　【解析】内隐记忆是指在不需要意识参与或不需要有意回忆的情况下，个体的已有经验自动对当前任务产生影响而表现出来的记忆。A、B、C 三种活动表现符合内隐记忆的含义。

7. BD　【解析】根据记忆的内容和经验的对象不同，可将记忆分为形象记忆、情景记忆、语义记忆、情绪记忆、动作记忆。情景记忆是以亲身经历的、发生在一定时间和地点的事件（情景）为内容的记忆。情景记忆接受和储存的信息和个人生活中的特定时间、地点**有关**，并以个人的经历为参照。所以，A 项说法错误。形象记忆是以我们感知过的事物形象为内容的记忆。这种记忆在头脑中保留的是事物具体的形象，它以**表象**的形式在头脑中储存过去的经验。所以，B 项说法正确。动作记忆是以做过的运动或动作为内容的记忆，它以过去的动作或操作动作所形成的动作表象为基础。C 项中小刘学会了盲打，说明其动作记忆得到了发展。机械记忆不属于题干所述的记忆类型。所以，C 项不符合题意。情绪记忆是个体以曾经体验过的情绪或情感为内容的记忆。“人面不知何处去，桃花依旧笑春风”诗句中，涉及了丰富的情绪记忆。所以，D 项说法正确。

8. ABCD　【解析】小学生记忆发展的特点：(1)从无意记忆为主转变为有意记忆为主。从小学三年级开始，学生的有意识记逐渐取代无意识记并占主导地位。(2)从机械记忆为主向意义记忆为主过渡。到了三、四年级，从机械识记占主导地位向意义识记占主导地位发展。在小学阶段，机械识记和意义识记的效果均随着年龄的增长而提高。(3)从具体形象记忆向抽象逻辑记忆的方向发展。但小学生在记忆抽象的材料时，主要还是以事物的具体形象为基础，即形象记忆仍起着重要作用。

9. ACD　【解析】无意想象又称不随意想象，是没有预定目的，不由自主产生的想象。例如，学生常常出现的“白日梦”现象，就属于无意想象的表现。梦是无意想象的极端表现。幻觉则是在异常精神状态下产生的无意想象。

10. ABCD　【解析】学生在老师的带领下对《赠汪伦》这首诗进行想象，在头脑中形成与之相应的新形象。这是有意的再造想象。A 项说法正确。情景记忆是以亲身经历的、发生在一定时间和地点的事件（情景）为内容的记忆。学生对吟诵的场景的记忆属于情景记忆，吟诵的情景与诗歌的联系越多，能回忆出诗歌的途径就越多，即提取的线索就越多。

B项说法正确。通过听觉编码、表象编码等多重编码的方法对知识进行识记,有利于学生对知识的记忆。C项说法正确。形象记忆是以我们感知过的事物形象为内容的记忆。因此,教师引导学生形成诗词的画面增强了学生的形象记忆。D项说法正确。

11. AD 【解析】引起无意注意的条件包括主观条件和客观条件,其中,主观条件,即人本身的状态。包括:(1)当时的需要;(2)当时的特殊情绪状态;(3)当时的直接兴趣;(4)个体的知识经验等。根据引起无意注意的主观条件,A、D两项均属于主体状态方面。B、C两项属于客观条件引起的无意注意。

12. ACD 【解析】合理的复习需要注意以下几个方面:(1)及时复习;(2)合理分配复习时间和内容,做到分散复习与集中复习相结合;(3)注意材料的系列位置效应;(4)有效运用记忆术,记忆术是有助于促进记忆保持的技术方法;(5)反复阅读与尝试背诵相结合;等等。

**三、判断题**

1. B 【解析】长时记忆遗忘的特征有:(1)遗忘是一种普遍的和自然的现象;(2)机械学习的材料,若无及时复习,其遗忘迅速且量大;(3)有意义学习的材料,具体事实比较容易遗忘,但一般概念和原理不易遗忘。

2. B 【解析】从亲身接触的**具体经验**中进行抽象,从而获得同类事物的共同属性,这种抽象被称为**一级抽象**,通过它获得的概念叫一级概念。二级概念是通过掌握**概念的定义**而获得的,如儿童能掌握抽象概念之间的关系,这种抽象叫二级抽象。通过二级抽象所获得的概念叫二级概念。故题干说法错误。

3. B 【解析】痕迹衰退说是一种对遗忘原因的最古老的解释。按照这种理论,遗忘是由记忆衰退引起的,衰退随时间的推移自动发生。它起源于亚里士多德,由**桑代克**和**巴甫洛夫**学派进一步发展。

4. B 【解析】进入小学后,儿童才开始能够独立地组织和控制自己的注意,小学低年级的注意还常常带有情绪色彩。

5. A 【解析】相对于大多数学习而言,分散复习的效果优于集中复习,因为分散复习可以降低疲劳感,可以减少前摄抑制和倒摄抑制的影响。

# 专题三　情绪情感与意志过程

## 错误率：50%以上

### 考点1 否认和压抑

[2020广东·单选]某学生在考试失败后说道："我真希望没这回事。""我不要再想它了！"这属于心理防御机制中的(　　)

A. 否定　　B. 压抑　　C. 退行　　D. 潜抑

[考生易错]A

[思路分析]本题有53%的同学易错选A项。考生容易混淆否定与压抑的概念。否认(否定)是指对某种痛苦的现实无意识地加以否定。因此，否认是从根本上不接受，或拒绝接受已经发生的事实，而题干所述"真希望没这回事""不要再想它"，则是接受已经发生的事实，并有目的地试图遗忘。压抑是指把意识所不能接受的观念、情感或冲动抑制到无意识中去。题干所述例子符合压抑的内涵。

[正确答案]B

**变式练习**

1. [单选]当一个人听到亲人去世的消息时，拒绝相信此事，以减少心灵上的痛苦。这是自我防御机制中的(　　)

A. 压抑　　B. 否认　　C. 文饰　　D. 代偿

**答案：**B

**解析：**否认是指对某种痛苦的现实无意识地加以否定，因为不承认似乎就不会痛苦。这一过程可使一个人逐渐地接受现实而不致猛然承受不了坏消息或痛苦，是一种保护性质的、正常的防御。题干所述内容符合否认的内涵。

2. [单选]"眼不见为净"，从心理防卫的方法来看属于(　　)

A. 投射作用　　B. 否定作用　　C. 退行作用　　D. 升华作用

**答案：**B

**解析：**否认(否定)是指对某种痛苦的现实无意识地加以否定，因为不承认似乎就不会痛苦。例如，"掩耳盗铃""眼不见为净"。

### 考点2 文饰与反向形成

[2019山东·单选]觉得上课内容枯燥的学生可能表现出过分认真地听课态度，以此来掩饰自己的真实想法，这种防御机制属于(　　)

A. 升华　　B. 文饰　　C. 反向作用　　D. 固执

[考生易错]B

[思路分析]本题有48%的同学易错选B项。考生容易混淆文饰作用和反向形成的概念。文饰作用又称合理化，指通过无意识地用一种似乎有理的解释或实际上站不住脚的理由来为其难以接受的情感、行为或动机辩护以使其可以接受。反向形成是指对内心的一种

难以接受的观念或情感以相反的态度与行为表现出来。故文饰作用是在事情发生以后，对自己的行为等进行的辩解，反向形成则强调行为与真实想法相反。文饰作用强调事后，反向形成强调事中。

[正确答案]C

**变式练习**

1.[单选]一个体能较差的学生非常排斥上体育课，他认为只有四肢发达的人，才会喜欢体育。这种心理防御机制属于(　　)

A.否认　　B.反向形成　　C.退行　　D.文饰

**答案**:D

**解析**:合理化又称文饰作用，它有两种表现:(1)酸葡萄心理，即把得不到的东西说成是不好的;(2)甜柠檬心理，即当得不到葡萄而只有柠檬时，就说柠檬是甜的。题干所述是酸葡萄心理的典型事例。

2.[单选]一个有强烈的性冲动压抑的人可能积极参与检查淫秽读物或影片的活动。这体现了(　　)

A.移置　　B.反向形成　　C.文饰　　D.投射

**答案**:B

**解析**:反向形成是指对内心的一种难以接受的观念或情感以相反的态度与行为表现出来。题干所述内容为反向形成的典型事例。

## 考点3 ▶情绪与情感

[2017 安徽·判断]情绪是人类特有的心理现象，具有冲动性、外显性和短暂性。(　　)

A.正确　　B.错误

[考生易错]A

[思路分析]本题有54%的同学易将题干内容判断为正确。考生容易混淆情绪和情感的特点。二者的区别在于，情绪是原始的、低级的，与生理需要是否满足相联系，具有情境性和易变性。情绪带有冲动性，伴随明显的外部表现。而情感是后继的、高级的，与社会需要是否满足相联系，具有稳定性和持久性。情感比较内隐，较为深沉。情绪是情感的基础，情感离不开情绪。人的情感是在大量情绪体验的基础上形成和发展起来的，也是通过情绪表达出来的。考生在记忆时，可以通过动物和人的对比来记忆。动物具有情绪但无情感，故情绪处于较低级的地位。

[正确答案]B

**变式练习**

1.[单选]关于情绪和情感的描述，下列说法不正确的是(　　)

A.情感与生理需要是否满足相联系，是人和动物共有的

B.情感依赖于情绪，具有稳定性、深刻性

C.情绪是情感的外在表现，情感是情绪的本质内容

D.情绪具有外显性、冲动性，而情感具有内隐性

**答案**:A

**解析:**情绪与生理需要是否满足相联系,是人和动物共有的。情感与社会需要是否满足相联系。故A项说法错误。

2.[**多选**]情绪与情感的关系非常密切,但特点却各不相同。以下属于情感特点的是(　　)

A.冲动性　　B.深刻性　　C.稳定性　　D.持久性

**答案:**BCD

**解析:**情感具有稳定性和持久性,比较内隐,较为深沉。情绪带有冲动性,伴随明显的外部表现,故A项错误。

### 考点4 ▶激情和应激

[2019 **广东·单选**]某学生在放学回家的路上突遇歹徒抢劫,这一突发事件使其心理上产生高度紧张和惊慌,这种在出乎意料的紧迫与危险情况下引起的情绪状态称为(　　)

A.心境　　B.激情　　C.应激　　D.危机

[**考生易错**]B

[**思路分析**]本题有50%的同学易错选B项。考生容易混淆激情和应激的内涵。激情是一种爆发式的、猛烈而时间短暂的情绪状态,往往带有特定的指向性和较明显的外部行为表现。应激是出乎意料的紧迫情况所引起的急速而高度紧张的情绪状态。考生在做题时,需要抓住题干中的关键点。激情情绪通常会指出其剧烈的外在表现,如暴跳如雷、浑身战栗、手舞足蹈等。而应激情绪则会指出现场紧急的事件或情形。

[**正确答案**]C

**变式练习**

1.[**单选**]当同学们获悉本班取得学校合唱比赛第一名的成绩时欣喜若狂,这属于(　　)

A.心境　　B.激情　　C.应激　　D.热情

**答案:**B

**解析:**激情是一种爆发式的、猛烈而时间短暂的情绪状态。例如,狂喜、暴怒、恐惧、绝望、剧烈的悲痛等,都是激情的表现。

2.[**单选**]"情急生智"描述的情绪状态是(　　)

A.应激　　B.激情　　C.心境　　D.喜悦

**答案:**A

**解析:**应激是出乎意料的紧迫情况所引起的急速而高度紧张的情绪状态。当人们遇到突然出现的事件或意外发生危险时,为了应付瞬息万变的紧急情况,就得果断地采取决定,迅速地做出反应。应激正是在这种情境中产生的内心体验,故"情急生智"是一种应激现象。

### 考点5 ▶情绪的动机功能和组织功能

[2015 **天津·单选**]对于自己喜欢的东西记忆起来就感觉很轻松,不感兴趣的学习起来就觉得吃力,这表明情绪具有(　　)

A.适应功能　　B.动机功能　　C.组织功能　　D.信号功能

[**考生易错**]B

[**思路分析**]本题有45%的同学易错选B项。考生容易混淆情绪的组织功能和动机功能。二者有共同之处,都能起到激励促进作用,但表现形式上存在差异。组织功能针对现有的情绪状态,是指良好的情绪起推动作用,不良的情绪起阻碍作用。动机功能的激励作用体现在动力方面,可以从无到有地引发人们的行动。

[**正确答案**]C

**变式练习**

1. [**单选**]情绪和情感对内驱力起着放大和增强的作用,适度的情绪兴奋,可以使人的身心处于活动的最佳状态,进而推动人们有效地完成工作和学习任务。这说明情绪和情感具有(　　)

A. 组织功能　　B. 动机功能　　C. 感染功能　　D. 健康功能

**答案**:B

**解析**:情绪和情感的动机功能是指情绪和情感是动机的源泉之一,是动机系统的一个基本成分。它能够**激励人的活动**,提高人的活动效率。适度的情绪兴奋,可以使人的身心处于活动的最佳状态,推动人们有效地完成任务。题干中并没有说明机体的“兴奋情绪”是积极还是消极,只强调“兴奋情绪”可以推动人们完成任务,故属于动机功能。

2. [**单选**]积极的情绪和情感可以调节和促进活动,消极的情绪和情感可以破坏和瓦解活动。这说明情绪和情感具有(　　)

A. 适应功能　　B. 动机功能　　C. 组织功能　　D. 信号功能

**答案**:C

**解析**:积极的情绪和情感具有调节和组织作用;消极的情绪和情感则具有干扰、破坏作用。故题干所述体现了情绪和情感的组织功能。

## 考点6 ▶意志行动

[**2018山西·判断**]所有的无条件反射和潜意识行为都不是意志行动。(　　)

A. 正确　　B. 错误

[**考生易错**]B

[**思路分析**]本题有55%的同学易将题干判断为错误。考生容易错误理解意志行动的内涵。意志是指人自觉地确定目的,有意识地根据目的、动机调节支配行动,努力克服困难,实现目标的心理过程。由意志支配的行动称为意志行动。故判断一个行为是不是意志行动,首先要看其是否具有人自觉确定的目的。无条件反射和潜意识行为均不具有自觉目的,故不属于意志行动。

[**正确答案**]A

**变式练习**

1. [**单选**]下列行为属于意志行动的是(　　)

A. 残疾人登山　　B. 小孩打闹

C. 朋友聚会　　D. 老人上床睡觉

**答案**:A

**解析**:意志是指人自觉地确定目的,有意识地根据目的、动机调节支配行动,努力克服困

难,实现目标的心理过程。由意志支配的行动称为意志行动。残疾人登山属于意志行动。

2.[单选]意志行动的首要特征是(　　)

A.自觉的行动目的　　B.以随意运动为基础

C.克服内外困难　　D.受意识能动调节支配

**答案:**A

**解析:**人的行动是以意识为中介,以自觉目的为特征的意志行动,这是人区别于动物的根本标志,是人主观能动性的最突出表现,是意志行动的首要特征。

**考点7 意志的品质**

[2018 天津·单选]“固执己见”“我行我素”是和意志的(　　)品质相反的表现。

A.自觉性　　B.果断性　　C.坚韧性　　D.自制性

**[考生易错]**A、D

**[思路分析]**本题有30%的同学易错选A项、40%的同学易错选D项。考生容易混淆意志的自觉性、坚韧性和自制性。三者都要求个体控制自己的行为。自觉性是指一个人清晰地意识到自己行动的目的和意义,并且能够主动地支配自己的行动,使之符合既定目的的意志品质。坚韧性又称坚持性,是指一个人在行动中坚持决定,百折不挠地克服重重困难去达到行动目的的品质。坚持是对行动目的的坚持。意志的自制性是指一个人善于控制和支配自己的情绪,约束自己言行的品质。自觉性强调无人看管、自觉自发。坚韧性强调持之以恒、不畏艰难以达到目的(水滴石穿)。自制性强调抵抗诱惑、约束自己的言行,控制消极情绪(今日事今日毕)。故不了解自己行动的意义,极易在别人的怂恿下从事行动是和自觉性相反的品质,不能约束自己的行动是和自制性相反的品质,而在明知自己的主张和观点错误时,仍然固执己见,违背客观规律而一意孤行,是与坚韧性相反的品质。题干所述“固执己见”“我行我素”正是明知自己犯错,却依然向错误的方向前进,故是和坚韧性相反的品质。

**[正确答案]**C

**变式练习**

1.[单选]某学生喜欢打羽毛球,但是为了完成课后作业,可以不受外界的影响,坚持在教室里完成作业后再去与同学一起打羽毛球。这体现了意志的(　　)

A.自觉性　　B.果断性　　C.坚持性　　D.自制性

**答案:**D

**解析:**意志的自制性是一个人善于控制和支配自己的情绪,约束自己言行的品质。为了完成课后作业不去打球,体现的是意志的自制性。

2.[多选]与自制性相反的意志品质有(　　)

A.任性　　B.优柔寡断　　C.动摇性　　D.怯懦

**答案:**AD

**解析:**意志的自制性是一个人善于控制和支配自己的情绪,约束自己言行的品质。与其相反的意志品质是任性和怯懦。优柔寡断是与果断性相反的意志品质;动摇性是与坚韧性相反的意志品质。

3.[多选]与坚韧性相反的意志品质是(　　)

A.盲从性　　B.独断性　　C.动摇性　　D.执拗性

**答案:**CD

**解析:**意志的坚韧性(坚持性)是指一个人在行动中坚持决定,百折不挠地克服重重困难去达到行动目的的品质,与其相反的意志品质是动摇性和执拗性。独断性和受暗示性(盲从)是与自觉性相反的意志品质。

4.[**判断**]小学低年级的学生需要在家长、教师的监管下完成作业,说明小学生意志的自制性较弱。(　　)

A. 正确　　　　B. 错误

**答案:**B

**解析:**自觉性指一个人是否认识到自己的行动目的,并调整和控制行动的意志品质。小学低年级儿童的自觉性是比较差的,他们不善于主动地、独立地调节自己的行为,常常由家长、教师向他们提出行动目的和任务并在成人的督促下完成。因此,题干表述说明小学低年级学生意志的自觉性较弱。

## 考点8 动机冲突

[**2017 山东·单选**]《三国演义》中曹操兵败斜谷,进退两难,当夜规定军中口令为"鸡肋"。曹操的这种体验在心理学上属于动机的(　　)

A. 双趋冲突　　　　B. 双避冲突

C. 趋避冲突　　　　D. 决断冲突

[**考生易错**]B

[**思路分析**]本题有51%的同学易错选B项。考生容易混淆动机冲突的类型。双趋冲突是指从自己同时都很喜爱的两个事物中仅择其一的心理状态。双避冲突是指从希望回避的两种事物中必取其一的心理状态。趋避冲突是指对同一目的兼具好恶的矛盾心理。多重趋避冲突是指对含有吸引与排斥两种力量的多种目标予以选择时所发生的冲突。故判断一种动机冲突的种类时,首先应该判断目标数量,其次判断对目标的态度。题干所述的例子中,目标只有一个,排除多重趋避冲突、双趋冲突和双避冲突;"鸡肋,鸡肋,食之无肉,弃之有味",曹操兵败斜谷后,对汉中的态度是既想进攻,又想撤退,进退两难,故体现的是趋避冲突。

[**正确答案**]C

**变式练习**

1.[**单选**]某学生既想参加朗诵比赛,又怕表现不好被人讥笑,该学生的心理冲突是(　　)

A. 双趋冲突　　　　B. 趋避冲突

C. 双避冲突　　　　D. 多重趋避冲突

**答案:**B

**解析:**趋避冲突,即对**同一目的兼具好恶**的矛盾心理。既想参加朗诵比赛,又怕表现不好被人讥笑这属于趋避冲突。

2.[**单选**]杨林同学是某高校的应届毕业生,在校园双选会上,他同时接到五家单位的招聘意向,面对多种选择,举棋不定。这种冲突是(　　)

A. 趋避冲突　　　　B. 多重趋避冲突

C. 双避冲突　　D. 双趋冲突

**答案**:B

**解析**:多重趋避冲突是指对含有**吸引与排斥**两种力量的**多种目标**予以选择时所发生的冲突。大学毕业生择业时多种选择的冲突,是这类冲突的典型事例。

3. [**单选**]“鱼,我所欲也;熊掌,亦我所欲也。二者不可得兼,舍鱼而取熊掌者也”属于动机冲突中的(　　)

A. 双趋冲突　　B. 双避冲突

C. 趋避冲突　　D. 多重趋避冲突

**答案**:A

**解析**:双趋冲突是指从自己同时都很喜爱的两个事物中仅择其一的心理状态,鱼和熊掌,二者都想得到,但不可兼得,这体现了双趋和冲突。

## 错误率:75%以上

### 考点1 ▶情绪的适应功能和社会功能

[2019 **重庆·单选**]通过微笑表示友好,通过察言观色了解对方的情绪状况。这体现了情绪的(　　)

A. 动机功能　　B. 组织功能　　C. 适应功能　　D. 社会功能

**[考生易错]**D

**[思路分析]**本题有60%的同学易错选D项。考生容易混淆情绪的适应功能和社会功能的内涵。情绪的适应功能是指,情绪和情感是有机体适应生存和发展的一种重要方式。情绪的社会功能是指,情绪在人际间具有传递信息、沟通思想的功能。这两个功能都有个体与外界交流的过程,故容易混淆。社会功能是通过表情来实现的,可以作为社会的黏合剂,使人们接近某些人,也可以作为一种社会的阻隔剂,使人们远离某些人。而适应功能包含以下含义:(1)情绪是人类早期赖以生存的手段。(2)情绪直接反映着人的生存状况,是人的心理活动的晴雨计。(3)人还通过情绪进行社会适应。社会适应体现为人通过情绪了解自身或他人的处境,适应社会的需求,得到更好的生存和发展。如用微笑表示友好,通过移情维护人际关系等。题干中“通过察言观色了解对方的情绪状况”是通过对方的情绪了解他人的处境和需求,故体现的是适应功能。

[正确答案]C

**变式练习**

1. [**单选**]人们一般会远离正处于暴怒中的人,“不去触这个霉头。”这体现了情绪的(　　)

A. 动机功能　　B. 组织功能

C. 适应功能　　D. 社会功能

**答案**:D

**解析**:社会功能是指,情绪可以作为社会的黏合剂,使人们接近某些人,也可以作为一种社会的阻隔剂,使人们**远离某些人**。

2.[单选]人通过愉快可以表示处境良好,通过痛苦可以表示面临困难。这体现了情绪的(　　)

A. 动机功能　　B. 组织功能　　C. 适应功能　　D. 社会功能

**答案:**C

**解析:**情绪的适应功能是指,情绪和情感是有机体适应生存和发展的一种重要方式。情绪直接反映着人的生存状况,是人的心理活动的晴雨计。

## 考点 2 意志的自制性和果断性

[2018 河北·单选]一个人遇到困难或情况发生变化就惊慌失措,不敢采取行动,这是缺乏意志的(　　)

A. 自觉性　　B. 自制性　　C. 坚持性　　D. 果断性

**[考生易错]**D

**[思路分析]**本题有 68% 的同学易错选 D 项。考生容易混淆意志的自制性和果断性。二者都要求个体做出合理的行动。意志的自制性是指一个人善于控制和支配自己的情绪,约束自己言行的品质。意志的果断性是指一种善于辨明是非、抓住时机、迅速而合理地采取决定并执行决定的意志品质。故自制性强调对自身情绪、言行的控制,果断性强调在恰当的时机迅速作出决定并执行决定。题干中所述“遇到困难惊慌失措,不敢采取行动”是无法有效控制自身情绪和行为的表现。故缺乏的是意志的自制性。

**[正确答案]**B

### 变式练习

1.[单选]学生甲容易受情感左右,缺乏理智,常在需要克制的时候任意为之,意气行事;而学生乙常常在需要采取行动,迎接挑战的时候临阵退缩,不敢有所行动。这表明学生甲和乙的意志均缺乏(　　)

A. 自觉性　　B. 坚持性　　C. 果断性　　D. 自制性

**答案:**D

**解析:**意志的自制性是一个人善于控制和支配自己的情绪,约束自己言行的品质。与自制性相反的意志品质是任性和怯懦。前者不能约束自己的行动;后者在行动中畏缩不前,惊慌失措。这都是意志缺乏自制性的表现。

2.[单选]有的人遇事总是举棋不定,优柔寡断。这说明他们的意志缺乏(　　)

A. 自觉性　　B. 自制性　　C. 果断性　　D. 坚持性

**答案:**C

**解析:**意志的果断性是一种善于辨明是非、抓住时机、迅速而合理地采取决定并执行决定的意志品质。与果断性相反的意志品质是优柔寡断和草率武断。优柔寡断的人表现为犹豫不决,疑虑重重,该断不断,其结果常常是错失良机。

3.[单选]一位中学教师,头天晚上与家人发生不愉快的事情,但第二天上课仍然兢兢业业,在课堂上谈笑风生,这反映了意志的(　　)

A. 自觉性　　B. 自制性　　C. 果断性　　D. 坚韧性

**答案:**B

**解析:**意志的自制性是一个人善于控制和支配自己的情绪,约束自己言行的品质。题干中教师能够控制自己的不愉快情绪,体现了其意志的自制性。

## 进阶测评

| 限时:20 分钟 | 用时:________分钟 | 总题数:20 道 | 正确题:________道 |
|---|---|---|---|

一、单项选择题

1. "因为我们哭,所以愁;因为动手打,所以生气;因为发抖,所以害怕;并不是愁了才哭;生气了才打;怕了才抖。"持有这种观点的情绪理论是(　　)

A. 詹姆斯—兰格情绪理论　　B. 坎农—巴德情绪理论

C. 沙赫特和辛格的情绪认知理论　　D. 艾利斯的情绪理论

2. 中学生将爱情的动机转向求知、体育活动、音乐、美术等形式来抒发感情,使原有的动机冲突得以宣泄,这是(　　)的表现。

A. 理智的压抑　　B. 幽默

C. 合理的宣泄　　D. 升华

3. 人们往往难以忘记曾经有过强烈情绪体验的事件(如第一次和喜欢的异性约会)。这体现了情绪对记忆具有(　　)

A. 动机功能　　B. 组织功能

C. 社会功能　　D. 适应功能

4. 随着知识经验的积累,儿童情感的分化逐渐精细、准确,以笑为例,小学儿童除会微笑、大笑外,还会羞涩地笑、偷笑、嘲笑、苦笑等。这一表现说明了小学儿童情感(　　)

A. 丰富性的发展　　B. 深刻性的发展

C. 可控性的发展　　D. 稳定性的发展

5. 郝帅被选中参加歌唱比赛,在即将上场时,郝帅却因为紧张而颤抖,个人状态不佳。此时,老师为了缓解郝帅的紧张情绪,引导郝帅说:"你就把台下的观众想象成蘑菇。"在这一情境中,老师采用的情绪调节的策略是(　　)

A. 回避和接近策略　　B. 控制和修正策略

C. 注意转换策略　　D. 认知重评策略

6. 根据积极适应挫折的方法和技术,"失之东隅,收之桑榆"属于(　　)

A. 合理宣泄　　B. 幽默　　C. 升华　　D. 补偿

7. 下列关于动机冲突的事例中属于多重趋避冲突的是(　　)

A. 小蓝既想参加演讲比赛,但又害怕没得奖被同学嘲笑

B. 小白想下楼去吃夜宵,但又觉得外面太冷不愿意出门

C. 小青既想去北京大学,又想去清华大学,但她只能选一个

D. 小紫想去云南旅行,在选择交通工具时,她觉得坐飞机虽快但机票贵,火车虽便宜但又太慢

8. 小李大学毕业之际有两种选择:一是当中学教师,当教师工作很稳定、压力较小,但工资收入较低;二是去外资企业做职员,做职员工资收入较高,但工作压力大、风险大。小李不知道该如何选择才好。在上述材料中,小李所面临的动机冲突为(　　)

A. 双趋冲突　　B. 双避冲突

C. 趋避冲突　　D. 多重趋避冲突

9. 小伟说他在阅读时,常常忘记了周围,也忘记了自我,以至于结束时不禁感慨:时间过得这么快!这说明小伟当时所处的心理状态是( )

A. 焦虑　　B. 紧张　　C. 喜悦　　D. 心流

10. 爱国主义是人们对自己祖国的深厚感情。爱国主义情感深厚的人,无论是顺境还是逆境都表现出对祖国、对人民深厚的热爱情感。这体现了情绪情感的( )

A. 倾向性差异　　B. 深度差异

C. 稳定性差异　　D. 效能差异

**二、多项选择题**

1. 下面对情绪和情感的关系表述正确的是( )

A. 情绪的产生与有机体的生理需要有关;而情感的产生则与人的社会性需要有关

B. 情绪是人和动物所共有的心理现象;而情感则是人类特有的一种心理现象

C. 情绪产生早;情感产生晚

D. 情感具有情境性和激动性;而情绪具有稳定性和深刻性

2. 中小学生产生挫折的原因有很多,但不外乎客观因素和主观因素两种。下列不属于客观因素的选项是( )

A. 生理因素　　B. 自然因素　　C. 挫折容忍力　　D. 动机冲突

3. 菲菲刚上小学的时候,上下学都需要家长接送,放学回来父母会督促她完成作业、帮助她检查作业;到了小学三年级的时候,菲菲已经能够自己上下学,并完成每天的复习、预习任务。这体现出菲菲意志发展的特点有( )

A. 自制力显著发展　　B. 意志行动的主动性加强

C. 意志行动的坚持性提高　　D. 意志行动的独立性增强

4. 下列做法能够培养学生意志力的有( )

A. 让小学生独自学习生活　　B. 开展理想教育

C. 教育小学生正确对待挫折　　D. 严格执行常规要求

5. 梅梅在一年级时喜欢和长得漂亮的、座位相近的同学做朋友,对于好孩子的理解是不打架、不骂人、上课认真听讲。到了四年级,她更喜欢和学习好、讲义气的同学做朋友,对于好孩子的理解也变成了团结同学、诚实善良、爱祖国、爱班级。梅梅的这种变化体现了小学生高级情感发展的哪些特点( )

A. 道德感的评价标准由无原则向有原则发展

B. 美感从以外在美为主,到开始学会从现实生活中理解和感受美与丑、善与恶等

C. 对道德感的体验程度从浅显、冲动到深刻、稳定

D. 对道德的体验范围由大及小、由远及近

6. 下列能体现情绪情感在对立的两极之间相互转化的是( )

A. 乐极生悲　　B. 喜忧参半

C. 爱屋及乌　　D. 破涕为笑

**三、判断题**

1. 从情感强度的角度,可把情感分为道德感、美感和理智感三种形式。 ( )

A. 正确　　B. 错误

2. 采取决定阶段是意志行动的中心环节，是意志努力的集中体现，其往往与克服困难相联系，与成功和失败的经验相联系。（　　）

A. 正确　　B. 错误

3. 某高中生在解题时因方法不当，浪费了大量时间却未得到正确答案，仍认为耽误的时间值得，因为他认为以后遇到类似的题目就不会再犯同样的错误。这属于典型的“酸葡萄心理”。（　　）

A. 正确　　B. 错误

4. 过度的应激状态使人的记忆、思维能力降低，这反映了应激引起的认识功能障碍。（　　）

A. 正确　　B. 错误

## 参考答案及解析

### 一、单项选择题

1. A 【解析】詹姆斯—兰格情绪学说是有关情绪的生理机制方面的第一个学说。美国心理学家詹姆斯和丹麦生理学家兰格都强调情绪的产生是**植物性神经活动**的产物，也就是说，情绪刺激引起身体的生理反应，而生理反应进一步导致情绪体验的产生。题干所述符合詹姆斯—兰格情绪学说。坎农和巴德认为，情绪的中枢不在外周神经系统，而在**中枢神经系统的丘脑**。外界刺激引起感觉器官的神经冲动，传至丘脑，再由丘脑同时向大脑和植物性神经系统发出神经冲动，从而在大脑产生情绪的主观体验，而由植物性神经系统产生个体的生理变化。沙赫特和辛格的理论认为情绪状态是由认知过程、生理状态、环境因素在大脑皮层中整合的结果。艾利斯提出的“情绪 ABC”理论认为，一个人情绪的好坏主要是由自己的认知和想法决定的。

2. D 【解析】升华是一种最积极的富有建设性的防御机制。因为它可以把社会所**不能接受**的性欲或攻击性冲动所伴有的力比多能量转向更高级的、社会所**能接受**的目标或渠道，进行各种创造性的活动。题干所述是升华的表现。

3. B 【解析】情绪和情感具有组织功能，这种组织功能体现在：(1)促成知觉选择。(2)监视信息的移动。(3)影响工作记忆。情绪和情感对记忆的影响有两个方面：一是喜好影响记忆的效率，人们容易记住喜欢的事物，对不喜欢的事物记忆起来十分吃力；二是根据情绪状态对记忆的内容进行归类，在同样的情绪状态下记住的材料更容易回忆或再认出来。(4)影响思维活动。(5)影响人的行为表现。题干表述体现了情绪对记忆的组织功能。

4. A 【解析】小学儿童的情感内容不断丰富。主要表现在：(1)多样化的活动丰富了小学儿童的情绪、情感。(2)小学儿童的情感进一步分化。由于知识经验的积累，小学儿童的情感分化逐渐精细。以笑为例，小学儿童除了会微笑、大笑外，还会羞涩地笑、嘲笑、冷笑、苦笑、狂笑等。因此，题干所述体现了小学儿童情感丰富性的发展。

5. B 【解析】情绪调节的控制和修正策略是通过改变情境中的各种不利的情绪事件来实现的，情绪调节者试图通过控制情境来控制情绪的过程和结果。就好比你在众人面前演讲会紧张，你的朋友就会来安慰你：“不用紧张，把台下的人当成胡萝卜和大白菜就好。”这就是把造成你情绪波动的"情绪事件"转化,以达到不再紧张的目的。题干中的老师采用的情绪调节策略就是控制和修正策略。

6. D 【解析】补偿是指个人所追求的目标、理想受到挫折,或由于本身的某种缺陷而达不到既定目标时,用另一种目标来代替或通过另一种活动来弥补,从而减轻心理上的不适感。失之东隅,收之桑榆"原指在某处先有所失,在另一处终有所得。比喻开始在这一方面失败了,最后在另一方面取得胜利。故符合补偿的内涵,答案选D项。

7. D 【解析】动机冲突的类型有:(1)双趋冲突。从自己同时都很喜爱的两个事物中仅择其一的心理状态。(2)双避冲突。从希望回避的两种事物中必取其一的心理状态。(3)趋避冲突。对同一目的兼具好恶的矛盾心理。(4)多重趋避冲突。对含有**吸引与排斥**两种力量的**多种目标**予以选择时所发生的冲突。因此,A、B两项为趋避冲突;C项为双趋冲突;D项为多重趋避冲突。因此,答案选D项。

8. D 【解析】多重趋避冲突即对含有吸引与排斥两种力量的多种目标予以选择时所发生的冲突。大学毕业生择业时多种选择的冲突是多重趋避冲突的典型实例。

9. D 【解析】心流是一种积极的情绪体验,是个体**全身心地投入**到某一件事中,在其中有快乐的体验,乐于其中,忘记时间的过去,有失去时空的体验。这种积极的体验在学习状态下表现为在学习中的沉浸感,它会让个体参与学习活动时获得很大的愉悦感。题干中小伟在阅读时忘记了周围,忘记了自我,感慨时间过得快,这说明他当时所处的心理状态是心流。

10. B 【解析】情绪、情感的个别差异包括:倾向性差异、深度差异、稳定性差异、效能差异。其中,情绪、情感的深度差异是指一个人的情绪、情感体验在自己的思想和行为中联系的普遍性和深厚程度的差异。真正深厚的情绪和情感有着深刻的思想基础,与一个人的信仰、理想、世界观紧密联系,在人生活的各个方面都表现出一致性。如爱国主义情感深厚的人,无论是顺境还是逆境;无论是轰轰烈烈的大事,还是平凡的琐事,都表现出对祖国、人民、故乡、领袖和中国共产党深厚热爱的情感。

## 二、多项选择题

1. ABC 【解析】情绪与情感的区别包括:(1)情绪的生理性与情感的社会性。情绪更多是与**生理需要**满足与否相联系的心理活动,而情感则是与**社会性需要**满足与否相联系的心理活动。情绪是原始的,是人和动物所**共有**的,情感则是人类**特有**的心理活动,具有一定的社会历史性。(2)就人类个体而言,情绪发展在先,情感体验产生于后。(3)与情感相比,情绪不稳定。情绪具有较强的情境性、激动性和暂时性,情感具有较强的稳定性、深刻性和持久性。(4)情绪表现的外显性和情感表现的内在性。

2. ACD 【解析】挫折产生的客观原因包括:(1)自然因素;(2)社会因素。挫折产生的主观原因包括:(1)生理因素;(2)心理因素。心理因素中与挫折密切相关的主要有三点:**个性完善程度、动机冲突和挫折容忍力**。

3. ABCD 【解析】菲菲的意志发展的特点有:(1)从上下学都需要家长接送到能够自己上下学体现出其意志的独立性增强;(2)从需要父母督促完成作业、帮助检查作业到自己完成复习、预习任务体现出其意志的主动性和自觉性加强;(3)到了三年级后,菲菲能够坚持完成每天的复习、预习任务,体现出其意志的坚持性有所提高。

4. BCD 【解析】培养学生意志力可以通过：(1)加强生活目的性教育，树立科学的世界观、远大的理想和信念，培养学生行为的目的性，减少其行动的盲目性。(2)加强养成教育，培养小学生的自制能力，养成教育就是通过培养小学生自觉遵守纪律和生活制度的常规训练，使小学生形成自动控制的良好的行为习惯。(3)组织实践活动，在困难环境中锻炼学生的意志，让学生取得意志锻炼的直接经验。(4)教育学生正确地对待挫折。(5)根据学生意志品质上的差异，采取不同的锻炼措施。(6)发挥教师、班集体和榜样的模范作用，给予必要的纪律约束。(7)加强自我锻炼，从点滴小事做起。

5. ABC 【解析】高级情感指与社会需要相联系的情感，包括道德感、美感、理智感。小学生道德感的发展概括起来有如下特点：(1)评价标准由无原则向有原则发展。例如，小学生一般不再按偶然的外部情况(书桌邻近、居住地邻近等)选择朋友，而是说明自己选择的理由，说明那些促进他与某个同学接近的道德特征。(2)体验范围由小到大，由近及远。以低年级学生来说，他们爱的情感首先是爱父母、兄弟姐妹、同学，然后逐渐扩展到爱家乡、爱社会、爱祖国、爱全人类。(3)小学生道德感的体验从浅显、冲动到深刻、稳定。例如，同样对于善良的理解，小学低年级学生认为不打人、不骂人就行了，高年级学生则认为还应该包括拾金不昧、团结友爱、乐于助人等等才行。故A、C两项说法正确，D项说法错误。美感的发展：小学低年级的学生，美感仍然带有幼儿期的特点，以外在美为主，以真实性为主。小学中、高年级学生的精神生活逐步丰富，开始学会从现实生活中理解和感受美与丑、善与恶、高尚与卑劣，等等。故B项说法正确。因此，答案选A、B、C三项。

6. AD 【解析】情绪和情感的两极性是指每一种情绪和情感都能找到与之对立的情绪和情感。"乐极生悲""破涕为笑""喜极而泣"等成语都体现了情绪情感的两极性的转化。B项喜忧参半是指表达内心一半欢喜一半忧愁的情感，并没有发生情绪情感两极性的转化过程。C项爱屋及乌属于移情，并没有发生情绪情感两极性的转化过程。

三、判断题

1. B 【解析】从情感的社会内容角度来看，人类的情感有道德感、美感和理智感三种形式。

2. B 【解析】意志行动的过程包括准备阶段(采取决定阶段/确定决定阶段)和执行决定阶段。其中，执行决定阶段是意志行动的中心环节，是意志努力的集中体现。

3. B 【解析】甜柠檬心理，即当得不到葡萄而只有柠檬时，就说柠檬是甜的。它是为了**掩盖错误**或失败，以保持内心的安宁。题干所述属于甜柠檬心理。

4. A 【解析】应激状态所造成的机体内部稳定状态的紊乱以及各种消极情绪都可导致认识功能障碍。过度的应激状态使人的记忆、思维能力降低，幽默感减弱，也妨碍人的技能活动，一些熟练动作也受到干扰。

# 专题四　个性心理

## 错误率：50%以上

### 考点1 缺失需要和成长需要

[**2019 河北·判断**]只有人的缺失需要被完全满足后，才会产生成长需要。(　　)

A. 正确　　　　B. 错误

[**考生易错**]A

[**思路分析**]本题有55%的同学易将题干内容判断为正确。考生容易机械地理解马斯洛的需要层次理论，认为必须完全满足低层次的需要，高层次的需要才可能出现。人的缺失需要只得到部分满足时，也能产生成长需要，并不需要将缺失需要完全满足。故题干说法错误。

[**正确答案**]B

**变式练习**

[**单选**]张老师主张运用马斯洛的需要层次理论激发和培养学生的学习动机，但王老师对此持不同意见。王老师反驳张老师观点的例子是(　　)

A. 对于食不果腹的孩子来说无法激发其求知欲

B. 学生得到教师的尊重和爱护后容易产生学习热情

C. 正在经受战乱的孩子仍然渴望学习知识

D. 教师为学生创设良好的环境后学生的学习热情高昂

**答案**：C

**解析**：根据马斯洛的需要层次理论，较低级的需要至少必须部分满足之后才会出现对较高级需要的追求。食不果腹的孩子其生理需要没有得到满足，无法产生求知的需要，即无法激发其求知欲，这一观点支持了张老师的观点；正在经受战乱的孩子其安全感没有得到满足，但仍然渴望学习知识，表明其已经产生了求知的需要，这与张老师的观点是不一致的；教师的尊重和爱护使学生的归属与爱的需要得到了满足，这时学生容易产生学习热情，符合马斯洛需要层次理论；根据需要层次理论，家长和教师应该为学生创造良好的成长环境，学生在各种缺失性需要都获得满足后，学习热情高昂。

### 考点2 动机产生的条件

[**2016 辽宁·判断**]心理学家把能够引起个体动机并能满足个体需求的内外部条件称为“诱因”。(　　)

A. 正确　　　　B. 错误

[**考生易错**]A

[**思路分析**]本题有52%的同学易将题干内容判断为正确。考生容易混淆动机产生的内在条件和外在条件。动机产生的内在条件是需要。动机是在需要的基础上产生的，与需要联系紧密，但它又不同于需要。只有当需要达到一定程度时，才能成为推动或阻止某种活

动的内部动力。动机产生的外在条件是诱因。能够引起个体动机并满足个体需要的外在刺激,称为诱因。凡是使个体趋向或接受某种刺激而获得满足的,称为正诱因;凡是使个体逃离或躲避某种刺激而获得满足的,称为负诱因。诱因可以是物质的,也可以是精神的。考生可以这样记忆这一知识点:需要是人自身的需要,因此是内部条件;诱因是外部刺激,因此是外部条件。能让人接受的一般是正面刺激,因此是正诱因;让人逃离的一般是负面刺激,因此是负诱因。

[正确答案]B

**变式练习**

1.[**单选**]能够激起有机体的定向行为,并能满足某种需要的外部条件或刺激物是(　　)

A. 需要　　B. 动机　　C. 强化　　D. 诱因

**答案:**D

**解析:**题干描述的是诱因的定义,故选D项。

2.[**判断**]诱因可以是物质的,也可以是精神的,正诱因促进动机的产生,负诱因阻碍动机的产生。(　　)

A. 正确　　B. 错误

**答案:**B

**解析:**能够**引起个体动机**并满足个体需要的外在刺激,称为诱因。诱因可以是物质的,也可以是精神的。凡是使个体趋向或接受某种刺激而获得满足的,称为正诱因;凡是使个体逃离或躲避某种刺激而获得满足的,称为负诱因。故诱因都可促进动机的产生。题干后半部分表述错误。

## 考点3 ▶动机的功能

[**2020河南·单选**]为了看美剧定下目标"不看字幕就能听懂美剧",为此记单词、学语法,并反复对照录像看字幕,直到成功。这反映了动机的(　　)

A. 引发功能　　B. 维持功能

C. 定向功能　　D. 调节功能

**[考生易错]**C

**[思路分析]**本题有48%的同学易错选C项。考生容易混淆动机的定向功能和维持功能。定向功能又称指向功能,是指在动机的作用下,人的行为将指向某一目标。而动机的维持功能表现为行为的坚持性。定向功能强调行为指向一定的目标,在面临多种目标和诱因时,能从中做出一定的选择。维持功能强调在长时间的活动中保持认真的态度,坚持把任务顺利完成。题干中为了某一目的不断努力,直到最终成功,是一种长时间的持续性行为,故体现的是动机的维持功能。

[正确答案]B

**变式练习**

[**单选**]同样是努力学习,有些学生只是为了获得老师或家长的赞许,并不在意自己是否真正掌握了知识;而有些学生则是对学习内容本身较为感兴趣。这种现象体现了动机具

有(　　)

A. 激活功能　　B. 指向功能　　C. 调节功能　　D. 维持功能

**答案**:B

**解析**:动机的指向功能(定向功能)是指在动机的作用下,人的行为将指向某一目标。根据题干所述不同的学生学习的目标指向不同,这体现了动机的指向功能。

## 考点 4 直接兴趣和间接兴趣

[2017 **福建·判断**]有的观众因喜欢《中国诗词大会》节目而对诗词感兴趣,这是一种直接兴趣。(　　)

A. 正确　　B. 错误

**[考生易错]**B

**[思路分析]**本题有55%的同学易将题干内容判断为错误。考生容易混淆直接兴趣和间接兴趣的概念。直接兴趣是由认识事物本身的需要引起的。间接兴趣是由认识事物的目的和结果引起的。考生在做题时,可以根据兴趣的对象来区分。如果是对事物本身感兴趣,则属于直接兴趣;如果是对事物本身不感兴趣,但对其结果感到需要而产生的兴趣,则属于间接兴趣。

**[正确答案]**A

### 变式练习

1. [**单选**]尽管小石同学觉得数学非常没有意思,但是为了能当上数学课代表,他也克服困难,认真学习。根据兴趣的目的性,这种兴趣属于(　　)

A. 间接兴趣　　B. 直接兴趣

C. 暂时的兴趣　　D. 稳定的兴趣

**答案**:A

**解析**:直接兴趣是由认识事物本身的需要引起的,如对看电视、小说的兴趣;间接兴趣是由认识事物的目的和结果引起的,如科学家可能对繁杂的数据处理没有兴趣,只对研究结果有兴趣。小石对数学本身不感兴趣,但因为想当数学课代表便努力学习就属于间接兴趣。

2. [**单选**]学生对一堂生动的课、一部好看的电影或一首好听的歌曲等产生的兴趣属于(　　)

A. 间接兴趣　　B. 直接兴趣　　C. 个体兴趣　　D. 情景兴趣

**答案**:B

**解析**:根据兴趣的倾向性,可将兴趣分为直接兴趣和间接兴趣。直接兴趣是由于事物本身存在的意义使个体在情绪上愉悦,并引人入胜而引发的。例如,学生对一堂生动的课、一部好看的电影、一首好听的歌曲等产生的兴趣就是直接兴趣。故选 B 项。

## 考点 5 晶体智力

[2018 **广东·判断**]晶体智力在人的一生中一直在发展,只是到25岁以后,发展速度渐趋平缓。(　　)

A. 正确　　B. 错误

**[考生易错]**B

[思路分析]本题有57%的同学易将题干内容判断为错误。考生容易混淆晶体智力和流体智力的发展。流体智力以生理为基础，受先天遗传因素的影响较大。晶体智力以学得的经验为基础，受后天经验的影响较大。一般人在20岁以后，流体智力的发展达到顶峰，30岁以后随着年龄的增长而降低，而晶体智力则随着年龄的增长而升高，到了25岁以后，其发展速度趋于平缓。

[正确答案]A

**变式练习**

1. [单选]对从社会文化和实践中习得的解决问题的方法进行应用的能力是(　　)

A. 流体智力　　B. 多元智力　　C. 言语智力　　D. 晶体智力

**答案:**D

**解析:**晶体智力是以学得的经验为基础的认知能力。它受**后天经验**的影响较大，主要表现为运用已有知识和技能去吸收新知识和解决新问题的能力，是在实践中形成的能力。

2. [单选]“老将出马，一个顶俩”“姜还是老的辣”，说明的观点是(　　)

A. 人越老越聪明　　B. 老年人的流体智力没有衰退

C. 老年人的晶体智力还在发展　　D. 老年人有个别差异

**答案:**C

**解析:**晶体智力是以学得的经验为基础的认知能力。它受后天经验的影响较大，主要表现为运用已有知识和技能去吸收新知识和解决新问题的能力。显然，晶体智力与教育、文化有关，但在个体差异上与年龄的变化没有密切关系，晶体智力不因年龄增长而降低，有些人甚至因知识经验的累积，晶体智力随着年龄的增长而升高。

## 考点6 ▶三元智力理论

[2020山东·单选](　　)认为，智力包括两种能力，一种是处理新任务和新环境时所要求的能力，另一种是信息加工过程自动化的能力。

A. 智力成分亚理论　　B. 智力情境亚理论

C. 智力经验亚理论　　D. 智力形态亚理论

[考生易错]A、B

[思路分析]本题有25%的同学易错选A项、30%的同学易错选B项。考生容易混淆斯腾伯格的三元智力理论中的三个亚理论。智力成分亚理论认为，智力包括三种成分及相应的三种过程，即元成分、操作成分和知识获得成分。智力情境亚理论认为，智力是指获得与情境拟合的心理活动。智力经验亚理论认为，智力包括两种能力：(1)处理新任务和新环境时所要求的能力；(2)信息加工过程自动化的能力。智力成分亚理论重点在于从计划、执行到获取和保存信息的过程。智力情境亚理论重点在于适应、塑造和选择环境。智力经验亚理论强调任务、情境和个体三者间的相互作用和自动化加工。

[正确答案]C

**变式练习**

[单选]斯腾伯格的智力成分亚理论中的“成分”不包括(　　)

A. 经验成分　　B. 操作成分　　C. 知识获得成分　　D. 元成分

**答案:**A

**解析:**智力成分亚理论认为,智力包括三种成分及相应的三种过程,即元成分、操作成分和知识获得成分。

## 考点7 ▶智力测验的标准

[2018 **河南·单选**]在期末考试前,学校要求各年级、各学科分别编制A卷和B卷两份试卷,以衡量两次测验的评价结果是否符合学生学业水平的实际程度。这体现的重要指标是(　　)

A. 信度　　B. 效度　　C. 难度　　D. 区分度

[**考生易错**]A

[**思路分析**]本题有46%的同学易错选A项。考生容易混淆信度和效度的内涵。信度是指一个测验量表的可靠程度(或可信程度)。效度是指一个测验工具希望测到某种行为特征的有效性与准确程度。具体来讲,信度高意味着多次测量,结果一致。效度高意味着测验能测到测验者想要的东西。题干中试卷的目的是测量学生的学业水平,而分AB卷的目的是衡量两次测验的评价结果是否符合学生学业的真实水平,即衡量测验是否能测出测量者想要测出的东西。故体现的是效度。

[**正确答案**]B

### 变式练习

1. [**单选**]心理健康课上,李老师用人格测验量表对同一班学生进行两次测验,获得的分数差别较大,这反映了该量表存在(　　)

A. 信度问题　　B. 效度问题

C. 难度问题　　D. 区分度问题

**答案:**A

**解析:**信度是指一个测验量表的可靠程度(或可信程度)。它以**反复测验**时能否提供**相同的结果**来说明。如果一个人初测时分数很高,而在复测时分数很低,则说明测验的信度差。

2. [**单选**]张老师编制了一份算数试卷对小学生进行考查,由于卷中出现了一些生字而影响了学生的数学考试成绩。这说明这份试卷的(　　)

A. 实用性差　　B. 可信度低

C. 有效性差　　D. 区分度低

**答案:**C

**解析:**测验的效度(有效性),是指一个测验工具希望测到某种行为特征的有效性与准确程度。在本题中,算数试卷希望测到的是学生对算数知识的掌握程度,但却因生字而没有达到原有的效果。因此,这说明该试卷的有效性差。

## 考点8 ▶信度和效度的关系

[2019 **山东·多选**]信度与效度的关系可表述为(　　)

A. 信度是效度的必要而充分条件　　B. 信度受效度制约

C. 信度是效度的必要而非充分条件　　D. 效度受信度制约

［考生易错］BCD

［思路分析］本题有50%的同学易错选B项。考生容易混淆信度和效度的关系。信度是效度的必要条件，但不是充分条件。一个测量工具要有效度必须有信度，没有信度就没有效度；但是有了信度不一定有效度。信度低，效度不可能高；信度高，效度未必高。也就是说，效度受信度制约。

［正确答案］CD

变式练习

1.［单选］某教师为调查学生的学习动机投放了问卷，用该问卷重复调查同一群体学生的情况，每次的调查结果趋于一致，但调查结果和实际情况有较大差距。这表明（　　）

A. 问卷信度低，效度也低　　B. 问卷信度高，效度却低

C. 问卷信度高，效度也高　　D. 问卷信度低，效度却高

**答案**：B

**解析**：信度是指一个测验量表的可靠程度（或可信程度），它以反复测验时能否提供相同的结果来说明。效度是指一个测验工具希望测到某种行为特征的有效性与准确程度。题干所述问卷调查的结果每次都趋于一致，这说明其信度高。问卷调查结果和实际情况有较大差距，说明问卷的效度低。

2.［判断］评价考试质量的指标有效度、信度、难度和区分度等。信度越高，效度也越高，考试结果与考生的实际水平越相符。（　　）

A. 正确　　B. 错误

**答案**：B

**解析**：评价考试质量主要采取信度、效度、难度和区分度等指标。信度是效度的必要条件，但不是充分条件。一个测量工具要有效度必须有信度，没有信度就没有效度；但是有了信度不一定有效度。信度低，效度不可能高；信度高，效度未必高。

## 考点9 托马斯—切斯的气质类型说

［2020 山东·单选］幼儿表现出饮食、睡眠都很有规律，大多数情况下心情愉快积极，乐于探究新事物，容易适应环境的变化。根据托马斯和切斯关于儿童气质类型的划分，这类儿童气质类型属于（　　）

A. 愉悦型　　B. 容易型　　C. 缓慢型　　D. 困难型

［考生易错］A

［思路分析］本题有70%的同学易错选A项。考生对托马斯—切斯的气质类型说理解不到位，容易望文生义。托马斯和切斯根据儿童活动水平、生理活动的规律性、对新异刺激反应的害怕或抑制等九个维度，把婴儿的气质分为容易型、迟缓型和困难型三种类型。考生可以从照顾这三种类型婴儿的难度来进行记忆。容易型的婴儿具有情绪稳定、活泼、饮食和睡眠规律等特点，照顾起来比较容易。困难型婴儿生理活动没有规律、害怕生人、对新环境表现出强烈的退缩和激动，照顾起来相对困难。迟缓型婴儿有时大惊小怪，表现为安静和退缩，对新环境和新事物适应缓慢，但经过教育可以改正，照顾难度在困难型和容易型之间。

［正确答案］B

变式练习

1.[单选]小华饮食、大小便、睡眠都很有规律,心境、情绪比较愉快、积极,根据托马斯和切斯关于儿童气质类型划分的理论,小华属于(　　)气质类型。

A.困难型　　B.容易型　　C.慢活跃型　　D.焦虑型

**答案:**B

**解析:**托马斯等人认为,容易型气质类型的儿童饮食、大小便、睡眠都很有规律;心境、情绪比较愉快、积极;乐于探究新事物,在新事物与陌生人跟前表现出适度的紧张,对环境的变化容易适应。故小华属于容易型的气质类型。

2.[单选]根据托马斯和切斯关于儿童气质类型的分类理论,气质类型偏向于(　　)的儿童对新环境或陌生人很敏感,反应强烈,常常很容易紧张。

A.困难型　　B.容易型　　C.慢活跃型　　D.暴躁型

**答案:**A

**解析:**困难型儿童的活动没有什么规律,不容易预测和把握;对新环境表现为退缩,很难适应;对新环境或者陌生人很敏感,反应强烈;常常很紧张。

考点10▶高级神经活动类型

[2019 内蒙古·单选]与高级神经活动类型的兴奋型相对应的气质类型是(　　)

A.胆汁质　　B.多血质　　C.黏液质　　D.抑郁质

**[考生易错]**B

**[思路分析]**本题有53%的同学易错选B项。考生容易混淆与高级神经活动类型相对应的气质类型。不可遏制型(兴奋型)的高级神经活动过程是强、不平衡,对应的气质类型是胆汁质。活泼型(灵活型)的高级神经活动过程是强、平衡、灵活,对应的气质类型是多血质。安静型(不灵活型)的高级神经活动过程是强、平衡、不灵活,对应的气质类型是黏液质。弱型(抑制型)的高级神经活动过程是弱,对应的气质类型是抑郁质。

**[正确答案]**A

变式练习

1.[单选]巴甫洛夫通过实验研究发现神经系统具有强度、平衡性和灵活性三个特征,其中与“强、平衡、灵活”的神经活动类型相对应的气质类型是(　　)

A.多血质　　B.黏液质　　C.胆汁质　　D.抑郁质

**答案:**A

**解析:**“强、平衡、灵活”属于活泼型(灵活型),与多血质对应,故选择A项。“强、不平衡”属于不可遏制型(兴奋型),与胆汁质对应。“强、平衡、不灵活”属于安静型(不灵活型),与黏液质对应。“弱”属于弱型(抑制型),与抑郁质对应。

2.[单选]黏液质类型的人,其高级神经活动类型的基本特征是(　　)

A.强、平衡、灵活　　B.强、平衡、不灵活

C.强、不平衡　　D.弱型

**答案:**B

**解析:**黏液质的高级神经活动过程表现为强、平衡、不灵活。

**考点 11 ▶ 性格的结构**

**[2017 山东 · 单选]** 有的人深思熟虑,看问题比较全面;有的人缺乏主见,人云亦云;有的人则现实感强。这些表述体现了性格的(　　)

A. 意志特征　　　　B. 态度特征

C. 情绪特征　　　　D. 理智特征

**[考生易错]** A、B

**[思路分析]** 本题有 28% 的同学易错选 A 项、25% 的同学易错选 B 项。考生易混淆性格的态度特征、理智特征和意志特征。性格的态度特征是指个体对自己、他人、集体、社会以及对工作、劳动、学习的态度特征。性格的态度特征在性格结构中具有核心意义。性格的意志特征是指个体自觉地确定目标,调节支配行为,从而达到目标的性格特征。性格的情绪特征是指个体稳定而独特的情绪活动方式。性格的理智特征是指个体在感知、记忆、想象、思维等认知过程中表现出来的认知特点和风格。考生可根据关键词对态度的四种特征进行识记。态度特征的关键词是对事物的态度、核心意义;情绪特征的关键词是情绪活动方式;理智特征的关键词是认知过程;意志特征的关键词是意志努力、调节、控制。

**[正确答案]** D

**变式练习**

1. **[单选]** 遇到困难时小方沉着冷静,能够支配和控制自己的行为,不盲目、不怯懦。这些表现属于性格的(　　)

A. 态度特征　　B. 情绪特征　　C. 理智特征　　D. 意志特征

**答案:** D

**解析:** 性格的意志特征是指个体自觉地确定目标,调节支配行为,从而达到目标的性格特征。题干中,小方的表现属于性格的意志特征。

2. **[单选]** 节俭属于性格的(　　)特征。

A. 态度　　B. 行为　　C. 意志　　D. 情感

**答案:** A

**解析:** 性格的态度特征是指个体对自己、他人、集体、社会以及对工作、劳动、学习的态度特征。例如,谦虚或自负、利他或利己、粗心或细心等。

3. **[单选]** 有的人事先就确定了参观计划,计算时间是否充裕、重点看哪些内容,进入展厅后就有条不紊的详略有别地观看;而有的人则喜欢到了再说,进入展厅后就哪里人多往哪挤,认为人多处定有精彩的东西,或是在某一处看得高兴而全然不管其它。这体现了性格的(　　)特征。

A. 理智　　B. 意志　　C. 情绪　　D. 态度

**答案:** A

**解析:** 性格的理智特征,是指在认识事物过程中表现出来的一些个体差异,主要反映在人的观察活动、思维活动、想象活动和记忆活动等方面,如观察精细、敏锐或粗略等。有的人事先就确定了参观的计划,盘算了时间是否充裕、重点看些什么等,进入展厅后就有条不紊、详略有别地观看;而有的人则喜欢抱着"到了那里再说,反正有东西可看"的态度,进展厅后哪里人多就往哪里挤,认为人多处定有精彩的东西。这体现的是不同性格的理智特征。

### 考点12 ▶ 气质与性格

[2017 河南·单选]“活泼好动”是一个人(　　)的表现。

A. 能力　　B. 兴趣　　C. 气质　　D. 性格

[考生易错]D

[思路分析]本题有55%的同学易错选D项。考生容易混淆气质与性格的内涵。气质是表现在心理活动的强度、速度、灵活性与指向性等方面的一种稳定的心理特征,即我们平时说的脾气、禀性。性格是指人的较稳定的态度与习惯化了的行为方式相结合而形成的人格特征。对于气质与性格,我们可以从“态度”上进行区分。性格具有态度特征,它是指个体对自己、他人、集体、社会以及对工作、劳动、学习的态度特征。而气质不具有这一特征。故诸如“利己”“谦虚”等都属于性格,而“活泼好动”“精力充沛”“敏锐”等不具有态度倾向的,则属于气质。

[正确答案]C

**变式练习**

1. [单选]一个人表现出助人为乐的特点,另一个人表现出自私自利的特点,二人的表现体现的人格是(　　)

A. 认知方式　　B. 气质　　C. 性格　　D. 动机

答案:C

解析:性格是指人的较稳定的态度与习惯化了的行为方式相结合而形成的人格特征。助人为乐和自私自利属于性格的态度特征。

2. [单选]路见不平,有人能见义勇为,有人则逃之夭夭。这反映了人的(　　)差异。

A. 能力　　B. 性格　　C. 人格　　D. 气质

答案:B

解析:性格是指人的较稳定的态度与习惯化了的行为方式相结合而形成的人格特征。它是一个人的心理面貌本质属性的独特结合,是人与人相互区别的主要方面。“见义勇为”和“逃之夭夭”反映了人的性格差异。

## 错误率:75%以上

### 考　点 ▶ 难度

[2020 江西·单选]一份试卷的难度指数越大,说明这份试卷(　　)

A. 越难　　B. 越容易　　C. 适中　　D. 不确定

[考生易错]A

[思路分析]本题有67%的同学易错选A项。考生容易从固有的思维模式出发理解难度指数这一指标,错误地认为难度指数越大,测验的通过率越低,即“越难”。难度反映了题目的难易程度,可以根据考生对每道题目答对的比例来估计难度,并将这个比例称为难度指数。选择题难度指数的计算公式为P=答对该题的人数/总人数。一般题目难度指数的计算公式为P=平均分/总分。故难度指数越高,意味着答对该题的人数越多,或得分越高,即“越简单”。

[正确答案]B

**变式练习**

[**单选**]一道选择题的难度指数越小,说明这道题的(　　)

A. 通过率越低　　B. 通过率过高

C. 信度越高　　D. 信度越低

**答案:**A

**解析:**难度指数越高,意味着答对该题的人数越多;难度指数越低,意味着答对该题的人数越少,即通过率越低。测验的难度与信度没有直接对应关系,但是当测验太难或太易时,分数的范围就会缩小,从而降低信度。只有当测验难度水平可以使测验分数的分布范围最大时,测验的信度才会最高,通常这个难度水平为0.50。

## 进阶测评

| 限时:25分钟 | 用时:________分钟 | 总题数:26道 | 正确题:________道 |
|---|---|---|---|

**一、单项选择题**

1. 在能力与知识、技能的关系上,下面说法不正确的是(　　)

A. 一个人能力的高低会影响他掌握知识、技能的水平

B. 能力是掌握知识、技能的前提

C. 能力是掌握知识、技能的结果

D. 可以根据掌握知识、技能的多少判断一个人能力的大小

2. 如果一个人的性格表现为整洁、小气、做事有条理。按照弗洛伊德的人格理论,此人的性格为(　　)

A. 口腔保护型　　B. 口腔驱逐型

C. 肛门保护型　　D. 肛门驱逐型

3. 在出发旅行前亲手绘制旅行路线图及预订酒店和车票主要体现了(　　)

A. 分析性智力　　B. 创造性智力

C. 综合性智力　　D. 实践性智力

4. 卢老师决定以笔试的形式测试学生们的上课成果,但是考试成绩出来后,他发现学生们的成绩普遍偏低。这说明卢老师的试卷测试缺乏(　　)

A. 效度　　B. 信度

C. 区分度　　D. 难度

5. 多元智力理论是新课改的理论基础之一,下列教学实践中与其倡导理念不相符的是(　　)

A. 学生观:天生我材必有用　　B. 教学观:因材施教

C. 教学目标:学有所得,学有所长　　D. 教学行为:教学相长

6. 最早的智力测验是由法国心理学家比纳和西蒙于1905年编制的,他们用(　　)这一概念来表示智力水平。

A. 智商　　B. 离差智商　　C. 智龄　　D. 比率智商

7. 受测验长度影响的测验质量指标是(　　)

A. 信度　　B. 效度　　C. 难度　　D. 区分度

8. 关于测验的区分度,描述正确的是(　　)

A. 它是指区分不同考生的能力

B. 它与难度有关

C. 为了有效区分不同考生的能力,项目鉴别指数在0.7以上最好

D. 区分度也叫作项目的效度,是作为评价项目质量、遴选项目的主要依据

9. 对中国儿童和国外儿童智力发展差异的研究,最理想的智力测验工具是(　　)

A. 韦氏智力测验　　B. 比纳智力测验

C. 瑞文智力测验　　D. 中国比纳智力测验

10. 温馨的家庭氛围和良好的同伴关系有助于儿童获得成功的社交技巧,有利于儿童社会价值的获得以及认知和健康人格的发展。根据马斯洛的需要层次理论,这是因为儿童的(　　)得到了满足。

A. 生理的需要　　B. 审美的需要

C. 认知的需要　　D. 归属与爱的需要

11. 人们希望得到稳定的工作,愿意参加各种保险。这体现了人们有(　　)

A. 生理需要　　B. 安全需要

C. 归属与爱的需要　　D. 尊重需要

12. 智力可被看作是个体各种认知能力的综合,(　　)是其核心因素。

A. 判断力　　B. 想象力　　C. 思维力　　D. 观察力

## 二、多项选择题

1. 因为想要顺利通过考试,所以学生上课会专心听讲,下课主动完成作业,并且去看之前不想看的辅导材料,甚至生病了还坚持学习。由此可以判断出学习动机具有(　　)

A. 激活功能　　B. 定向功能

C. 维持功能　　D. 调节功能

2. 吉尔福特认为智力是一个由不同方式对不同信息进行加工的综合系统,这一系统在结构上包括(　　)三个维度。

A. 内容　　B. 形式　　C. 操作　　D. 结果

3. 下列属于加德纳多元智力范畴的是(　　)

A. 自我反省智力　　B. 空间智力

C. 创造性智力　　D. 实践性智力

4. 卡特尔等人将智力分为流体智力和晶体智力两类。下列属于流体智力的有(　　)

A. 反应速度　　B. 推理能力

C. 空间关系认知　　D. 烹饪技能

5. 动机产生并依赖于需要,下列选项中,不属于需要的是(　　)

A. 水　　B. 饥渴

C. 寻求水源　　D. 喝水

6. 在心理学中,下列属于特殊能力的有(　　)

A. 形象思维　　B. 空间想象

C. 数学计算　　D. 观察力

7. 下列对气质的描述,正确的是(　　)

A. 气质影响人的职业选择　　B. 气质无好坏之分

C. 气质是高级神经活动类型的外部表现　　D. 气质主要是遗传的结果

8. 下列属于多血质气质类型学生的观察指标的有(　　)

A. 积极参加学校的活动,但有始无终　　B. 反应较慢,不做没有把握的事

C. 善于交际,但缺乏知心好友　　D. 喜欢在公开场合表现自己

## 三、判断题

1. 需要层次理论说明,在某种程度上学生缺乏学习动机可能是由于某种成长性需要没有得到充分满足。(　　)

A. 正确　　B. 错误

2. 按照马斯洛的动机作用论的观点,教师在自尊水平低的学生中灌输为学习本身的满足而去学的做法是不恰当的。(　　)

A. 正确　　B. 错误

3. 测验的信度,又称测验的可靠度,是指一个测验经过多次测量所得结果的一致程度,以及一次测量所得结果的准确性程度。(　　)

A. 正确　　B. 错误

4. 性格的情绪特征主要表现在个体的自我调节和自我控制方面。(　　)

A. 正确　　B. 错误

5. 影响青少年智力发展的因素有很多,如环境、教育、遗传、性别等。(　　)

A. 正确　　B. 错误

6. 测验难度水平使测验分数分布范围最大时,测验信度才会最高。(　　)

A. 正确　　B. 错误

## 参考答案及解析

一、单项选择题

1. D 【解析】能力与知识、技能的联系有:(1)能力是掌握知识与技能的**前提**。能力的高低会影响到知识掌握的深浅、难易和技能水平的高低。(2)能力是在掌握知识和技能的过程中形成和发展起来的,掌握系统的知识和技能有利于能力的增长和发挥。能力与知识、技能的区别有:(1)能力与知识、技能具有不同的概括水平。(2)在一个人身上,知识和技能的发展是无止境的,它随着学习进程的不断增多而不断丰富;而能力的发展则有一定的限度。(3)知识、技能的掌握和能力的发展是不同步的。知识多了,能力并不一定就高。综上所述,能力是掌握知识、技能的基础,又是掌握知识、技能的结果。两者是互相转化、互相促进的。所以,A、B、C 三项说法正确,D 项说法错误。

2. C 【解析】在肛门期,快感主要来自对粪便的排出与克制,如果这一时期出现停滞现象,可使人格朝着慷慨、放纵、生活秩序混乱、不拘小节或循规蹈矩、谨小慎微、吝啬、整洁两个方向发展。肛门性格分为两类:(1)肛门保护型,此类型的人一般表现为**整洁**、**小气**、**做事有条理**;(2)肛门驱逐型,此类型的人一般表现为**不整洁**、**大方**、**做事缺乏条理**。

3. D 【解析】斯腾伯格的三元智力理论认为,人有三种智力:分析智力、创造智力和实践智力。分析智力主要用于分析、判断、评价。创造智力主要是创造、发现、发明、想象和探索。实践智力主要是付诸实践、应用、使用和履行的能力。题干表述主要体现了实践性智力。

4. C 【解析】依据题干描述可知,学生成绩普遍偏低,造成该结果的原因可能有两种:(1)学生学习的效果差,没有很好地掌握相关知识,最终测验成绩普遍偏低,这说明试卷有效度,测出了学生的真实水平;(2)学生的学习成绩有好有坏,但本次测出的成绩偏低则说明试卷难度过大,缺乏区分度,不能鉴别出不同学生的学习水平。故本题选择 C 项。

5. D 【解析】(1)多元智力理论认为几乎每个人都是聪明的,即"天生我材必有用"。因此,多元智力理论为教师们提供了一个积极乐观的学生观,即每个学生都有闪光点和可取之处,教师应从多方面去了解学生的特长,并相应地采取适合其特长的有效方法,使其特长得到充分的发挥。(2)多元智力理论认为,每个人都不同程度地拥有彼此相对独立的七种智力,而且每种智力都有其独特的认知发展过程和符号系统。因此,在教学观上,多元智力理论给教师的启示是教师在教学时要考虑个体差异,因材施教。(3)在教学目标上,多元智力理论并不主张将所有人都培养成全才,而是认为应该根据学生的不同情况来确定每个学生最适合的发展道路。通俗地讲,多元智力理论主张给每个学生都铺一座桥,让每个学生都"学有所得,学有所长"。因此,A、B、C 三项与多元智力理论倡导的理念相符,答案选 D 项。

6. C 【解析】世界上最早的智力测验是由法国心理学家比纳和西蒙于 1905 年编制的,称为

比纳—西蒙智力量表。他们提出用智力年龄来表示智力水平,简称智龄。

7. A 【解析】信度是指一个测验量表的可靠程度(或可信程度)。影响信度的因素主要有**被试的样本、测验的长度、测验的难度**等。

8. B 【解析】区分度是指测验项目对被试的**心理特征**的区分能力。区分度高的项目,能将**不同水平**的被试区分开来;区分度低的项目,则不能很好地鉴别被试水平。故 A 项错误。区分度与难度有密切关系,难度越接近 0.5,项目的潜在区分度越大,难度越接近 1 或 0,项目的潜在区分度越小。故 B 项正确。鉴别指数在 0.4 以上,说明该项目的区分度很好。故 C 项错误。区分度与效度是两码事,不能混淆,故 D 项错误。

9. C 【解析】瑞文智力测验是一种**非语言式**的智力测验,不受知识经验、民族习惯等因素的影响,可用于不同年龄、不同性别的个别测验或团体测验。因此,对中国儿童和国外儿童智力发展差异的研究,最理想的智力测验工具是瑞文智力测验。

10. D 【解析】归属与爱的需要,也称社交需要,是指每个人都有被他人或群体接纳、爱护、关注、鼓励及支持的需要。温馨的家庭氛围和良好的同伴关系满足了儿童的归属与爱的需要。

11. B 【解析】安全需要是指希求受到保护与免遭威胁从而获得安全感的需要。希望得到稳定的工作,愿意参加保险是安全需要的体现。

12. C 【解析】智力是使人能顺利完成某种活动所必需的各种认知能力的有机结合,它包括观察力、记忆力、注意力、想象力和思维力等成分,并以思维力为核心。

**二、多项选择题**

1. ABCD 【解析】为顺利通过考试,学生上课专心听讲,下课主动完成作业体现了动机的激活功能;去看之前不想看的辅导材料体现了动机的指向(定向)功能;生病了还坚持学习体现了动机的维持和调节功能。

2. ACD 【解析】美国心理学家吉尔福特提出了智力的三维结构论。他认为,智力是一个由不同方式对不同信息进行加工的各种能力的综合系统,是一个包括**内容**、**操作**和**产品(结果)**的三维结构。

3. AB 【解析】根据加德纳的多元智力理论可知,自我反省智力(自知智力)和空间智力属于其智力范畴。故选 A、B 两项。斯腾伯格提出了智力的三元理论,作为对原来智力成分理论的修正,进而提出了更具现实意义的成功智力理论。他认为成功意味着个体在现实生活中达成自己的目标,成功智力就是用以达成人生之主要目标的智力。它包括分析性智力、创造性智力和实践性智力三个方面。故 C、D 两项不选。

4. ABC 【解析】流体智力是一种以生理为基础的认知能力。它受先天遗传因素的影响较大,主要表现为对新奇事物的快速辨认、记忆、理解等。流体智力是与基本心理过程有关的能力,如知觉、记忆、运算速度、推理能力等。流体智力多半经由对空间关系的认知、机械式记忆、对事物判断反应的速度等方面表现出来。故A、B、C项属于流体智力。晶体智力是以学得的经验为基础的认知能力。它受后天经验的影响较大,主要表现为运用已有知识和技能去吸收新知识和解决新问题的能力。D项烹饪技能是后天学习得来的,属于晶体智力。

5. ACD 【解析】需要是有机体感到某种**缺乏**或**不平衡状态**而力求**获得满足**的**心理倾向**。需要具有对象性、动力性和社会性等特征。A项水属于需要的对象。C项寻找水源和D项喝水属于行为表现。B项饥渴属于个体的内部不平衡状态,属于需要。

6. ABC 【解析】根据能力适应活动范围的大小,能力可分为一般能力和特殊能力。一般能力是指在不同种类的活动中表现出来的能力,是从事一切活动所必备的能力的综合,如观察力、记忆力、抽象概括能力、创造力等。所以,D项属于一般能力。特殊能力是指从事某种专门活动所需要的能力,如数学计算、音乐绘画、形象思维、空间想象等。

7. ABCD 【解析】气质是由人的神经系统的某些生物学特点、特别是脑的特点决定的。人的气质差异是先天形成的,受神经系统活动过程的特性所制约。巴甫洛夫根据人的高级神经活动特性得出,气质是高级神经活动类型的外部表现。气质是人的天性,无好坏之分。气质不能决定人的社会价值与成就的高低,也不直接具有社会道德评价含义,但气质对人在不同性质的活动中的适应性,甚至活动的效率却有一定的影响。也就是说,气质特征是职业选择的依据之一。

8. AC 【解析】多血质气质类型的观察指标有:(1)内心体验会在面部表情中表现。(2)积极参加学校活动,但有始无终。A项符合题意。(3)学习新功课容易产生兴趣,但很快厌烦。(4)学习疲倦容易恢复。(5)理解问题比别人快,但容易见异思迁。(6)希望做难度大的作业,但不耐心细致。(7)容易产生骄傲情绪。(8)容易激动但情绪表现不强烈。(9)情感变化迅速。(10)善于交际,但缺乏知心好友。C项符合题意。B项属于黏液质气质类型的观察指标,D项属于胆汁质气质类型的观察指标。

**三、判断题**

1. B 【解析】需要层次理论说明,在某种程度上学生缺乏学习动机可能是由于某种**缺失性**需要没有得到充分满足。

2. A 【解析】马斯洛是美国当代人本主义心理学家,提出了著名的需要层次理论。他根据需要出现的先后及强弱顺序,把需要分成了以下七个层次,即生理需要、安全需要、归属与爱的需要、尊重需要、求知需要、审美需要和自我实现的需要。马斯洛对以上七种需要进行了进一步的区分:位于需要层次底部的四种需要被称为缺失需要,它们是个体生存所必需的,必须得到一定程度的满足。后三种需要是成长需要,它虽不是我们生存所必需的,但对于我们适应社会来说却有重要的积极意义。较低级的需要至少必须部分满足之后才会出现对较高级需要的追求。例如,在一个非常饥饿的孩子面前同时摆上一堆书和一堆

食物，让其选择其一，孩子肯定先选食物，吃饱以后再去选书读。因此，题干中教师在自尊水平低的学生中灌输为学习本身的满足而去学的做法是不恰当的。对于自尊水平低的学生，教师应先满足其尊重需要。故题干说法正确。

3. B 【解析】信度是指一个测验量表的可靠程度(或可信程度)。效度是指一个测验工具希望测到某种行为特征的有效性与准确程度。

4. B 【解析】性格的意志特征是指个体自觉地确定目标，调节支配行为，从而达到目标的性格特征。意志特征是性格结构的一个重要侧面，它是一个人在控制和调节自己的行为方式时表现出来的。

5. B 【解析】遗传因素和环境因素是影响智力形成与发展的两大因素。(1)遗传因素是智力发展的自然前提，它提供了智力发展的可能性。(2)环境和教育是智力发展的外部条件，它制约个体智力发展的现实性，人只有通过后天良好环境的熏陶、学校教育和社会实践活动，才能使智力发展的可能性变为现实性。性别不影响智力的发展。故题干所述有误。

6. A 【解析】测验的难度与信度没有直接对应关系，但是当测验太难或太易时，分数的范围就会缩小，从而降低信度。只有当测验难度水平可以使测验分数的分布范围最大时，测验的信度才会最高，通常这个难度水平为0.50。

# 专题五　心理发展及个别差异

## 错误率：50%以上

### 考点1 ▶最近发展区

[2020 **湖南·判断**]儿童的现有水平和可能达到的发展水平之间的差异，就是最近发展区。(　　)

A. 正确　　　　B. 错误

**[考生易错]**B

**[思路分析]**本题有51%的同学易将题干内容判断为错误。考生容易错误理解最近发展区的内涵。维果斯基认为，儿童有两种发展水平：一是儿童的现有水平，即由一定的已经完成的发展系统所形成的儿童心理机能的发展水平；二是可能达到的发展水平。这两种水平之间的差异，就是最近发展区。也就是说，最近发展区是儿童在有指导的情况下，借助成人的帮助所能达到的解决问题的水平与独自解决问题所达到的水平之间的差异，实际上是两个邻近发展阶段间的过渡状态。简而言之，最近发展区是现有水平和可能达到的水平之间的差距，是一段距离，而非某一个特定的水平。

**[正确答案]**A

**变式练习**

1. **[单选]**维果斯基的最近发展区是指(　　)

A. 最新获得的能力

B. 超出目前水平的能力

C. 儿童现有发展水平和可能发展水平之间的差异

D. 需要在下一发展阶段掌握的能力

**答案：**C

**解析：**最近发展区是儿童在有指导的情况下，借助成人的帮助所能达到的解决问题的水平与独自解决问题所达到的水平之间的差异，实际上是两个邻近发展阶段间的过渡状态。

2. **[单选]**老师要求学生分小组完成化学实验，当第一小组完成任务后，老师让第一小组的成员去帮助其他几个有困惑的小组，在第一小组的帮助下，其他小组也顺利完成了实验任务。这说明其他小组的学习处于(　　)

A. 最近发展区　　B. 联合发展区　　C. 运动发展区　　D. 感觉发展区

**答案：**A

**解析：**其他小组在第一小组的帮助下顺利完成任务，表明其他小组的学习处于最近发展区。

### 考点2 ▶心理发展的不平衡性和阶段性

[2017 **广东·单选**]人的发展变化既体现了量的积累，又表现出质的飞跃。这个现象体现了人的发展具有(　　)

A. 不平衡性　　B. 差异性　　C. 阶段性　　D. 顺序性

**[考生易错]**A

**[思路分析]**本题有40%的同学易错选A项。考生容易混淆心理发展的不平衡性和阶段性。不平衡性，是指心理的发展可以因进行的速度、到达的时间和最终达到的高度而表现出多样化的发展模式。一方面表现出个体不同系统在发展的速度、发展的起止时间与到达成熟时期的不同进程；另一方面也表现出同一机能特性在发展的不同时期有不同的发展速率。阶段性，是指在心理发展过程中，当某些代表新特征的量累积到一定程度时，就会取代旧特征而处于优势的主导地位，表现为阶段性的间断现象。简而言之，不平衡性指的是不同系统或同一机能不同时间之间的区别，而阶段性指的是同一机能发展的量变与质变的关系。

**[正确答案]**C

**变式练习**

**[单选]**个体的感知成熟先于思维成熟，而思维成熟先于情感成熟，这表明心理发展具有(　　)

A. 阶段性　　B. 不平衡性　　C. 顺序性　　D. 连续性

**答案：**B

**解析：**不平衡性一方面表现出个体不同系统在发展的速度、发展的起止时间与达到成熟时期的不同进程；另一方面也表现出同一机能特性在发展的不同时期有不同的发展速率。题干所述体现了心理发展不平衡性的第一个方面。

## 考点3 ▶具体运算阶段和形式运算阶段

**[2019 河南·单选]**学生可以借助符号和概念分析熟悉的现象，根据皮亚杰的认知发展理论，学生所处的阶段是(　　)

A. 感知运动阶段　　B. 前运算阶段

C. 具体运算阶段　　D. 形式运算阶段

**[考生易错]**C

**[思路分析]**本题有38%的同学易错选C项。考生容易混淆具体运算阶段和形式运算阶段的特征。具体运算阶段与前运算阶段相比，实现了去自我中心性，可以初步运用逻辑思维解决具体问题，所以具有一定的逻辑思维的能力，比如守恒、分类、可逆性、序列化等。但是儿童的逻辑思维能力还不够成熟，即这种逻辑思维能力仅局限在他们已有的经验范围内，因此必须依赖实物和直观形象才能进行逻辑推理。与形式运算阶段相比，处于具体运算阶段的儿童还不能使用纯符号、命题等抽象内容进行逻辑推理。考生可以根据上述内容区分具体运算阶段和形式运算阶段。

**[正确答案]**D

**变式练习**

1. **[单选]**根据皮亚杰的认知发展理论，儿童同时可以从两个或两个以上角度思考问题，这一特征表明儿童认知水平处于(　　)

A. 感知运动阶段　　B. 前运算阶段

C. 具体运算阶段　　D. 形式运算阶段

**答案：**C

**解析：**具体运算阶段的特点有去自我中心性(去中心化)，即能够从**不同的角度思考问题**。

2. [单选]在皮亚杰看来,当学生的思维已超越对具体的可感知事物的依赖,能做出一定的概括时,他的思维水平已进入(　　)

A. 感知动作阶段　　B. 前运算阶段

C. 具体运算阶段　　D. 形式运算阶段

**答案:**D

**解析:**形式运算阶段的儿童的思维已经超越了对具体的可感知的事物的依赖,能以命题的形式进行,并能发现命题之间的关系,能理解符号的意义,能做一定的概括,思维已接近成人水平。

## 考点4 ▶家庭教养方式

[2019 广东·单选]某学生适应新环境困难、兴趣少、自我控制能力差、对他人不信任。这是在(　　)家庭教养方式下形成的人格特点。

A. 专制型　　B. 权威型　　C. 溺爱型　　D. 忽视型

**[考生易错]**A

**[思路分析]**本题有55%的同学易错选A项。考生容易混淆两个体系的家庭教养方式对学生人格的影响。由于两种体系中均存在专制型,所以考生在做题时首先需要判断题干所述是哪一种体系。如果选项中有放纵型和民主型,这属于三种家庭教养方式的体系,在这个体系中,专制型的结果是消极、懦弱、不诚实,民主型的结果是活泼、富于合作精神、思想活跃、表现最成熟,放纵型的结果是任性、幼稚、自私、无礼、表现最不成熟。如果选项中有权威型、溺爱型、忽视型中的两个及以上,则属于四种家庭教养方式的体系。在这种体系中,权威型的结果是自信乐观,专制型的结果是自卑退缩,溺爱型的结果是"巨婴""随心所欲""依赖",忽视型的结果是"缺乏安全感"。本题考查的是四种家庭教养方式的体系,题干中学生适应新环境困难、对他人不信任,是"缺乏安全感"的表现。故属于忽视型。

**[正确答案]**D

### 变式练习

1. [单选]小张是一名初中生,经常对同学发脾气,做事很冲动,很少为别人考虑,在学校也没有什么朋友,其性格特点最有可能是在(　　)家庭教养方式下形成的。

A. 放纵型　　B. 权威型　　C. 民主型　　D. 自由型

**答案:**A

**解析:**放纵型教养方式下的儿童是最不成熟的,多表现为任性、幼稚、自私、野蛮、无礼、独立性差、蛮横无理、胡闹等。小张经常对同学发脾气,做事冲动,很少为别人考虑,这体现出他任性、自私和蛮横无理的性格特点,故符合放纵型教养方式下儿童的表现。

2. [单选]小明平时自立能力比较强,课堂上回答问题思想活跃,对老师和同学彬彬有礼,与同学们相处融洽,他成长的家庭教养方式最可能是(　　)

A. 放纵型　　B. 民主型　　C. 专制型　　D. 合作型

**答案:**B

**解析:**民主型教养方式下的儿童是最成熟的,他们多形成一些积极的性格,如活泼、自立、彬彬有礼、善于交往、富于合作精神、思想活跃等。题干所述小明成长的家庭教养方式最可能是民主型家庭教养方式。

## 考点 5 自我同一性

［2016 广东·单选］中学生李某从小特别听话，父母说什么就是什么，到了中学，也没有表现出其他多数同学所面临的高考专业选择的苦恼，他认为一切听从父母或老师的意见和建议即可。根据有关学者的研究，李某的表现属于（ ）

A. 同一性获得　　B. 同一性迷乱

C. 同一性延缓　　D. 同一性早闭

［考生易错］C

［思路分析］本题有 50% 的同学易错选 C 项。考生容易对四种同一性状态产生混淆。同一性获得是指个体已经经历了各种探索，仔细考虑过各种选择，做出了确定的选择，并对特定的目标、信仰和价值观做出了坚定、积极的承诺。同一性延缓是指个体正处于探索的过程中，收集信息、尝试各种活动，希望发现引导他们生活的目标和价值，积极地探索各种选择，但还没有对特定的目标、价值观和意识形态等做出有意识的投入。同一性早闭是指个体没有体验过明确的探索，但却对一定的目标和价值作出了承诺。同一性扩散又称同一性迷乱，是指个体没有仔细思考或探索过各种同一性问题，从来不去探索各种选择，也不去尝试做出努力，缺乏对自己的了解，没有方向感，没有确定自己的目标和价值观，也未对特定目标价值或社会角色做出清晰的承诺。简而言之，同一性获得是深思熟虑的结果；同一性延缓是正在探索；同一性早闭是听妈妈的话（只承诺）；而同一性扩散的关键词则是混乱，既不探索，也不努力，更没有承诺。

［正确答案］D

### 变式练习

1.［单选］根据玛西亚的理论，下列案例中，属于同一性扩散的是（ ）

A. 小元尽管临近毕业，但依然沉迷于游戏之中，无暇考虑自己未来的人生和去向

B. 小英在物理竞赛上取得的傲人成绩和荣誉使她立志成为物理学家

C. 小琛按照父母的规划决定将来要成为一名教师

D. 小春希望通过参加各种志愿者活动，去寻找自己未来想要从事的领域

**答案：**A

**解析：**玛西亚根据探索和承诺的程度高低划分出同一性获得、同一性延缓、同一性早闭和同一性扩散四种同一性状态。其中同一性扩散的个体没有仔细思考或探索过各种同一性问题，从来不去探索各种选择，也不去尝试做出努力，缺乏对自己的了解，没有方向感，没有确定自己的目标和价值观，也未对特定目标价值或社会角色做出清晰的承诺。A 项中小元沉迷游戏，没有考虑未来，既没有探索，又没有努力，属于同一性扩散。B 项属于同一性获得。C 项属于同一性早闭。D 项属于同一性延缓。故本题选 A 项。

2.［单选］下列关于同一性早闭的描述，正确的是（ ）

A. 青少年接受权威人物（如父母）预先为他们准备好的同一性

B. 青少年正处于探索期，但还未做出自我投入

C. 青少年自主性强，目标明确，乐观进取

D. 青少年逃避思考问题，对未来不抱希望

**答案：**A

**解析：**具有低探索和高承诺的个体称为同一性早闭者，这类个体没有体验过明确的探索，

但却对一定的目标和价值作出了承诺，这种投入往往是基于父母或权威人物等重要他人的期望或建议，他们不加思考地接受了别人预先为他们准备好的同一性。这与A项描述相符。

## 考点6 ▶科尔勃的两维坐标理论

[2019 山东·单选]科尔勃对学习风格中的认知风格进行了综合性探讨。他从具体体验—抽象概括、反省性观察—主动实验两个维度将学习风格划分为四种类型，相应地不同类型学习风格的学生偏好不同的学习策略或教学策略。其中，偏好讲座式教学策略的学生的学习风格最有可能是(　　)

A. 同化者学习风格　　B. 发散者学习风格

C. 聚合者学习风格　　D. 顺应者学习风格

**[考生易错]**C、D

**[思路分析]**本题有20%的同学易错选C项、30%的同学易错选D项。考生容易混淆科尔勃提出的四种学习风格的特点和适合的教学方式。发散者学习风格的学习者关注发散的思想，富有想象力。同化者学习风格的学习者喜欢处理抽象的观点和概念，具有理性或逻辑性。聚合者学习风格的学习者寻求观念和理论的实际应用，宁愿处理技术任务和问题，而不愿处理社会和人际事务。顺应者学习风格的学习者强调主动探索和具体体验。简而言之，发散型喜欢“想象”，所以适合小组讨论自由发言这种偏向“自由开放”的方式。同化型喜欢“理论”，所以适合讲座这种比较严谨的方式。聚合型喜欢“应用”，适合“从做中学”的方式，顺应型喜欢“探索”，适合调查、实验的方式。

**[正确答案]**A

### 变式练习

1. [单选]根据科尔勃的两维坐标理论，(　　)的学生寻求观念和理论的实际运用，宁愿处理技术任务和问题，而不愿意处理社会和人际事务。

A. 同化者学习风格　　B. 发散者学习风格

C. 聚合者学习风格　　D. 顺应者学习风格

**答案：**C

**解析：**科尔勃根据具体体验(CE)—抽象概括(AC)维度和反省性观察(RO)—主动实验(AE)维度确定出四种学习风格：顺应者方式、发散者方式、聚合者方式和同化者方式。其中，聚合者方式寻求观念和理论的实际应用，宁愿处理技术任务和问题，而不愿处理社会和人际事务。

2. [单选]教学中，高老师在播放视频后，组织学生或自由发言或小组讨论关于视频的感想。高老师运用的教学策略对应(　　)的学习风格。

A. 发散者方式　　B. 顺应者方式

C. 聚合者方式　　D. 同化者方式

**答案：**A

**解析：**科尔勃根据具体体验(CE)—抽象概括(AC)维度和反省性观察(RO)—主动实验(AE)维度确定出四种学习风格：顺应者方式、发散者方式、聚合者方式和同化者方式。其中，发散者学习风格的学习者关注发散的思想，富有想象力。针对这种学习风格，可以采用自由发言和小组讨论这两种教学策略，以激发学生的创造性思维。根据题干表述，高老师的做法符合发散者学习风格，故选A项。

考点 7 冲动型和场依存型

[2017 河南·单选]（　　）学生使用整体加工方式，在完成需要做整体性解释的学习任务时，学习成绩会好些，但在阅读、推理学习方面，学习成绩不太好。

A. 沉思型　　B. 冲动型　　C. 场依存型　　D. 场独立性

[考生易错]C

[思路分析]本题有45%的同学易错选C项。考生容易混淆冲动型和场依存型的特征。场依存型的学生人云亦云，从他人处获得标准；行为常以社会为定向，社会敏感性强，爱好社交活动，理科、自然科学成绩差，人文、社会科学成绩好，易受暗示，学习欠主动，由外在动机支配。冲动型学生面对问题时总是急于求成，不能全面细致地分析问题的各种可能性，有时还没弄清问题的要求，就开始对问题进行解答，解决问题时强调的是速度而非精确性，他们更多的是使用整体加工方式。这二者是根据不同标准划分出来的认知风格，场依存型侧重信息源的习惯性（偏爱性）和社会敏感性，冲动型侧重反应时间和精确性。场依存型适合结构严密的教学，对于偏好的加工方式则没有过多陈述。冲动型偏好整体加工方式，对于适合的教学模式则没有过多陈述。

[正确答案]B

变式练习

1. [单选]偏爱人文、社会和教育学科，喜欢别人向他们提供结构严密的教学。这种学习风格属于（　　）

A. 场依存型　　B. 场独立型　　C. 沉思型　　D. 冲动型

**答案：**A

**解析：**场依存型的学生在学习兴趣上，一般较偏爱人文、社会科学；在教学方式上，偏爱结构严密的教学。故答案选A项。

2. [单选]五年级一班的白老师向同学们提问说："大家知道唐朝的诗人有哪些吗？"老师话音刚落，小丽立马回答说："李白，还有苏轼……"小丽的认知风格属于（　　）

A. 场依存型　　B. 场独立型　　C. 冲动型　　D. 沉思型

**答案：**C

**解析：**冲动型认知风格的学生在解决问题时反应时间很短，在解决认知任务时，总是急于给出问题的答案。题干中的小丽在老师刚提出问题后就立马回答，这说明其认知风格属于冲动型。

## 错误率：75%以上

考点 1 心理发展的顺序性

[2019 四川·多选]下列表述体现了个体心理发展具有顺序性特征的有（　　）

A. 道德判断的发展从自律到他律　　B. 思维发展从动作到形象再到抽象

C. 记忆发展从机械记忆到意义记忆　　D. 言语发展从独白言语向对话言语发展

E. 学生兴趣由直接兴趣向间接兴趣发展

[考生易错]BCDE

[思路分析]本题有70%的同学易错选D项。考生容易对心理机能的发展顺序产生误

判。顺序性是指,在正常条件下,心理的发展总是具有一定的先后顺序。考生在判断一个心理机能的发展顺序时,可以采用“由表及里、由浅入深”的方法进行记忆。他律道德、动作思维、机械记忆、对话言语、直接兴趣都是主要涉及低级因素,或是表层、较简单的心理机能,故而最先出现,并向更深入、更高级的方向发展。

[正确答案]BCE

变式练习

[多选]下列哪些例子证实了心理发展具有顺序性(　　)

A. 儿童的思维发展从动作到表象再到抽象

B. 儿童先会叫“爸爸”“妈妈”,后分清什么是“男”“女”

C. 学校总是要到中学才教物理、化学

D. 儿童的道德发展经历前习俗水平、习俗水平和后习俗水平几个阶段

**答案**:ABD

**解析**:心理发展的顺序性是指人的心理发展是一个由低级到高级、由简单到复杂、由量变到质变的连续不断的发展过程。例如,心理的发展总是由机械记忆到意义记忆,由具体思维到抽象思维。皮亚杰的发生认识论和科尔伯格的道德认知发展论也证明了这一点。因此,A、B、D 三项都体现了顺序性。C 项到中学才教物理、化学体现了阶段性。

## 考点 2 人格的特征

[2019 内蒙古·判断]人格的复杂性是一个人的各种人格倾向性和人格特征的有机结合。(　　)

A. 正确　　　　B. 错误

[考生易错]A

[思路分析]本题有 80% 的同学易将题干内容判断为正确。考生容易混淆人格特征的内涵。人格的独特性,是指一个人的人格是在遗传、成熟和环境、教育等先天与后天因素的交互作用下形成的,人与人没有完全一样的人格特点。稳定性,是指一个人的某种人格特征一旦形成,就相对稳定下来了,要想改变它是比较困难的事情,这种稳定性还表现在人格特征在不同时空下表现出一致性的特征。整合性,是指人格是由多种成分构成的有机体,具有内在的一致性,受自我意识的调控。功能性是指,人们经常使用人格特征来解释某人的言行及事件的原因。社会性是指社会化把人这样的动物变成社会的成员。复杂性,是指人的行为表现出多元化、多层面的特征,各种人格结构的组合千变万化,而使人格的表现千姿百态。简而言之,人格的独特性是指人和人之间是不一样的;稳定性是指一个人的人格长期保持稳定;整合性是指人格是由多种成分组成的;功能性是指人们可以用人格来解释个体的言行等;社会性是指人是社会的动物,不能孤立存在;复杂性是指人面对不同的场景会做出复杂多变的反应。题干中表达的是人格是由多种内容组合而成,体现的是整合性。

[正确答案]B

变式练习

1. [单选]“世界上没有两片完全相同的树叶”,这体现了个人人格的(　　)

A. 稳定性　　B. 整合性　　C. 功能性　　D. 独特性

**答案**:D

**解析**:人格的独特性,是指一个人的人格是在遗传、成熟、环境、教育等先后天因素的交互作用下形成的。不同的遗传环境、生存及教育环境,形成了各自独特的心理特点。世界上没有两片完全相同的树叶,也没有两个人格完全相同的人,这体现了人格的独特性。

2.[单选]人们常说:“三岁看大,七岁看老。”这句话反映出了人格的( )

A.社会性　　B.稳定性　　C.整体性　　D.独特性

**答案**:B

**解析**:一个人的某种人格特点一旦形成,就相对稳定下来了,要想改变它是比较困难的事情。“三岁看大,七岁看老”体现的就是人格的稳定性。

**考点3 感觉通道的差异**

[2019 广东·单选]临近考试,有的同学喜欢大声朗读,但小青却独自在草稿纸上不断地对知识点进行抄写和默写,由此可以推断小青的学习风格为( )

A.视觉型　　B.听觉型

C.动觉型　　D.缄默—综合型

**[考生易错]**C、D

**[思路分析]**本题有34%的同学易错选C项、42%的同学易错选D项。考生容易混淆三种不同的感觉通道偏好。视觉型学习者擅长通过自己阅读来学习,他们习惯于从视觉接受学习材料,喜欢通过自己看书和记笔记来学习,而不适合于听取教师的讲授和灌输。听觉型则对听觉刺激敏感,在学习时甚至喜欢戴着耳机听音乐,在学习语言时,他们喜欢的方式是多听多说,而不太关心具体单词的写法或者句型结构。动觉型则以动手、动口方式进行学习时的效果最好,他们喜欢接触和操作事物,对于能够动手参与的活动更感兴趣。简而言之,视觉型喜欢“图像”,听觉型喜欢“声音”,动觉型喜欢“活动”。要注意的是,记笔记、抄写、默写等虽然有动作的参与,但更多的是对“图像”的记忆,故属于视觉型。

**[正确答案]**A

**变式练习**

1.[单选]玲玲特别喜欢老师以多媒体的形式教学,她感觉通过视频或图片的形式学习知识更容易接受。由此可见,玲玲是一位( )

A.视觉型学习者　　B.听觉型学习者

C.动觉型学习者　　D.触觉型学习者

**答案**:A

**解析**:不同学习者在学习中对于感觉通道的偏爱也有区别,主要可分为视觉型、听觉型和动觉型。其中,视觉型学习者擅长通过自己阅读来学习,他们习惯于从视觉接受学习材料(如景色、相貌、书籍、图片等),喜欢通过自己看书和记笔记来学习,而不适合于听取教师的讲授和灌输。根据题干描述,玲玲是一位视觉型学习者。

2.[单选]学习者在感觉通道偏好上存在几种典型类型,其中,( )喜欢接触和操作物体,对于自己能够动手参与的认知活动更感兴趣。

A.视觉型学习者　　B.听觉型学习者

C.动觉型学习者　　D.味觉型学习者

**答案**:C

**解析**:不同学习者在学习中对于感觉通道的偏好也有区别,主要可分为视觉型、听觉型和动觉型。视觉型学习者对于视觉刺激较为敏感,习惯于通过视觉接受学习材料,如景色、相貌、书籍、图片等。他们适合于自己看书和做笔记进行学习,而不适合于教师的讲授和灌输。听觉型学习者对听觉刺激较为敏感,他们对于语言、声响和音乐的接受力和理解力较强,甚至喜欢一边学习,一边戴着耳机听音乐。当学习外语时,他们喜欢多听多说,而不太关心具体单词的拼写或者句型结构。动觉型学习者喜欢接触和操作物体,对于自己能够动手参与的认知活动更感兴趣。

## 进阶测评

| 限时:30 分钟 | 用时:________分钟 | 总题数:32 道 | 正确题:________道 |
|---|---|---|---|

### 一、单项选择题

1. 儿童形状知觉形成的关键期一般在(　　)

A. 1 ~3 岁　　B. 2 ~3 岁

C. 4 岁　　D. 5 岁之前

2. 学生在学习新知识时,一些促进或妨碍学习的个人生理、心理发展的水平和特点,称为(　　)

A. 定势　　B. 最近发展区

C. 学习迁移　　D. 学习准备

3. 皮亚杰提出影响心理发展的基本因素有四个,下列哪一项不是(　　)

A. 成熟　　B. 生活环境

C. 平衡化　　D. 社会性经验

4. 下列说法中,符合维果斯基提出的“教学应走在发展的前面”含义的是(　　)

A. 提前讲授下一阶段的课程内容

B. 教学可以不考虑儿童现有的发展水平

C. 教学应该适应最近发展区

D. 根据学生现有水平进行教学

5. 向八九岁的儿童提出这样的问题:“郑老师比周老师胖,周老师又比赵老师胖,请问郑老师和赵老师哪个胖?”他们能准确说出答案的情况体现了(　　)推理。

A. 感知—运算　　B. 抽象逻辑

C. 具体逻辑　　D. 假设—演绎

6. 根据塞尔曼对观点采择的研究,儿童能从中立的第三者的角度来看待自己和别人的想法与行为,这属于(　　)

A. 自我中心的观点采择　　B. 相互的观点采择

C. 自我反省的观点采择　　D. 社会信息的观点采择

7. 教师为了培养幼儿园小朋友回答问题先举手的习惯,对小朋友说:“在课堂上如果你有什么问题,或者当被提问时你想回答,要像我一样先举起右手,好吗?”结果,二十多个小朋友都举起了左手,教师对此迷惑不解。根据心理发展理论,对这种现象的最佳解释是(　　)

A. 科尔伯格认为道德发展处于前习俗水平的儿童没有主观的是非标准,如果一个儿童举起左手,其他儿童也会跟着举起左手

B. 维果斯基认为,这一要求处于儿童的最近发展区之外,没有外界的帮助,儿童无法完成

这个动作

C. 皮亚杰认为，处于自我中心的儿童，在做出行为时不考虑他人的观点

D. 埃里克森认为，儿童缺乏完成模仿举手动作所必需的心理发展动力

8. 爱丽丝头发的颜色比苏珊的淡一些，爱丽丝头发的颜色比莎莎的黑一些，问儿童：三个中谁的头发最黑。这个问题如果以语言的形式出现，则儿童难以回答。但如果配合三个不同颜色的布娃娃，儿童则会毫无困难地说出正确答案。这一案例说明这时候的儿童的认知水平已达到(　　)

A. 感知运动阶段　　B. 前运算阶段

C. 具体运算阶段　　D. 形式运算阶段

9. 在学校，张明和其他学生相比，性格明显更胆怯、更孤僻，上课从不主动回答问题，下课也不与同学交流。在学习和生活中，总是没有主见，偶尔还会撒谎。张明的这种性格与其家庭教育有很大关系。由此可知，张明可能受到来自(　　)教养方式的影响。

A. 民主型　　B. 专制型　　C. 放纵型　　D. 不作为型

10. 弗洛伊德将人格分为本我、自我、超我三个层次，下列关于三个层次的表述正确的是(　　)

A. 本我—生物本能我，自我—遵循快乐原则

B. 超我—遵循现实原则，自我—道德理想我

C. 本我—遵循快乐原则，超我—心理社会我

D. 自我—心理社会我，超我—遵循道德原则

11. 个体自我意识发展过程中，心理自我开始形成和发展的时期是(　　)

A. 幼儿期　　B. 童年期

C. 青年期　　D. 青春期

12. 埃里克森的心理社会发展阶段理论认为，学龄期的儿童所形成的积极人格特征是(　　)

A. 希望　　B. 意志　　C. 目的　　D. 能力

13. 友谊是人际关系深化发展的结果，儿童友谊发展可分为 5 个阶段，其中，(　　)的儿童开始对友谊的交互性有了一定的了解，但明显带有功利性，他们之间的关系不能长久保持如一。

A. 不稳定阶段　　B. 单向帮助阶段

C. 双向帮助阶段　　D. 亲密共享阶段

14. 在影响儿童心理发展的因素问题上，遗传与环境之间必须通过复杂的相互作用才能生成行为，这已成为当今发展心理学的共识。其代表人物是(　　)

A. 弗洛伊德　　B. 皮亚杰

C. 华生　　D. 高尔顿

15. 小华在解决问题时，常采取宽视野的方式，同时考虑多种假设，并兼顾到解决问题的各种可能性，其解决问题的方式是发散式的。由此可知，小华的认知风格最有可能属于(　　)

A. 独立型　　B. 冲动型

C. 继时型　　D. 同时型

16. 能通过试误法，从探索经验中迅速得出结论，喜欢教学游戏、模拟，愿意独立承担设计项目的学习风格属于(　　)

A. 具体—序列型风格　　B. 具体—随机型风格

C. 抽象—随机型风格　　D. 抽象—序列型风格

## 二、多项选择题

1. 皮亚杰通过大量观察和实验，按照儿童智慧发展的水平，将儿童心理发展划分为感知运动阶段、前运算阶段、具体运算阶段和形式运算阶段。其中，具体运算阶段的特点是(　　)

A. 建立守恒概念　　B. 以自我为中心

C. 形成群集结构　　D. 思维具有可逆性

2. 维果斯基根据恩格斯关于劳动在人类适应自然和在生产过程中借助于工具改造自然的思想，提出了"高级心理机能"这一概念，下列属于"高级心理机能"的有(　　)

A. 语言　　B. 词汇　　C. 符号　　D. 感觉

3. 皮亚杰提出主体通过(　　)来实现对客体的适应。

A. 图式　　B. 同化　　C. 变量　　D. 顺应

4. 以下活动中发生"同化"过程的有(　　)

A. 儿童用所学到的方法去完成作业

B. 儿童将所学到的礼貌用语应用于人际交往

C. 小学生运用刚学过的加法法则计算数学题

D. 儿童在自然数概念的基础上掌握有理数概念

5. 皮亚杰认为，自我中心言语有(　　)等表现形式。

A. 重复　　B. 独白　　C. 集体独白　　D. 集体重复

6. 个体心理发展的不平衡性体现在(　　)

A. 不同系统在发展速度上的不同

B. 不同系统在发展优势领域的不同

C. 不同系统在到达成熟时期上的不同

D. 同一机能特性在发展的不同时期有不同的发展速率

7. 根据威特金的研究，场独立型的个体的特点有(　　)

A. 社会敏感度偏低　　B. 认知变通能力较强

C. 人格自主性较高　　D. 大脑左右两侧功能低分化

8. 下列哪一种测验属于自陈式人格测验(　　)

A. 罗夏克墨迹测验　　B. 卡特尔 16 种人格因素测验

C. 主题统觉测验　　D. 明尼苏达多项人格测验

9. 以下关于学习风格的描述不正确的有(　　)

A. 场依存型的学生偏爱自然科学

B. 视觉型的学生乐于动手操作解决问题

C. 聚合型的学生习惯将理论与实践相结合

D. 沉思型的学生适合整体分析问题

10. 对于男女智力结构的差异，以下说法不正确的是(　　)

A. 男性视知觉能力较强，尤其是空间知觉能力，男性明显优于女性

B. 女性听觉能力较强，尤其是声音辨别与定位，女性明显优于男性
C. 男性口语比女性较好
D. 女性擅长于言语推理

三、判断题

1. 心理学家皮亚杰揭示了个体认知发展的一般规律，即按照前运算水平、感知运动水平、具体运算水平、形式运算水平的顺序发展。这表明了个体身心发展具有顺序性的规律。（　　）
A. 正确　　B. 错误

2. 在小学阶段，游戏是儿童的主导活动，对儿童的心理发展具有重要作用。（　　）
A. 正确　　B. 错误

3. 延迟模仿大约出现在幼儿 24～36 个月左右，发生在言语和动作等方面。（　　）
A. 正确　　B. 错误

4. 青年期的个体出现半成熟、半幼稚的特点，充满独立性和依赖性、自觉性和幼稚性错综的矛盾。（　　）
A. 正确　　B. 错误

5. 明尼苏达多相人格测验、爱德华个人兴趣量表、罗夏克墨渍测验都是常见的投射式人格测验。（　　）
A. 正确　　B. 错误

6. “让我来尝试一下，看看它是如何工作的”是深思熟虑型学习者的常用语，“让我首先好好考虑一下”是积极主动型学习者的常用语。（　　）
A. 正确　　B. 错误

## 参考答案及解析

一、单项选择题

1. C 【解析】20～30 个月是婴儿掌握语法的关键期；2 岁是口头语言发展的关键期；2～3 岁是计数能力（口头数数、按物点数、按数点物、说出总数）发展的关键期；2.5～3.5 岁是教育孩子遵守行为规范的关键期；3 岁左右是培养儿童独立生活能力的关键期；4 岁是形状知觉形成的关键期；4～5 岁是学习书面语言的关键期。

2. D 【解析】学习准备，又可称为学习的“准备状态”或学习的“准备性”，指的是学习者在从事新的学习时，其身心发展水平对新的学习的适应性，即学生在学习新知识时，那些促进或妨碍学习的个人生理、心理发展的水平和特点。

3. B 【解析】影响认知发展的因素有**成熟、练习和经验（自然经验）、社会性经验和平衡（平衡化）**。

4. C 【解析】在维果斯基看来，教学的可能性由学生的最近发展区决定。“教学应走在发展的前面”有两层含义：（1）教学在发展中起主导作用。它决定着儿童的发展，决定着发展的内容、水平、速度及智力活动的特点。（2）教学创造着最近发展区。教学应适应学生的现有水平，但更重要的是要发挥教学对发展的主导作用。维果斯基强调教学不能只适应发展的现有水平，还应适应最近发展区，从而走在发展的前面，最终跨越“最近发展区”而达到新的发展水平。

5.C 【解析】八九岁儿童的认知处于具体运算阶段。在这一时期,儿童虽然具备了一定的逻辑思维能力,但缺乏抽象逻辑推理能力,只能进行具体逻辑推理,即必须依赖于实物和具体形象的支持才能进行逻辑推理。题中儿童能够借助"老师"这一具体形象进行推理,解答问题,这体现了具体逻辑推理。

6.B 【解析】塞尔曼依据儿童主体对自我与别人关系的理解的发展变化,把3岁到青春期儿童社会观点采择的发展划分成五个阶段。处于相互的观点采择阶段的儿童能够同时考虑自己和他人的观点,知道别人也能这样,在做出反应之前能站在对方的立场考虑。同时,儿童还能考虑到第三方的观点,并能够预测自己和互动的另一方对第三方的反应。

7.C 【解析】皮亚杰认为,幼儿园的小朋友其认知发展处于前运算阶段(2~7岁),思维具有自我中心性,还不能设想他人所处的情境,常以自己的经验为中心,从自己的角度出发来观察和理解世界。

8.C 【解析】与前运算阶段相比,具体运算阶段的儿童能够运用逻辑思维解决具体问题,但必须依赖于**实物**和**直观形象**的支持才能进行逻辑推理和运用逻辑思维解决问题,不能够进行纯符号运算。对于比较谁的头发最黑的问题的解答,儿童必须依赖于实物解答,不能够进行纯符号运算。题干表述说明这时候的儿童的认知水平已达到具体运算阶段。

9.B 【解析】专制型教养方式下的儿童容易消极、被动、依赖、服从、懦弱,做事缺乏主动性,甚至会形成不诚实的性格特征。张明的行为表现符合专制型教养方式下的儿童的性格特征。

10.D 【解析】本我是生物本能我,遵循快乐原则。自我是心理社会我,遵循现实原则。超我是道德理想我,遵循道德原则。故D项正确。

11.D 【解析】心理自我是在**青春期**开始发展和形成的。

12.D 【解析】希望是婴儿期所形成的积极人格特征;意志是儿童早期所形成的积极人格特征;目的是学前期所形成的积极人格特征;能力是学龄期所形成的积极人格特征。

13.C 【解析】塞尔曼通过研究,提出了儿童友谊发展可以分为以下五个阶段:第一阶段(3~7岁),不稳定阶段;第二阶段(4~9岁),单向帮助阶段;第三阶段(6~12岁),双向帮助阶段;第四阶段(9~15岁),亲密共享阶段;第五阶段(12岁开始),友谊发展的最高阶段。其中,双向帮助但不能共患难的合作阶段的儿童对友谊的交互性有了一定的了解,但仍具有明显的功利性特点,他们之间的关系不能长久和保持如一。

14.B 【解析】在影响儿童心理发展的因素问题上,不同的心理学家有不同的观点:(1)高尔顿强调否定教育和环境的"遗传决定论"。(2)行为主义的代表人物华生支持片面强调环境和教育的"环境决定论"。(3)美国心理学家吴伟士主张遗传和环境两种因素共同决定儿童心理发展的折中观点。(4)瑞士的**皮亚杰**和法国的**瓦龙**等人坚持相互作用论,他们认为遗传和环境相互作用影响儿童的心理发展。题干中强调遗传和环境的相互作用,故属于皮亚杰的理论观点。

15.D 【解析】同时型认知风格的特点是在解决问题时,采用宽视野的方式,同时考虑**多种假设**,并兼顾解决问题的各种可能性,其解决问题的方式是发散式。故小华的认知风格属于同时型。

16.B 【解析】格雷戈克将学习者的风格分为具体—序列、具体—随机、抽象—序列和抽象—随机四种类型。其中,具体—随机型风格的学习者能通过试误法,从探索经验中迅

速得出结论；他们喜欢教学游戏、模拟，愿意独立承担设计项目。

**二、多项选择题**

1. ACD　**【解析】**皮亚杰认为，在具体运算阶段，儿童的智慧活动具有了守恒性和可逆性，儿童掌握了群集运算、空间关系、分类和排序等逻辑运算能力。但是，这个时期儿童的运算还离不开具体事实的支持，儿童只能把逻辑运算应用于具体的或观察所及的事物，而不能把逻辑运算扩展到抽象概念之中。B 项属于前运算阶段的特点，故不选。
2. ABC　**【解析】**人的高级心理机能是在同周围人的交往中产生和发展起来的，是受人类的历史文化制约的。人使用物质工具进行劳动操作，使自己脱离了动物世界，同时人又使用符号、词汇、语言等精神工具进行精神生产，使其心理机能发生质的变化，上升到高级阶段。
3. BD　**【解析】**皮亚杰的理论核心是"发生认识论"。皮亚杰认为，人的知识来源于动作，动作是感知的源泉和思维的基础。儿童心理发展的实质和原因就是主体通过动作完成对客体的适应。适应的本质在于取得机体与环境的平衡。适应分为两种不同的类型：**同化**和**顺应**。
4. ABC　**【解析】**同化是指在有机体面对一个新的刺激情境时，把刺激整合到**已有**的图式或认知结构中。同化是图式发生**量变**的过程，它不能引起图式的质变，但影响图式的生长。所以，A、B、C 三项中发生了同化过程。顺应是指当有机体不能利用原有图式接受和解释新刺激时，其认知结构发生改变来适应刺激的影响。当儿童遇到自己不能同化的刺激时，他们就面临着两种选择：一种是创造一个能够把新刺激纳入其中的新图式；另一种是修改原来的图式，使其能把新刺激纳入其中。所以，D 项中发生了顺应过程。
5. ABC　**【解析】**自我中心言语包含三个范畴：(1)重复(无意义字词的重复)；(2)独白；(3)双人或集体的独白。
6. ACD　**【解析】**心理发展的不平衡性一方面表现出个体不同系统在发展的速度、发展的起止时间与到达成熟时期的不同进程；另一方面也表现出同一机能特性在发展的不同时期有不同的发展速率。
7. ABC　**【解析】**根据威特金的研究发现，场独立型的人的心理分化程度较高，大脑左右两侧功能高分化，具有较高的思维、认知变通能力和人格自主性，在理性思维方面较为出色，较容易完成要找出问题的关键成分和重新组织材料的任务，喜欢个人钻研、独立思考和学习，不易受到暗示，自信、自尊心强。因此，B、C 两项说法正确，D 项说法错误。但是场独立型的人社会敏感度和社交技能往往偏低，与人交往时也很少能体察入微。故 A 项正确。本题选 A、B、C 三项。
8. BD　**【解析】**自陈法也称问卷法，一般是让被试按一定的标准化程序和要求一次性回答问卷中的大量问题，然后根据测验分数和常模来推知被试者属于哪种性格类型。常见的问卷有四种：明尼苏达多相人格测验(MMPI)、爱德华个人兴趣量表(EPPS)、卡特尔 16 种人格因素测验(16PF)和艾森克人格测验。罗夏克墨迹测验、主题统觉测验(TAT)属于投射测验。故 A、C 两项错误。
9. ABD　**【解析】**场依存型学生偏好**人文**、**社会科学**；场独立型学生偏好**理科**、**自然科学**。视觉型学生擅长通过自己阅读来学习，他们习惯于从视觉接受学习材料，喜欢通过自己看书和记笔记来学习，而不适合于听取教师的讲授和灌输；动觉型学生则以动手、动口方式进行学习时的效果最好，他们喜欢接触和操作事物，对于能够动手参与的活动更感兴趣。聚合型学生习惯将理论与实践相结合。沉思型学生往往注重对**细节**的分析；冲动型学生擅长的则是从**整体**上来分析问题。

10. CD 【解析】从智力结构上看，男女存在性别差异，各有自己的优势与劣势。男性的视知觉能力，尤其是空间知觉能力，明显优于女性；女性的听觉能力较强，特别是对声音的辨别和定位，明显优于男性。故A、B两项说法正确。一般说来，男性擅长抽象思维，喜欢数学、物理和化学等理科学科；女性擅长形象思维，喜欢语言、历史等人文学科。女孩的口语发展比男孩早，在言语流畅性及读、写、拼等方面均占优势；而男孩在言语理解、言语推理等方面又比女孩强。故C、D两项说法错误。

**三、判断题**

1. B 【解析】心理学家皮亚杰揭示了个体认知发展的一般规律，即按照感知运动水平、前运算水平、具体运算水平、形式运算水平的顺序发展。所以，题干表述不正确。
2. B 【解析】在小学阶段，**学习**成为主导活动，游戏是幼儿阶段的主导活动。所以，题干说法不正确。
3. B 【解析】延迟模仿大约发生在18～24个月左右。儿童的延迟模仿既可以发生在言语方面，也可以发生在动作方面。
4. B 【解析】少年期是个体从童年期向青年期过渡的时期，具有半成熟、半幼稚的特点。在这一时期，学生处于生理发育的第二个高峰期。整个**少年期**充满着独立性和依赖性、自觉性和幼稚性错综的矛盾。因此题干说法错误。
5. B 【解析】人格测验可以分为两种形式：自陈式人格测验和投射式人格测验。常见的自陈式人格测验有：明尼苏达多相人格测验（MMPI）、爱德华个人兴趣量表（EPPS）、卡特尔16种人格因素测验（16PF）和艾森克人格测验。常见的投射式人格测验有：罗夏克墨渍测验（RIBT）、主题统觉测验（TAT）、句子完成测验（SCT）、房树人测验。故题干表述错误。
6. B 【解析】积极主动型的学习者倾向于通过从事一些与积极主动有关的活动，如讨论、解释等来更好地保持和理解信息。深思熟虑型学习者则习惯于首先静静地思考一番才从事一些活动。“让我来尝试一下，看看它是如何工作的”是积极主动型学习者的常用语，“让我首先好好考虑一下”是深思熟虑型学习者的常用语。

# 专题六　学习与学习理论

## 错误率：50%以上

### 考点1 ▶加涅对于学习水平的分类——概念学习和规则学习

[2019 山西·单选]学习“圆的东西会滚动”，需要学“圆的东西”和“滚动”两个概念，根据加涅的学习分类理论，这属于(　　)

A. 连锁学习　　B. 概念学习

C. 信号学习　　D. 规则学习

**[考生易错]**B

**[思路分析]**本题有50%的同学易错选B项。考生容易混淆概念学习和规则学习的内涵。概念学习，是指对刺激进行分类时，学会对一类刺激做出同样的反应，也就是对事物的抽象特征的反应，例如学生将“狗”“猪”“牛”等概括为“动物”。规则学习又称原理学习，是指学习两个或两个以上概念之间的关系，例如各种规律、定理的学习。因此，考生在判断一种学习是概念学习还是规则学习时，可以根据题干中所涉及的概念的数量来判断。如果只涉及一个概念，则是概念学习。如果涉及两个及以上数量的概念时，则是规则学习。本题题干涉及两个概念，故属于规则学习。

**[正确答案]**D

**变式练习**

1. **[单选]**加涅根据学习情境由简单到复杂、学习水平由低级到高级的顺序，把学习分成八类。其中，学生学习“长方形的周长 = (长 + 宽) ×2”属于(　　)

A. 刺激—反应学习　　B. 解决问题学习

C. 连锁学习　　D. 规则或原理学习

**答案：**D

**解析：**规则或原理学习是指学习两个或两个以上概念之间的关系。题干所述为规则或原理学习的典例。

2. **[单选]**按照加涅的学习层次分类的观点，学生将“猫”“狗”“鼠”等概括为“动物”的学习属于(　　)

A. 概念学习　　B. 言语联结学习

C. 信号学习　　D. 辨别学习

**答案：**A

**解析：**概念学习是指对刺激进行分类时，学会对一类刺激做出同样的反应，也就是对事物的抽象特征的反应。题干所述属于概念学习。

### 考点2 ▶有意义学习和机械学习

[2019 广东·单选]小单在记忆“garden”(花园)这个单词时，想象的是一个穿高跟鞋的女士在公园里走路发出“嘎蹬”“嘎蹬”的声响，于是利用谐音“嘎蹬”记住了单词“garden”，

小单的学习属于(　　)

A. 有意义学习　　B. 机械学习

C. 探究学习　　D. 模仿学习

**[考生易错]**A

**[思路分析]**本题有60%的同学易错选A项。考生容易混淆有意义学习和机械学习的内涵。有意义学习,是指符号所代表的新知识与学习者认知结构中已有的适当观念建立起非人为的和实质性的联系。机械学习,是指学习者并未理解符号所代表的知识,只是依据字面上的联系,记住某些符号的词句或组合,死记硬背。有意义学习的关键是在于让新知识与已有的旧观念建立实质性的联系,将新知识纳入学习者已有的知识体系中。而机械学习建立的联系是人为的。需要注意的是,机械学习不仅仅是纯粹的死记硬背,利用谐音、位置等方法人为建立的非本质的联系进行的学习同样属于机械学习。

**[正确答案]**B

**变式练习**

1. **[单选]**一位地理学家向一班学生问道:"假如你们在地球表面挖了一个2000米深的洞,你们说洞底比上面热还是冷?"全班鸦雀无声,一片寂静。这时,学生的地理老师着急地说道:"教授,你问问题的方式不对。"随即,该老师问道:"同学们,地球的深层处于什么状态?"这时全班同学异口同声地回答道:"地球的深层都是岩浆。"按照奥苏贝尔对学生学习价值的看法,上述材料中学生们学习的"地球的深层都是岩浆"属于(　　)

A. 有意义学习　　B. 机械学习　　C. 条件学习　　D. 社会学习

**答案:**B

**解析:**奥苏贝尔从学习内容与学习者认知结构的关系上,将学习分为有意义学习和机械学习。有意义学习的本质就是以符号为代表的新观念与学习者认知结构中原有的适当观念建立起非人为的和实质性的联系的过程,是原有观念对新观念加以同化的过程。与此相反,机械学习就是学生没有建立实质性的联系,没有将教材的内容真正地理解,也就是传统教学中的"死记硬背"。题干中学生对地球结构的学习不能应用于实际,即为机械学习。

2. **[多选]**下列属于机械学习的是(　　)

A. 宇航员探索太空

B. 学生尝试走出迷宫

C. 小学生背诵乘法口诀表

D. 中学生听过讲座后理解概念之间的关系

**答案:**BC

**解析:**根据奥苏贝尔的学习分类,A项属于有意义的独立发现学习;B项属于机械的独立发现学习;C项属于机械的接受学习;D项属于有意义的接受学习。因此,本题选B、C两项。

## 考点3 内隐学习和外显学习

**[2017 湖北·单选]**根据学习意识水平分类,学习数学中的勾股定理属于(　　)

A. 外显学习　　B. 内隐学习　　C. 技能学习　　D. 机器学习

**[考生易错]**B

［思路分析］本题有50%的同学易错选B项。考生容易混淆内隐学习和外显学习的内涵。内隐学习，是指有机体在与环境接触的过程中不知不觉地获得了一些经验，并因此改变其事后某些行为的学习。外显学习则类似于有意识的问题解决，是有意识的和清晰的、需要付出心理努力并需按照规则做出反应的学习。考生在区分这两种学习时，可以从学习过程是否有意识参与入手。没有意识参与的是内隐学习，有意识参与的则是外显学习。

［正确答案］A

变式练习

1.［单选］内隐学习是无意识地获得知识，同时以隐性的方式存储在大脑中，在应用时自动提取。下列不属于内隐学习的是(　　)

A. 与优秀的人在一起，让人自觉拼命地努力奋斗

B. 到顶级大学体会著名学者与大师的心得和智慧

C. 与不同背景、文化、经历的人一起学习和交流

D. 报名参加著名雕刻艺术家的雕刻技法提升班

**答案：**D

**解析：**内隐学习是指有机体在与环境接触的过程中不知不觉地获得了一些经验，并因之改变其事后某些行为的学习。题干所述是内隐学习的含义，A、B、C三项均属于内隐学习。

2.［单选］按学习的意识水平分类，(　　)是有意识的、做出努力的和清晰的、需要付出心理努力并需按照规则做出反应的学习。例如，学习物理中的牛顿运动定律。

A. 内隐学习　　B. 外显学习

C. 机械学习　　D. 无意义学习

**答案：**B

**解析：**根据学习的意识水平可以将学习分成内隐学习和外显学习。外显学习类似于有意识的问题解决，是有意识的、做出努力的和清晰的、需要付出心理努力并需按照规则做出反应的学习，包括一个试图形成任务的心理表象，搜寻同功能系统的知识的记忆，以及试图建立和检验任务操作的心理模型。例如，学习物理中的牛顿运动定律。

## 考点4 经典性条件作用的主要规律

［2019 内蒙古·单选］在海洋馆里的海狮表演中，当饲养员问："1+2等于几？"时，海狮推倒写有数字"3"的牌子，我们会看到饲养员投喂并抚摸海狮，如果海狮没有做出正确反应或做出错误反应，就不会得到任何反馈。这是巴甫洛夫的经典性条件作用理论规律中的(　　)

A. 分化　　B. 泛化　　C. 消退　　D. 获得

［考生易错］D

［思路分析］本题有57%的同学易错选D项。考生容易混淆获得与分化的概念。条件作用的获得是条件刺激反复与无条件刺激相匹配，从而使个体学会对条件刺激做出条件反应的过程。刺激的分化是指只对条件刺激做出条件反应，而对其他相似刺激不做反应，是对事物的差异的反应。由此我们可以看出，获得和分化的主要区别在于个体面对的刺激的数量不同。如果个体只涉及一种条件刺激，只是单纯的形成一种条件作用，则属于获得。如果涉及多个刺激，要求个体区分条件刺激和相似刺激，则属于分化。此题中海狮需要区分多个

相似的牌子,从中选出写有数字“3”的牌子,是区分条件刺激和相似刺激,故属于分化。

[正确答案]A

变式练习

1.[单选]在实际的教育和教学过程中,经常需要(　　),如引导学生分辨勇敢和鲁莽、谦让和退缩,要求学生区别重力和压力、质量和重量等。

A. 条件反射的获得　　B. 对刺激进行分化

C. 对刺激进行泛化　　D. 条件反射的消退

**答案:**B

**解析:**如果只对条件刺激做出条件反应,而对其他**相似刺激不做反应**,则出现了刺激的分化。引导学生分辨勇敢和鲁莽、谦让和退缩,要求学生区别重力和压力、质量和重量等,需要对刺激进行分化。

2.[单选]三岁的小明能够根据脚步声听出妈妈是否回家了,这种现象属于(　　)

A. 获得　　B. 消退　　C. 刺激分化　　D. 刺激泛化

**答案:**C

**解析:**分化指对条件刺激做出条件反应,而对其他**相似刺激不做反应**。通俗来说,就是能区分相似刺激,从而作出不同的反应。三岁的小明能够根据脚步声听出妈妈是否回家了,这是一种刺激分化现象。

考点5 一级强化物和二级强化物

[2020山东·单选]斯金纳认为,个体的行为之所以发生变化是因为强化的作用,因此对强化的控制就是对行为的控制,强化可以划分为一级强化和二级强化。下列属于一级强化物的是(　　)

A. 金钱　　B. 微笑　　C. 听音乐　　D. 温暖

**[考生易错]**A

**[思路分析]**本题有46%的同学易错选A项。考生容易混淆一级强化物和二级强化物的内涵。一级强化物包括所有在没有任何学习发生的情况下也起强化作用的刺激,如食物、温暖和水等满足生理基本需要的东西。二级强化物包括那些在开始时不起强化作用,但后来作为与一级强化物或其他强化物配对的结果而起强化作用的刺激。本题选项中的金钱本身并不能对机体产生刺激,对机体产生刺激的是金钱所代表的购买力。而个体能意识到金钱具有购买力,能够购买用于满足自身需要的物品,是条件刺激的结果。故金钱属于二级强化物。温暖可以维持个体的生命,直接与个体的生理需要相关联,属于一级强化物。

[正确答案]D

变式练习

[多选]斯金纳认为强化物是能够增强反应概率的刺激和事件,强化物可以分为一级强化物和二级强化物,下列选项中属于二级强化物的是(　　)

A. 美食　　B. 金钱　　C. 考试成绩　　D. 手机游戏

**答案:**BCD

**解析:**一级强化是满足人和动物的基本生理需要。二级强化是任何一个中性刺激如果

与一级强化反复联合，它就能获得自身的强化性质。A 项属于一级强化物，B、C、D 三项属于二级强化物。

### 考点 6 ▶负强化和负惩罚

[2018 山东·单选]小美的个人习惯非常不好，经常把自己的东西乱放，需要的时候找不到。为了帮助她，妈妈提了一个要求，如果她不好好地收拾自己的东西，那她一周内下午放学后就不能出去玩。妈妈的这种做法属于(　　)

A. 正强化　　B. 负强化　　C. 正惩罚　　D. 负惩罚

[考生易错]B

[思路分析]本题有 52% 的同学易错选 B 项。考生容易混淆负强化和负惩罚的内涵。负强化也称消极强化，是通过消除或中止厌恶、不愉快刺激来增强反应频率。负惩罚又称移除性惩罚，是通过取消愉快刺激来降低反应频率。由此可知，负强化和负惩罚的根本区别在于使用者在使用时的目的。如果使用者想增加刺激对象的某个反应的频率，则属于负强化；如果是想降低刺激对象的某个反应的频率，则属于负惩罚。

[正确答案]D

**变式练习**

1. [单选]小泽为避免被父母斥责而认真完成家庭作业，其行为背后的作用机制是(　　)

A. 负惩罚　　B. 正惩罚　　C. 负强化　　D. 正强化

**答案：**C

**解析：**负强化也称消极强化，是通过消除或中止厌恶、不愉快刺激来增强反应频率。题干中强调小泽认真完成家庭作业的目的是避免父母的斥责，即消除不愉快刺激，故属于负强化。因此，答案选 C 项。

2. [单选]小学生不愿意背课文，教师宣布取消下节体育课，其行为背后的作用机制是(　　)

A. 正强化　　B. 负强化　　C. 正惩罚　　D. 负惩罚

**答案：**D

**解析：**惩罚的目的是降低某种行为出现的频率，强化的目的是提高某一行为出现的频率。题干中教师的做法是为了减少学生不愿意背课文这一行为，故属于惩罚，排除 A、B 两项。正惩罚是通过呈现厌恶刺激来降低反应频率；负惩罚是通过取消愉悦刺激来降低反应频率。题干中取消体育课，即取消愉悦刺激，故属于负惩罚。本题选 D 项。

### 考点 7 ▶程序教学的原则

[2019 广东·单选]运用程序教学法进行教学时，教师要在学生产生一个反应后给予强化或奖励，以巩固这个反应，并促使学生做进一步反应，这说明编制程序学习的流程应遵循(　　)

A. 自定步调原则　　B. 及时反馈原则

C. 小步子原则　　D. 积极反应原则

[考生易错]B

[思路分析]本题有57%的同学易错选B项。考生容易混淆积极反应原则与及时反馈原则的内涵。积极反应原则是保证学生在学习过程中一直处于积极的状态,学生产生学习行为,就要及时给予强化,以保证学习活动的持续进行。及时反馈原则是让学生立刻知道自己的答案是否正确,正确的回答可以让学生树立信心,保持学习行为,进行下一阶段的学习。简而言之,积极反应原则是只要学生产生学习行为就给予强化,不管学生的学习结果是否正确。而及时反馈原则则是学生在学习后立刻知道学习的结果。积极反应原则强调让学生产生学习反应并保持,及时反馈原则强调学生学习的结果。此题中强调在学生产生反应时就给予强化以巩固和保持反应,故属于积极反应原则。

[正确答案]D

变式练习

[单选]程序教学的基本原则中,(　　)要求学习者对每个学习问题都作出主动的反应。

A. 小步子呈现的原则　　B. 积极反应原则

C. 及时反馈原则　　D. 自定步调原则

**答案:**B

**解析:**1958年斯金纳在《教学机器》一文中,提出了程序教学的基本原则。(1)小步子呈现原则。框面以由易到难的小步子呈现,两个步子之间难度差很小。(2)**积极反应原则**。要求学习者对每个学习问题都作出主动的反应。(3)及时反馈原则。在学生作出反应后,及时确认或及时强化,以提高学生的信心。(4)自定步调原则。让学生按自己的速度和潜力完成整个教学程序,强调个体化的学习方式。(5)低错误率原则。教学中尽量避免可能出现的错误反应,提高学习效率。故本题选B项。

## 考点8 加涅的信息加工学习理论

[2018 广东·单选]加涅将学习过程分为八个阶段,其中,(　　)是反应的发生阶段,是反应发生器把学习者的反应命题组织起来,使它们在操作活动中表现出来。

A. 保持阶段　　B. 回忆阶段　　C. 概括阶段　　D. 作业阶段

[考生易错]C

[思路分析]本题有55%的同学易错选C项。考生容易混淆概括阶段与作业阶段的内涵。概括阶段是学习者对学习内容的概括,目的是实现学习的迁移。作业阶段(操作阶段)是反应的发生阶段,就是反应发生器把学习者的反应命题组织起来,使他们在操作活动中表现出来。考生可以从活动发生在内部还是外部来区分概括阶段和作业阶段。概括阶段的主要活动是对知识进行概括以实现学习迁移,反应发生在内部。作业阶段要将知识表现在操作活动中,反应发生在外部。

[正确答案]D

变式练习

1. [单选]加涅将学习的过程分为八个阶段,在(　　)中,为了促进学习迁移,教师必须让学生在不同情境中学习,并给学生提供在不同情境中提取信息的机会。

A. 回忆阶段　　B. 习得阶段　　C. 反馈阶段　　D. 概括阶段

**答案:**D

**解析：**加涅将学习的过程分为八个阶段，概括阶段指学生对所学东西的提取和应用并不限于同一种学习情境，人们常常要在变化的情境或现实生活中利用所学的东西，这需要实现学习的概括化。学习者要想把获得的知识迁移到新的情境，首先依赖于知识的概括，同时也依赖于提取知识的线索。为了促进学习迁移，教师必须让学生在不同情境中学习，并给学生提供在不同情境中提取信息的机会。本题选择 D 项。

**2. [单选]**在加涅学习过程的八个阶段中，(　　)要求学生把获得的知识迁移到新的情境，在这一阶段，教师应帮助学生练习在各种情况下运用信息。

A. 保持阶段　　B. 概括阶段　　C. 反馈阶段　　D. 获得阶段

**答案：**B

**解析：**加涅将学习过程分为动机阶段、了解(领会)阶段、获得阶段、保持阶段、回忆阶段、概括阶段、操作阶段(作业阶段)和反馈阶段共八个阶段。其中，在概括阶段，加涅认为，对所学东西的提取和应用并不限于同一种学习情境，它不是只在所学内容的范围里才出现的，人们常常要在变化的情境或现实生活中利用所学的东西，这就需要实现学习的概括化。学习者要想把获得的知识迁移到新的情境，首先依赖于知识的概括，同时也依赖于提取知识的线索。为了促进学习的迁移，教师必须让学生在不同情境中学习，并给学生提供在不同情境中提取信息的机会。同时要引导学生概括和掌握其中的原理和原则。故本题选 B 项。

## 错误率：75%以上

### 考点 1 ▶学习的内涵

[2017 **河南·多选**]学习的含义包括(　　)

A. 人与动物都需要学习

B. 学习是有机体的行为改变

C. 学习是有机体获得经验的过程

D. 学习是有机体对环境的适应过程

**[考生易错]**ABCD

**[思路分析]**本题有 79% 的同学易错选 B 项。考生容易混淆学习的内涵。学习是个体在特定情境下由于练习或反复经验而产生的行为或行为潜能的相对持久的变化。学习的内涵可以从以下几个方面去理解：(1)学习实质上是一种适应活动；(2)学习是人和动物共有的普遍现象；(3)学习是由反复经验引起的；(4)学习是有机体后天习得经验的过程；(5)学习的过程可以是有意的，也可以是无意的；(6)学习引起的是相对持久的行为或行为潜能的变化。需要注意的是，动物也可以通过练习或反复经验而产生学习，例如老马识途、饿猫迷笼实验、白鼠走迷宫实验等。同时，学习所引发的不仅仅是行为的变化，还有行为潜能的变化。最后，并非所有的行为变化，都是学习的结果，即学习会引发行为或行为潜能的变化，但行为的变化并不一定是学习的结果，如生理成熟、疲劳、药物等。

**[正确答案]**ACD

**变式练习**

**1. [单选]**下列选项中，由学习引起的行为变化是(　　)

A. 嗅觉适应

B. 谈虎色变

C. 青春期男孩变声

D. 服用兴奋剂提高比赛成绩

**答案：**B

**解析**:学习是个体在特定情境下由于练习或反复经验而产生的行为或行为潜能的相对持久的变化。然而值得注意的是,并非所有的行为变化都是由学习产生的,如生理成熟、疲劳、药物等因素亦可引起行为的变化。根据选项描述可知,A 项属于感觉适应,C 项属于生理成熟,D 项属于药物的作用,因此这三项都不属于学习。故答案选 B 项。

2. [**单选**]下列有关学习的说法,不正确的是(　　)

A. 学习是由于经验引起的相对持久的行为变化

B. 学习可以通过相应的行为变化得以体现

C. 动物也具有学习行为

D. 所有的行为变化都是由学习引起的

**答案**:D

**解析**:学习是个体在特定情境下由于练习或反复经验而产生的行为或行为潜能的相对持久的变化。A 项说法正确。学习可以通过相应的行为变化得以体现。B 项说法正确。学习是人和动物普遍共有的现象。C 项说法正确。并非所有的行为变化都是由学习产生的,如生理成熟、疲劳、药物等因素亦可引起行为的变化。所以,D 项说法错误。

3. [**多选**]下列选项中,对学习概念的理解不正确的是(　　)

A. 所有会导致行为或行为潜能改变的变化都是学习

B. 学习引起的行为变化是短暂的

C. 学习是由练习或经验引起的

D. 学习是人类和动物共有的一种现象

**答案**:AB

**解析**:学习是个体在特定情境下由于练习和反复经验而产生的行为或行为潜能的相对持久的变化。因此,B 项表述不正确。并非所有的行为变化都是由学习产生的,A 项表述不正确。

## 考点 2 加涅对学习结果的分类——智慧技能和认知策略

[**2020 黑龙江·多选**]学生根据地图方位来回忆省级行政区的名称,这一过程不属于(　　)的学习。

A. 言语信息　　B. 智慧技能

C. 认知策略　　D. 动作技能

[**考生易错**]ACD

[**思路分析**]本题有 35% 的同学易错选 C 项、54% 的同学易漏选 B 项。考生容易混淆智慧技能和认知策略这两种学习结果的内涵。智慧技能指运用符号或概念与环境交互作用的能力。认知策略指调控自己的注意、学习、记忆和思维等内部心理过程的技能。智慧技能强调与环境的交互作用,认知策略强调对内部心理过程的调控。考生在进行判断时,要注意区分题干所述内容中,个体学习结果的指向对象。若指向外部,如对事物进行区分、识别、学习或利用规则办事等,则属于智慧技能。若指向内部,如调动、分配注意、利用不同的方法进行记忆和回忆等,则属于认知策略。题干所述"根据方位回忆名称"属于对记忆能力的学习,故属于认知策略。

[**正确答案**]ABD

**变式练习**

1.［单选］依据加涅对学习结果的分类，学习用以支配个人的心智加工过程的内部组织能力称为（　　）

A. 智力技能学习　　B. 认知策略学习

C. 动作技能学习　　D. 态度学习

**答案：**B

**解析：**加涅按照学习结果划分，把学习结果分为：言语信息学习、智力技能学习、认知策略学习、动作技能学习和态度学习。其中，认知策略学习指学习用以支配个人的心智加工过程的内部组织能力，用以监控和调节自己的注意、记忆、思维和问题解决过程的能力。

2.［单选］小学一年级的小朋友在教师的指导下学会区分“q”和“p”两个字的字形，按照加涅的学习结果分类来看，这里发生的学习结果类型是（　　）

A. 智慧技能　　B. 言语信息　　C. 认知策略　　D. 动作技能

**答案：**A

**解析：**加涅按学习结果将学习分为五种类型：(1)智慧技能；(2)认知策略；(3)言语信息；(4)动作技能；(5)态度。其中，智慧技能指运用符号或概念与环境交互作用的能力的学习。智慧技能又可分为五个小类：辨别学习、具体概念学习、定义性概念学习、规则学习、高级规则学习。其中，辨别是将刺激物的一个特征和另一个特征或者将一个符号与另一个符号加以区别的一种习得能力，小朋友学会区分“q”和“p”两个字的字形属于智慧技能中的辨别学习。

## 进阶测评

| 限时：35 分钟 | 用时：________分钟 | 总题数：37 道 | 正确题：________道 |
|---|---|---|---|

**一、单项选择题**

1. 六年级的小芳通过一节几何课学习，学会了用圆规画圆。这里的学习类型是（　　）

A. 动作技能　　B. 智慧技能　　C. 言语信息　　D. 辨别学习

2. 加涅的智力技能层次论把智力技能按照层次高低分为五类，每一类的习得都有先决条件，其中，规则学习的先决条件是掌握（　　）

A. 定义性概念　　B. 具体概念

C. 程序　　D. 辨别

3. 教师随机向学生呈现一个词表，并要求记住表中的单词，学生学会了用蔬菜、肉类、水果等对单词进行归类组织，并运用该方法记忆其他单词。根据加涅的观点，这类学习属于（　　）

A. 言语信息的学习　　B. 智慧技能的学习

C. 认知策略的学习　　D. 语义信息的学习

4. 下列属于经典性条件作用的是（　　）

A. 告诉小朋友，先喝完药才可以吃糖

B. 小花回答问题后得到了表扬，于是回答问题的次数增加

C. 每次想到第二天要考试小明就有些心烦意乱

D. 小黄做了坏事后被关禁闭，之后他就不敢再犯了

5. 王老师把教学内容分解成许多小的项目，按一定逻辑排列好，并事先对每个项目都做出解释，依次呈现给学生，然后要求学生回答相关问题，学生回答后，王老师出示正确答案，学生反应正确后，再进入下一阶段的学习。王老师的教学设计属于(　　)

A. 建构主义　　B. 行为主义

C. 认知主义　　D. 后现代主义

6. 小萌上课总是睡觉，得知此事后，班主任取消了一次小萌观看学校文艺汇演的资格，之后她很少在课堂上睡觉了，这是运用了(　　)的原理。

A. 正强化　　B. 负强化　　C. 正惩罚　　D. 负惩罚

7. 张老师在班主任例会上谈到现在学生难管理时说："当学生违反学校纪律时，我对他们大吼大叫，严厉批评，但是他们却越来越不像话。"学生不良行为的增加，可以用行为主义的(　　)观点加以解释。

A. 正强化　　B. 负强化　　C. 惩罚　　D. 消退

8. 新学期开始后，黄老师每周都进行一次小测验，以此作为平时成绩的参考，但小测验不是定期的，有时在周一进行，有时在周二或其他时间进行。这属于(　　)

A. 固定时间强化程序　　B. 变化时间强化程序

C. 固定比率强化程序　　D. 变化比率强化程序

9. 操作性条件反射与经典性条件反射的区别，不包括(　　)

A. 反应的后天性与先天性　　B. 新的 S－R 联结是否形成

C. 强化物是否出现在新的反应前　　D. 无条件刺激是否明确

10. 下列关于先行组织者的描述，错误的是(　　)

A. 先行组织者是奥苏贝尔提出的重要的教学策略

B. 先行组织者包括陈述性组织者和比较性组织者

C. 学习"地形"之前，老师给学生介绍山脉、高原、平原，这属于陈述性组织者策略

D. 学习"地形"之前给出"地形是由各种特殊形状的大小陆地构成的"，这属于先行组织者策略

11. 小学六年级的数学课上，张老师在讲述完税率的含义和算法后在黑板上写出了一家饭店某个月的营业额，并让学生计算这家饭店需缴纳的营业税。根据加涅的信息加工理论，学生对饭店营业税的计算环节属于学习阶段中的(　　)

A. 动机阶段　　B. 领会阶段

C. 习得阶段　　D. 概括阶段

12. 依据班杜拉的观察学习理论，替代性强化发生在观察学习过程中的(　　)

A. 注意过程　　B. 保持过程

C. 动作再现过程　　D. 动机过程

13. 下列关于人本主义教学观的认识，不正确的是(　　)

A. 提倡意义学习　　B. 强调人有发展的潜能

C. 主张非指导性教学　　D. 提出先行组织者策略

14. 下列哪项不属于建构主义的"知识观"所提出的观点(　　)

A. 知识不是对现实的纯粹客观的反映

B. 不能无视学习者的已有知识经验

C. 知识不可能以实体的形式存在于个体之外

D. 知识并不能绝对精确地概括世界的法则

15. (　　)是通过允许学生获取、开发和利用真实领域中的活动工具的方法，来支持学生在某一领域学习的模式。

A. 抛锚式教学模式　　B. 认知学徒制教学模式

C. 支架式教学模式　　D. 自下而上的教学模式

16. 小陈会抽烟，周围同学都觉得很好奇，于是小李也学会了抽烟，但是回到家，小李在爸爸面前不抽烟。可见，小李学习中的动机过程属于(　　)

A. 正强化　　B. 负强化　　C. 自我强化　　D. 替代强化

17. 教师不停地重复乘法表并总是提供奖励，以形成 $4\times5$(刺激)和 20(反应)之间的联结。该教师遵循的是桑代克学习律中的(　　)

A. 准备律　　B. 练习律　　C. 效果律　　D. 结果律

**二、多项选择题**

1. 下列实例中，属于学习的是(　　)

A. 幼儿初入托儿所时害怕生人，几天后就不怕了

B. 老马识途

C. 服用兴奋剂后运动能力提升

D. 蜘蛛结网

2. 根据加涅对学习结果的分类，下列属于智慧技能的是(　　)

A. 把小数换算成分数　　B. 认识时钟

C. 使动词和句子的主语一致　　D. 写字

3. 学生的学习特点有(　　)

A. 以直接知识经验的学习为主　　B. 以间接知识经验的学习为主

C. 计划性和组织性　　D. 学习的主要形式是接受学习

4. 英语老师朱老师总是按照下课铃声及时下课，半年以后，学生听到下课铃声就自发离开座位，这让朱老师非常苦恼。在经常拖堂的历史老师课上，从来没有出现这样的情况，这体现了巴甫洛夫经典性条件作用理论的(　　)概念。

A. 获得　　B. 消退　　C. 分化　　D. 泛化

5. 小明看到同班的小强，原来物理成绩与自己差不多，后来买了一本非常好的辅导书，认真系统地学习了一段时间，现在解题比自己快，成绩也大大超越了自己，于是他也买来这本书学习。小明的做法属于(　　)

A. 观察学习　　B. 替代性学习

C. 顿悟学习　　D. 模仿学习

6. 依据班杜拉的社会学习理论，学生经观察学习对榜样人物的行为进行模仿。他指出，学生会因当时的心理需求与学习所得的不同而采用不同的模仿方式，这些模仿方式包括(　　)

A. 直接模仿　　B. 综合模仿　　C. 象征模仿　　D. 抽象模仿

7. 下列选项中，符合斯金纳的程序教学原则的有(　　)

A. 呈现给学生的知识一般以问题的形式出现

B. 假定听课者都是中等学生，统一教学进度

C. 教学内容按内在联系分成若干小单元

D. 针对学生的反应,及时反馈信息

8. 下列属于回避条件作用现象的是(　　)

A. 看见路上的垃圾后绕道走开　　B. 感觉屋内人声嘈杂时离开房间

C. 过马路时听到汽车喇叭声后迅速躲避　　D. 违章骑车时遇到警察赶快下车

9. 按照奥苏贝尔对学习的分类,尝试解决"走迷宫"问题是(　　)

A. 有意义学习　　B. 机械学习　　C. 接受学习　　D. 发现学习

10. 丽丽在课上学习到柠檬酸是清洁窗户的好帮手,所以当看见妈妈在擦玻璃时,丽丽建议妈妈使用可乐清洗,果然效果奇佳。根据布鲁纳的理念,这个过程反映了(　　)

A. 知识的获得　　B. 知识的保持

C. 知识的转化　　D. 知识的评价

11. 下列关于奥苏贝尔的接受学习与布鲁纳的发现学习的表述,正确的是(　　)

A. 在接受学习中,教师起主导、控制的作用;在发现学习中,教师只起指导作用,而不控制具体的学习过程

B. 接受学习主要指以教师讲授为主,学生被动地接受教师传授的知识

C. 发现学习理论只强调原有的认知结构的作用;接受学习理论只强调学习材料本身的内在联系

D. 接受学习强调现成知识的掌握;发现学习则强调探究过程

12. 下列选项中,符合布鲁纳教学观中关于掌握学科基本结构原则的是(　　)

A. 为了出国苦学英语　　B. 化学老师画出分子结构图

C. 生物老师讲解生态农业　　D. 英语老师让学生把文章朗读五遍

13. 下列陈述中,属于人本主义心理学家提出的促进意义学习的条件的有(　　)

A. 以学生为中心,突出学习者在教学过程中的中心地位

B. 让学生觉察到学习内容与自我的关系

C. 让学生身处一个和谐的、融洽的、被人关爱和理解的氛围

D. 要从做中学

**三、判断题**

1. 象征性学习是一种最简单的学习,包括习惯化和敏感化。(　　)

A. 正确　　B. 错误

2. 根据学生学习是被动的还是主动的,可将学习区分为接受学习和发现学习。(　　)

A. 正确　　B. 错误

3. 社会行为的习得和运动技能的完善属于外显学习现象。(　　)

A. 正确　　B. 错误

4. 操作性条件反射与经典性条件反射的基本原理是相同的,他们都是随着强化次数的增加而巩固,由于未得到强化而消退。(　　)

A. 正确　　B. 错误

5. 桑代克认为学习是尝试—错误的过程,华生认为学习是由强化练习引起的潜在反应能力的较为持久的改变。(　　)

A. 正确　　B. 错误

6. 机械学习是指教师将学习内容以定义的方式直接呈现给学生，教师传授，学生接受。（ ）

A. 正确　　B. 错误

7. 非指导性教学的教学目标是促进学生的学习和自我实现，这是一种有完整结构的教学。（ ）

A. 正确　　B. 错误

## 参考答案及解析

### 一、单项选择题

1. B 【解析】六年级学生执行与圆规有关的动作不成问题，现在学会用圆规画圆，是在"圆是到定点距离相等的点的集合这一规则"支配下，通过已掌握的动作技能而表现出的新的能力，是加涅所讲的定义性概念，定义性概念是智慧技能分类中的一个小类。

2. A 【解析】高级规则学习以简单规则学习为先决条件；规则学习以定义性概念学习为先决条件；定义性概念学习以具体概念学习为先决条件；具体概念学习以知觉辨别为先决条件。

3. C 【解析】加涅根据学习结果，把能力分为：智力技能、认知策略、言语信息、动作技能、态度。其中，智力技能是指能用概念、符号、规则分析解决问题；认知策略是学习者用来指导自己注意、学习、记忆和思维的能力；言语信息的学习，即能用语言陈述自己的习得内容；动作技能的学习，即习得熟练的连贯动作；态度的学习，即对人或事的选择倾向。在本题中，学生学会根据单词不同的语义范畴来归类记忆词表，习得的是一种记忆策略，故本题选 C 项。

4. C 【解析】A 项中先喝完药才可以吃糖运用了普雷马克原理，即利用高频活动作为低频活动的有效强化物；B 项中小花回答问题后受到表扬，于是回答问题的次数增加，这属于正强化；D 项中小黄做了坏事后被关禁闭属于惩罚。A、B、D 三项均属于操作性条件作用。故答案选 C 项。

5. B 【解析】题干所述为斯金纳程序教学的基本原理，斯金纳是行为主义学习理论的代表人物，因此本题选 B 项。

6. D 【解析】负惩罚又称为移除性惩罚，是通过**取消愉快刺激**来**降低反应频率**。小萌的班主任通过取消小萌观看学校文艺汇演的资格来降低小萌在课上睡觉的频率，这是运用了负惩罚的原理。

7. A 【解析】正强化也称积极强化，是通过呈现想要的愉快刺激来增强反应频率。题干中，学生违纪在某种程度上是为了获得关注，张老师对他们喊叫使其行为受到了强化，因此，学生的不良行为增加。故题干所述可用正强化来说明。故选 A 项。

8. B 【解析】变化时间强化指强化之间间隔的时间是变化的，如冲浪运动、随时小测验等。所以，答案选 B 项。

9. B 【解析】操作性（工具性）条件反射与经典性条件反射有共同的规律。它们都是在一定条件下建立起来的反射，而最根本的共同点是都需要强化。二者的不同之处有：(1) 无条件刺激是否明确。经典性条件反射中，无条件刺激"食物"很明确；操作性（工具性）条件反射中，无条件刺激不明确。故 D 项说法正确。(2) 强化是与**刺激**有关，还是与**反应**有关。经典性条件反射中，强化与刺激有关，并且出现在反应之前，所以，经典性条件反射是刺激—反应的过程。操作性（工具性）条件反射中，强化与反应有关，并且出现在反应之后,所以,操作性(工具性)条件反射是反应—刺激的过程。故C项说法正确。(3)反应方式不同。经典性条件反射中,动物是被束缚着的,是被动地接受刺激,反应是先天固有的。在操作性(工具性)条件反射中,动物可以自由活动,它通过主动操作来达到一定的目的,反应是在学习过程中形成的。所以,操作性(工具性)条件反射在人类的活动中存在更广泛,意义也更大。故A项说法正确,答案选B项。

10. C 【解析】奥苏贝尔提出了组织学习的教学策略——先行组织者,先行组织者即先于某个学习任务本身呈现的引导性学习材料。先行组织者分为**陈述性组织者**和**比较性组织者**,陈述性组织者与新的学习内容之间是“上位关系”,其概括性和抽象性要高于新知识,因而在呈现陈述性组织者之后再进行的新知识的学习,即为“下位学习”。“陆地”这一概念的抽象概括水平高于“地形”这一概念,故D项属于先行组织者策略。“地形”的概括水平高于“山脉、高原、平原”等概念,故C项不属于陈述性组织者。

11. D 【解析】加涅将学习过程分为八个阶段,概括阶段是将所学会的能力迁移到新情境中去,可以采取横向迁移和纵向迁移两种形式。在教学中应设计出尽可能多样的新环境,让学生更好地运用所学的东西。题干所述计算环节属于学习阶段中的概括阶段。

12. D 【解析】替代强化是指观察者因看到榜样的行为被强化而受到强化,它是一种间接的强化方式。它出现在观察学习的**动机过程**。

13. D 【解析】先行组织者策略是由**奥苏贝尔**提出的,属于认知心理学理论的内容。

14. B 【解析】教学不能无视学生的已有知识经验,而是要把儿童现有的知识经验作为新知识的生长点,引导儿童从原有的知识经验中发展出新的知识经验。这属于建构主义**学生观**的观点。

15. B 【解析】所谓认知学徒制,是指通过允许学生获取、开发和利用真实领域中的活动工具的方法,来支持学生在某一领域学习的模式。题干所述为认知学徒制教学模式的内涵。

16. C 【解析】自我强化实质上是指人们能够自发地预测自己行为的结果,并依靠信息反馈进行自我评价和调节。题干中的小李虽然学会了抽烟,但回到家中在爸爸的面前却不抽烟,这是发生了自我强化。

17. C 【解析】效果律是指刺激和反应之间的联结可因导致满意的结果而加强,也可因导致烦恼的结果而减弱。效果律指导人们要更多地运用奖励让学习者获得满意的结果以加强相应的联结。题干所述教师的做法遵循的是效果律。

**二、多项选择题**

1. AB 【解析】学习是个体在特定情境下由于练习或反复经验而产生的行为或行为潜能的相对持久的变化。并非所有的行为变化都是由学习产生的,如生理成熟、疲劳、药物等因素亦可引起行为的变化。

2. AC 【解析】在学习结果分类中,心理学家加涅将智慧技能定义为运用符号或概念与环境交互作用的能力的学习。智慧技能又可分为五个小类:辨别学习、具体概念学习、定义性概念学习、规则学习、高级规则学习。其中,A项属于高级规则学习,C项属于规则学习,即A、C两项均属于智慧技能的学习;B项属于言语信息的学习,D项属于动作技能的学习。

3. BCD 【解析】学生学习的特点有:(1)接受学习是学习的主要形式,具有**目的性**、**计划性**和**组织性**。(2)学习过程是主动构建过程,具有自主性、策略性和风格性,是师生互动的过程。(3)学习内容以系统学习人类的**间接知识经验**为主,具有间接性。(4)学习目标具有

全面性、多重目的性。(5)学生的学习具有一定程度的被动性。

4. AC 【解析】获得是通过条件刺激反复与无条件刺激相匹配，从而使个体学会对条件刺激做出条件反应的过程。题干中朱老师总是按照下课铃声及时下课，最终让学生获得了“听到下课铃声就自发离开座位”的条件反应。只对条件刺激做出条件反应，而对其他相似刺激不做反应，属于刺激的分化。学生在朱老师的课上一听到下课铃声就自发离开座位，在经常拖堂的历史老师课上，却从来没有出现这样的情况，这是对刺激的分化。

5. ABD 【解析】观察学习是个体通过对他人的行为及其强化结果的观察，从而获得某些新的行为反应或已有的行为反应得到修正的过程。观察学习也是替代学习和模仿学习。

6. ABCD 【解析】班杜拉认为，模仿有四种不同的方式：(1)直接模仿；(2)综合模仿；(3)象征模仿；(4)抽象模仿。

7. ACD 【解析】具体说来，程序教学的基本原则如下：(1)小步子逻辑序列。就是把学习内容分为许多具有内在联系的小单元，编为程序，每次只给一小步。(2)要求学生作出积极反应。程序教材呈现给学生的知识一般以问题的形式出现。(3)及时反馈。每一小步都附有正确答案，使学生知道自己做得对不对，这就是强化。(4)学生自定步调。学生按照自己的情况来确定学习进度。(5)低的错误率。由于教材步子小，学生每次都可能作出正确的反应，得到积极强化。

8. CD 【解析】回避条件作用是指当预示厌恶刺激即将出现的刺激信号呈现时，有机体也可以自发地做出某种反应，从而避免了厌恶刺激的出现，则该反应在以后的类似情境中发生的概率便增加的一类条件作用。A项和B项属于逃避条件作用。

9. BD 【解析】奥苏贝尔从两个维度对学习做了区分：从学生学习的方式上，将学习分为接受学习与发现学习；从学习内容与学习者认知结构的关系上，又将学习分为有意义学习和机械学习。根据这一分类可知，尝试解决“走迷宫”问题是机械的发现学习。

10. ACD 【解析】布鲁纳认为学习包括三种几乎同时发生的过程，这三种过程是：新知识的获得、知识的转化、知识的评价。这三个过程实际上就是学习者主动地建构新认知结构的过程。新知识可能是以前知识的精炼，也可能与原有知识相违背。知识的转化就是超越给定的信息，运用各种方法将它们变成另外的形式，以适合新任务，并获得更多的知识。知识的评价是对知识转化的一种检查，通常包含对知识的合理性进行判断。根据题干所述，丽丽在课上学习到柠檬酸是清洁窗户的好帮手，属于知识的获得；回家后建议妈妈用可乐擦窗户是知识的转化，效果奇佳是知识的评价。

11. AD 【解析】接受学习与发现学习的区别主要有：(1)侧重点不同。接受学习强调现成知识的掌握；发现学习强调探究过程。(2)呈现学习材料的方式不同。在接受学习中，教师把学习内容直接呈现给学生；在发现学习中，教师只呈现一些提示性的线索，而不直接呈现学习内容。(3)学习的心理不同。在接受学习中，学生只需直接把现成的知识加以内化，纳入到认识结构中；在发现学习中，学生必须首先通过自己的探究活动，从事实中归纳出结论，然后再把结论纳入到认识结构之中。(4)教师所起的作用不同。在接受学习中，教师起主导、控制的作用；在发现学习中，教师起指导作用，而不控制具体的学习过程。故A、D两项表述正确。接受学习可能是主动的，也可能是被动的，它与被动学习、主动学习都没有必然联系。故B项表述错误。发现学习和接受学习都强调原有的认知结构的作用，强调学习材料本身的内在联系。故C项表述错误。

12. ABC 【解析】布鲁纳认为,掌握学科的基本结构的教学原则有:(1)动机原则。所有学生都具有内在的学习愿望,**内在动机**是维持学习的基本动力。教师如果能善于促进并调节学生的探究活动,便可激发他们的这些内在动机,有效地达到预定的学习目标。(2)结构原则。任何知识结构都可以用动作、图像和符号三种表象形式来呈现。至于究竟选用哪一种呈现方法为好,则视学生的知识背景和课题性质而定。(3)程序原则。教学就是引导学习者通过一系列有条不紊地陈述一个问题或大量知识的结构,以提高他们对所学知识的掌握、转化和迁移的能力。(4)强化原则。教学规定适合的强化时间和步调是学习成功的重要一环。因此,根据选项描述可知,A 项属于动机原则,B、C 两项属于结构原则。

13. ABCD 【解析】人本主义心理学家提出了促进意义学习的基本条件:(1)强调以学生为中心,突出学习者在教学过程中的中心地位;(2)让学生觉察到学习的内容与自我的关系;(3)让学生身处一个和谐、融洽、被人关爱和理解的氛围,并且将这种气氛由教师逐步扩大到学生之间;(4)强调要注重从做中学。

**三、判断题**

1. B 【解析】反应性学习是一种最简单的学习,包括习惯化和敏感化。
2. B 【解析】根据学生学习是被动的还是主动的,可将学习区分为被动学习和主动学习。
3. B 【解析】内隐学习是指有机体在与环境接触的过程中不知不觉地获得了一些经验,并因之改变其事后某些行为的学习。内隐学习的现象出现在很多领域,如第二语言的学习、社会行为的习得以及运动技能的完善等。
4. B 【解析】操作性条件反射与经典性条件反射的基本原理不同,操作性条件反射是随着强化的次数增加而巩固,由于未得到强化而消退。
5. B 【解析】**金布尔**认为,学习是由强化练习引起的潜在反应能力的较为持久的改变。
6. B 【解析】在接受学习中,所要学习的内容大多是现成的、已有定论的、科学的基础知识,包括一些抽象的概念、命题、规则等,这些内容通过教科书或老师的讲述,用定义的方式,直接向学习者呈现。机械学习是符号所代表的新知识与学习者认知结构中已有的知识建立非实质性和人为的联系。即学习者不理解这些符号所代表的知识,只好依靠字面上的联系,进行机械的联想来学习。因此,题干所述应为接受学习而不是机械学习。
7. B 【解析】非指导性教学是一种**无结构**的教学。教学目的、内容、进程和方法等由学生自己讨论决定,学生有绝对的选择自由,个人可以无拘无束地提出自己的问题、发表自己的意见,一切活动由学生自己发现、自行组织。

# 专题七　学习心理

## 错误率：50%以上

### 考点 1 自我提高内驱力和附属内驱力

[2019 广东·单选]方老师在班会课上给学生讲述自己当年的学习经历："小时候我觉得自己长得不好看，怕班上的同学不喜欢我，于是我告诉自己一定要好好学习，我觉得只有这样同学们才会喜欢我、尊重我。"方老师当年的学习动机属于(　　)

A. 近景的直接性动机　　B. 自我提高内驱力

C. 附属内驱力　　D. 认知内驱力

[考生易错]C

[思路分析]本题有 42% 的同学易错选 C 项。考生容易混淆自我提高内驱力和附属内驱力的内涵。自我提高内驱力是指个体因自己的胜任或工作能力而赢得相应地位的需要。自我提高内驱力并非直接指向学习任务本身，而是把成就看作赢得地位与自尊心的根源。附属内驱力是指个体为了获得长者们(如家长、教师)的赞许或认可而表现出把工作、学习做好的一种需要。它既不直接指向学习任务本身，也不把学业成就看作赢得地位的手段，而是为了从长者或同伴那里获得赞许和接纳。虽然二者都属于外部动机，但是也存在着一定的区别。自我提高内驱力强调为自己赢得地位和尊重，附属内驱力强调赢得长辈和同伴的认可和接纳。因而，在同辈群体中赢得认可的行为，不能简单地解释为附属内驱力，而应该考虑行为目的。若是为了给自己赢得地位和尊重，则属于自我提高内驱力；若是单纯为了让同伴接纳自己，则属于附属内驱力。

[正确答案]B

**变式练习**

1. [单选]小刚学习非常刻苦主要是为了获得老师和家长的表扬，他的学习动机是(　　)

A. 认知内驱力　　B. 自我提高内驱力

C. 附属内驱力　　D. 求知欲

**答案：**C

**解析：**附属内驱力是指个体为了获得长者们的赞许或认可而表现出把工作做好的一种需要。因此，小刚为了获得老师和家长的表扬而刻苦学习，属于典型的附属内驱力。

2. [单选]"为了赢得社会地位"的学习动机属于(　　)

①附属内驱力　　②自我提高内驱力

③内部动机　　④外部动机

A. ①③　　B. ①④　　C. ②③　　D. ②④

**答案：**D

**解析：**自我提高内驱力是指个体因自己的胜任或工作能力而赢得相应地位的需要。自我提高内驱力并非直接指向学习任务本身，而是把成就看作赢得地位与自尊心的根源，属于外部动机。因此，"为了赢得社会地位"的学习动机既属于自我提高内驱力，又属于外部动机。

考点2 ▶结果期待和效能期待

[2020 天津·单选]某学生计划通过每天做100道数学练习题,短时间内提高自己的数学成绩,但是后来又因无法完成既定的大量任务而放弃计划,根据班杜拉的理论,说明该生对短时间内提高数学成绩的(　　)

A. 结果期待高　　B. 结果期待低
C. 效能期待高　　D. 效能期待低

**[考生易错]**A、C

**[思路分析]**本题有37%的同学易错选A项、33%的同学易错选C项。考生容易混淆结果期待和效能期待的内涵。结果期待是指人对自己的某一行为会导致某一结果的推测。效能期待是指人对自己能够进行某一行为的能力的推测或判断。简而言之,效能期待是能不能做,结果期待是做了有什么结果。在考试中,考生可以通过期待的对象来进行区分。如果期待的对象是具体的行为,则属于效能期待;如果期待的对象是行为的结果,则属于结果期待。此题中学生的期待对象是"每天做题",是对具体行为的期待,属于效能期待。期待的高和低可以从行为是否持续上来判断。期待高则行为持续,期待低则放弃行为。此题中学生最终放弃做题计划,故属于效能期待低。

**[正确答案]**D

变式练习

1. **[单选]**某学生制订一项计划坚持每天锻炼,但是感到自己落实困难便放弃了计划。根据班杜拉的理论,这表明他对计划的(　　)

A. 结果期待过高　　B. 结果期待过低
C. 效能期待过高　　D. 效能期待过低

**答案:**D

**解析:**结果期待是指人对自己的某一行为会导致某一结果的推测。效能期待是指人对自己能够进行某一行为的能力的推测或判断,它意味着人是否确信自己能够成功地进行带来某一结果的行为。题干所述学生认为自己难以完成每天坚持锻炼的计划,说明他对计划的效能期待低。

2. **[单选]**学生认识到只要上课认真听讲,就会获得他所希望的好成绩,那他就很可能认真听课。根据班杜拉的心理学理论,学生这样的心理称为(　　)

A. 结果期待　　B. 效能期待　　C. 自我强化　　D. 替代强化

**答案:**A

**解析:**结果期待是指人对自己的某一行为会导致某一结果的推测。学生认为好好听课能获得好成绩,是对行为结果的期待,属于结果期待。

考点3 ▶精加工策略和组织策略

[2019 辽宁·单选]整合新旧知识间的内在联系,形成新的知识结构的学习策略是(　　)

A. 精加工策略　　B. 复述策略
C. 组织策略　　D. 调节策略

**[考生易错]**A

**[思路分析]**本题有40%的同学易错选A项。考生容易混淆精加工策略和组织策略的内涵。精加工策略是指把新信息与头脑中的旧信息联系起来从而增加新信息意义的深层加工策略,其要旨在于建立信息间的联系。组织策略是指将经过精加工提炼出来的知识点加以构造,形成更高水平的知识结构的信息加工策略。精加工策略强调建立信息间的联系,组织策略强调重构、整合信息间的联系,形成新的知识结构。故题干中"整合内在联系,形成新知识结构"说的是组织策略。

**[正确答案]**C

**变式练习**

1. **[单选]**精加工策略的实质是(　　)

A. 重现学习材料　　B. 建立新旧信息之间的联系

C. 把材料归类　　D. 计划监控

**答案:**B

**解析:**精加工策略也就是把新信息与头脑中的旧信息联系起来从而增加新信息意义的深层加工策略,因此它的实质就是建立新旧信息之间的联系。

2. **[单选]**在期末复习时,学生采用将课文内容以列结构提纲、画网络图的方法来帮助记忆。这种学习策略属于(　　)

A. 复述策略　　B. 精细加工策略

C. 组织策略　　D. 资源管理策略

**答案:**C

**解析:**组织策略是一种通过**整合**新知识之间、新旧知识之间的内在联系,**形成新知识结构**的策略,如列提纲、画表格、做示意图等。根据定义可以判断,"列结构提纲、画网络图的方法"属于组织策略。

3. **[单选]**小芳记学习笔记时,一部分记老师在课堂上讲的重点内容,另一部分记自己在课下练习时遇到的有疑问的知识点。在这一过程中运用的学习策略是(　　)

A. 元认知策略　　B. 精加工策略

C. 组织策略　　D. 认知策略

**答案:**B

**解析:**题干中主要描述了小芳做学习笔记的表现,而做笔记策略是使用较为普遍的精加工策略。

## 考点4 ▶努力管理策略和调节策略

**[2020山东·单选]**庚子春爆发的新冠肺炎疫情,波及范围之广、传染性之强,对人们社会生活影响之大,历史罕见。为阻断疫情向校园蔓延,确保师生生命安全和身体健康,全国大中小学2020年春季学期延期开学。虽然延期期间要求"教师停课不停教、学生停课不停学",但是有的学生能够正确认识疫情,调整心态,坚持学习不放松;有的则焦虑不已,怨天尤人,放松学习。从学习策略来看,这种现象更多地反映了学生的(　　)

A. 计划策略　　B. 调节策略

C. 努力管理策略　　D. 时间管理策略

**[考生易错]**B

**[思路分析]**本题有52%的同学易错选B项。考生容易混淆努力管理策略和调节策略的内涵。努力管理策略是资源管理策略的一种,是学习者用来保证自己有效地将精力用于学习的策略,为了使学生维持自己的意志努力,需要不断鼓励学生进行自我激励。调节策略是元认知策略的一种,指在学习过程中根据对认知活动监视的结果,找出认知偏差,及时调整策略或修正目标。由此可知,努力管理策略的侧重点在于增加自己的学习行为和学习意志;调节策略的侧重点在于在具体的学习活动中,及时调整或修正自己的学习策略,提高学习效率。简而言之,努力管理策略提升学习意志,调节策略提高学习效率。题干中有的学生在家坚持学习,有的学生则放松学习,体现的是前者学习意志高,不随环境的改变而改变,故属于努力管理策略。

**[正确答案]**C

**变式练习**

1. **[单选]**学生在阅读不熟悉、不理解的材料时,放慢速度、反复阅读的学习策略是( )

A. 认知策略　　B. 资源管理策略

C. 组织策略　　D. 元认知策略

**答案:**D

**解析:**元认知调节策略表现为在学习活动结束时,评价认知结果,采取相应的补救措施,修正错误,总结经验教训等。元认知调节策略与监控策略有关。例如:当学习者意识到他不理解课文的某一部分时,他就会退回去重读困难的段落;在阅读困难或不熟的材料时放慢速度;复习不懂的课程材料;测验时跳过某个难题先做简单的题目等。

2. **[单选]**芳芳在考试的时候,一般都是把难题放一边,先把容易的题做完,这种学习策略属于( )

A. 计划策略　　B. 监控策略　　C. 调节策略　　D. 求助策略

**答案:**C

**解析:**题干中芳芳在考试时跳过某个难题先做简单的题目,这是运用了元认知策略中的调节策略。

3. **[单选]**小明喜欢打游戏,在学习的过程中,他给自己设立目标,当达到学习目标时,就会给自己留点时间打一会儿游戏。小明运用的资源管理策略是( )

A. 时间管理策略　　B. 学习环境管理策略

C. 努力管理策略　　D. 学习工具管理策略

**答案:**C

**解析:**资源管理策略中的努力管理策略是指为了使学生维持自己的意志努力,需要不断鼓励学生进行自我激励。这包括:(1)激发内在的动机;(2)树立正确的学习信念;(3)选择有挑战性的任务;(4)调节成败的标准;(5)正确归因;(6)自我奖励等。题干中小明对自己进行奖励的行为,运用的是资源管理策略中的努力管理策略。

4. **[单选]**新学期开始,春雷同学不断激发自己内在的学习动机,树立正确的学习信念,调节成败的标准,正确归因。春雷同学的学习策略属于( )

A. 努力管理策略　　B. 计划策略　　C. 调节策略　　D. 监控策略

**答案**:A

**解析**:努力管理策略是指为了使学生维持自己的意志努力,需要不断鼓励学生进行自我激励。包括树立正确的学习信念、调节成败的标准、正确归因等。

**考点5 ▶顺向迁移和逆向迁移**

[2019 **湖南·单选**]高中阶段学生关于“元素周期表”的学习,深化了他们对初中阶段“元素化合物”等知识的理解,这种迁移属于(　　)

A. 顺向正迁移　　B. 逆向正迁移

C. 顺向负迁移　　D. 逆向负迁移

**[考生易错]**A

**[思路分析]**本题有40%的同学易错选A项。考生容易混淆顺向迁移和逆向迁移的内涵。顺向迁移是指先前学习对后继学习产生的影响。逆向迁移是指后继学习对先前学习产生的影响。考生在判断一种迁移是顺向迁移还是逆向迁移时,不能根据题干的表述顺序来判断,而应该根据学习行为真实的发生顺序来判断。例如本题中,虽然题干中先叙述了“元素周期表”的学习,但根据题干所述可知,对“元素化合物”的学习发生在前,对“元素周期表”的学习发生在后,因此“元素周期表”的学习对“元素化合物”的学习产生的影响属于逆向迁移。

**[正确答案]**B

**变式练习**

1. [**单选**]学过高等数学后有利于初等数学的进一步理解和掌握,这属于(　　)

A. 顺向正迁移　　B. 逆向正迁移

C. 顺向负迁移　　D. 逆向负迁移

**答案**:B

**解析**:A项顺向正迁移是先前学习对后续学习产生促进作用。B项逆向正迁移是后面学习对先前学习的积极影响。C项顺向负迁移是先前学习对后续学习产生抑制作用。D项逆向负迁移是后面学习对先前学习的消极影响。题干描述的是后学习的高等数学对先前学习的初等数学的积极影响,故属于逆向正迁移,本题选B项。

2. [**单选**]学生在学习分数的时候,受到先前关于整数概念的影响,往往认为1/6比1/4大。这类迁移属于(　　)

A. 顺向正迁移　　B. 逆向正迁移

C. 顺向负迁移　　D. 逆向负迁移

**答案**:C

**解析**:负迁移也叫“抑制性迁移”,是指一种学习对另一种学习产生阻碍作用;顺向迁移是指先前学习对后继学习产生的影响。所以,先前学习的整数知识对现在学习的分数知识的错误影响属于顺向负迁移。

**考点6 ▶自下而上的迁移和自上而下的迁移**

[2020 **河南·判断**]数学学习中由数字运算到字母运算的转化,属于自下而上的迁移。(　　)

A. 正确　　B. 错误

[考生易错]B

[思路分析]本题有50%的同学易将题干内容判断为错误。考生容易混淆自下而上的迁移和自上而下的迁移的内涵。自下而上的迁移,即下位的较低层次的经验影响上位的较高层次的经验的学习。自上而下的迁移,即上位的较高层次的经验影响下位的较低层次的经验的学习,也就是经由原则的演绎、推广和应用,而确认某特殊事例隶属于该原则之内。简而言之,自下而上就是由低层到高层,自上而下就是由高层到低层。考生在做题时,可以根据原有的知识经验或学习的层次来进行区分,若原有的知识经验或学习的层次比后续的低,则为自下而上的迁移;若原有的知识经验或学习的层次比后续的高,则为自上而下的迁移。此题中原有的数字运算的层次低于后续的字母运算的层次,故属于自下而上的迁移。

[正确答案]A

**变式练习**

1.[单选]先学习"角"的概念,再学习"直角""钝角"等概念会比较容易。这属于(　　)

A.自下而上的迁移　　B.自上而下的迁移

C.零迁移　　D.负迁移

**答案:**B

**解析:**垂直迁移也称纵向迁移,是指先行学习内容与后续学习内容是不同水平的学习活动之间产生的影响。垂直迁移表现在两个方面:(1)自下而上的迁移,即下位的较低层次的经验影响上位的较高层次的经验的学习;(2)自上而下的迁移,即上位的较高层次的经验影响下位的较低层次的经验的学习。根据题干所述该学习属于自上而下的迁移。

2.[单选]在学习了"老虎、牛"等动物的本质特征后有助于理解"哺乳动物"的概念。这属于(　　)

A.自下而上的迁移　　B.自上而下的迁移

C.零迁移　　D.负迁移

**答案:**A

**解析:**自下而上的迁移,即下位的较低层次的经验影响上位的较高层次的经验的学习。根据题干所述该学习属于自下而上的迁移。

### 考点7 形式训练说和认知结构迁移理论

[2020河南·单选](　　)认为,学习数学有助于形成逻辑推理能力,学习历史有助于提高记忆力。

A.认知结构迁移理论　　B.形式训练说

C.相同要素说　　D.概括化理论

[考生易错]A

[思路分析]本题有50%的同学易错选A项。考生容易混淆形式训练说和认知结构迁移理论的内容。形式训练说认为心理官能只有通过训练才能得以发展,迁移就是心理官能得到训练而发展的结果。教育的任务就是要改善学生的各种官能,而改善以后的官能就能够自动地迁移到其他学习中去,一种官能的改进也能增强其他的官能。认知结构迁移理论认为,一切有意义的学习都是在原有认知结构的基础上产生的,迁移是以认知结构为中介进

行的，先前学习所获得的新经验，通过影响原有认知结构的有关特征影响新学习。简而言之，形式训练说强调学习过程中形成的能力对其他学习的影响，而认知结构迁移理论强调学习过程中形成的认知结构对其他学习的影响。考生在做题时，可以据此进行区分。

[正确答案]B

变式练习

1.[单选]为了促进迁移，教师注重提高学生的知识概括化水平，依据的迁移理论是(　　)

A.形式训练说　　B.共同要素说

C.关系转换说　　D.认知结构迁移论

**答案**:D

**解析**:为了促进迁移，教师注重提高学生的知识概括化水平，依据的迁移理论是认知结构迁移理论。认知结构迁移理论认为，学生学习新知识时，认知结构可利用性高、可辨别性大、稳定性强，就能促进对新知识学习的迁移。“为迁移而教”实际上是塑造学生良好认知结构的问题。

2.[单选]某老师认为，通过做大量的应用题可以提高学生的思维能力，从而提高学生在考试中应用题的作答正确率。该老师的观点主要受以下哪一迁移理论的影响(　　)

A.认知结构迁移论　　B.共同要素说

C.概括化理论　　D.形式训练说

**答案**:D

**解析**:形式训练说认为训练和改进心理官能是教学的重要目标，教育的任务就是要改善学生的各种官能，而改善以后的官能就能够自动地迁移到其他学习中去，一种官能的改进也能增强其他的官能。学生通过大量练习形成的能力可以迁移到考试中，就是对形式训练说的实践应用。

## 考点8 程序性知识和策略性知识

[2019河南·单选](　　)是回答“怎么办”的知识，它所处理的对象是个人自身的认知活动和个体调控自己认知活动的知识。

A.程序性知识　　B.陈述性知识

C.策略性知识　　D.道德性知识

[考生易错]A

[思路分析]本题有61%的同学易错选A项。考生容易混淆程序性知识和策略性知识的内涵。程序性知识即操作性知识，是一种经过学习后自动化了的关于行为步骤的知识，表现为在信息转换活动中进行具体操作。策略性知识是关于如何学习和如何思维的知识，即个体运用陈述性知识和程序性知识去学习、记忆、解决问题的一般方法和技巧。策略性知识与程序性知识相似但又存在区别：二者都是有关回答“怎么办”的知识，但策略性知识所处理的对象是个人自身的认知活动和个体调控自己认知活动的知识。考生在做题时可以根据知识所处理的对象进行区分。如果知识处理的是个体自身的认知活动，则属于策略性知识；如果处理对象是行为步骤，则属于程序性知识。

[正确答案]C

变式练习

1. [单选]学校举办“英语单词联想记忆”培训班,可以推断,这个培训班主要教授的知识类型是(　　)

A. 策略性知识　　B. 程序性知识

C. 陈述性知识　　D. 指导性知识

**答案:**A

**解析:**策略性知识是关于如何学习和如何思维的知识,即个体运用陈述性知识和程序性知识去学习、记忆、解决问题的一般方法和技巧。根据题干描述可知,“英语单词联想记忆”培训班主要教授的是学习、记忆英语的一般方法和技巧。因此,可以推断,这个培训班主要教授的知识类型是策略性知识。

2. [单选]“求两个分数的和,已知两个分数的分母相同,直接将两个分数的分子相加,分母不变。”这种关于任务完成步骤的知识属于(　　)

A. 程序性知识　　B. 陈述性知识

C. 技能性知识　　D. 策略性知识

**答案:**A

**解析:**程序性知识即操作性知识,是一种经过学习后自动化了的**关于行为步骤**的知识,表现为在信息转换活动中进行具体操作。因此,题干中描述的关于任务完成步骤的知识属于程序性知识。

## 考点9 下位学习和上位学习

[2020 辽宁·单选]学生学习了自然数以后,再学习整数。这种学习属于(　　)

A. 上位学习　　B. 下位学习

C. 类属学习　　D. 组合学习

**[考生易错]**B

**[思路分析]**本题有59%的同学易错选B项。考生容易混淆下位学习和上位学习的内涵。下位学习又称类属学习,是一种把新的观念归属于认知结构中原有观念的某一部分,并使之相互联系的过程。上位学习又称总括学习,是在学生掌握一个比认知结构中原有概念的概括和包容程度更高的概念或命题时产生的。上位学习和下位学习是依据新知识与原有认知结构的关系划分的,因此考生在做题时可以据此进行区分。如果新知识的概括和包容程度低于原有认知结构,则属于下位学习;若高于原有认知结构,则属于上位学习。例如此题中“整数”的概括和包容程度要高于先学习的“自然数”,故属于上位学习。

**[正确答案]**A

变式练习

1. [单选]学生已经有了“鸟”的观念,再学习“百灵鸟”这种动物。这种学习是(　　)

A. 下位学习　　B. 上位学习

C. 命题学习　　D. 并列结合学习

**答案:**A

**解析:**在下位学习中,新学习的知识在包容和概括水平上低于原有观念。新学习的“百灵鸟”属于“鸟”的一种,故属于下位学习。

2.［单选］学生在知道了“玫瑰”“百合”“月季”等概念之后，再学习“花卉”这个概念就会更加容易，这一学习属于（　　）

A. 同位学习　　B. 上位学习

C. 下位学习　　D. 并列结合学习

**答案：**B

**解析：**题干中先学习的“玫瑰”“百合”“月季”等概念归属于“花卉”这一概念，即新学习的知识在包容和概括水平上高于原有观念，故属于上位学习。

## 考点10 ▶ 派生类属学习和相关类属学习

［2019 山东·单选］学生通过对整数的学习掌握了基本的数概念，在此基础上学习有理数的概念，这属于（　　）

A. 上位学习　　B. 派生类属学习

C. 相关类属学习　　D. 并列结合学习

**［考生易错］**A、B

**［思路分析］**本题有35%的同学易错选A项、30%的同学易错选B项。考生容易混淆派生类属学习和相关类属学习的内涵。派生类属学习指新观念是认知结构中原有观念的特例或例证，新知识只是旧知识的派生物。而相关类属学习是指新知识扩展、修饰或限定学生已有的旧知识，并使其精确化。简而言之，派生类属学习所学习的新知识是在旧认知结构的框架内，是旧知识的一个例子；而相关类属学习所学习的新知识在旧认知结构的框架外，是对旧知识的补充。考生在做题时，可以根据新知识与旧认知结构的包含程度来判断。如果新知识能完全被旧认知结构包含，则属于派生类属学习；如果新知识的概括程度小于旧认知结构，但是无法被旧认知结构直接解释，需要对旧认知结构进行扩充，这属于相关类属学习。例如此题中，新学习的“有理数”概念，概括程度小于“数”的概念，因此不属于上位学习，但是无法被已掌握的“整数”概念所组成的“数概念”解释，需要对已形成的“数”的概念进行扩充，以包含“有理数”的概念，故属于相关类属学习。

**［正确答案］**C

### 变式练习

1.［单选］学生掌握了“哺乳动物”的概念后，理解“鲸”的含义，属于（　　）

A. 派生类属学习　　B. 相关类属学习

C. 上位学习　　D. 并列结合学习

**答案：**A

**解析：**首先判断“鲸”属于“哺乳动物”，因此题干描述的学习属于下位学习，排除C、D两项。下位学习包括派生类属学习和相关类属学习。派生类属学习是指新观念是认知结构中原有观念的特例或例证，新知识只是旧知识的**派生物**。相关类属学习是指新知识扩展、修饰或限定学生已有的旧知识，并使其精确化。“鲸”是“哺乳动物”的例证，故题干所述学习属于派生类属学习。

2.［单选］学生通过学习“0和正整数”掌握“数”的概念，之后又学习了“负数”的概念，重新认识了“数”的概念。这种学习属于（　　）

A. 并列结合学习　　B. 上位学习　　C. 相关类属学习　　D. 派生类属学习

**答案:**C

**解析:**根据题干描述"负数"的概念使"数"的概念扩展、深化,让"数"的概念得到本质属性的改变,因此属于相关类属学习。

**考点11 ▶ 实物直观和模像直观**

[2018 山东·单选]老师为了让同学们更好地了解雾霾的成因,借助多媒体并带领同学们到建筑工地现场观看尘土飞扬的效果,老师的做法体现的直观手段是(　　)

A. 模像直观　　B. 实物直观

C. 言语直观　　D. 虚拟直观

**[考生易错]**B

**[思路分析]**本题有47%的同学易错选B项。考生容易混淆实物直观和模像直观的内涵。实物直观指在感知实际事物的基础上提供感性材料的直观教学方式。模像直观指观察与教材相关的模型与图像(如图片、图表、幻灯片、电影、录像、电视等),形成感知表象。简而言之,实物直观是直接观察、体验实物,模像直观则是观察模型。判断一个观察对象是实物还是模型,不能仅根据其存在的场景进行判断(在课堂上出现的不一定是模型,在自然环境中出现的也不一定是实物),而应该根据观察对象和要感知的材料的关系进行判断。如果观察对象就是要感知的材料本身,则属于实物;如果是简化模型或者图像,则属于模型。例如此题中,工地尘土飞扬的场景是雾霾形成的简化模型,因此虽然不在课堂中,但仍然属于模型,这运用的是模像直观。

**[正确答案]**A

**变式练习**

1.[单选]教师在向学生讲"雪花"这一事物时,采用观看录像带并向空中抛洒大量碎纸片的方式以引导学生体会下雪场景,这种直观的手段是(　　)

A. 实物直观　　B. 模像直观　　C. 言语直观　　D. 虚拟直观

**答案:**B

**解析:**模像直观指观察与教材相关的模型与图像(如图片、图表、幻灯片、电影、录像、电视等),形成感知表象。题干中"观看录像带"这一关键词表明,教师运用的直观手段是模像直观。

2.[单选]在科学课上,李老师为了帮助学生认识植物,带领学生去植物园参观,观察教材上展示的各种植物最真实的形态。李老师的做法属于(　　)

A. 模像直观　　B. 实物直观　　C. 言语直观　　D. 表象直观

**答案:**B

**解析:**实物直观指在感知实际事物的基础上提供感性材料的直观教学方式。因此,李老师带领学生到植物园实地参观,运用的就是实物直观。

**考点12 ▶ 正例、反例和变式**

[2016 山东·单选]讲解果实概念时,既列举可食用的果实,也列举不可食用的果实,以便突出果实都具有种子的本质特征。这种知识概括方式是(　　)

A. 正例与反例　　B. 比较　　C. 变式　　D. 直观

**[考生易错]**A

[思路分析]本题有40%的同学易错选A项。考生容易混淆正例、反例和变式的内涵。正例指包含着概念或规则的本质特征和内在联系的例证。反例指不包含或只包含了一小部分概念或规则的主要属性和关键特征的例证。变式,就是变换使用不同形式的直观材料或事例说明事物的属性,使本质属性保持不变而非本质属性或有或无,以便突出本质属性。首先要明确的是,变式属于特殊的正例。正例强调用典型例子说明概念的本质特征。变式强调除了列举一些典型例子外,也会列举一些不典型的例子让学生明白概念的关键特征。考生在做题时需要注意,当题干中只列举典型例子时,选择正例,既列举了典型例子,又列举了不典型的例子,则选择变式。

[正确答案]C

**变式练习**

1.[单选]陈老师在讲解岛屿的概念时,列举了中国、澳大利亚、美国夏威夷州以及中国台湾来进行例证,其中,中国、澳大利亚属于________,美国夏威夷州、中国台湾属于________。(　　)

A.正例　反例　　　　B.反例　正例

C.正例　变式　　　　D.变式　反例

**答案:**B

**解析:**题干中,中国、澳大利亚不属于岛屿,因此属于反例;美国夏威夷州、中国台湾属于岛屿,因此属于正例。

2.[判断]教师在教“鸟”的概念时,既举例了会飞的鸟,如麻雀、鸽子,又举例了不会飞的鸟,如鸡、鸭,其目的是要形成定势,便于促进学生理解概念。(　　)

A.正确　　　　B.错误

**答案:**B

**解析:**变式,就是变换使用不同形式的直观材料或事例说明事物的属性,使本质属性保持不变而非本质属性或有或无,以便突出本质属性。题干所述的目的是要形成变式,促进学生理解概念。

## 考点13 ▶ 操作技能四阶段的特点

[2020河南·单选]在操作技能形成中,动觉控制起主导作用的阶段是(　　)

A.操作定向　　　　B.操作模仿

C.操作整合　　　　D.操作熟练

[考生易错]B、C

[思路分析]本题有20%的同学易错选B项、25%的同学易错选C项。考生容易混淆操作技能四个阶段的特点。考生可以根据动作品质、结构、控制、效能四方面和生活经验对这四个阶段的特点进行记忆。在操作定向阶段,个体要了解操作活动的结构与要求,建立定向映像。在操作模仿阶段,个体的动作品质差;多余动作较多;靠视觉控制;易疲劳、紧张。在操作整合阶段,个体具备了一定的灵活性、稳定性;多余动作减少;视觉控制逐渐让位于动觉控制;疲劳、紧张感降低。在操作熟练阶段,个体的动作品质好;多余动作消失;动觉控制增强;动作效能高。

[正确答案]D

**变式练习**

1.[**单选**]体育课上,陈老师在教学生新的广播体操动作,她先对每个动作进行示范与讲解,然后让学生进行细致的观察,并思考应该怎么做这些动作。这属于操作技能的(　　)阶段。

A.定向　　B.模仿　　C.整合　　D.熟练

**答案:**A

**解析:**操作定向就是了解操作活动的结构与要求,在头脑中建立起操作活动的定向映像的过程。陈老师对每个动作进行示范与讲解,并让学生仔细观察并思考应该怎么做这些动作就是为了让学生在头脑中建立起操作活动的定向映像。

2.[**单选**]学习舞蹈时,小晶把完整的舞蹈分成4个小节,跟着舞蹈老师一步步练,这是操作技能形成的(　　)阶段。

A.操作整合　　B.操作定向

C.操作模仿　　D.操作熟练

**答案:**C

**解析:**小晶把完整的舞蹈分成4个小节,跟着舞蹈老师一步步练,这是操作技能形成的模仿阶段。

## 考点14 问题解决的影响因素——表征方式和思维定势

[2018**河南·单选**]九宫格中每格中间均有一个黑点,现要求将九个黑点用一笔连起来,而小亮却认为这九个黑点组成了正方形,无法完成这一要求。小亮产生这一认知的原因是(　　)

A.受到表征方式的影响　　B.受到思维定势的影响

C.受到无关信息的影响　　D.受到功能固着的影响

[**考生易错**]B

[**思路分析**]本题有67%的同学易错选B项。考生容易混淆表征方式和思维定势的内涵。问题表征方式是指问题呈现的知觉方式。思维定势是指重复先前的操作所引起的一种心理准备状态。由此我们可以看出,表征方式描述的是问题本身的因素,思维定势强调个体会以同样的方式解决问题。考生在做题时,可以据此进行区分。如果是问题呈现的方式影响问题解决,则属于表征方式因素;如果是个体根据既有思维做出错误判断,则属于思维定势因素。例如此题中,小亮因九个黑点按正方形排列便认为这些黑点无法一笔连起来,这是黑点的呈现方式影响了小亮,故属于表征方式的影响。

[**正确答案**]A

**变式练习**

1.[**单选**]学生在做题目“2+3+4+5+6-7=?”时,常常把“减7”算成了“加7”,这是(　　)

A.思维定势　　B.学习迁移　　C.动机过强　　D.功能固着

**答案:**A

**解析:**定势(即心向)是指重复先前的操作所引起的一种心理准备状态。在定势的影响下,人们会以某种习惯的方式对刺激情境做出反应。故A项正确。

2. [单选]小宇在英语课上学习到很多名词都是通过在词尾上加“S”来表示复数后，就以为所有名词的复数形式都是这样。这种现象被称为(　　)

A. 功能固着　　B. 思维定势

C. 思维阻抑　　D. 记忆衰退

**答案**:B

**解析**:定势(即心向)是指重复先前的操作所引起的一种心理准备状态。在定势的影响下，人们会以某种习惯的方式对刺激情境做出反应。故题干所述现象为定势。

## 考点 15 ▶ 直觉的道德情感和伦理的道德情感

[2019 山东·单选]道德情感是个体伴随着道德认识而产生的一种内心体验，如果某学生在教学楼的走廊随地吐痰，恰巧被老师看到，该学生马上感到不好意思。该生此时的情感体验最有可能是(　　)

A. 伦理的道德情感　　B. 理智的道德情感

C. 想象的道德情感　　D. 直觉的道德情感

**[考生易错]**A

**[思路分析]**本题有 53% 的同学易错选 A 项。考生容易混淆直觉的道德情感和伦理的道德情感的内涵。直觉的道德情感，即由于对某种具体的道德情境的直接感知而迅速发生的情感体验。伦理的道德情感，即以清楚地意识到道德概念、原理和原则为中介的情感体验。考生在做题时，可以根据感知对象来进行区分。感知对象是直接面对的具体情境的是直觉的道德情感，感知对象是概念、原则等的是伦理的道德情感。

**[正确答案]**D

**变式练习**

1. [单选]国家乒乓球队的健儿团结拼搏，为祖国和人民赢得金牌。这种爱国主义和集体主义情感属于(　　)

A. 伦理的道德情感　　B. 想象的道德情感

C. 直觉的道德情感　　D. 记忆的道德情感

**答案**:A

**解析**:伦理的道德情感是以清楚地意识到道德概念、原理和原则为中介的情感体验。爱国主义情感和集体主义情感属于伦理的道德情感。

2. [单选]看见他人在餐厅内抽烟、大声喧哗感到厌恶是(　　)

A. 直觉的道德情感　　B. 想象的道德情感

C. 伦理的道德情感　　D. 法律的道德情感

**答案**:A

**解析**:道德情感从表现形式上看包括直觉的道德情感、想象的道德情感和伦理的道德情感。直觉的道德情感即由于对某种具体的道德情境的直接感知而迅速发生的情感体验。看到他人抽烟、大声喧哗这种情境而感到厌恶，就属于直觉的道德情感。

## 考点 16 ▶ 皮亚杰的道德发展阶段理论——可逆性阶段和公正阶段

[2019 河北·单选]孟老师某节课上向学生们介绍了一个案例:为了及时救助误食海鲜而过敏休克的患者，李司机开车超速并闯了 3 个红灯。介绍完案例后孟老师邀请学生对李

司机的做法进行评价,所有学生都认为尽管李司机闯了红灯,但是他是为了救人,所以这种做法并不能说是错误的。根据皮亚杰的道德认知理论,这些学生应处于(　　)

A. 自我中心阶段　　B. 权威阶段

C. 可逆性阶段　　D. 公正阶段

**[考生易错]**C

**[思路分析]**本题有46%的同学易错选C项。考生容易混淆皮亚杰的道德发展阶段理论中可逆性阶段和公正阶段的内容。可逆性阶段又称自律或合作道德阶段,处于这一阶段的儿童已不把准则看成是不可改变的,而把它看作是同伴间共同约定的。处于公正阶段的儿童不再刻板地按固定的规则去判断,在依据规则判断时应该考虑到同伴的一些具体情况,从关心和同情的角度出发去判断。公正阶段是在可逆性阶段的基础上进一步发展的结果。考生在做题时,可以根据儿童在进行道德判断时对规则的态度进行区分。如果儿童在进行判断时考虑具体的现实情况,则属于公正阶段;如果只是认为经所有人同意就可以改变规则,则属于可逆性阶段。

**[正确答案]**D

**变式练习**

1. **[单选]**小霞能根据他人的具体情况,以平等为标准,在同情、关心的基础上对学习和生活中的道德事件进行判断。根据皮亚杰的道德发展阶段理论,小霞的道德发展处于(　　)

A. 自我中心阶段　　B. 权威阶段

C. 可逆阶段　　D. 公正阶段

**答案:**D

**解析:**公正阶段的公正观念是从可逆的道德认知中脱胎而来的。这一阶段的个体开始倾向于主持公正、公平等。公正的奖惩不能是千篇一律的,应根据个人的具体情况进行。也就是说,儿童不再刻板地按固定的规则去判断,在依据规则判断时应该考虑到同伴的一些具体情况,从关心和同情的角度出发去判断。

2. **[单选]**在玩捉迷藏之前,小东和同学决定重新制定游戏规则,且需要全体成员共同协商并投票一致通过才行。根据皮亚杰的儿童道德发展阶段理论,小东和同学最有可能处于(　　)

A. 权威阶段　　B. 自我中心阶段

C. 可逆性阶段　　D. 公正阶段

**答案:**C

**解析:**皮亚杰把儿童品德的发展划分为自我中心阶段、权威阶段、可逆性阶段和公正阶段四个阶段。其中处于可逆性阶段的儿童既不简单地服从权威,也不机械地遵守规则,他们已不把准则看成是不可改变的,而把它看作是同伴间共同约定的。该阶段的特征是:儿童一般都形成了这样的概念,如果所有的人都同意的话,规则是可以改变的。题干中的小东和同学认为修改捉迷藏的游戏规则需要全体成员共同协商一致通过,这体现了他们最有可能处于可逆性阶段。答案选C项。

## 错误率：75%以上

### 考点1 ▶强化理论和自我决定理论

[2020 **河南·单选**]对于自发的、原本就有兴趣的学习任务，外部物质奖励往往会降低个体的内在学习动机。持这一观点的动机理论是(　　)

A. 行为强化理论　　B. 需要层次理论

C. 自我价值理论　　D. 自我决定理论

**[考生易错]**A

**[思路分析]**本题有56%的同学易错选A项。考生容易混淆强化理论和自我决定理论的内容。强化理论认为，动机是由外部刺激引起的一种对行为的冲动力量，强化是引起动机的重要因素。人的学习行为倾向完全取决于某种行为与刺激因强化而建立的稳固联系。自我决定理论认为人是积极的有机体，具有先天的心理成长和发展的潜能。这种潜能可以引导人们从事感兴趣的活动，有益于能力发展，这种对自我决定的追求就构成了人类行为的内在动机。根据二者的观点不难看出，强化理论强调外部动机，自我决定理论强调内部动机。本题所述外部奖励影响人的内部动机，故不属于强化理论。

**[正确答案]**D

**变式练习**

**[单选]**"学生之所以学习，是因为在学习过程中可以得到奖赏、赞扬和优异的成绩等报偿"，持这种观点的学习动机理论是(　　)

A. 归因理论　　B. 成就动机理论

C. 强化理论　　D. 自我决定理论

**答案：**C

**解析：**行为主义的强化理论认为，学生的学习行为可以通过一定的奖励或惩罚手段加以强化。题干中强调"奖赏、赞扬和优异的成绩等报偿"，这体现了强化理论。

### 考点2 ▶同化性迁移和顺应性迁移

[2019 **内蒙古·单选**]学生把狮子、老虎是哺乳动物的认知应用到海豚、鲸鱼等海生哺乳动物时，就会对哺乳动物有更为概括的认知，这属于(　　)

A. 同化性迁移　　B. 重组性迁移

C. 顺向迁移　　D. 顺应性迁移

**[考生易错]**A

**[思路分析]**本题有60%的同学易错选A项。考生容易混淆同化性迁移和顺应性迁移的内涵。同化性迁移是指不改变原有的认知结构，直接将原有的认知经验应用到本质特征相同的一类事物中去。顺应性迁移指将原有认知经验应用于新情境中时，需调整原有的经验或对新旧经验加以概括，形成一种能包容新旧经验的更高一级的认知结构，以适应外界的变化。考生在区分这两种迁移类型时，可以根据同化和顺应的概念进行区分。不需要调整原有认知结构的，是同化性迁移；需要调整认知结构或形成新的认知结构的，是顺应性迁移。此题中学生调整了原有的哺乳动物的认知结构，故属于顺应性迁移。

[正确答案]D

**变式练习**

1.[**单选**]不改变原有的认知结构,直接将原有的认知经验应用到本质特征相同的一类事物中去,这种迁移称为(　　)

A.重组性迁移　　　　B.顺应性迁移

C.同化性迁移　　　　D.排列性迁移

**答案**:C

**解析**:同化性迁移是指不改变原有的认知结构,直接将原有的认知经验应用到本质特征相同的一类事物中去。故题干所述是同化性迁移的含义。

2.[**单选**]我们平时所讲的"举一反三,闻一知十"等属于(　　)

A.顺应性迁移　　　　B.同化性迁移

C.重组性迁移　　　　D.垂直迁移

**答案**:B

**解析**:同化性迁移是指不改变原有的认知结构,直接将原有的认知经验应用到本质特征相同的一类事物中去。原有认知结构在迁移过程中不发生实质性的改变,只是得到某种充实。平时我们所讲的"举一反三""闻一知十"等都属于同化性迁移。

## 考点3 早期的迁移理论

[**2017山东·单选**]一位老师认为学生对正方形的定义学习,有利于学生学习圆锥体。这位老师受(　　)的影响。

A.形式训练说　　　　B.关系转换说

C.概括化理论　　　　D.相同要素说

[**考生易错**]C、D

[**思路分析**]本题有33%的同学易错选C项、40%的同学易错选D项。考生容易混淆早期的四种迁移理论。形式训练说认为心理官能只有通过训练才能得以发展,迁移就是心理官能得到训练而发展的结果,迁移是无条件的、自发的。共同要素说认为,如果两种学习活动含有共同成分,无论学习者是否意识到这种成分的共同性,都会有迁移现象的产生。概括化理论也称经验类化说,其主要观点是,一个人只要对自己的经验进行了概括,就可以完成从一个情境到另一个情境的迁移。关系转换说认为,迁移是学习者突然发现两个学习经验之间关系的结果,是对情境中各种关系的理解和顿悟,而非由于具有共同成分或原理而自动产生。形式训练说强调迁移是心理官能经过训练后自发产生的,共同要素说强调只要有共同要素就能产生迁移,概括化理论强调对经验、原理的概括,关系转换说强调对关系的理解和顿悟。此题中正方形和圆锥体之间没有明显的共同要素,题干中也没有强调学生对于几何学一般原理的了解和概括,同样没有对正方形和圆锥体的关系的理解和顿悟进行阐述,因此排除B、C、D三项。题干中老师认为学生对正方形定义的学习可以迁移到圆锥体的学习中,这说明学生通过学习正方形的定义提升了几何学相关的心理官能,这种心理官能又能影响圆锥体的学习,故体现了形式训练说的思想。

[正确答案]A

变式练习

1.［单选］某老师认为学生对三角形定义的学习和总结，有助于正方形定义的学习。那么这位老师更多受到以下哪种理论的影响（　　）

A. 相同要素说　B. 形式训练说　C. 元认知理论　D. 情境性理论

**答案**：B

**解析**：形式训练说认为心理官能只有通过训练才能得以发展，迁移就是心理官能得到训练而发展的结果，迁移是无条件的、自发的。教师认为学生对三角形的定义的学习和总结会促进正方形定义的学习，不是因为两者之间有共同要素，而是一种官能得到训练和改进，改进后的官能自动地迁移到其他学习中去。故这位老师更多受到形式训练说的影响。

2.［单选］羽毛球打得好的人，网球也打得好，可以解释这种现象的学习迁移理论是（　　）

A. 相同要素说　B. 概括化理论　C. 三维迁移理论　D. 关系转换说

**答案**：A

**解析**：相同要素说认为，只有当两个机能的因素中有相同要素时，一个机能的变化才会改变另一个机能的习得。打羽毛球与打网球之间存在一定的相同要素，故可用相同要素说来解释羽毛球打得好的人，网球也打得好。

3.［单选］把在一元一次方程的解法中获得的规则运用到一元一次方程不等式的问题解决中，解释这种迁移现象的最佳理论是（　　）

A. 形式训练说　B. 概括化理论

C. 相同要素说　D. 关系转换说

**答案**：B

**解析**：概括化理论认为先前的学习之所以能迁移到后来的学习中，是因为在先前学习中获得了一般原理，这种一般原理可以部分或全部地运用于后续的学习中。对原理了解、概括得越好，迁移效果也越好。题干中强调将先前学习到的规则运用到后续的学习中，故可用概括化理论来解释这种迁移现象。

## 考点 4 ▶符号学习、概念学习和命题学习

［2019 广东·单选］“叶子 = 绿色的有脉络的物体”，这个等式中包含的学习属于（　　）

A. 概念学习　B. 表征学习　C. 命题学习　D. 图示学习

**［考生易错］**A、C

**［思路分析］**本题有 48% 的同学易错选 A 项、27% 的同学易错选 C 项。考生容易混淆符号学习、概念学习和命题学习的内涵。符号学习又称表征学习，是指学习单个符号或一组符号的意义，其心理机制是符号和它们所代表的事物或观念在学习者认知结构中建立相应的等值关系。概念学习是指掌握概念的一般意义，其实质是掌握一类事物的共同的本质属性和关键特征。命题学习是指获得由几个概念构成的命题的复合意义，实际上是学习表示若干概念之间关系的判断。简而言之，符号学习仅仅是学习符号和其所代表的事物的关系；概念学习是学习事物的本质属性和关键特征；命题学习是学习多个概念之间的关系。考生在做题时，可以根据题干中所学习的内容是否是本质特征以及所学习的概念的数量来进行区

分。例如此题中“绿色的有脉络的物体”并不是“叶子”的本质特征,故属于表征学习。

[正确答案]B

变式练习

1.[单选]学生通过学习,可以用“老鹰”或“hawk”来代表他所看到的现实中的老鹰。根据奥苏贝尔对有意义学习的分类,此例中学生的知识学习属于(　　)

A.符号学习　　B.概念学习　　C.命题学习　　D.程序学习

**答案:**A

**解析:**符号学习是指学习单个符号或一组符号的意义。符号学习的心理机制是符号和它们所代表的事物或观念在学习者认知结构中建立相应的等值关系。用“老鹰”或“hawk”等符号来代表现实中的老鹰,这属于符号学习。

2.[单选]教师在课堂上指导学生学习“什么是等腰三角形”,这种学习属于(　　)

A.词汇学习　　B.符号学习　　C.概念学习　　D.命题学习

**答案:**C

**解析:**概念学习是指掌握概念的一般意义,其实质是掌握一类事物的共同的本质属性和关键特征。因此,学习“什么是等腰三角形”属于概念学习。

3.[单选]对“圆的直径是它的半径的两倍”的学习属于(　　)

A.符号学习　　B.概念学习　　C.命题学习　　D.上位学习

**答案:**C

**解析:**命题学习是指获得由几个概念构成的命题的复合意义,实际上是学习表示若干概念之间关系的判断。题干中对“圆的直径是它的半径的两倍”的学习,实质上是对圆的直径和半径之间关系的判断,故属于命题学习。

## 进阶测评

| 限时:55 分钟 | 用时:______分钟 | 总题数:55 道 | 正确题:______道 |
|---|---|---|---|

### 一、单项选择题

1.下列选项中,属于学习动机中附属内驱力的是(　　)

A.某学生为了让老师喜欢自己,从而更积极地学习

B.某学生考试名列前茅,得到了爸爸妈妈奖励的游戏机,从而更积极地学习

C.某学生认为期末考试一定要考班级前三名,这样同学们就会对他刮目相看

D.学生非常喜欢科技知识,总喜欢按自己的想法设计一些小实验

2.提供外在奖励时,在下列哪种情况下对个体的内部动机损害最轻(　　)

A.个体期望在完成工作后得到奖励

B.奖励能够让个体过上富足、有面子的生活

C.以奖金或住房等形式提供奖励

D.授予个人荣誉和奖章

3.班杜拉认为(　　)是个人的内在强化过程,是个体通过将自己对行为的计划和预期与行为的现实成果加以对比和评价,来调节自己行为的过程。

A.自我认识　　B.自我效能　　C.自我监控　　D.自我调节

4. 在阿特金森的成就动机公式"T = M × P × I"中，I 指的是(　　)

A. 追求成功(或避免失败)的动机强度　　B. 成功(或失败)的可能性

C. 成功(或失败)的诱因值　　D. 成功(或失败)的达成度

5. 根据成就目标定向理论，以掌握知识、提高能力为目标的个体，倾向于选择(　　)

A. 最低难度的任务　　B. 中等难度的任务

C. 最高难度的任务　　D. 最高或最低难度的任务

6. 根据学习动机的相关知识，以下说法正确的是(　　)

A. 自我提高驱动力并非指向学习本身，而是把成就看作赢得地位和自尊心的根源，属于内部动机

B. 强化理论是程序教学、计算机辅助教学的心理基础

C. 需要层次理论说明，学生的某些没有得到充分满足的缺失性需要，对教育、学习产生了直接的影响

D. 个体的成就动机分为力求成功的动机和避免失败的动机，避免失败者倾向于选择成功概率为 50% 的任务

7. 当成绩与别人一致时，人们倾向于做外在归因，当成绩与别人不一致时，人们倾向于做内在归因，这种现象被称为(　　)

A. 自我效能　　B. 自利性归因　　C. 共变原理　　D. 彼德原理

8. 元认知的核心是(　　)

A. 元认知监控　　B. 元认知知识

C. 元认知体验　　D. 元认知策略

9. 学生用记忆术将《辛丑条约》的内容记为"钱禁兵馆"，所运用的记忆方法是(　　)

A. 位置记忆法　　B. 关键词法　　C. 缩简　　D. 视觉联想

10. 小美在学习英语的过程中，总是记不住单词，每次背下来的单词总会很快忘记，她为此深感苦恼。假如小美向你求助，你可以建议她采用(　　)，它是短时记忆的信息进入长时记忆的关键。

A. 元认知策略　　B. 组织策略

C. 精加工策略　　D. 复述策略

11. 记笔记是阅读和听讲中用得较为普遍的精加工策略，老师可以向学生传授 5R 笔记法，又名康奈尔笔记法。下列选项中不属于"5R"的是(　　)

A. Record　　B. Recite　　C. Review　　D. Remember

12. 婴儿学会称呼邻居家的男性为叔叔后，遇到任何陌生的男性都叫叔叔。从迁移发生的层面看，这种迁移类型是(　　)

A. 顺向迁移　　B. 普遍迁移　　C. 水平迁移　　D. 垂直迁移

13. 小刘在日常生活中既能驾驶自己的汽车，也能驾驶其他不同型号的小轿车。小刘对不同类型汽车驾驶技术的迁移属于(　　)

A. 高路迁移　　B. 中路迁移　　C. 低路迁移　　D. 下路迁移

14. 认为迁移之所以能够发生，是因为学习者能够概括出两种学习之间所存在的共同原理。持这种观点的迁移理论是(　　)

A. 形式训练说　　B. 共同要素说　　C. 关系转化说　　D. 概括化理论

15. 下列选项中,属于迁移的是(　　)
   A. 学生学习解决一元二次方程,老师测验一元二次方程
   B. 学生学习古诗文后,老师让学生默写
   C. 学生学习欧姆定理后,老师让学生解一道运用欧姆定理解答的题目
   D. 学生学习一位数加法,作业是两位数加法
16. 在技能形成过程中,练习到一定程度会出现暂时停顿现象,被称为高原现象。以下表述属于高原现象的是(　　)
   A. 衣带渐宽终不悔,为伊消得人憔悴
   B. 山重水复疑无路,柳暗花明又一村
   C. 昨夜西风凋碧树,独上高楼,望尽天涯路
   D. 宝剑锋从磨砺出,梅花香自苦寒来
17. 学生已经掌握了轴对称图形的概念,在后来学习等边三角形时,学生学习了"等边三角形也是轴对称图形"。这种学习在奥苏贝尔看来属于(　　)
   A. 相关类属学习　　B. 派生类属学习
   C. 并列结合学习　　D. 上位学习
18. 学生小红将新学的概念"转笔刀"归到"文具"这一总的概念中,这种学习属于(　　)
   A. 下位学习　　B. 同位学习　　C. 上位学习　　D. 并列学习
19. 在教"鸟"的概念时,分别以麻雀、蝙蝠为例,是为学生提供(　　)
   A. 比较　　B. 变式　　C. 正例与反例　　D. 概括
20. 我们常常根据刻板印象认为山东人勤劳、诚实,四川人乐观、豪爽。这种认知表征的方式属于(　　)
   A. 图式　　B. 命题　　C. 产生式　　D. 表象
21. 在概念学习中,引发认知冲突及其解决的过程实质是为了实现(　　)
   A. 概念形成　　B. 概念转变　　C. 概念同化　　D. 概念整合
22. 下列关于技能与习惯的区别,说法不正确的是(　　)
   A. 技能是越来越向一定的标准动作体系提高,而习惯则越来越保持原来的动作组织情况
   B. 技能既无高级、低级之分,也无好坏之别;习惯根据对个人和社会的意义有好坏之分
   C. 技能和一定的情境、任务都有联系,而习惯只和一定的情境相联系
   D. 技能要与一定的客观标准做对照,而习惯则只是与上一次的动作做对照
23. 在动作技能练习过程中,练习成绩出现忽高忽低或停顿的现象,称为(　　)
   A. 起伏现象　　B. 高原现象　　C. 过度学习　　D. 中止现象
24. 在加里培林看来,智慧活动在形式上发生质变的重要阶段是(　　)
   A. 活动的定向阶段　　B. 物质活动或物质化活动阶段
   C. 出声的外部言语活动阶段　　D. 无声的外部言语活动阶段
25. 问题解决的策略可以分为算法式和启发式,常用的启发式策路有逆推法、爬山法、手段—目的分析法,这些方法的共同特点是(　　)
   A. 问题解决速度快,且能保证问题一定得到解决
   B. 问题解决速度慢,但能保证问题一定得到解决

C. 问题解决速度慢，且不能保证问题一定得到解决

D. 问题解决速度快，但不能保证问题一定得到解决

26. 学习的认知灵活性理论的代表人物斯皮罗对学习进行了解释，认为学习可以分为初级知识获得和高级知识获得两种形式。乔纳生在此基础上又提出了专门知识的获得，从而将学生知识的获得分为三阶段。其中学生在初级知识获得阶段涉及的学习内容主要是(　　)

A. 结构不良领域的知识　　B. 结构良好领域的知识

C. 结构复杂领域的知识　　D. 结构简单领域的知识

27. 个体品德的核心部分是(　　)

A. 道德认知　　B. 道德观念　　C. 道德情感　　D. 道德行为

28. 游戏时，小华不再把游戏规则看成是不可改变的，而把它看作是伙伴共同约定的，只要大家觉得游戏规则不合理就可以改。依据皮亚杰的道德认知发展阶段理论，小华的道德认知发展处于(　　)

A. 自律道德阶段　　B. 他律道德阶段

C. 公正道德阶段　　D. 前道德阶段

29. 某同学特别喜欢数学，因为在他看来，“在同学中，我的数学成绩总是第一，这可以为我带来荣誉”。该同学这种对数学的积极态度体现的主要是态度成分中的(　　)

A. 认知成分　　B. 情感成分

C. 意志成分　　D. 行为倾向成分

## 二、多项选择题

1. A 班是某贫困山区中学的高考毕业班，全班同学都希望通过高考改变自己和家庭的命运，A 班教室的后墙和黑板上写着“努力学习，艰苦奋斗，终有一天金榜题名”。A 班全班同学所体现的学习动机属于(　　)

A. 远景的间接性动机　　B. 近景的直接性动机

C. 高尚动机　　D. 低级动机

2. 某学生对牛顿第三定律很感兴趣，一心钻研物理这门课程。这属于(　　)

A. 认知内驱力　　B. 自我提高内驱力

C. 普遍型学习动机　　D. 偏重型学习动机

3. 提升学生内部学习动机的方法有(　　)

A. 对学生的学习行为经常予以奖励　　B. 满足学生的缺失需要

C. 运用各种方法唤醒学生的求知欲　　D. 借助各种有趣的教学方式呈现知识

4. 根据班杜拉的自我效能感理论，下面表述正确的是(　　)

A. 效能期待比结果期待对人的行为调节更重要

B. 自我效能感的高低影响人们面对困难的态度

C. 自我效能感的高低影响人们活动时的情绪

D. 自我效能感的高低决定学习行为的成败

5. 下到关于学习期待和学习需要的说法，正确的有(　　)

A. 学习需要是个体进行学习活动的根本动力

B. 学习期待在学习动机结构中占主导地位

C. 学习期待指向学习需要的满足，促使主体去达到学习目标

D. 学习需要是学习动机结构中不可缺少的成分

6. 元认知策略中的监控策略包括(　　)

A. 设置学习目标
B. 阅读时对注意加以跟踪
C. 对材料进行自我提问
D. 考试时监视自己的速度和时间

7. 下列属于元认知计划策略的有(　　)

A. 设置学习目标
B. 浏览阅读材料
C. 分析如何完成学习任务
D. 产生待回答的问题

8. 奥苏贝尔提出的影响学习迁移的三个认知结构变量是(　　)

A. 原有知识的可利用性
B. 原有知识的稳定性
C. 原有知识的可操作性
D. 新旧知识的可辨别性

9. 影响迁移的因素中相似性是指(　　)

A. 学习材料的相似性
B. 学习目标与学习过程的相似性
C. 学习情境的相似性
D. 学习习惯的相似性

10. 掌握了“四边形”概念,再学习“平行四边形”,四边形概念对学习平行四边形的影响属于(　　)

A. 垂直迁移　B. 水平迁移　C. 顺向迁移　D. 一般迁移

11. 下列关于记忆的说法正确的有(　　)

A. 感觉记忆的记忆时间短,容量小
B. 长时记忆的记忆时间长,容量无限
C. 短时记忆与长时记忆的有意识成分是不同的
D. 感觉记忆与长时记忆的编码方式是不同的

12. 语文老师带同学们参观植物园后,回到教室,语文老师把在植物园拍到的照片呈现在学生眼前,并请几位同学用语言描述了看到植物和照片的感受。语文老师运用的直观方式有(　　)

A. 实物直观　B. 言语直观　C. 模像直观　D. 图片直观

13. 操作技能按操作的控制机制不同可分为开放型操作技能和闭合型操作技能,下列属于开放型操作技能的有(　　)

A. 打羽毛球　B. 骑车　C. 自由体操　D. 舞蹈

14. 下列选项中属于思维定势的有(　　)

A. 鲁班被茅草割破了手发明了锯子
B. 学会骑自行车有助于学骑摩托车
C. 一大一小两个同样重量的木盒,掂起来总觉得大的比小的重
D. 我们常用电吹风来吹头发,却没想过用它来烘干潮湿的衣服

15. 根据皮亚杰道德认识发展论,5 ~ 8 岁的儿童对道德行为的判断根据外在标准。对此下列说法正确的有(　　)

A. 儿童认为规则是不变的,不理解规则是由人创造的
B. 评定是非时,非好即坏,非善即恶
C. 判断行为好坏的依据是后果的严重性,而不看主观动机
D. 把惩罚看作是改变人的行为的一种手段

16. 海因茨的妻子患了重病，有一种药可以救活她，可是他买不起，于是海因茨准备偷药给妻子治病。你是否赞成他去偷药？小明说："不行，这样对他没有好处，妻子也许会在他出狱前死去。"小敏说："不行，偷东西是犯法的。"小明和小敏的回答表明他们的道德认知发展水平是(　　)

A. 服从与惩罚的道德定向阶段　　B. 相对功利的道德定向阶段

C. 寻求认可取向阶段　　D. 遵守法规取向阶段

## 三、判断题

1. 持有"能力增长观"的学生倾向于建立表现目标，从而避免被别人看不起。(　　)

A. 正确　　B. 错误

2. 上位学习和下位学习中都可能发生垂直迁移。(　　)

A. 正确　　B. 错误

3. 根据韦纳的归因理论，如果学生把成功归因为自己的能力，学生会感到内疚和无助。(　　)

A. 正确　　B. 错误

4. 学生在学习资料的过程中使用口述、做笔记、总结等策略属于精加工策略。(　　)

A. 正确　　B. 错误

5. 在知识学习阶段，模像直观一般比实物直观的教学效果好。(　　)

A. 正确　　B. 错误

6. 在下位学习中，新旧观念相互作用的结果不会导致原有认知结构的实质性变化。(　　)

A. 正确　　B. 错误

7. 陈述性知识包括定义、规则、原理和认知策略。(　　)

A. 正确　　B. 错误

8. 心智技能不必通过外部言语表现出来。(　　)

A. 正确　　B. 错误

9. 启发式策略的问题解决方法中，爬山法常用于几何证明题中。(　　)

A. 正确　　B. 错误

10. 根据皮亚杰的道德认知发展理论，5 岁之前的儿童道德认知处于服从外部规范、接受权威的他律阶段。(　　)

A. 正确　　B. 错误

# 参考答案及解析

## 一、单项选择题

1. A　**【解析】**附属内驱力指个体为了获得长者们(如家长、教师)的赞许或认可而表现出把工作、学习做好的一种需要。A 项中的学生为了让老师喜欢自己而更加积极地学习，符合附属内驱力的含义。B 项中的学生是因考了好成绩而得到父母奖励的游戏机，从而更加积极学习，说明该学生的学习动机是一种外部动机，故不选。C 项中的学生取得好成绩的驱力是让同学们对其刮目相看，这是一种自我提高内驱力(即个体因自己的胜任或工作能力而赢得相应地位的需要)，故不选。D 项中的学生学习的驱力是对科技知识的喜爱，是个体掌握知识的需要，这是一种认知内驱力，故不选。

2. D 【解析】授予个人荣誉和奖章属于**精神奖励**，可能会提升人们的自我效能感，并让人们感觉自己很有能力。所以，D 项中的做法对个体的内部动机损害最轻。

3. D 【解析】班杜拉提出了自我调节理论，他认为自我调节是个人的内在强化过程，是个体通过将自己对行为的计划和预期与行为的现实成果加以对比和评价，来调节自己行为的过程。人能依照自我确立的内部标准来调节自己的行为。

4. C 【解析】阿特金森提出了成就动机公式，追求成功的公式为：$Ts = Ms \times Ps \times Is$。Is 为成功的诱因值。避免失败的倾向的公式为：$Tf = Mf \times Pf \times If$。If 为失败的消极诱因值。因此 I 指的是成功(或失败)的诱因值。

5. B 【解析】根据德伟克的成就目标理论，持能力增长观的学生更多设置掌握目标并寻求那些能真正锻炼自己的能力、提高自己的技能的任务，选择**中等难度**的任务；持能力实体观的学生更多设置表现目标，选择非常难或者非常容易的任务。题干中强调以掌握知识、提高能力为目标的个体的选择，因此本题选 B 项。

6. B 【解析】自我提高内驱力(自我提高驱动力)是指个体因自己的胜任或工作能力而赢得相应地位的需要。自我提高内驱力并非直接指向学习任务本身，而是把成就看作赢得地位与自尊心的根源，属于**外部动机**。故 A 项说法错误。行为主义的学习动机理论对学校教育的实际活动有着广泛的影响，主要表现为采用强化原则，通过奖励与惩罚的措施来维持学生的学习动机。在教育上广为流行的程序教学与计算机辅助教学的心理基础，就是通过强化原则来维持学生的学习动机。故 B 项说法正确。虽然马斯洛的需要层次理论本身没有直接的教育意义，马斯洛也并未直接研究学习动机问题，但是需要层次理论却对教育、教学、学习等产生了间接的影响。需要层次理论说明，在某种程度上学生缺乏学习动机可能是某种缺失性需要没有得到充分满足而引起的。故 C 项说法错误。阿特金森把个体的成就动机分为两类：力求成功的动机和避免失败的动机。力求成功者的目的是获取成就，即通过各种活动努力提高自尊心和获得心理上的满足，成功概率为 50% 的任务是他们最有可能选择的。避免失败者则往往通过各种活动防止自尊心受伤害和产生心理烦恼，倾向于选择非常容易或非常困难的任务。如果成功的概率大约是 50% 时，他们会回避这项任务。故 D 项说法错误。

7. C 【解析】当成绩与别人的**一致**或共变时，我们倾向于做**外在**归因；当成绩与别人的**不一致**(缺乏共变)时，我们倾向于做**内在**归因。这种现象称为共变原理。

8. A 【解析】元认知监控是指个体在认知活动进行过程中，为达到预定目标而对自己的认知活动所进行的积极监控和相应调节，它是元认知的核心。

9. C 【解析】缩简就是将识记材料的每条内容简化成一个关键性的字，然后变成自己所熟悉的事物，从而将材料与过去经验联系起来。故学生将《辛丑条约》的内容记为“钱禁兵馆”，所运用的记忆方法是缩简。

10. D 【解析】复述策略是指在工作记忆中为了保持信息，运用内部语言在大脑中重现学习材料或刺激，以便将注意力维持在学习材料上的方法。它是短时记忆的信息进入长时记忆的关键。对于小美每次背下的单词总会很快忘记，建议她采用复述策略。

11. D 【解析】5R 笔记法，又叫做康奈尔笔记法，是用产生这种笔记法的大学校名命名的。

这一方法几乎适用于一切讲授或阅读课，特别是对于听课记笔记，5R 笔记法应是最佳首选。这种方法是一种记与学、思考与运用相结合的有效方法。它的步骤包括记录（Record）、简化（Reduce）、背诵（Recite）、思考（Reflect）和复习（Review）五步。

12. C　**【解析】**从迁移发生的层面来划分，学习迁移可分为水平迁移与垂直迁移。水平迁移也叫横向迁移，是个体把已学到的经验应用到在内容难度、复杂程度和概括层次上类似的其他情境中。题干所述是水平迁移的典型事例。

13. C　**【解析】**低路迁移是指以一种自发的或自动的方式所形成的技能的迁移。这种迁移是通过在各种情境中的练习获得的，其发生几乎是不需要或很少需要意识、思维的参与。小刘可以驾驶不同类型的汽车，这是低路迁移的典型事例。

14. D　**【解析】**概括化理论的主要观点是，一个人只要对自己的经验进行了**概括**，就可以完成从一个情境到另一个情境的迁移。该理论认为，先前的学习之所以能迁移到后来的学习中，是因为在先前学习中获得了**一般原理**，这种一般原理可以部分或全部地运用于后续的学习中。故本题选 D 项。

15. D　**【解析】**学习迁移也称训练迁移，是指一种学习对另一种学习的影响，或习得的经验对完成其他活动的影响。只有 D 项符合此概念。

16. A　**【解析】**高原现象是指学生在学习过程中出现的进步暂时停顿的现象。王国维在《人间词话》中说过，一个人走向成功必然经历三大境界：一者，昨夜西风凋碧树，独上高楼，望尽天涯路；二者，衣带渐宽终不悔，为伊消得人憔悴；三者，众里寻他千百度，蓦然回首，那人却在灯火阑珊处。其中第二境界就相当于高原阶段。

17. B　**【解析】**下位学习包括派生类属学习和相关类属学习。前者指新观念是认知结构中原有观念的特例或例证，新知识只是旧知识的派生物。后者指当新知识扩展、修饰或限定学生已有的旧知识，并使其精确化时，便产生了相关类属学习。学习“等边三角形属于轴对称图形”只是已掌握的“轴对称图形”的例证，因此属于派生类属学习。

18. A　**【解析】**下位学习又称类属学习，是一种把新的观念归属于认知结构中原有观念的某一部分，并使之相互联系的过程。

19. C　**【解析】**正例又称肯定例证，指包含着概念或规则的本质特征和内在联系的例证；反例又称否定例证，指不包含或只包含了一小部分概念或规则的主要属性和关键特征的例证。在本题中，麻雀是正例；蝙蝠属于哺乳动物，是反例。

20. A　**【解析】**团体图式是指我们对某个特殊团体的认知结构，有时候也叫团体刻板印象。团体图式使得我们将某些特质归于一个特殊团体的成员所共有。例如：我们常常根据刻板印象认为山东人勤劳、诚实；认为美国人乐观、爱助人。

21. B　**【解析】**概念转变的过程实质上就是认知冲突的引发及其解决的过程。在概念学习中，引发认知冲突及其解决的过程实质是为了实现概念转变。

22. B　**【解析】**技能与习惯的区别表现在：(1)技能是越来越向一定的标准动作体系提高，而习惯则越来越保持原来的动作组织情况。(2)技能有高级、低级之分，但没有好坏之别。习惯则不同，它根据对个人和社会的意义有好坏之分。(3)技能和一定的情境、任务都有联系，而习惯只和一定的情境相联系。(4)技能要与一定的客观标准做对照，而与习惯做对照的，则只是上一次的动作。因此，B 项中关于技能没有高级、低级之分的说法是错误的。

23. A　**【解析】**在动作技能的练习曲线中，可以看到练习成绩时而提高、时而下降、时而停顿的现象,这就是练习成绩的起伏现象。

24. C 【解析】在出声的外部言语活动阶段,智慧活动已摆脱了实物或实物的替代物,代之以外部言语为支持物。本阶段是外部的物质活动向智慧活动转化的开始,是智慧活动在形式上发生质变的重要阶段。

25. D 【解析】启发式策略不需要像算法策略那样费时费力,往往是一种**比较快捷**的方法,但并不能保证一定可以成功地解决问题。

26. B 【解析】斯皮罗的认知灵活性理论把学习分为两种:初级知识获得(初级学习)和高级知识获得(高级学习)。初级知识获得是学习中的低级阶段,教师只要求学生知道一些重要的**概念**和**事实**,在测验中只要求他们将所学的东西按原样**再现**出来(如背诵、填空、简单的练习题等),这里所涉及的内容主要是结构良好的领域。而高级学习则与此不同,它要求学生把握概念的复杂性,并广泛而灵活地运用到具体情境中。这时,概念的复杂性以及实例间的差异性都显而易见,因而大量涉及结构不良领域的问题。故选择 B 项。

27. A 【解析】道德认知是指对于行为规范及其意义的认识,是人的认识过程在道德上的表现。道德认知是个体道德的基础,是道德情感、道德意志产生的依据,对道德行为具有定向的意义,是行为的调节机制。个体品德的核心部分是**道德认知**。

28. A 【解析】处于自律道德阶段的儿童已不把准则看成是不可改变的,而把它看作是同伴间共同约定的。该阶段的特征是:儿童一般都形成了这样的概念,如果所有的人都同意的话,规则是可以改变的。

29. A 【解析】一般说来,态度包括以下三个成分:(1)认知成分,与表达情境和态度对象之间关系的概念或命题有关;(2)情感成分,与伴随概念或命题的情绪或情感有关,被认为是态度的核心成分;(3)行为倾向成分,与行为的预先安排或准备有关。例如,一个学生对数学的积极态度,其中的认知成分可能是:在同学当中,数学成绩总是第一,这可以带来荣誉;情感成分可能是得第一名时获得的尊重需要的满足感,或者是解题顺畅时的兴奋感;行为倾向成分意指这个学生偏爱数学的行动的预备倾向。

## 二、多项选择题

1. AD 【解析】远景的间接性学习动机是指由于了解活动的社会意义、活动结果的社会价值而引起的对某种活动的动机,它是与学习的社会意义和个人的前途相连的;低级的学习动机是指把学习看成是猎取个人名利的手段。A 班全班同学希望通过高考改变自己和家庭的命运,他们的学习与自己的前途相连,故 A 班全班同学所体现的学习动机属于远景的间接性动机和低级动机。

2. AD 【解析】认知内驱力是指要求了解、理解和掌握知识以及解决问题的需要。一般来说,这种内驱力大多是从好奇倾向中派生出来的。题干中的学生因"对牛顿第三定律很感兴趣",从而好好学习物理,这说明其属于认知内驱力。著名心理学家张春兴按照学习动机的强弱标准,把学习动机分为两类:普遍型学习动机和偏重型学习动机。前者是指对所有学习活动都有学习动机,不但对所有知识性的学科都认真学习,而且对技能型学科甚至课外活动也从不怠慢;后者是指只对某种或某几种学科有学习动机,对其他学科则不予注意。题干中的学生"一心钻研物理这门课程",这说明其属于偏重型学习动机。

3. BCD 【解析】德西效应说明,在学生感兴趣的学习活动中,过度的奖励刺激不仅不能提高学生学习的主动性,反而有可能弄巧成拙。因此,A 项中的做法使用不当可能会降低学生

的内部学习动机。

4. ABC 【解析】效能期待是指人对自己**能够进行某一行为的能力**的推测或判断，它意味着人是否确信自己能够成功地进行带来某一结果的行为。当个体确信自己有能力进行某一活动时，他就会产生高度的“自我效能感”，并努力实施该活动。因此，效能期待比结果期待对人的行为调节更重要。自我效能感的作用体现在：(1)自我效能感影响人们在困难面前的态度；(2)自我效能感影响活动时的情绪；(3)自我效能感影响学习行为的成败，但不能说是决定学习行为的成败。

5. ACD 【解析】学习需要和学习期待二者密切相关。学习需要是个体从事学习活动的**最根本动力**，如果没有这种自身产生的动力，个体的学习活动就不可能发生。所以说，学习需要在学习动机结构中占主导地位。另外，学习需要是产生学习期待的前提之一，因为正是那些能够满足个体的学习需要与那些使个体感到可以达到的目标的相互作用形成了学习期待。学习期待则指向学习需要的满足，促使主体去达到学习目标。因此，学习期待也是学习动机结构的必不可少的成分。

6. BCD 【解析】监控策略是指在认知过程中，根据认知目标及时检测认知过程，寻找两者之间的差异，并对学习过程及时进行调整，以期顺利实现有效学习的策略。监控策略包括阅读时对注意加以跟踪和对材料进行自我提问、考试时监视自己的速度和时间等。A 项属于计划策略。

7. ABCD 【解析】元认知计划是根据认知活动的特定目标，在一项认知活动之前计划各种活动，预计结果、选择策略，想出各种解决问题的方法，并预估其有效性。元认知计划策略包括设置学习目标、浏览阅读材料、产生待回答的问题以及分析如何完成学习任务。

8. ABD 【解析】奥苏贝尔认为，**可利用性**、**可辨别性**和**稳定性**(包括清晰性)是影响迁移的三个关键认知结构变量。

9. ABC 【解析】相似性是影响迁移产生的一个重要因素，主要包括：(1)学习材料的相似性；(2)学习目标与学习过程的相似性。除上面列举的各种相似性外，一些研究者还强调两种学习情境中所涉及的其他成分的相似，如态度、情感以及学习中的环境线索等。

10. ACD 【解析】垂直迁移也称纵向迁移，是指先行学习内容与后续学习内容是不同水平的学习活动之间产生的影响。题干所述体现了垂直迁移中自上而下的迁移。顺向迁移是指先前学习对后继学习产生的影响。先前四边形概念的学习对后继平行四边形的学习产生了影响，这属于顺向迁移。一般迁移也称非特殊迁移、普遍迁移，是指一种学习中所习得的一般原理、原则、概念、态度对另一种具体内容学习的影响。题干所述是概念的具体应用，属于一般迁移。

11. BCD 【解析】感觉记忆的特点有容量大、保持时间很短；短时记忆的容量是有限的(一般是 7±2 个组块，即 5~9 个项目)，保持时间短；相对而言，长时记忆的容量无限、信息保持时间长久。所以，A 项说法错误，B 项说法正确。感觉记忆和长时记忆中的信息是我们意识不到的，这两种记忆中的信息只有被传送到短时记忆中才能被执行、控制和加工，短时记忆是唯一对信息进行有意识加工的记忆阶段。所以，C 项说法正确。感觉记忆的编码方式有图像记忆和声像记忆两种；长时记忆中的信息以意义编码为主。意义编码有两种形式：**表象编码**和**语义编码**，它们又被称为信息的双重编码。语义编码是意义编码的一种形式，也是长时记忆最主要的编码方式。所以，D 项说法是正确的。

12. ABC 【解析】实物直观指在感知实际事物的基础上提供感性材料的直观教学方式。语文老师带同学们参观植物园，这属于实物直观。模像直观指观察与教材相关的模型与图像(如图片、图表、幻灯片、电影、录像、电视等)，形成感知表象。回到教室后，语文老师将照片呈现在学生面前，这属于模像直观。言语直观指在生动形象的言语作用下唤起学生头脑中的表象，以提供感性材料的直观方式。语文老师请几位同学用语言描述了看到植物和照片的感受，这属于言语直观。

13. AB 【解析】开放型操作技能在大多数情况下主要依赖外界反馈信息进行活动，即根据外界环境变化来调整、控制并做出适当的动作，以适应外界的变化。如足球、排球等球类中涉及的大部分技能、骑车技能等对外部反馈信息有较大的依赖性。本题选择A、B两项。C、D两项属于闭合型操作技能。

14. CD 【解析】定势是指重复先前的操作所引起的一种心理准备状态。在定势的影响下，人们会以某种习惯的方式对刺激情境做出反应。A项属于原型启发，B项属于学习迁移现象，D项属于功能固着，是定势的一种，因此C、D两项属于思维定势。

15. ABC 【解析】根据皮亚杰道德认识发展论，5～8岁的儿童处在权威阶段，这一阶段儿童的道德认知具有以下几个特点：(1)儿童认为规则是不变的，不理解规则是由人创造的；(2)评定是非时，总是抱极端的态度，非好即坏，非善即恶；(3)判断行为好坏的根据是后果的严重性，而不看主观动机；(4)把惩罚看作是天意和报应，而不是把惩罚看作是改变人的行为的一种手段。因此排除D项。

16. BD 【解析】相对功利的道德定向阶段的儿童的道德价值来自对自己要求的满足，偶尔也来自对他人需要的满足。下面是两个典型的回答：(1)赞成偷药：海因茨偷药其实不会对药剂师造成任何损失，他以后可以再把钱还给他。如果他不想失去他的妻子，他就应该去偷药。(2)反对偷药：药剂师并没有错，他只是跟其他人一样希望赚钱。而且海因茨的妻子在他出狱前可能会死，因而对他没有好处。故题干中小明的回答表明他处于相对功利取向阶段。遵守法规取向阶段的儿童的道德价值以服从权威为导向，包括服从社会规范，遵守公共秩序，尊重法律的权威，以法制观念判断是非、知法守法。下面的典型回答就反映了这种“法律至上”的观点：(1)赞成偷药：如果药剂师对快要死的人置之不理，那么海因茨就要对妻子的生死负责。但是，海因茨不能因此违反法律，他必须赔偿药剂师，并应因偷窃而受到处罚。(2)反对偷药：海因茨想挽救妻子的生命是可以理解的，但是偷窃总是错误的。如果人人都违法去偷东西的话，社会就会变得很混乱，不管在什么情况下个体都应该遵守规则。故题干所述小敏的回答表明她处于遵守法规取向阶段。

三、判断题

1. B 【解析】持有“能力实体观”的学生倾向于建立表现目标，从而避免被别人看不起。持有“能力增长观”的学生，他们更多设置掌握目标并寻求那些能真正锻炼自己能力、提高自己技能的任务。故题干中的说法错误。

2. A 【解析】垂直迁移也称纵向迁移，是指先行学习内容与后续学习内容是不同水平的学习活动之间产生的影响。垂直迁移表现在两个方面：(1)自下而上的迁移，即下位的较低层次的经验影响上位的较高层次的经验的学习；(2)自上而下的迁移，即上位的较高层次的经验影响下位的较低层次的经验的学习。下位学习属于自上而下的迁移，上位学习属

于自下而上的迁移。

3. B 【解析】根据韦纳的归因理论可知,个人将成功归因于能力和努力等内部因素时,他会感到骄傲、满意、信心十足。相反,如果一个人将失败归因于缺少能力,则会产生羞愧和内疚,并且长期归因于能力,还会形成一种习得性无助的自我感觉。故题干说法错误。

4. A 【解析】精加工策略是指把新信息与头脑中的旧信息联系起来从而增加新信息意义的深层加工策略。对于比较复杂的课文学习,精加工策略有说出大意(口述)、总结、建立类比、用自己的话做笔记、解释、提问以及回答问题等。

5. A 【解析】实物直观虽然真切,但难以突出本质要素和关键特征;模像直观虽然与实际事物之间有一定差别,却有利于突出本质要素和关键特征。因此,一般而言,模像直观的教学效果优于实物直观。

6. B 【解析】下位学习分为派生类属学习和相关类属学习。前者指新观念是认知结构中原有观念的特例或例证,新知识只是旧知识的派生物;当新知识扩展、修饰或限定学生已有的旧知识,并使其精确化时,便产生了相关类属学习。相关类属学习会使原有观念发生本质属性的变化。

7. B 【解析】陈述性知识是关于"是什么"的知识,是对事实、定义、规则和原理等的描述。认知策略不属于陈述性知识。

8. A 【解析】心智技能具有内隐性和简缩性。心智技能是借助内部言语进行的,不必像操作技能那样把每一个动作实际外显出来,也不必用外部言语将每个动作逐一展现出来。

9. B 【解析】问题解决的策略包括算法式和启发式,启发式策略主要包括手段—目的分析法、爬山法、逆向搜索法等。其中,逆向搜索法常用于几何证明题中。

10. B 【解析】皮亚杰认为儿童在5岁以前还是"无律期",是以"自我中心"来考虑问题的。权威阶段(5~8岁)也称作"他律期",该时期的儿童服从外部规则,接受权威制定的规范。

# 专题八 教学心理

## 错误率：50%以上

### 考点1 布卢姆的教学目标分类——应用和综合

[2020 山东·单选]某老师要求学生基于给定事实材料，写出一篇新闻报道。依据布卢姆的认知目标分类，这属于(  )

A. 领会　　B. 运用　　C. 分析　　D. 综合

[考生易错]B

[思路分析]本题有50%的同学易错选B项。考生容易混淆布卢姆的教学目标分类中应用目标和综合目标的内涵。应用(运用)目标是指，将所学材料应用于新的情境之中，包括概念、规则、方法、规律和理论的"应用"，代表较高水平的理解。综合目标是指，将所学的零碎知识整合为知识系统。考生在做题时，需要注意：应用只是单纯将所学知识应用到新的场景中，不需要对所学知识进行整理；而综合需要将所学内容整合为一个系统。题干所述"基于给定事实材料，写出一篇新闻报道"需要学生对事实材料进行整合提炼，因此属于综合目标。

[正确答案]D

**变式练习**

1. [单选]根据布卢姆认知领域目标分类方法，下列教学目标处于"综合"水平的是(  )

A. 让学生设计出科学实验程序

B. 让学生将《荷塘月色》的结构分解出来

C. 演示能量守恒定律在生活中的应用

D. 辨别现实主义与自然主义各自的特征

**答案**：A

**解析**：根据布卢姆的认知领域的目标分类可知，综合是指将所学的零碎知识整合为知识系统。"综合"强调学生的创造能力，常常需要产生新的模式或新的结构。例如：给定一些事实材料，学生能写出一篇报道；请学生设计出科学实验的程序。故答案选A项。而B项处于"分析"水平；C项处于"应用"水平；D项处于"领会"水平。

2. [单选]根据布卢姆认知领域目标分类方法，利用几何知识测出一个楼塔的高度属于(  )水平的教学目标。

A. 应用　　B. 分析

C. 综合　　D. 评价

**答案**：A

**解析**：根据布卢姆的认知领域的目标分类可知，应用水平是指，将所学材料应用于新的情境之中，包括概念、规则、方法、规律和理论的"应用"。故题干所述属于应用水平的教学目标。

## 考点2 ▶直接教学策略和间接教学策略

[2020广东·单选]下列教师的做法中，属于间接教学策略的是(　　)

A. 李老师评价学生的反应时，让学生也参与进来

B. 赵老师以小步调呈现新内容，并伴有例子和解释

C. 周老师会在必要时给学生进行提示和示范

D. 王老师给学生提供当堂独立练习的机会

**[考生易错]**B

**[思路分析]**本题有53%的同学易错选B项。考生容易混淆直接教学策略和间接教学策略的内涵。直接教学策略是指教师通常采取讲演—朗诵的形式，附加解释和举例，并提供练习和反馈的机会，以尽可能直接的方式把事实、规则和动作序列传达给学生。例如，教师以复习旧课内容来开始新课；教师以小步调呈现新内容，并伴有解释和例子；教师对少量的标准例子给出练习机会，并对学生进行指导；必要时提示和示范，达到60%～80%的准确性；教师提供当堂独立练习的机会，争取达到95%准确的自动反应等。间接教学策略是教师引导学生通过将刺激物转换为一种回答来获取信息，这种回答不同于呈现的刺激物和学生先前所做出的任何回答，即通过概括和辨别过程，调整和提炼刺激材料，获得概念、模式和理论的一种探寻活动。例如，教师以一种全景式并且利于内容扩展的先行组织者开始新课；教师运用归纳或演绎来提炼和聚焦普遍性原理，使学生的反应集中；教师从学生自己的经验、兴趣和问题入手，引出额外的例子；教师围绕解决问题，来指导学生发现和澄清该普遍性原理；教师评价学生的反应时，让学生也参与进来等。考生在做题时，可以根据教师传授知识的方式来进行判断。如果教师是直接向学生呈现知识，则属于直接教学策略；若教师带领学生探索知识，则属于间接教学策略。

**[正确答案]**A

### 变式练习

**[判断]**教师从学生自己的经验、兴趣和问题入手，引出额外例子的教学策略属于直接教学策略。(　　)

A. 正确　　　　B. 错误

**答案：**B

**解析：**间接教学策略是教师引导学生通过将刺激物转换为一种回答来获取信息，这种回答不同于呈现的刺激物和学生先前所做出的任何回答，即通过概括和辨别过程，调整和提炼刺激材料，获得概念、模式和理论的一种探寻活动。题干所述属于间接教学策略的典型例子。

## 考点3 ▶群体动力和群体凝聚力

[2018山西·单选]影响群体与每个成员行为发展变化的力量的总和就是(　　)

A. 群体压力　　　　B. 群体动力

C. 群体凝聚力　　　　D. 群体规范

**[考生易错]**C

**[思路分析]**本题有62%的同学易错选C项。考生容易混淆群体动力和群体凝聚力的内涵。群体动力是影响群体与个人行为发展变化的力量的总和。群体凝聚力是指群体对成

员的吸引力和成员之间的相互吸引力。群体凝聚力是群体动力的一部分。考生在做题时要注意区分。如果题干中强调总和,则为群体动力;如果强调成员与成员、成员与群体间的吸引力,则为群体凝聚力。

[正确答案]B

**变式练习**

[**单选**]( )是衡量一个班集体成功与否的重要标志,表现为群体对成员的吸引力和成员之间的相互吸引力。

A. 群体压力　　B. 群体动力

C. 群体凝聚力　　D. 群体规范

**答案**:C

**解析**:群体凝聚力是指群体对成员的吸引力和成员之间的相互吸引力。它是衡量一个班集体成功与否的重要标志。

## 考点4 从众和服从

[2019 **河南·单选**]某学生不讲卫生,在教室随地吐痰后,因受到班里其他同学的压力而改掉了这一不良习惯。这是( )

A. 从众　　B. 服从

C. 去个性化　　D. 团体极化

[**考生易错**]B

[**思路分析**]本题有67%的同学易错选B项。考生容易混淆从众和服从的内涵。从众是个体在群体的压力下,放弃自己的意见而采取与大多数人一致的行为的社会现象。服从是指在权威命令、社会舆论或群体气氛的压力下,放弃自己的意见而采取与大多数人一致的行为。考生在做题时,可以根据压力来源进行区分。从众的原因是群体的压力;服从的原因是权威命令、社会舆论。"众"代表的是群体;"服"一般指对权威、舆论等的服从。

[正确答案]A

**变式练习**

1. [**单选**]小丽的妈妈本来不打算给孩子报补习班,但受其他家长影响,最终还是给孩子报了补习班。小丽妈妈的这种心理现象属于( )

A. 集体观念　　B. 从众心理

C. 习惯　　D. 服从

**答案**:B

**解析**:从众是个体在**群体的压力**下,放弃自己的意见而采取与大多数人一致的行为的社会现象。如顺应风俗、习惯、传统、亦步亦趋、赶时髦、随大流等,都属于从众。本题中小丽的妈妈受到其他家长的影响而给小丽报班,属于从众。

2. [**单选**]警察要求司机停车,司机就必须将车开到路边停下。这种现象是( )

A. 从众　　B. 依从　　C. 服从　　D. 顺从

**答案**:C

**解析**:服从是指在**权威命令**、**社会舆论**或**群体气氛**的压力下,放弃自己的意见而采取与大多数人一致的行为。题干所述现象属于服从。

## 错误率：75%以上

### 考点1 布卢姆的教学目标分类——知识和领会

[2018 内蒙古·多选]布卢姆的认知教学目标分类中，“领会”是指把握所学材料的意义，其表现形式是(　　)

A. 对具体事实的回忆

B. 用自己的话或用不同于原先表达方式的方法表达自己的思想

C. 对一项信息加以说明或概述

D. 对事物之间的逻辑关系进行推理

**[考生易错]**ABC

**[思路分析]**本题有33%的同学易错选A项、50%的同学易漏选D项。考生容易混淆布卢姆的教学目标分类中知识目标和领会目标的内涵。知识目标是指对知识的记忆，能够识别和再现学过的知识和有关材料。领会目标是指在知识记忆的基础上对知识的掌握，能抓住事物的实质，把握材料的主题和意义，代表最低水平的理解。领会目标的达成建立在知识目标的基础上。考生在做题时可以根据是否理解材料来进行判断。如果只是单纯地记忆知识，则属于知识目标；如果要求对材料有一定的理解，则考虑领会目标。

**[正确答案]**BCD

**变式练习**

1. [单选]教师要求学生口头背诵或默写学过的数学定理。根据布卢姆的教学目标分类，这属于(　　)的教学目标。

A. 知识层次　　B. 领会层次

C. 综合层次　　D. 评价层次

**答案：**A

**解析：**布卢姆的教学目标分类理论中指出，知识目标是指对知识的记忆，能够识别和再现学过的知识和有关材料。这一目标要求学生做到确认、定义、指出名称、配对、选择、背诵、默写、描述、标明、列举、说明等。例如，教师要求学生口头背诵或默写学过的古诗词，或者能够指出所看到的事物的名称等。

2. [单选]教师要求学生能够解释文字资料，能转译文字资料为另一种资料形式。根据布卢姆的日标分类，这属于认知领域中哪一层次的教学日标(　　)

A. 领会层次　　B. 识记层次　　C. 应用层次　　D. 综合层次

**答案：**A

**解析：**布卢姆认为，认知领域的教学目标分为知识(识记)、领会(理解)、应用、分析、综合、评价六级。领会(理解)是指在知识记忆的基础上掌握知识，能抓住事物的实质，把握材料的主题和意义。转换(即用自己的话或用不同于原先表达方式的方式表达自己的思想)、解释(即对一项信息加以说明或概述)、推断(即对事物之间的逻辑关系进行推理)是理解知识材料的三种形式。推断要求学生做到：了解事实与原理，解释文字资料，解释图表，转译文字资料为另一种资料形式，验证方法与过程，对所学的内容进行概述，举例说明所学过的问题等。所以，根据布卢姆的目标分类，题干所述属于认知领域教学目标中的领会层次。

## 考点 2 ▶学生失范行为的类型

[2020 **河北·单选**]学生之间因讲“哥们儿义气”而导致的失范行为属于(　　)

A. 目的型失范行为　　B. 价值取向型失范行为

C. 情感型失范行为　　D. 传统型失范行为

**[考生易错]**B、C

**[思路分析]**本题有 26% 的同学易错选 B 项、54% 的同学易错选 C 项。考生容易混淆目的型失范行为、价值取向型失范行为、情感型失范行为和传统型失范行为的内涵。考生在做题时,可以根据行为目的进行区分。目的型失范行为是为了谋取个体或群体的功利性利益;价值取向型失范行为是为了反对学校主导目标、价值观;情感型失范行为是为了满足生理、心理、情感上的需求;传统型失范行为是为了遵循传统习俗、维护传统秩序。例如此题中,“哥们儿义气”属于传统习俗,故属于传统型失范行为。

**[正确答案]**D

### 变式练习

1. **[单选]**为了谋取个体和群体的功利性利益而产生的失范行为属于(　　)

A. 价值取向型失范行为　　B. 目的型失范行为

C. 情感型失范行为　　D. 传统型失范行为

**答案:**B

**解析:**目的型失范行为是为了谋取个体或群体的功利性利益;价值取向型失范行为是为了反对学校主导目标、价值观;情感型失范行为是为了满足生理、心理、情感上的需求;传统型失范行为是为了遵循传统习俗、维护传统秩序。根据题干所述内容,本题选 B 项。

2. **[单选]**小光是一个很重视朋友的人,在他看来,哥们儿义气高于一切。有一天,小光的朋友小明与小王发生了冲突,小光知道后直接拿上一根铁棍,将与小明发生冲突的小王打伤。按照失范行为的类型划分来看,小光这一行为属于(　　)失范行为。

A. 目的型　　B. 价值取向型

C. 理想型　　D. 传统型

**答案:**D

**解析:**传统型失范行为是指行为失范者没有主观上的失范构想,仅仅是因遵循传统习俗而违背教育规范所造成的失范行为。例如,学生之间因讲“哥们儿义气”而导致的失范行为即属于传统型失范行为。

## 考点 3 ▶课堂纪律的类型——教师促成的纪律和集体促成的纪律

[2017 **广西·单选**]胡老师在制定班规时,组织全班同学讨论,并以契约方式要求大家共同遵守。此方式促成的纪律属于(　　)

A. 自我促成的纪律　　B. 集体促成的纪律

C. 教师促成的纪律　　D. 任务促成的纪律

**[考生易错]**B

**[思路分析]**本题有 73% 的同学易错选 B 项。考生容易混淆教师促成的纪律和集体促成的纪律的内涵。教师促成的纪律,即在教师的指导帮助下形成的班级行为规范。集体促成的纪律,即在集体舆论和集体压力的作用下形成的群体行为规范。这两种纪律的形成都

有班集体的参与，因此容易混淆。考生在做题时，可以根据形成纪律的主导因素来进行区分。如果主导因素是教师，则属于教师促成的纪律；若主导因素是舆论等集体因素，则属于集体促成的纪律。

[正确答案]C

变式练习

**[单选]**王明曾是一名在课堂上调皮的学生，转入新班级后，发现班上同学在上课时都能保持认真听讲，不嬉戏打闹，并且自己胡闹时会受到同学的指责，于是他也模仿同学们安静听课。他形成的课堂纪律是(　　)

A. 教师促成的纪律　　B. 集体促成的纪律

C. 任务促成的纪律　　D. 自我促成的纪律

**答案**:B

**解析**:集体促成的纪律主要指在**集体舆论**和**集体压力**的作用下形成的群体行为规范。题干中的王明是在班集体的舆论及压力下安静地听课，属于典型的集体促成的纪律，故答案选 B 项。

## 进阶测评

| 限时:15 分钟 | 用时:________分钟 | 总题数:16 道 | 正确题:________道 |
|---|---|---|---|

### 一、单项选择题

1. 教学评价是依据教学目标对教学过程及结果进行价值判断的过程。根据不同标准，下列对教学评价中的标准化学业成就测验的表述正确的是(　　)

A. 标准化学业成就测验的编写者必须是学科专家

B. 标准化学业成就测验是学校教学评价应用最多和教师最愿意使用的

C. 标准化学业成就测验具有可比性、计划性、操作性的优势

D. 标准化学业成就测验的优势在于它的客观性

2. 经过英语老师的苦心劝说，笑笑认识到了英语在其以后人生发展过程中的重要作用。根据克拉斯沃尔的情感领域目标分类，这属于(　　)目标。

A. 接受　　B. 反应　　C. 组织　　D. 价值化

3. 下列关于布卢姆的教学目标分类说法中，不正确的是(　　)

A. 将认知领域的教学目标由简到繁分为 6 个层次

B. 知识代表最低水平的理解

C. 评价代表最高水平的认知学习结果

D. 应用包括概念、规则、方法、规律和理论的应用

4. 学生兴趣小组的纪律，主要属于(　　)

A. 教师促成的纪律　　B. 集体促成的纪律

C. 任务促成的纪律　　D. 自我促成的纪律

5. 2011 年 10 月 13 日，年仅两岁的女童小悦悦被一辆面包车两次碾压，几分钟后又被另一辆轿车碾压。让人难以理解的是，在 7 分钟内女童身边经过了十几个路人，对她却不闻不问。经研究发现，随着旁观人数的增多，利他行为有减少的趋势，这一现象在心理学上称

为(　　)

A. 社会助长　　B. 社会干扰　　C. 社会惰化　　D. 责任分散

6. 课堂中的从众现象的发生一般认为是(　　)的结果。

A. 群体凝聚力　　B. 群体规范

C. 课堂气氛　　D. 课堂中的人际交往与人际关系

7. 布罗菲和伊伏特逊认为,小学中年级课堂管理的关键是(　　)

A. 直接教课堂规则和程序

B. 监控和维持课堂管理系统

C. 建设性地处理课堂混乱

D. 管理课程,帮助学生较多地管理自己的学习

**二、多项选择题**

1. 教学目标的表述应该具体、明确,利用外显术语表述成可观察、可测量的行为。下列教学目标表述清晰的是(　　)

A. 感受环境保护的重要性

B. 能正确朗读所学故事或短文

C. 初步掌握元与角、角与分之间的进率

D. 感受火烧云的景色美,培养学生热爱大自然的思想感情

2. 角色冲突是指个人担当的社会角色包含矛盾的角色期待时出现的问题。角色冲突的基本类型包括(　　)

A. 同一角色内部的冲突

B. 个人同时充当的多个角色间的冲突

C. 个人为自己规定的角色与他人要其充当的角色之间的冲突

D. 个人目前角色行为与角色目标行为的冲突

3. 个别化教学是指让学生以自己的水平和速度进行学习的一种教学策略。下列属于经典的个别化教学模式的有(　　)

A. 参观学习　　B. 程序教学

C. 计算机辅助教学　　D. 指导教学

4. 教学设计的依据包括(　　)

A. 现代教学理论　　B. 教学的实际需要

C. 学生的需要和特点　　D. 教师的教学经验

5. 学生中心取向的教学模式有(　　)

A. 发现学习　　B. 接受学习

C. 探究学习　　D. 个别化学习

6. 课堂管理的目标可以概括为(　　)

A. 为学生争取更多的时间学习　　B. 为教师争取更多的时间教学

C. 帮助学生自我管理　　D. 争取使更多的学生投入学习

7. 正确对待非正式群体,应做到(　　)

A. 对于积极型的非正式群体,要支持和保护

B. 对于破坏型的非正式群体,要教育

C. 对于中间型的非正式群体，要引导

D. 对于消极型的非正式群体，要争取

## 三、判断题

1. 从众是指在权威命令、社会舆论或群体气氛的压力下，放弃自己的意见而采取与大多数人一致的行为。（　　）

A. 正确　　B. 错误

2. 学生、学习过程和学习情境是课堂的三大要素。（　　）

A. 正确　　B. 错误

## 参考答案及解析

## 一、单项选择题

1. D 【解析】标准化学业成就测验是指由学科专家和**测验编制专家**按照一定标准和程序编制的测验。标准化成就测验的优越性有：**客观性**、**计划性**、**可比性**。教师自编测验在学校教学评价中应用最多，也是教师最愿意用的测验。根据上述内容可知 D 项表述正确。

2. A 【解析】接受是指学习者愿意注意特殊的现象或刺激。如学生愿意参加班级活动、意识到某项活动的重要性等。

3. B 【解析】布卢姆将认知领域的教学目标由简到繁分为 6 个层次：知识、理解、应用、分析、综合、评价。A 项正确。理解是指把握所学材料的意义，代表最低水平的理解，B 项错误。“评价”需要超越原先的学习内容，并需要基于明确标准的价值判断，代表最高水平的认知学习结果。C 项正确。应用是指将所学材料应用于新的情境之中，包括概念、规则、方法、规律和理论的“应用”，以“知识”和“领会”为基础，代表较高水平的理解。D 项正确。

4. B 【解析】集体促成的纪律即在集体舆论和集体压力的作用下形成的群体行为规范。学生受同辈群体的影响，以同辈群体的集体要求和价值判断作为自己的行为准则。班集体纪律、少先队纪律、兴趣小组的纪律等都属于集体促成的纪律。

5. D 【解析】社会助长是指个体与别人在一起活动或有别人在场时，个体的**行为效率提高**的现象。社会干扰与之相反。社会惰化主要指当群体一起完成一件工作时，群体中的成员每人所付出的努力会比个体在单独情况下完成任务时**偏少**的现象。责任分散是指一个人在单独的情境中，责任只能独自承担。而在群体中，就可能认为整个群体活动的责任是分散的，任何一个成员都**不必承担**群体行动的**责任**。题干描述体现了责任分散的现象。

6. B 【解析】群体规范是约束群体内成员的行为准则，包括成文的正式规范和不成文的非正式规范。正式规范是有目的、有计划地教育的结果。非正式规范的形成则是成员们约定俗成的结果，受模仿、暗示和顺从等心理因素的制约。群体规范会形成群体压力，对学生的心理和行为产生极大的影响，还可能导致从众现象的发生。群体规范使学生保持认知、情感和行为上的一致，并为学生的课堂行为划定方向和范围，成为引导学生行为的指南。

7. B 【解析】布罗菲和伊伏特逊认为，在小学中年级阶段，教师要花较多的时间监控和维持管理系统,而不是直接教授规则和程序。

## 二、多项选择题

1. BC 【解析】A 项和 D 项中的“感受”是一个抽象的词语,不是能够观察或测量的行为,所以表述不够清晰。

2. ABC 【解析】角色冲突的基本类型包括:(1)同一角色内部的冲突;(2)个人同时充当的多个角色间的冲突;(3)个人为自己规定的角色与他人要其充当的角色之间的冲突。

3. BC 【解析】经典的个别化教学模式包括:(1)程序教学;(2)掌握学习;(3)计算机辅助教学;等等。

4. ABCD 【解析】教学设计的依据有:(1)理论依据:①现代教学理论、学习理论与传播理论;②系统的原理和方法。(2)现实依据:①教学的实际需要;②教材的特点;③学生的需要和特点;④教师的教学经验。

5. ACD 【解析】可供选择的教学模式主要有直接教学、探究学习、个别化教学、接受学习、发现学习等。其中,直接教学和接受学习属于**教师中心取向**的教学模式;发现学习、探究学习、个别化学习等属于**学生中心取向**的教学模式。

6. ACD 【解析】课堂管理的目标有:(1)争取更多的时间用于学习;(2)争取使更多的学生投入学习;(3)帮助学生自我管理。

7. ACD 【解析】对于积极型的非正式群体,应该支持和保护;对于中间型的非正式群体,要持慎重态度,积极引导,联络感情,加强班级目标导向;对于消极型的非正式群体,要教育、争取、引导和改造;对于破坏型的非正式群体,则要依据校规和法律,给予必要的制裁。

## 三、判断题

1. B 【解析】从众是个体在群体的压力下,放弃自己的意见而采取与大多数人一致的行为的社会现象。服从是指在权威命令、社会舆论或群体气氛的压力下,放弃自己的意见而采取与大多数人一致的行为。

2. A 【解析】**学生**、**学习过程**和**学习情境**是课堂的三大要素,这三大要素相对稳定的组合模式就是课堂结构。

# 专题九　心理健康教育与教师职业心理

## 错误率：50%以上

### 考点1 ▶不合理信念——过分概括化和糟糕至极

[2020天津·单选]有些人面对失败的结果时，会认为自己“一无是处”“一钱不值”，是“废物”。这属于不合理信念中的(　　)

A. 过分概括化　　B. 绝对化要求　　C. 糟糕至极　　D. 极端化思想

**[考生易错]**C

**[思路分析]**本题有60%的同学易错选C项。考生容易混淆过分概括化和糟糕至极的内涵。过分概括化是一种以偏概全、以一概十的不合理思维方式的表现，是不合逻辑的，就好像以一本书的封面来判定其内容的好坏一样。过分概括化的一个方面是人们对自身的不合理的评价，另一个方面是对他人的不合理评价。糟糕至极是一种认为如果一件不好的事发生了，将是非常可怕、非常糟糕，甚至是一场灾难的想法，将导致个体陷入极端不良的情绪体验(如耻辱、自责、焦虑、悲观、抑郁)的恶性循环之中而难以自拔。由此可知，过分概括化是对人，糟糕至极是对事，考生在做题时可以据此进行区分。例如此题中，“一无是处”等评价是对自己发出的，是“对人”，故属于过分概括化。

**[正确答案]**A

**变式练习**

1. [单选]尽管小明同学非常努力，但是学习成绩依然不理想，他对此非常懊恼，觉得自己一无是处。根据合理情绪疗法，小明的这种不合理信念是(　　)

A. 绝对化要求　　B. 过分概括化

C. 糟糕至极　　D. 强迫观念

**答案：**B

**解析：**人们持有的不合理信念总结起来有三个特征：绝对化要求、过分概括化和糟糕至极。过分概括化(概括化要求)，这是一种**以偏概全**的不合理的思维方式，它包括对自己和对他人的不合理评价。例如：一次考试成绩不理想便认为自己不行，从而导致自卑、情绪消沉；别人一次约会迟到，就认为这人不守时，不值得信任，导致责备他人甚至产生愤怒等情绪。

2. [单选]“由于我考试作弊，老师再也不会喜欢我了”这句话表达的非理性信念是(　　)

A. 绝对化要求　　B. 过分概括化

C. 糟糕至极　　D. 强迫观念

**答案：**C

**解析：**糟糕至极，表现为一旦遇到什么挫折，就产生一种非常糟糕、甚至是灾难性的预期的非理性信念，从而陷入悲观、抑郁的情绪中而不能自拔。题干中因为一次作弊就认为老师再也不会喜欢自己，完全没有考虑其他的影响因素，属于遭遇一次挫折就产生了非常糟糕的预期，故表达的非理性信念是糟糕至极。

考点2 ▶肯定性训练

[2015山东·多选]以下哪种情况属于肯定性训练(　　)

A. 请求　　B. 拒绝

C. 消除肌肉紧张　　D. 公开表达自己的真实情感

[考生易错]AD

[思路分析]本题有40%的同学易漏选B项。考生容易错误地理解肯定性训练的内涵。肯定性训练,也叫自信训练、果敢训练,其目的是促进个人在人际关系中公开表达自己真实的情感和观点,维护自己的权益也尊重别人的权益,发展人的自我肯定行为。无论是请求别人、拒绝别人还是表达自己的真实感受,都是对自身权益的维护。

[正确答案]ABD

变式练习

1. [单选]小菲是个内向且害羞的女孩,平常很少表达自己的意见或情感。下列方法中,可有效改变小菲行为的是(　　)

A. 系统脱敏法　　B. 精神分析法

C. 全身松弛法　　D. 肯定性训练

**答案:**D

**解析:**肯定性训练也叫自信训练,目的是促进个人在人际关系中公开表达自己真实的情感和观点,维护自己权益也尊重别人权益,发展人的自我肯定行为。因此,对于不敢真实表达自己意见和情感的学生,有效的行为改变方法是肯定性训练。故选D项。

2. [单选]如果一个学生不敢拒绝别人的无理要求,不敢表达自己的不满情绪,与学生发生矛盾时不敢正面解决问题,而是哭着找老师。对待这样的学生,应采取的辅导方法是(　　)

A. 全身松弛法　　B. 代币奖励法

C. 系统脱敏法　　D. 肯定性训练

**答案:**D

**解析:**肯定性训练也叫自信训练、果敢训练,目的是促进个人在人际关系中公开表达自己真实的情感和观点,维护自己权益也尊重别人权益,发展人的自我肯定行为。"不敢拒绝别人的无理要求,不敢表达自己的不满情绪"说明这个学生缺少自我肯定行为,因此需要用肯定性训练培养其自我肯定行为。

考点3 ▶教师职业角色的形成阶段

[2017广西·单选]周老师从教以来,不仅了解教师角色的行为规范和社会职责,而且还经常用优秀教师的标准来衡量自己,自觉调整自己的行为,并表现出较强的职业情感。周老师处于教师职业发展的(　　)阶段。

A. 角色认知　　B. 角色信念　　C. 角色信奉　　D. 角色认同

[考生易错]B

[思路分析]本题有40%的同学易错选B项。考生容易混淆教师职业角色的形成的三个阶段。教师角色的认知是指角色扮演者对某一角色行为规范的认识和了解,知道哪些行为是合适的,哪些行为是不合适的。教师角色的认同指个体亲身体验并接受教师角色所承担的社会职责,用以控制和衡量自己的行为。教师角色的信念是指教师在角色扮演中,将职

业角色的社会要求转化为个体需要，坚信自己对教师职业的正确认识，并将其作为规范自己行为的指南，形成职业的自尊心和自豪感。考生在做题时，可以结合关键词对三个阶段进行区分。教师角色的认知：认识和了解。教师角色的认同：承担社会责任。教师角色的信念：内化、形成自尊心和自豪感。

［正确答案］D

**变式练习**

1.［单选］张老师每次和别人说起自己的职业都会充满自豪感。这说明张老师处于(　　)

A. 教师职业角色认知阶段　　B. 教师职业角色认同阶段

C. 教师职业角色信念阶段　　D. 教师职业角色依从阶段

**答案：**C

**解析：**教师职业角色信念阶段是指教师在角色扮演中，将职业角色的社会要求转化为个体需要，坚信自己对教师职业的正确认识，并将其作为规范自己行为的指南，形成职业的自尊心和自豪感。题干中的张老师对自己的职业充满自豪感，因此处于教师职业角色信念阶段。

2.［单选］教师体验并接受角色所承担的社会责任和义务，以此衡量和调控自己的行为，称之为(　　)

A. 关注生存阶段　　B. 角色认知阶段

C. 角色认同阶段　　D. 角色信念阶段

**答案：**C

**解析：**教师职业角色的形成主要经历角色认知、角色认同、角色信念三个阶段。教师角色的认同是指个体亲身体验并接受教师角色所承担的社会职责，用以控制和衡量自己的行为。

## 考点 4 ▸ 教师期望效应的分类

［2020 河南 · 单选］得知彤彤的父亲是著名的文学家后，班主任刘老师就认为彤彤具有成为出色作家的潜力。实际上彤彤写作天赋平平，但刘老师仍对其满腔热情，表达出对其能力的十足信心，鼓励她经常练习，常常对其作业进行额外的批改，后来彤彤果真成为一名优秀的小作家。这属于(　　)

A. 自我应验效应　　B. 维持性期望效应

C. 霍布森选择效应　　D. 扇贝效应

［考生易错］B

［思路分析］本题有 66% 的同学易错选 B 项。考生容易混淆教师期望效应中，自我应验效应和维持性期望效应的内涵。教师期望效应有两类：第一类为自我应验效应，即原先错误的期望引起把这个错误的期望变成现实的行为。第二类是维持性期望效应，即老师认为学生将维持以前的发展模式。简而言之，自我应验效应是“弄假成真”，维持性期望效应是“一成不变”。考生在做题时，可以根据期望的来源进行区分。如果是来自学生本身以外的（如家庭背景、权威、刻板印象等）的错误期望，则属于自我应验效应；如果是来自学生之前表现所留下的印象，则属于维持性期望效应。

［正确答案］A

**变式练习**

**[单选]**小李成绩一直较差,为了提高成绩,暑假一直在家补习,在开学后的一次测验中考了不错的分数,然而老师却对小李的进步持怀疑态度,认为他是作弊才得到高分,这大大打击了小李的学习积极性,使得小李的成绩更差了。这体现了( )

A. 自我应验效应　　B. 维持性期望效应

C. 木桶效应　　D. 近因效应

**答案:**B

**解析:**教师期望效应分为自我应验效应和维持性期望效应。维持性期望效应是指老师认为学生将维持以前的发展模式。其问题在于,如果老师认可这种模式,将很难注意和利用学生潜在能力的发展。例如,老师对后进生和优等生的不同期望,使得他很难关注后进生的进步,甚至对其进步持怀疑态度,认定他在别人的帮助下甚至作弊得到好成绩。这种期望维持甚至增大了优等生和后进生的差距。老师因为小李以前成绩不好,所以对小李的进步持怀疑态度,这打击了小李的自信心,使小李的成绩更差了,这体现的就是维持性期望效应。

## 考点5 ▶教师的发展阶段——关注情境阶段和关注学生阶段

[2017 **山东·单选**]一位教师调入某中学,开学后他就着手调研任教班级物理课的学习情况,设计灵活的教学流程,运用多种教学方法调动学生学习物理的积极性,培养学生对物理的兴趣。在他的引导下,学生期中考试的物理成绩大幅度提高。这说明该教师处于专业成长的( )

A. 关注情境阶段　　B. 关注生存阶段

C. 关注学生阶段　　D. 关注自我阶段

**[考生易错]**C

**[思路分析]**本题有48%的同学易错选C项。考生容易混淆关注情境阶段和关注学生阶段的内涵。处于关注情境阶段的教师关心的是如何教好每一堂课,以及班级大小、时间压力和备课材料是否充分等与教学情境有关的问题。处于关注学生阶段的教师将考虑学生的个别差异,认识到不同发展水平的学生有不同的需要,根据学生的差异采取适当的教学方法,促进学生发展。考生在判断一名教师是否进入关注学生阶段时,除了要注意教师能否自觉关注学生以外,还要从教师的关注内容上进行区分。关注学生阶段强调关注学生的"个别差异",而关注情境阶段只考虑"课堂效果"。

**[正确答案]**A

**变式练习**

1. **[单选]**王老师在教学中经常考虑的问题是:"备课充分吗? 学生能听懂吗? 如何呈现教学信息?"他特别关注如何提高学生的成绩。由此可推断王老师处于教师专业成长的( )

A. 关注生存阶段　　B. 关注情境阶段

C. 关注学生阶段　　D. 关注自我阶段

**答案:**B

**解析:**福勒和布朗根据教师的需要和不同时期所关注的焦点问题,把教师的成长划分为关注生存、关注情境和关注学生三个阶段。其中,处于关注情境阶段的教师关心的是如何教好每

一堂课，以及班级大小、时间压力和备课材料是否充分等与**教学情境**有关的问题，如“内容是否充分得当”“如何呈现教学信息”“如何掌握教学时间”等。故王老师处于关注情境阶段。

2. [**单选**]刘老师在教学过程中，认识到不同发展水平的学生有不同的需要，在教学材料和方式的选择上充分考虑个别差异。刘老师所处的教师成长阶段是(　　)

A. 关注生存阶段　　B. 关注情境阶段

C. 关注学生阶段　　D. 关注自身阶段

**答案**：C

**解析**：福勒和布朗根据教师的需要和不同时期所关注的焦点问题，把教师的成长划分为关注生存、关注情境和关注学生三个阶段。其中，处于关注学生阶段的教师将考虑学生的**个别差异**，认识到不同发展水平的学生有不同的需要，根据学生的差异采取适当的教学，促进学生发展。题干表述符合关注学生阶段的教师表现，故选C项。

### 考点6 ▶教师职业倦怠——情绪衰竭和去人性化

[2019 **广东·单选**]当一名教师不能顺利应对工作中出现的压力时，他可能会对班级中学生的求助变得冷漠、麻木，不能热情回应学生的情感需求。这属于教师职业倦怠中的(　　)

A. 情绪衰竭　　B. 去人性化

C. 低个人成就感　　D. 人格化

[**考生易错**]A

[**思路分析**]本题有60%的同学易错选A项。考生容易混淆职业倦怠的特征中情绪衰竭和去人格化(去人性化)的内涵。情绪耗竭又称情绪衰竭，指个体情绪情感处于极度的疲劳状态，工作热情完全丧失。去人性化，即刻意在自身和工作对象间保持距离，对工作对象和环境采取冷漠和忽视的态度。考生在做题时可以根据关键词进行区分。情绪耗竭的关键词是“疲劳”“丧失热情”；而去人性化的关键词是对学生和环境的“冷漠”“忽视”。

[**正确答案**]B

**变式练习**

[**单选**]张老师这段时间对工作失去了热情，觉得工作没意思，同时总是感觉很疲劳，工作效率不高。那么张老师目前的状态属于职业倦怠中(　　)方面的表现。

A. 去人性化　　B. 个人成就感低

C. 情绪耗竭　　D. 缺乏工作动机

**答案**：C

**解析**：情绪耗竭，是指个体情绪情感处于极度的疲劳状态，工作热情完全丧失。题干所述体现的是情绪耗竭。

### 考点7 ▶教师职业倦怠——个人成就感低和低挑战型

[2019 **山东·单选**]如果一个教师感觉教学工作本身缺乏刺激，认为以自己的能力来做当前的工作是大材小用，因而厌倦工作。他在工作一段时间后，就开始对工作敷衍塞责，并考虑跳槽。按照美国心理学家法贝的观点，该教师的这种职业倦怠属于(　　)

A. 精疲力竭型　　B. 狂热型

C. 低个人成就感型　　D. 低挑战型

[**考生易错**]C

[思路分析]本题有53%的同学易错选C项。考生容易混淆教师职业倦怠中,低个人成就感和低挑战型的内涵。个人成就感低,表现为消极地评价自己,贬低工作的意义和价值。而低挑战型的教师认为,工作本身缺乏刺激,他们觉得以自己的能力来做当前的工作是大材小用,因而厌倦工作。他们在工作一段时间后,就开始对工作敷衍塞责,并考虑更换其他工作。考生在做题时,可以从教师对自我的评价进行区分。如果教师消极地评价自己和职业,则属于个人成就感低;如果教师认为自己才能很高,属于“大材小用”,则属于低挑战型。

[正确答案]D

**变式练习**

1. [单选]当了几年老师后,闻老师愈发感到工作缺乏新鲜感,觉得就自己的能力而言,当老师简直就是大材小用。因而厌倦工作,敷衍了事,正考虑是否换工作。闻老师的表现属于职业倦怠中的(　　)

A. 情绪耗竭型　　B. 狂热型
C. 低个人成就感型　　D. 低挑战型

**答案:**D

**解析:**低挑战型的教师认为,工作本身缺乏刺激,他们觉得以自己的能力来做当前的工作是大材小用,因而厌倦工作。他们在工作一段时间后,就开始对工作敷衍塞责,并考虑更换其他工作。闻老师的表现属于职业倦怠中的低挑战型。

2. [单选]廖老师连续带的两届毕业班考试成绩都不太理想,其他工作也没有取得满意的成绩,因此产生了对教师这份职业的消极看法。廖老师的情况属于教师职业倦怠类型中的(　　)

A. 情绪耗竭　　B. 个人成就感降低
C. 人格解体　　D. 低挑战型

**答案:**B

**解析:**个人成就感低,表现为消极地评价自己,贬低工作的意义和价值。题干中廖老师对教师职业产生消极看法,属于个人成就感低。

## 错误率:75%以上

### 考点1 ▶焦虑症和强迫症

[2015 河南·单选]小兰是班上的学习委员,学习一直非常努力,成绩名列前茅。在一节自习课上,她遇到一道数学计算试题,半节课过去了还没做出来,正着急时,忽然听到有个同学说:“她越来越笨了。”小兰心里咯噔一下,琢磨他是在说自己吧,然后就不断地想自己是不是变笨了。从那以后,小兰很在意别人说什么,并且总觉得是在说自己,非常难受,后来朋友跟她开玩笑也耿耿于怀。整天被一些无关紧要的事占着脑子,乱糟糟的,头都快炸了。你认为,小兰同学的心理问题是中小学生常见的(　　)

A. 焦虑症　　B. 恐惧症　　C. 强迫症　　D. 抑郁症

[考生易错]A

[思路分析]本题有71%的同学易错选A项。考生容易混淆焦虑症和强迫症的内涵。焦虑症是以与客观威胁不相适应的焦虑反应为特征的神经症。强迫症是一种以反复出现强

迫观念、强迫意向或强迫行为等强迫症状为主要表现,以有意识的自我强迫与有意识的自我反强迫同时存在为特征的神经症。考生在做题时,可以根据心理障碍的外在表现进行区分。焦虑症的表现有:(1)情绪方面:紧张不安,忧心忡忡;(2)注意和行为方面:注意力集中困难,极端敏感、对轻微刺激做过度反应,难以做出决定;(3)躯体症状方面:心跳加快,过度出汗等。强迫症的表现有:(1)强迫观念,包括强迫怀疑、强迫回忆、强迫性穷思竭虑;(2)强迫意向,例如,总要出现一些与主观意愿相反的意向冲动;(3)强迫行为,包括强迫性计数、强迫性洗涤、强迫性自我检查、刻板的仪式性动作或其他强迫行为。例如此题中,小兰总觉得别人在说自己,以至于脑子里控制不住总是想一些无关紧要的事。这属于强迫观念,因此小兰的心理问题是强迫症。

[正确答案]C

**变式练习**

1. [单选]小林每次上学出门前都"一步三回头",总是怀疑门没锁好,经常已经走到小区门口,跑回去打开所有的门,逐个检查一遍,再锁一遍。小林的这种表现属于心理障碍中的(　　)

A. 恐怖症　　B. 抑郁症　　C. 强迫症　　D. 焦虑症

**答案:**C

**解析:**小林每次上学出门都怀疑门没锁好,属于**强迫观念**;已经走到小区门口还要回家逐个检查所有的门,再锁一遍,属于**强迫行为**。故小林的表现属于强迫症。答案选C项。

2. [单选]每次考试前,小刘就出现紧张、失眠,甚至头痛、胸闷等现象,导致学习效率下降。由此判断,小刘产生了(　　)

A. 强迫症　　B. 焦虑症　　C. 抑郁症　　D. 恐惧症

**答案:**B

**解析:**焦虑是由紧张、不安、焦急、忧虑、恐惧交织而成的一种情绪状态。焦虑症是以与客观威胁不相适应的焦虑反应为特征的神经症。题干中小刘的表现说明其产生了考试焦虑症。

### 考点2 教师职业倦怠——精疲力竭型和狂热型

[2017 **广西·单选**]张老师是一名新老师,对教学有一腔热血,立志要成为一名优秀的教师,但工作一个学期后,班上的同学不仅成绩下滑,还一致不欢迎这个新老师,此后张老师对教学失去了热情,不再尽心上课。张老师的表现属于教师职业倦怠中的(　　)

A. 精疲力竭型　　B. 狂热型

C. 低挑战型　　D. 随波逐流型

**[考生易错]**A

**[思路分析]**本题有62%的同学易错选A项。考生容易混淆精疲力竭型和狂热型的内涵。精疲力竭型的教师在高压力下的表现是放弃努力,以减少对工作的投入来求得心理平衡。这类教师的职业倦怠一旦出现,要想恢复就很困难,因为这些症状会得到自我强化。狂热型的教师有着极强的成功信念,能狂热地投入工作,但理想与现实之间的巨大反差,使他们的这种热情通常坚持不了太长时间,整个信念系统突然塌陷,最终屈服于精力耗竭。这两种职业倦怠都有精力耗竭的外在表现,容易混淆。考生在做题时可以根据关键词来进行区

分。精疲力竭型的教师是"高压下""放弃努力",而狂热型的教师是"信念坍塌""精力耗竭"。例如此题中,张老师不再尽心上课的原因是学生成绩下滑且不欢迎他的现实与自己要成为优秀教师的理想相冲突而导致的信念崩塌,故属于狂热型。

[正确答案]B

**变式练习**

[单选]张老师长期担任高三年级班主任一职,因工作时常伴随着学生的升学而有压力。近期,张老师突然对工作缺乏热情,对学生学业关注度下降,上课精神不振。张老师最有可能的职业倦怠类型是(　　)

A. 精疲力竭型　　B. 狂热型

C. 缺乏挑战型　　D. 低个人成就感型

**答案**:A

**解析**:美国心理学家法贝认为职业倦怠行为在不同的个体身上的表现是不同的,其中精疲力竭型的教师在高压力下的表现是放弃努力,以减少对工作的投入来求得心理平衡。这类职业倦怠一旦出现,要想恢复就很困难,因为这些症状会得到自我强化。题干中,张老师在长期的升学压力下,出现工作热情缺乏、对学生学业关注度下降、上课精神不振等现象,故张老师最有可能的职业倦怠类型是精疲力竭型,本题选 A 项。

## 进阶测评

| 限时:10 分钟 | 用时:________分钟 | 总题数:9 道 | 正确题:________道 |
|---|---|---|---|

**一、单项选择题**

1. 小华最近遇到了一些困难,心理辅导老师为了引导他,帮助他梳理了错误观念,形成了正确的认识,解决了问题。该老师运用的心理辅导方法是(　　)

A. 行为分析法　　B. 合理情绪疗法

C. 系统脱敏法　　D. 来访者中心疗法

2. 某心理辅导教师在与某学生的会谈中,经常采用"嗯,我懂""我能体会""原来如此"等语句。该心理辅导教师采用的会谈技术是(　　)

A. 倾听　　B. 鼓励与重复　　C. 澄清　　D. 询问

3. 为使学生喜欢上数学课,新调来的周老师充分利用网络资源,制作图文并茂的 PPT 进行教学,一段时间后发现很多学生对数学产生了兴趣。这说明周老师现在处于教师成长阶段论中描述的(　　)

A. 关注生存阶段　　B. 关注学生阶段

C. 关注情境阶段　　D. 关注教学阶段

4. 教师通过提高反思能力,可以提高其教学能力。教学反思的过程是(　　)

A. 观察分析→具体经验→抽象的重新概括→积极的验证

B. 具体经验→观察分析→抽象的重新概括→积极的验证

C. 观察分析→具体经验→积极的验证→抽象的重新概括

D. 具体经验→观察分析→积极的验证→抽象的重新概括

## 二、多项选择题

1. 心理健康表现为个人具有(　　)

A. 生命的活力　　B. 积极的内心体验

C. 良好的社会适应能力　　D. 饱满的精神状态

2. 不属于自我肯定行为的是(　　)

A. 抱怨　　B. 拒绝

C. 真实表达自己意见和情感　　D. 激励

## 三、判断题

1. 某学生近期非常苦闷,一旦学习就心烦意乱,焦虑不安,对老师有抵触情绪,成绩也明显下降。该学生存在的问题是焦虑症。(　　)

A. 正确　　B. 错误

2. 焦虑症是一种以与主观威胁不相适应的焦虑反应为特征的神经症。(　　)

A. 正确　　B. 错误

3. 听课观摩是教师教学反思的形式之一,也是教师实现自我监控的最直接、最简易的方式。(　　)

A. 正确　　B. 错误

# 参考答案及解析

## 一、单项选择题

1. B 【解析】合理情绪疗法由艾利斯在美国创立,艾利斯认为,人的情绪是由他的思想决定的,合理的观念导致健康的情绪,不合理的观念导致负向的、不稳定的情绪。通过改变不合理信念调整自己的认知,是维护心理健康的重要途径。

2. B 【解析】评估性会谈是心理咨询与辅导的基本方法。为了使会谈富有成效,除了要注意与学生建立良好的人际关系外,辅导教师还要运用一些专门的技术,常用的技术有:倾听、鼓励与重复、询问、反映、澄清、面质。鼓励与重复是指在会谈中,辅导教师可以向对方提供鼓励信息,如说“嗯,我懂”“我能体会”“请继续讲”“然后呢”“原来如此”“有意思,我正陪着你”等或直接重复来访者叙述中的某些话语和内容,来鼓励其进一步讲述。题干中描述的正是会谈技术中的鼓励与重复。

3. C 【解析】处于关注情境阶段的教师关心的是如何教好每一节课、班级的大小、课堂时间是否充足、备课材料是否充分以及如何利用有效的教学方式吸引学生的兴趣和积极性等。

题干中的周老师能够有效地利用网络资源和 PPT 这种直观教具,激发学生对数学的兴趣和学习热情,这说明周老师处于关注情境阶段。

4. B 【解析】教学反思的过程一般为:具体经验→观察分析→抽象的重新概括→积极的验证。

二、多项选择题

1. ABC 【解析】世界卫生组织认为,心理健康是一种良好的、持续的心理状态与过程,表现为个体具有生命的活力,积极的内心体验,良好的社会适应能力,能够有效地发挥个人的身心潜力以及作为社会一员的积极的社会功能。

2. AD 【解析】自我肯定行为主要表现在三个方面:(1)请求他人为自己做某事,以满足自己合理的需要;(2)拒绝他人的无理要求而又不伤害对方;(3)真实地表达自己的意见和情感。

三、判断题

1. B 【解析】儿童厌学症的主要表现是对学习不感兴趣,讨厌学习。厌学的儿童对学习有一种说不出的苦闷感,一提到学习就心烦意乱,焦躁不安。他们对教师或家长有抵触情绪,学习成绩不好,有的还兼有品德问题。题干所述是厌学症的典型事例。

2. B 【解析】焦虑症是以与**客观**威胁不相适应的焦虑反应为特征的神经症。

3. B 【解析】**反思日记**是教师将自己的课堂实践的某些方面,连同自己的体会和感受诉诸笔端,是实现自我监控最直接、最简易的方式。

# 第三部分　教育法律法规

## 错误率：50%以上

### 考点1 ▶教育教学权和管理学生权

[2020 河南·单选]教师在教育教学过程中可以指导学生的学习和发展，这属于教师的(　　)

A. 教育教学权　　B. 民主管理权　　C. 管理学生权　　D. 科学研究权

[考生易错]A

[思路分析]本题有55%的同学易错选A项。考生容易混淆教师享有的教育教学权和管理学生权的内涵。教育教学权是指教师享有进行教育教学活动、开展教育教学改革和实验的权利。管理学生权是指教师享有指导学生的学习和发展，评定学生的品行和学业成绩的权利。教育教学权是教师最基本的权利。管理学生权是与教师在教育教学过程中主导地位相适应的一项基本权利。考生在做题时，可以根据行使权利时的对象进行区分。教育教学权的对象是“教学活动”；而管理学生权的对象是“学生”。

[正确答案]C

**变式练习**

1. [单选]张老师根据本班人数太少的现状，打破传统教学惯例，进行讨论式教学方式改革。张老师这样做是因为《中华人民共和国教师法》赋予了他(　　)

A. 科学研究权　　B. 教育教学权　　C. 管理学生权　　D. 民主管理权

**答案：**B

**解析：**教育教学权是指教师进行教育教学活动，开展教育教学改革和实验的权利。这是教师最基本的权利。作为教师，有权依据其所在学校的教学计划、教学工作量等具体要求，结合自身教学特点自主地组织课堂教学；有权依据课程标准的要求确定教学内容、进度，不断完善教学；有权针对不同的教育教学对象，在教育教学的形式、方法、具体内容等方面进行改革和实验。

2. [单选]王老师根据学生平时的行为表现给予小红花奖品，对小红花数量多的学生进行表扬。根据《中华人民共和国教师法》中对教师权利的划分，王老师行使的是(　　)

A. 民主管理权　　B. 管理学生权　　C. 科学研究权　　D. 教育教学权

**答案：**B

**解析：**管理学生权即指导学生的学习和发展，**评定学生的品行**和学业成绩的权利。因此，题干中王老师行使的是管理学生权。

## 考点2 ▶教育法规的纵向结构

[2013 浙江·单选]从法规的类型、属性(性质)来看,《学生伤害事故处理办法》属于(　　)

A. 教育规章　　B. 教育行政法规
C. 教育法律　　D. 教育法令

[考生易错]B

[思路分析]本题有45%的同学易错选B项。考生容易混淆教育法规的纵向结构。教育行政法规是行政法规的形式之一,是由最高国家行政机关(国务院)依据《中华人民共和国宪法》和教育法律制定的关于教育行政管理的规范性文件。教育规章是中央和地方有关国家行政机关依照法定权限和程序制定颁布的有关教育的规范性文件,有的称为教育行政规章,包括部门教育规章和地方政府教育规章。考生可以从制定部门来进行区分。如果一份法律文件的制定部门是国务院各部委或省级及以下人民政府,则属于教育规章;如果制定部门是国务院,则考虑教育行政法规。

[正确答案]A

### 变式练习

1. [单选]我国的《教师资格条例》属于(　　)

A. 教育行政法规　　B. 部门教育规章
C. 教育基本法律　　D. 教育单行法律

**答案:**A

**解析:**教育行政法规是行政法规的形式之一,是由最高国家行政机关(国务院)依据《中华人民共和国宪法》和教育法律制定的关于教育行政管理的规范性文件。《教师资格条例》由**国务院**制定,属于教育行政法规。

2. [单选]从教育法规体系的纵向结构看,《中小学教师职业道德规范》属于(　　)

A. 教育基本法律　　B. 教育单行法律
C. 教育行政法规　　D. 教育规章

**答案:**D

**解析:**教育规章是中央和地方有关国家行政机关依照法定权限和程序制定颁布的有关教育的规范性文件,有的称为教育行政规章,包括部门教育规章和地方政府教育规章。部门教育规章是国务院所属各部、各委员会发布的有关教育的规范性文件。《中小学教师职业道德规范》是教育部发布的规范,属于部门教育规章。

## 考点3 ▶教育法律关系的类型

[2019 四川·单选]在教师聘任法律关系中,受聘教师具体享有哪些权利、履行哪些义务是固定的。与之对应,聘任者具体享有哪些权利、履行哪些义务也是固定的。依据教育法律关系主体是否完全特定化,这种教育法律关系的类型是(　　)

A. 平权型教育法律关系　　B. 隶属型教育法律关系
C. 绝对教育法律关系　　D. 相对教育法律关系

[考生易错]A、C

**[思路分析]**本题有36%的同学易错选A项、30%的同学易错选C项。考生容易混淆平权型教育法律关系、绝对教育法律关系和相对教育法律关系的内涵。平权型教育法律关系是指两个具有平等法律地位的教育关系主体之间产生的教育法律关系。这种法律关系与隶属型教育法律关系相对应,属于按主体之间关系的类型划分的法律关系。按照教育法律关系的权利义务主体是否完全特定化,可将教育法律关系划分为绝对教育法律关系和相对教育法律关系。绝对教育法律关系指存在特定的权利主体,没有特定的义务主体的教育法律关系。相对教育法律关系指存在于特定的权利主体和特定的义务主体之间的教育法律关系。考生在做题时,第一要注意区分标准,第二要注意义务主体是否确定。

**[正确答案]**D

**变式练习**

**[单选]**教师与学生之间的教育法律关系属于(　　)的法律关系。

A. 隶属型　　B. 平权型　　C. 调整型　　D. 保护型

**答案:**B

**解析:**根据主体之间关系的类型,教育法律关系可分为隶属型教育法律关系和平权型教育法律关系。平权型教育法律关系是两个具有平等法律地位的教育关系主体之间产生的教育法律关系,通常视为教育民事法律关系。这类教育法律关系与一般民事法律关系一样,具有横向平等的特征,但又不能完全等同于一般民事法律关系,而是有一些明显的教育特征。题干中的主体是"教师与学生",他们处于**平等**的法律地位,所以属于平权型的法律关系。故选B项。

## 考点4 法律援助和法律救济

**[2017 山东·判断]**教育法律救济是为弱势群体实施的一种专业性的法律援助。(　　)

A. 正确　　B. 错误

**[考生易错]**A

**[思路分析]**本题有50%的同学易将题干内容判断为正确。法律援助是指由政府设立的法律援助机构组织法律援助的律师,为经济困难或特殊案件的人无偿提供法律服务的一项法律保障制度。根据《中华人民共和国刑事诉讼法》的有关规定,特殊案件是指犯罪嫌疑人、被告人是盲、聋、哑人,或者是尚未完全丧失辨认或者控制自己行为能力的精神病人,没有委托辩护人的;或者犯罪嫌疑人、被告人可能被判处无期徒刑、死刑,没有委托辩护人的案件。而教育法律救济是指教育法律关系主体的合法权益受到侵犯并造成损害时,获得恢复和补救的法律制度。简而言之,法律援助是直接派律师,接受法律援助的一方不一定是被害方,也可能是加害方;法律救济是在主体合法权益受到侵犯时,保障主体合法权益的一类制度,能申请法律救济的一方一定是被害方。考生在做题时,可以根据保障对象进行区分:法律援助保障的是"经济困难或特殊案件等群体",法律救济保障的是"合法权益已经受到侵犯的群体"。

**[正确答案]**B

**变式练习**

**[判断]**作为一项无偿的法律保障制度,法律援助能让困难群众打得起官司,不至于因经济原因而导致合法权益无法得到保障。(　　)

A. 正确　　B. 错误

**答案:**A

**解析:**作为一项无偿的法律保障制度,法律援助能让困难群众打得起官司,不至于因经济原因而导致合法权益无法得到保障。不过,要想让这一制度真正拱卫社会公平正义,还得进一步提高它在群众中的知晓率和信任度。

## 考点5 ▶教师申诉制度

[2018 山东·单选]中学教师黄某认为当地教育行政部门侵犯其权利,因此提出申诉。按照《中华人民共和国教师法》的规定,受理其申诉的机关是(　　)

A. 同级教育行政部门　　B. 同级人民政府

C. 上级人民政府　　D. 同级纪律检查部门

**[考生易错]**A

**[思路分析]**本题有35%的同学易错选A项。考生容易混淆教师申诉时受理其申诉的机关。当被申诉主体是学校和其他教育机构时,受理机关是教育行政部门;当被申诉主体是当地人民政府的有关行政部门时,受理机关是同级人民政府或上一级人民政府有关部门。考生在记忆时,可以通过"受理申诉的机关可以管辖被申诉机关"来进行记忆。

**[正确答案]**B

### 变式练习

1. **[单选]**某小学的张老师因家中有急事,未向学校请假便私自离开,影响了学校的正常教学秩序。于是学校给予张老师教学事故警告处分,张老师对学校的处理不服,提出了申诉。张老师申诉的受理机关是(　　)

A. 人事部门　　B. 法院　　C. 纪委　　D. 教育行政部门

**答案:**D

**解析:**根据《中华人民共和国教师法》第三十九条规定,教师对学校或者其他教育机构侵犯其合法权益的,或者对学校或者其他教育机构作出的处理不服的,可以向**教育行政部门**提出申诉,教育行政部门应当在接到申诉的三十日内,作出处理。

2. **[单选]**教师赵某因当地教育行政部门侵犯其合法权益,依法提出了申诉。对于赵某的申诉,有权受理的机关是(　　)

A. 同级人民政府或上一级人民政府有关部门

B. 所在地区中级人民法院或省高级人民法院

C. 所在地区人民检察院或最高人民检察院

D. 上一级人民政府或中央人民政府有关部门

**答案:**A

**解析:**《中华人民共和国教师法》规定,"教师认为当地人民政府有关行政部门侵犯其根据本法规定享有的权利的,可以向同级人民政府或者上一级人民政府有关部门提出申诉,同级人民政府或者上一级人民政府有关部门应当做出处理"。

## 考点6 ▶过错责任原则和过错推定责任原则

[2019 四川·单选]某小学一年级的小明,课间玩单杠时不小心摔坏了左脚,需要住院治疗,学校和家长对谁在这起事件中负主要责任争执不下。在此案例中归责应该遵循(　　)

A. 过错推定责任原则　　B. 过错责任原则

C. 公平责任原则　　D. 严格责任原则

[考生易错]B

[思路分析]本题有44%的同学易错选B项。考生容易混淆过错责任原则和过错推定责任原则的内涵。过错责任原则以行为人的过错作为归责的根据和最终要件。过错推定责任原则是指,为了保护相对人或受害人的合法权益,法律规定行为人只有在证明自己没有过错的情况下,行为人才可以不承担责任。根据我国《民法典》相关规定,无民事行为能力人在幼儿园、学校或者其他教育机构学习、生活期间受到人身损害的,学校或教育机构的归责原则为过错推定原则。因此考生在做题时,可以根据题干中学生的年龄来进行判断。若题中强调学生为无民事行为能力人,则发生学生伤害事故时,学校或教育机构的归责原则通常为过错推定责任原则;若未强调学生为无民事行为能力人,则通常为过错责任原则。

[正确答案]A

**变式练习**

1. [单选]学校组织学生参加校外活动,未对学生进行相应的安全教育,并未在可预见的范围内采取必要的安全措施,导致学生失联。在此次事故中,学校(　　)

A. 无法律责任　　B. 应承担过错责任

C. 应承担无过错责任　　D. 应承担补偿责任

**答案**:B

**解析**:根据《学生伤害事故处理办法》第九条的规定可知,因学校组织学生参加教育教学活动或者校外活动,未对学生进行相应的安全教育,并未在可预见的范围内采取必要的安全措施而造成的学生伤害事故,学校应当依法承担相应的责任。题干中学校在组织活动时,未对学生进行相应的安全教育,并未在可预见的范围内采取必要的安全措施,导致学生失联。这是因学校的过错导致的学生伤害事故,故学校应该承担过错责任。

2. [判断]不满8周岁的学生在校期间发生了伤害事故,适用过错推定责任原则。(　　)

A. 正确　　B. 错误

**答案**:A

**解析**:我国《民法典》中关于学校侵权责任和归责原则的认定是根据学生的不同年龄及由其决定的民事行为能力的不同而予以区别对待的。对无民事行为能力人适用过错推定责任原则。不满8周岁的学生为无民事行为能力人,适用过错推定责任原则。题干表述正确。

## 错误率:75%以上

### 考点1 ▶不作为侵权

[2018 河南·判断]教师看到学生在校外被社会青年殴打未进行制止,构成不作为侵权。(　　)

A. 正确　　B. 错误

[考生易错]A

[思路分析]本题有76%的同学易将题干内容判断为正确。考生容易混淆不作为侵权的内涵。作为侵权行为是指行为人以一定的作为致人损害的行为,如体罚、侮辱学生等。不作为侵权行为是指行为人以一定的不作为致人损害的行为。根据我国《教师法》《未成年人保护法》的规定,学校和教师负有保护学生的法定义务。如果教师没有积极履

行保护职责或阻止有害学生的行为即构成不作为侵权。但是教师对学生的保护义务是限制在学校内的,在脱离了学校环境以后,教师便不再对学生具有法律意义上的保护义务。如果教师在校外没有积极履行保护职责或阻止有害学生的行为,由于这在教师的职务范围外,故是一种不道德行为。需要注意的是,这里的学校指的是进行教学活动的场所,而非作为建筑物的固定地点。例如,教师带领学生前往植物园进行现场参观教学,此时教师仍对学生具有保护义务。

[正确答案]B

**变式练习**

1.[单选]下列属于教师不作为违法侵权行为的是(　　)

A. 体罚和变相体罚　　B. 饮食安全事故

C. 向学生推销商品　　D. 随意开除学生

**答案:**B

**解析:**作为侵权行为是指行为人以一定的作为致人损害的行为,如体罚、侮辱学生等。不作为侵权行为是指行为人以一定的不作为致人损害的行为。学校和教师的不作为侵权行为表现形式有:(1)对学生身体状况关照不力;(2)教师对生病或受伤学生救护不力;(3)在履行职责中违反工作要求、操作规程;(4)学校活动组织失职;(5)饮食安全事故;(6)未及时向学生监护人履行告知义务。A、C、D三项属于作为侵权行为,B项属于不作为侵权行为。

2.[判断]对生病或受伤学生救护不力、未及时向学生监护人履行告知义务等均属于教师不作为违法侵权行为。(　　)

A. 正确　　B. 错误

**答案:**A

**解析:**学校和教师的不作为侵权行为表现形式有:(1)对学生身体状况关照不力;(2)教师对生病或受伤学生救护不力;(3)在履行职责中违反工作要求、操作规程;(4)学校活动组织失职;(5)饮食安全事故;(6)未及时向学生监护人履行告知义务。

## 考点2 教育行政申诉的处理时间和行政复议的提起时间

[2017 河北·单选]教师认为行政机关的具体行政行为侵犯其合法权益,应当自知道具体行政行为之日起(　　)日内提起行政复议申请,法律、法规规定超过此时限的除外。

A. 15　　B. 20　　C. 30　　D. 60

[考生易错]A、C

[思路分析]本题有30%的同学易错选A项、51%的同学易错选C项。考生容易混淆教育行政申诉的处理时间和行政复议的提起时间。教育行政申诉的处理时间是30日内;教育行政复议的提起时间是60日内。考生可首先记住行政申诉是30日,然后"复"是两倍,那么复议自然是60日。

[正确答案]D

**变式练习**

1.[单选]教师对学校或者其他教育机构侵犯其合法权益的,或者对学校或者其他教育机构作出的处理不服的,可以向教育行政部门提出申诉,教育行政部门应当在接到申诉的(　　)内作出处理。

A. 15日　　B. 20日　　C. 30日　　D. 60日

**答案**:C

**解析**:根据《中华人民共和国教师法》第三十九条规定,教师对学校或者其他教育机构侵犯其合法权益的,或者对学校或者其他教育机构作出的处理不服的,可以向教育行政部门提出申诉,教育行政部门应当在接到申诉的三十日内,作出处理。

2. [判断]教师对行政处罚有异议,自提出后在1个月内向行政机关提出行政复议申请。(　　)

A. 正确　　B. 错误

**答案**:B

**解析**:教育行政复议申请可以书面形式提出,也可以口头申请提出。书面形式申请应在60日内提出复议申请书。

## 进阶测评

| 限时:20分钟 | 用时:________分钟 | 总题数:21道 | 正确题:________道 |
|---|---|---|---|

**一、单项选择题**

1. 教育法律关系的主体可以分为公民、机构和组织、(　　)

A. 自然人　　B. 法人　　C. 国家　　D. 行为

2. 在我国教育管理实践中,学校对教师的行政处分决定以及学校对学生的处分决定,教师或学生如果不服的,无法通过(　　)获得救济。

A. 教育行政复议　　B. 教育申诉

C. 民事诉讼　　D. 行政诉讼

3.《浙江省中小学校学生人身安全事故预防与处理办法》属于(　　)

A. 教育规章　　B. 地方性教育法规

C. 教育行政法规　　D. 教育单行法律

4. 教师不得随意宣扬学生的缺点,这是因为学生享有(　　)

A. 身心健康权　　B. 人身自由权　　C. 人格尊严权　　D. 隐私权

5.《中华人民共和国教师法》第四条规定:各级人民政府应当采取措施,加强教师的思想政治教育和业务培训,改善教师的工作条件和生活条件,保障教师的合法权益,提高教师的社会地位。全社会都应当尊重教师。根据法律规范的专门职能,本条教育法律规范属于(　　)

A. 原则性规范　　B. 义务性规范

C. 禁止性规范　　D. 授权性规范

6.《中华人民共和国未成年人保护法》规定,处理涉及未成年人事项,应当符合的要求有(　　)

①尊重未成年人的人格尊严

②适应未成年人身心发展的规律和特点

③教育与保护相结合

④听取未成年人的意见

A. ①②③　　B. ①③④　　C. ②③④　　D. ①②③④

7. 学生多次向学校后勤主管李老师反映学生宿舍的热水器总漏水，但李老师置若罔闻，导致几天后多名学生使用热水器时被热水严重烫伤。关于李老师的行为，下列说法正确的是（　　）

A. 属于意外事故，与李老师无关

B. 应该依法追究李老师的刑事责任

C. 应依法追究李老师的民事责任

D. 应该依法追究李老师的行政责任

8. 根据《中华人民共和国教师法》的规定，下列关于教师享有的待遇说法错误的是（　　）

A. 教师享受的医疗待遇与当地国家公务员相同

B. 教师退休或者退职后，享受国家规定的退休或者退职待遇

C. 学前教育教师、中小学教师均享受教龄津贴和其他津贴

D. 县、乡两级人民政府应当为农村中小学教师解决住房提供方便

9. 关于教师资格认定，以下说法正确的是（　　）

A. 中小学教师资格由县级地方人民政府教育行政部门认定

B. 对教师资格认定只能由教育行政部门进行

C. 普通高等学校的教师资格由国务院或者省、自治区、直辖市教育行政部门或者由其委托的学校认定

D. 具备《中华人民共和国教师法》规定的学历或者经国家教师资格考试合格的外籍人士，要求有关部门认定其教师资格的，有关部门应当依照《中华人民共和国教师法》规定的条件予以认定

## 二、多项选择题

1. 以下哪些处罚种类属于教育行政处罚（　　）

A. 警告　　B. 罚款

C. 责令停止招生　　D. 撤销教师资格

2.《中华人民共和国教育法》规定，学校、教师可以对学生家长提供家庭教育指导。这种规范属于（　　）

A. 义务性规范　　B. 强制性规范

C. 任意性规范　　D. 授权性规范

3. 以下教育法律法规处于同一效力等级的有（　　）

A. 教育部颁发的《幼儿园工作规程》

B. 国务院通过的《中华人民共和国民办教育促进法实施条例》

C. 某省人民政府通过的《某省<校车安全管理条例>实施办法》

D. 全国人民代表大会常务委员会通过的《中华人民共和国教师法》

4. 某中学以勤工俭学名义组织学生摘棉花，工作 10 多天，每天超过 10 个小时，不参加的需要向学校交钱。这侵犯了学生的（　　）

A. 隐私权　　B. 受教育权

C. 身体健康权　　　　　　　　　　　　D. 财产权

5. 下列属于学校权利的是(　　)

A. 按照章程自主管理

B. 管理、使用本单位的设施和经费

C. 维护受教育者、教师及其他职工的合法权益

D. 聘任教师及其他职工，实施奖励或者处分

6. 根据《中华人民共和国教育法》规定，下列选项中，关于考生在国家教育考试中，有“非法获取考试试题或者答案；携带或者使用考试作弊器材、资料；抄袭他人答案”等作弊行为的后果，说法正确的有(　　)

A. 由组织考试的教育考试机构工作人员在考试现场采取必要措施予以制止并终止其继续参加考试

B. 组织考试的教育考试机构可以取消其相关考试资格或者考试成绩

C. 情节严重的，由教育行政部门责令停止参加相关国家教育考试一年以上两年以下

D. 构成违反治安管理行为的，由公安机关依法给予治安管理处罚；构成犯罪的，依法追究刑事责任

7. 教师认为当地人民政府有关行政部门侵犯其依据我国《教师法》规定享有的权利的，教师可以向(　　)提出申诉。

A. 同级人民政府　　　　　　　　　　B. 上一级人民政府

C. 同级人民政府有关部门　　　　　　D. 上一级人民政府有关部门

**三、判断题**

1. 在某小学六年级正常的教育教学时间内，教师让没有带教科书的一位学生回家取书，而这位学生在回家的路上发生了交通事故，此事故属于学校直接责任事故。(　　)

A. 正确　　　　　　　　　　　　　　B. 错误

2. 教育局颁发教师资格证书的行为属于教育行政许可。(　　)

A. 正确　　　　　　　　　　　　　　B. 错误

3. 国家实行教科书审定制度，教科书的审定办法是由省级教育行政部门规定的，未经审定的教科书不得出版、选用。(　　)

A. 正确　　　　　　　　　　　　　　B. 错误

4. 根据《学生伤害事故处理办法》的规定，发生学生伤害事故，情形严重的，学校应当及时向主管教育行政部门及有关部门报告；属于重大伤亡事故的，教育行政部门应当按照有关规定及时向当地人民检察院报告。(　　)

A. 正确　　　　　　　　　　　　　　B. 错误

5. 按照我国相关法律规定，凡是受到刑事处罚的，不能取得教师资格；已取得教师资格的，丧失教师资格。(　　)

A. 正确　　　　　　　　　　　　　　B. 错误

## 参考答案及解析

### 一、单项选择题

1. C 【解析】我国教育法律关系的主体可分为三类:**公民(自然人)**、**机构和组织(法人)**、**国家**。

2. A 【解析】教师或学生对学校侵犯其人身权、财产权等合法权益,可以提出申诉或者依法提起诉讼。教育行政复议的申请人只能是教育行政管理相对人(如学校、教师),被申请人只能是做出具体行政行为的**行政机关**。在本题中学校不是行政机关,所以教师或学生无法通过教育行政复议的方式获得救济。

3. A 【解析】教育规章是中央和地方有关**国家行政机关**依照法定权限和程序制定颁布的有关教育的规范性文件,有的称为教育行政规章,包括部门教育规章和地方政府教育规章。《浙江省中小学校学生人身安全事故预防与处理办法》是浙江省人民政府制定的,故属于地方政府教育规章。

4. D 【解析】隐私权是指公民生活中不愿为他人公开或知悉的个人秘密的不可侵犯的人身权利。学校和教师侵犯学生隐私权的表现形式有:故意隐匿、毁弃或者非法开拆学生信件,披露、宣扬学生自身及家庭成员的资料,提供学生成绩的方式不适当等。故教师不能随意宣扬学生缺点是因为学生享有隐私权。

5. A 【解析】原则性规范所表达的教育法律原则是一种具有综合性、稳定性的原理和准则。原则性规范的特点是所确立的行为模式具有抽象性,其操作要求联系具体的教育法律规则来进行。《中华人民共和国教师法》第四条的规定属于原则性规范。

6. D 【解析】《中华人民共和国未成年人保护法》第四条规定,保护未成年人,应当坚持最有利于未成年人的原则。处理涉及未成年人事项,应当符合下列要求:(一)给予未成年人特殊、优先保护;(二)尊重未成年人人格尊严;(三)保护未成年人隐私权和个人信息;(四)适应未成年人身心健康发展的规律和特点;(五)听取未成年人的意见;(六)保护与教育相结合。

7. B 【解析】《中华人民共和国教育法》第七十三条规定,明知校舍或者教育教学设施有危险,而不采取措施,造成人员伤亡或者重大财产损失的,对直接负责的主管人员和其他直接责任人员,依法追究刑事责任。李老师明知热水器漏水而不采取措施,最后导致多名学生被严重烫伤,应该负刑事责任。

8. C 【解析】《中华人民共和国教师法》第二十六条规定,中小学教师和职业学校教师享受教龄津贴和其他津贴,具体办法由国务院教育行政部门会同有关部门制定。所以C项表述错误。

9. C 【解析】《教师资格条例》第十三条规定,受国务院教育行政部门或者省、自治区、直辖市人民政府教育行政部门委托的高等学校,负责认定在本校任职的人员和拟聘人员的高等学校教师资格。在未受国务院教育行政部门或者省、自治区、直辖市人民政府教育行政部门委托的高等学校任职的人员和拟聘人员的高等学校教师资格,按照学校行政隶属关

系，由国务院教育行政部门认定或者由学校所在地的省、自治区、直辖市人民政府教育行政部门认定。所以，C项说法正确。

## 二、多项选择题

1. ABCD 【解析】《教育行政处罚暂行实施办法》第九条规定，教育行政处罚的种类包括：(一)警告；(二)罚款；(三)没收违法所得，没收违法颁发、印制的学历证书、学位证书及其他学业证书；(四)撤销违法举办的学校和其他教育机构；(五)取消颁发学历、学位和其他学业证书的资格；(六)撤销教师资格；(七)停考，停止申请认定资格；(八)责令停止招生；(九)吊销办学许可证；(十)法律、法规规定的其他教育行政处罚。教育行政部门实施上述处罚时，应当责令当事人改正、限期改正违法行为。

2. CD 【解析】按照教育法律规范要求人们行为的性质，可以分为义务性规范和授权性规范；按照法律规范表现的强制性程度，可分为强制性规范和任意性规范。其中，义务性规范强调必须为一定行为或不为某种行为；授权性规范强调有权做出或不做出某种行为；强制性规范强调必须做出或禁止做出某种行为；任意性规范强调可以做出一定行为。题干中强调学校、教师可以对学生家长提供家庭教育指导，这属于有权做出和可以做出的行为，没有要求必须做出该行为，因此属于授权性规范和任意性规范。

3. AC 【解析】A项属于教育部制定的行政部门规章。B项属于国务院制定的行政法规。C项属于省政府制定的省级政府规章，与A项同属行政规章。D项属于全国人大常委会制定的教育单行法律。

4. BCD 【解析】某中学组织学生摘棉花，工作10多天，侵犯了学生的受教育权。每天工作超过10个小时，侵犯了学生的身体健康权。不参加的学生要向学校交钱，侵犯了学生的财产权。

5. ABD 【解析】《中华人民共和国教育法》第二十九条规定，学校及其他教育机构行使下列权利：(一)按照章程自主管理；(二)组织实施教育教学活动；(三)招收学生或者其他受教育者；(四)对受教育者进行学籍管理，实施奖励或者处分；(五)对受教育者颁发相应的学业证书；(六)聘任教师及其他职工，实施奖励或者处分；(七)管理、使用本单位的设施和经费；(八)拒绝任何组织和个人对教育教学活动的非法干涉；(九)法律、法规规定的其他权利。国家保护学校及其他教育机构的合法权益不受侵犯。故A、B、D三项属于学校的权利。C项属于学校的义务。

6. ABD 【解析】《中华人民共和国教育法》第七十九条规定，考生在国家教育考试中有下列行为之一的，由组织考试的教育考试机构工作人员在考试现场采取必要措施予以制止并终止其继续参加考试；组织考试的教育考试机构可以取消其相关考试资格或者考试成绩；情节严重的，由教育行政部门责令停止参加相关国家教育考试一年以上三年以下；构成违反治安管理行为的，由公安机关依法给予治安管理处罚；构成犯罪的，依法追究刑事责任：(一)非法获取考试试题或者答案的；(二)携带或者使用考试作弊器材、资料的；(三)抄袭他人答案的；(四)让他人代替自己参加考试的；(五)其他以不正当手段获得考试成绩的作弊行为。因此，答案选A、B、D三项；C项说法有误，故不选。

7. AD 【解析】《中华人民共和国教师法》第三十九条规定，教师认为当地人民政府有关行政部门侵犯其根据本法规定享有的权利的，可以向同级人民政府或者上一级人民政府有关部门提出申诉，同级人民政府或者上一级人民政府有关部门应当作出处理。

三、判断题

1. B 【解析】与学生本身有关的学校事故，从责任承担方式上，大致可分为学校直接责任事故、学校间接责任事故、学校无责任事故。学校或有关教育人员在教育教学过程中有某些过失，但不直接导致学生受伤害；在正常教育教学时间内，教师随意不准学生进教室上课或让学生中途离校而造成的伤害等都属于间接责任事故。题干表述错误。

2. A 【解析】教育行政许可，即国家教育行政机关根据当事人的申请，经审查赋予其从事培训、教学、研究等活动的权利或资格，并予以注册或批准的行为。教育局颁发教师资格证书的行为属于教育行政许可。

3. B 【解析】《中华人民共和国义务教育法》第三十九条规定，国家实行教科书审定制度。教科书的审定办法由**国务院教育行政部门**规定。未经审定的教科书，不得出版、选用。

4. B 【解析】《学生伤害事故处理办法》第十六条规定，发生学生伤害事故，情形严重的，学校应当及时向主管教育行政部门及有关部门报告；属于重大伤亡事故的，教育行政部门应当按照有关规定及时向同级人民政府和上一级教育行政部门报告。

5. B 【解析】《中华人民共和国教师法》第十四条规定，受到剥夺政治权利或者故意犯罪受到有期徒刑以上刑事处罚的，不能取得教师资格；已经取得教师资格的，丧失教师资格。

# 第四部分　新课程改革

## 错误率：50%以上

### 考点1 ▶ 课程改革的诉求与目标

[2019 **山东·单选**]课程改革的直接诉求和终极目标是(　　)

A. 教学改革　　　　B. 学校文化的重建

C. 评价方式的改革　　　　D. 学习方式的变革

**[考生易错]**D

**[思路分析]**本题有62%的同学易错选D项。考生易将课程改革的“显著特征和核心任务”与“直接诉求和终极目标”弄混。学习方式的转变是新课程改革的显著特征和核心任务。学校文化的重建是课程改革的直接诉求和终极目标。考生可抓住关键词进行区分：学习方式——核心任务；学校文化——终极目标。

**[正确答案]**B

**变式练习**

**[判断]**学习方式的转变是新课程改革的直接诉求和终极目标。(　　)

A. 正确　　　　B. 错误

**答案**：B

**解析**：学习方式的转变是新课程改革的显著特征和核心任务。学校文化的重建是课程改革的直接诉求和终极目标。

### 考点2 ▶ 新课程改革的基本理念

[2017 **天津·多选**]基础教育课程改革必须要做到恢复个人在知识生成中的合法身份。下列选项体现这一理念的有(　　)

A. 确立新型的知识观　　　　B. 抛锚式教学

C. 倡导个性化的知识生成方式　　　　D. 构建发展性的评价模式

**[考生易错]**ABCD

**[思路分析]**本题有53%的同学易错选B项。考生易将新课程改革的基本理念弄混。新课程改革的基本理念是：走出知识传授的目标取向，确立培养“整体的人”的课程目标(“整体的人”包括两层含义：人的完整性和生活的完整性)；破除书本知识的桎梏，构筑具有生活意义的课程内容；摆脱被知识奴役的处境，恢复个体在知识生成中的合法身份；改变学校个性缺失的现实，创建富有个性的学校文化。其中，基础教育课程改革必须恢复个人在知识建构中的合法身份，这一努力可体现在：(1)确立新型的知识观；(2)倡导个性化的知识生成方式；(3)构建发展性的评价模式。

**[正确答案]**ACD

变式练习

[填空]新课程改革的基本理念之一是:走出知识传授的目标取向,确立培养“整体的人”的课程目标。其中,“整体的人”包括________和________两层含义。

**答案:**人的完整性　生活的完整性

## 考点3 教学改革

[2019 河北·单选]我国当前教学改革的重心是(　　)

A. 教学改革和实验　　B. 建立合理的课程结构

C. 实施素质教育　　D. 个性发展

**[考生易错]**C

**[思路分析]**本题有54%的同学易错选C项。考生易将教学改革的发展趋势弄混。纵观各个改革方针及主流的言论,可将我国当前教学改革的发展趋势综合为:(1)实施素质教育——我国当前教学改革的主题;(2)坚持整体教学改革和实验——我国当前教学改革的基本策略;(3)建立合理的课程结构——我国当前教学改革的重心;(4)实施科学的教学评价。考生可采用关键词对应法来识记这些知识点:“主题”对应“素质教育”,“基本策略”对应“改革和实验”,“重心”对应“课程结构”。

**[正确答案]**B

变式练习

[单选]我国当前教学改革的主题是(　　)

A. 实施素质教育　　B. 建立合理的课程结构

C. 实施科学的教学评价　　D. 开展教学改革和实验

**答案:**A

**解析:**实施素质教育是我国当前教学改革的主题。

## 考点4 新课程倡导的教师角色

[2018 吉林·判断]根据最新的教育理念与理论发展趋势,以及新课程改革对教师提出的新要求,现代教师应扮演好“蜡烛”角色、“园丁”角色、“一桶水”角色。(　　)

A. 正确　　B. 错误

**[考生易错]**A

**[思路分析]**本题有53%的同学易将题干内容判断为正确。考生易对教师角色定位理解不透彻。新课程改革要求教师成为学生学习的促进者、教育教学的研究者、课程的建设者和开发者、社区型开放教师。传统的教师观念认为教师是蜡烛、园丁、一桶水的角色。这种说法在现代教育理论观念下有失偏颇。首先,“蜡烛”角色,体现了教师的奉献精神,但蜡烛的光是十分有限的,只能照亮学生的一部分;有时甚至限制学生的发展,因为它的光太微弱。其次,“园丁”角色,一方面没有充分肯定教师的形成性作用,另一方面也没有意识到教师的作用其实是十分有限的。最后,“一桶水”角色,从教育理念上看,“桶论”强调教师和学生之间的知识传授过程是“灌输式”的,而且这种灌输是从上往下“倒”的姿势。根据以上观点,“蜡烛”角色、“园丁”角色、“一桶水”角色并不适合新课程改革对教师提出的新要求。

**[正确答案]**B

**变式练习**

**[判断]**从教学与研究的关系看,新课改要求教师应该是课程的建设者。(　　)

A. 正确　　B. 错误

**答案:**B

**解析:**从教学与研究的关系看,教师是教育教学的研究者;从教学与课程的关系看,教师是课程的开发者和建设者。故题干说法错误。

## 考点5 现代学习方式的特征

[2018 **河南·单选**]新课程改革所倡导的现代学习方式的核心特征是(　　)

A. 体验性　　B. 交互性　　C. 独立性　　D. 主动性

**[考生易错]**D

**[思路分析]**本题有34%的同学易错选D项。考生易将现代学习方式的首要特征与核心特征弄混。现代学习方式的首要特征是主动性,核心特征是独立性。考生在识记此内容时,可将重要的词语如"核心""首要"等用记号笔着重标记出来,以方便区分记忆。

**[正确答案]**C

**变式练习**

1. **[单选]**现代学习方式的首要特征是(　　)

A. 体验性　　B. 独立性　　C. 独特性　　D. 主动性

**答案:**D

**解析:**主动性是现代学习方式的首要特征,它对应于传统学习方式的被动性。

2. **[多选]**现代学习方式的基本特点是(　　)

A. 独特性　　B. 主动性　　C. 体验性　　D. 全面性

**答案:**ABC

**解析:**现代学习方式的基本特征有:主动性、独立性、**独特性**、体验性、**问题性**。

3. **[判断]**通过问题进行学习,通过学习生成问题,这是现代教育的基本特征之一。(　　)

A. 正确　　B. 错误

**答案:**B

**解析:**现代学习方式的基本特征之一是问题性。现代学习方式特别强调问题在学习活动中的重要性。一方面强调通过问题进行学习;另一方面通过学习来**生成问题**。应该说,"通过问题进行学习,通过学习生成问题,这是现代学习方式的基本特征之一"。题干所述"现代教育"有误。

## 考点6 综合实践活动的性质

[2019 **山东·多选**]综合实践活动是一门综合性课程,主要包括(　　)

A. 内容综合　　B. 教学综合　　C. 学习方式综合　　D. 活动时空综合

**[考生易错]**ABCD

**[思路分析]**本题有64%的同学易错选B项。考生易对"综合实践活动的性质"理解不透彻。综合实践活动的性质包括:(1)相对于学科课程而言,综合实践活动是一门经验性课程,不存在内在的知识逻辑和知识体系,是按主题的形式来展开设计的。(2)相对于分科课

程而言,综合实践活动是一门综合性课程,包括内容综合、学习方式综合和活动时空综合三个方面。(3)综合实践活动还是一门实践性课程,强调对学生实践能力的培养。(4)综合实践活动是三级管理的课程。

[正确答案]ACD

变式练习

1.[多选]综合实践活动是面向学生完整的生活领域,为学生提供开放的个性发展空间,注重学生的亲身体验和积极实践,促进学习方式的变革的一种课程。该课程的性质是(　　)

A. 相对于学科课程,它是一门经验性课程

B. 相对于分科课程,它是一门综合性课程

C. 是一门实践与理论相融合的课程

D. 是三级管理的课程

**答案:**ABD

**解析:**综合实践活动的性质主要有:(1)相对于学科课程而言,综合实践活动是一门**经验性课程**,不存在内在的知识逻辑和知识体系,按主题的形式来展开设计的;(2)相对于分科课程而言,综合实践活动是一门**综合性课程**,包括内容综合、学习方式综合和活动时空综合三个方面;(3)综合实践活动还是一门**实践性课程**,强调对学生实践能力的培养;(4)综合实践活动课程是**三级管理**的课程。

2.[判断]接受学习与体验学习结合,自主学习与合作学习结合体现的是学习方式的综合。(　　)

A. 正确　　　　B. 错误

**答案:**A

**解析:**内容综合注重学科之间彼此关联、补充。活动时空综合强调改变传统学习空间封闭的状况,与社会、生活、自然广泛联系。学习方式综合强调多种学习方式的运用。

## 错误率:75%以上

### 考点1 ▶新课程改革背景下师生关系的变化

[2019 河南·判断]在新课改背景下,教师与学生的关系要由传统的以教师为中心转变为以学生为中心。(　　)

A. 正确　　　　B. 错误

**[考生易错]**A

**[思路分析]**本题有94%的同学易将题干内容判断为正确。考生易对新课程改革背景下的师生关系理解不透彻。新课程改革要求建立一种"对话·互动"式的新型师生关系。对话是通过语言形式所进行的交流,它是主体之间的交流;互动则是主体之间的相互作用,它具有交互性特征。新型民主平等的师生关系在理念层面上要求教师与学生确立"我与你"的关系,即摒弃传统主体与客体的对立、"我与他"的师生关系,走向主体与主体对话、"我与你"的师生关系。新课程观改革强调的不是"教师中心"或"学生中心",而是双主体、双中心。

[正确答案]B

**变式练习**

1. [**单选**]新课程改革提倡构建新型的师生关系，具有现代师生关系特征的模式是(　　)

A. 合作模式　　B. 权威模式

C. 管理模式　　D. 授受模式

**答案**：A

**解析**：新课程倡导的师生关系是**合作伙伴关系**，故新课程中具有现代师生关系特征的模式是**合作模式**。

2. [**多选**]新课程改革所倡导的师生关系，应该是(　　)

A. 民主的　　B. 平等的

C. 对话的　　D. 互动的

**答案**：ABCD

**解析**：新课程改革给教师角色的定位是“平等中的首席”，因此，教师要转变角色和行为，与学生建立新型的民主、平等的师生关系。故新课改所倡导的师生关系应该是民主的、平等的。此外，《基础教育课程改革纲要(试行)》指出：教师在教学过程中应与学生积极互动，共同发展。可见，“对话・互动”已成为新课程实施的基本原则，是师生之间要形成的新型关系。对话就是通过语言形式所进行的交流，它与权威式的“告诉”或“灌输”不一样，它是主体之间的交流；互动则是主体之间的相互作用，它具有交互性特征。故新课改所倡导的师生关系也是对话的、互动的。故ABCD四项均正确。

**考点2 研究性学习**

[2019 **内蒙古・单选**]学科中的研究性学习与研究性学习课程的终极目的是(　　)

A. 形成研究性学习的学习方式

B. 促进学生的个性健康发展

C. 强调学科内容的归纳和整合

D. 注重研究生活中的重大问题

[**考生易错**]A

[**思路分析**]本题有61%的同学易错选A项。考生易将作为学习方式的“研究性学习”与作为课程的“研究性学习”弄混。作为一种学习方式，“研究性学习”是指教师不把现成结论告诉学生，而是学生自己在教师指导下自主地发现问题、探究问题、获得结论的过程。作为一种学习方式，“研究性学习”是渗透于学生的所有学科、所有活动之中的。作为一种课程形态，“研究性学习”课程是为“研究性学习方式”的充分展开所提供的相对独立的、有计划的学习机会。具体来说，是在课程计划中规定一定的课时数，以更有利于学生从事“在教师指导下，从学习生活中和社会生活中选择和确定研究专题，主动地获取知识、应用知识、解决问题的学习活动”。

学科中的研究性学习与相对独立的研究性学习课程具有内在联系：二者都强调研究性学习这种学习方式；二者的终极目的都指向学生的个性发展，尽管直接目的有别。

[**正确答案**]B

**变式练习**

[**单选**]下列关于作为学习方式的“研究性学习”与作为课程的“研究性学习”二者关系的描述,有误的是(　　)

A. 作为一种学习方式,“研究性学习”是指教师不把现成结论告诉学生,而是学生自己在教师指导下自主地发现问题、探究问题、获得结论的过程

B. 作为一种课程形态,“研究性学习”课程是为“研究性学习”方式的充分展开所提供的相对独立的、有计划的学习机会

C. 各门学科有效渗透了“研究性学习”方式,就不必设置“研究性学习”课程

D. 作为一种课程形态,“研究性学习”是在课程计划中规定一定的课时数,以更有利于学生从事“在教师指导下,从学习生活和社会生活中选择和确定研究专题,主动地获取知识的学习活动”

**答案**:C

**解析**:为使“研究性学习”方式尽快深入人心,有必要设置专门的“研究性学习”课程。再者,即使各门学科有效渗透了“研究性学习”方式,也有必要设置“研究性学习”课程。故C项错误。

## 进阶测评

| 限时:30分钟 | 用时:________分钟 | 总题数:32道 | 正确题:________道 |
| --- | --- | --- | --- |

**一、单项选择题**

1. 我国新一轮基础教育课程改革中,决定改革成败的关键环节是(　　)

A. 课程标准　　B. 课程计划

C. 课程实施　　D. 课程评价

2. 学生在开展以“保护绿水青山”为主题的综合实践活动过程中,自己选择指导老师,自己查阅资料、确定活动方案,自己呈现活动结果。这体现了综合实践活动的(　　)

A. 综合性　　B. 开放性　　C. 自主性　　D. 实践性

3. 李老师是小学五年级某班的语文老师兼班主任,他认为学生的学习时间很紧张,因此总是占用体育课给学生补习语文。李老师虽然是出于好心,但是其做法违背了新课改的(　　)原则。

A. 稳定性　　B. 选择性　　C. 综合性　　D. 均衡性

4. 综合实践活动课程是基础教育课程体系的重要组成部分,下列有关认识错误的是(　　)

A. 综合实践活动课程面向学生的整个生活世界,具体活动内容具有开放性

B. 可将优秀传统文化教育、心理健康教育、环境教育、法治教育等转化为学生感兴趣的综合实践活动主题

C. 中小学校是综合实践活动课程规划的主体,要依据学生发展状况、学校特色、可利用的社区资源进行统筹考虑

D. 学生在综合实践活动中所发现的问题要在相关学科教学中分析解决，应探索用学科实践活动取代综合实践活动

5. 在教学中，陈老师注重研究学生，了解他们学习的过程；同时，作为学习的同伴与学生共同进行意义的理解建构，共同解决问题。陈老师扮演的角色是（　　）

A. 信息源　　B. 反思者与研究者

C. 终身学习者　　D. 平等中的首席

6. 课程变革可以在课程内涵的丰富、课程理念的演进和（　　）三个层面上展开。

A. 教材的更新　　B. 教师的发展

C. 学生的选择　　D. 课程制度的变迁

7. 新课程课堂教学要真正体现以学生为主体、以（　　）为本，就必须对传统的课堂教学评价进行改革，体现以学生的“学”来评价教师“教”的“以学论教”的评价思想。

A. 学生发展　　B. 学生心理

C. 学生人格　　D. 学生情绪

8. 教育改革的核心内容是（　　）

A. 教育质量　　B. 终身教育

C. 教育公平　　D. 课程改革

9. 综合实践活动是由国家设置、地方和学校根据实际开发的课程领域，它体现了（　　）管理制度的特征和功能，因而是最能体现学校特色、满足学生个性差异的发展性课程。

A. 一级课程　　B. 二级课程　　C. 三级课程　　D. 四级课程

10. 以下哪一项是我国课程内容改革的发展趋势（　　）

A. 实现学科课程知识与个人知识的内在整合

B. 实现国家课程、地方课程与校本课程的整合

C. 实现超越目标取向，走向过程取向和主体取向

D. 实现超越忠实取向，走向相互适应取向和课程创生取向

11. 下列不属于研究性学习形式的是（　　）

A. 项目式学习　　B. 情景学习

C. 发现式学习　　D. 服务性学习

## 二、多项选择题

1. 我国基础教育课程改革的整体趋势是（　　）

A. 科学性与人文性融合　　B. 个性化与多样化交织

C. 分层推进，加快过渡　　D. 从“双基”到“四基”

2. 课程的多样化主要指（　　）

A. 课程需要反映不同地区的发展要求

B. 课程需要反映不同阶层的利益需求

C. 课程需要反映不同学生个人的发展诉求

D. 课程需要反映国家的核心价值

3. 认识当代课程教学的新变化与新理念，对于教师按照时代要求，积极转变教学行为，有效开展教学活动具有重要意义。新课程指导下的教学行为转变主要包括(　　)

A. 教师角色行为的转变　　B. 教学准备行为的转变

C. 教学实施行为的转变　　D. 教学评价行为的转变

4. 教师在教学中作为促进者的角色的特征包括(　　)

A. 积极地旁观　　B. 给学生心理支持

C. 知识传播　　D. 帮学生培养自律能力

5. 下列选项中关于新课改中“学生学习方式转变”的观点，描述正确的有(　　)

A. 学习方式的转变是本次课程改革的核心任务

B. 学习方式的转变是本次课程改革的显著特征

C. 学习方式的转变将会引起思维方式、生活方式甚至生存方式的转变

D. 教学方式的转变最终都要落实到学生学习方式的转变上

6. 新课改在培养学生能力方面倡导(　　)

A. 培养学生主动参与、乐于探究、勤于动手

B. 培养学生搜集和处理信息的能力，获取新知识的能力

C. 培养学生分析、解决问题的能力和交流合作能力

D. 辩证思维和独立研究的能力

7. 下列符合我国新课程改革倡导的课程观的有(　　)

A. 由专制走向民主

B. 由封闭走向开放

C. 由教师开发走向专家研制

D. 由学生经验走向学科内容

8.《鹬蚌相争》是一则寓言，它用一个小故事生动地说明：如果双方相互争斗，就会两败俱伤，让第三者得到好处。课文不长，但三年级学生要真正理解其“寓意”有一定难度，如果处理不好，很可能会让学生读完后兴味索然，机械地谈寓意。由此教师在设计和实施这节课时，让学生自主质疑、合作朗读、角色扮演，从而培养了学生的参与热情与学习兴趣，从“小故事”中体会了“大道理”。从现代学习方式的基本特征分析，上述材料中的教师注重了现代学习方式的(　　)

A. 主动性　　B. 开放性

C. 体验性　　D. 问题性

9. 下列内容适合组织学生合作学习的是(　　)

A. 教学内容的重点和难点处　　B. 教学内容的易混淆处

C. 规律的探索处　　D. 思维的发散处

10. 下列选项符合新课改精神的是(　　)

A. 彰显教学相长的师生关系　　B. 唤起教学活动的目标意识

C. 呈现创造性的教学过程　　D. 鼓励学生参与教学

11. 下列属于综合实践活动课程的有(　　)

A. 组织学生到校园里调查植物种类和数量,撰写调查报告

B. 组织学生参加社区公益活动,帮助孤寡老人

C. 组织学生在体育课上进行篮球比赛

D. 组织学生到富士康参观学习

12. 在上科学课《指南针》时,肖老师不再使用讲授的方式,而是让学生观察指南针的结构和特点。学生边观察边记录,十分投入。交流成果时,学生纷纷发表自己的看法。这时,肖老师发现小彤欲言又止,显得有些紧张,就鼓励她说:“你记录了这么多,说说你的看法吧。”小彤回答时只讲了一点。肖老师问道:“怎么只讲了一点呢?”小彤说:“其他同学讲到的,我就没有重复,只是做了补充。”肖老师说:“非常好!”接着,学生进行小组探究,了解了指南针的结构和特点。下课时,肖老师对学生的探究活动进行了总结,并表扬了同学们认真学习的态度。依据新课程的基本理念,材料中肖老师的教学值得肯定的有(　　)

A. 注重学习方式的转变　　B. 创建富有个性的学校文化

C. 促进学生个体对知识的建构　　D. 通过鼓励帮助学生建立自信

13. 某班级按学校要求开展以“社区存在的问题”为主题的实践活动。调研之前,学生自由组成调查小组,设计调查问卷。进入社区之后,学生很难发现社区存在的问题,教师知道后,提议学生上网查阅资料。之后,每个学生依据自己的兴趣爱好,制定调查方案,再次深入社区,找到了社区存在的问题并撰写了调查报告。从综合实践活动的角度分析,该材料说明了(　　)

A. 综合实践活动以发展学生实践能力、增强社会责任感为主旨

B. 综合实践活动是一门分科课程

C. 综合实践活动尊重每个学生的特殊要求

D. 综合实践活动注重学生经验的获得

14. 当前,我国基础教育课程改革倡导学习方式的转变,强调学生要(　　)

A. 自主学习　　B. 合作学习　　C. 在线学习　　D. 探究学习

15. 新课程改革以(　　)为主要理论基础。

A. 建构主义的学习理论　　B. 多元智力理论

C. 自然主义理论　　D. 实践主义理论

16. 新课程改革的指导思想之一就是“教学是教与学的交往、互动,师生双方互相交流、相互沟通、相互启发、相互补充,达成共识、共享、共进,实现教学相长和共同发展。”可见,在新课改中(　　)

A. 师生关系是一种交流互动和融和的关系

B. 教师与学生将组成一个“学习共同体”

C. 课程都是师生共同活动而生成的

D. 师生关系是开放的,教师可以转化为学生,学生也可以转化为教师

三、判断题

1. 有些地方推行 STEAM、创客教育、研学旅行等课程,引导学生走出校门、走向社会,在真实、多元、跨学科的社会生活情境中学习。这些课程更突显理论性和实践性。( )

A. 正确　　B. 错误

2. 在现代语境下,教师的角色发生了深刻转变。促使其转变的原因之一是网络时代消解了教师的权威。( )

A. 正确　　B. 错误

3. 回归生活是新课程改革的必然归属。( )

A. 正确　　B. 错误

4. 综合实践活动是现代教育中的个性内容、体验内容和反思内容,与传统教育片面追求教育个体的发展、共性和知识有所不同,综合实践活动提供了一个相对独立的学习生态化空间。在这个生态化空间里,教师既是主导者,又是旁观者。( )

A. 正确　　B. 错误

5. 新课程倡导的学习方式是自主学习、合作学习和探究学习,主张抛弃接受学习。( )

A. 正确　　B. 错误

## 参考答案及解析

一、单项选择题

1. D 【解析】课程评价在课程改革中起着**导向与质量监控**的重要作用,是课程改革成败的**关键环节**。

2. C 【解析】综合实践活动的特点包括:(1)整体性(综合性);(2)实践性;(3)开放性;(4)生成性;(5)自主性。其中,自主性是指综合实践活动充分尊重学生的兴趣、爱好,为学生自主性的充分发挥开辟了广阔的空间。学生自己选择学习的目标、内容、方式及指导教师,自己决定活动结果呈现的形式,指导教师只对其进行必要的指导,不包揽学生的工作。根据题干所述,学生在综合实践活动过程中自己选择老师,自己查阅资料、确定活动方案,自己呈现活动结果,这体现了综合实践活动的自主性。故本题选 C 项。

3. D 【解析】题干中的李老师"占用体育课给学生补习语文",不利于学生全面和谐发展,违背了新课改的**均衡性**原则。

4. D 【解析】根据《中小学综合实践活动课程指导纲要》的规定,学生在综合实践活动中所发现的问题要在相关学科教学中分析解决,所获得的知识要在相关学科教学中**拓展加深**。防止用学科实践活动取代综合实践活动。D 项认识有误。

5. D 【解析】教师要在教学中扮演**平等中的首席**这一角色,即教师要善于观察理解学生,甚至应研究学生,了解他们的需要、学习特点和个性特征,了解他们学习的过程,理解他们在学习中犯各种错误的原因,从而在教学中与学生很好地配合和合作,同时,教师要作为学

习的同伴与学生共同进行意义的**理解建构**，共同解决问题。

6. D 【解析】课程变革可以在三个层面上展开：课程内涵的丰富、课程理念的演进和课程制度的变迁。

7. A 【解析】新课程课堂教学要真正体现以学生为主体、以学生发展为本，就必须对传统的课堂教学评价进行改革，体现以学生的“学”来评价教师“教”的“**以学论教**”的评价思想，强调以学生在课堂教学中呈现的状态为参照来评价课堂教学质量。

8. D 【解析】课程在学校教育中处于核心地位，教育的目标、价值主要通过课程来体现和实施，因此，课程改革是教育改革的核心内容。

9. C 【解析】由题干“综合实践活动是由国家设置、地方和学校根据实际开发的课程领域”可知，综合实践活动具有**三级课程管理制度**的特征和功能。

10. A 【解析】新课程改革的方向是：(1)提升课程改革的理念水平和理论品位；(2)在课程政策上，要实现国家课程、地方课程与校本课程的整合；(3)在课程内容上，要实现学科知识与个人知识的内在整合；(4)在课程结构上，要更新课程种类，恰当处理必修课程与选修课程的关系，努力实现课程的综合化；(5)在课程实施上，要超越忠实取向，走向相互适应取向和课程创生取向；(6)在课程评价上，要超越目标取向的评价，走向过程取向和主体取向的评价。

11. B 【解析】面对丰富多彩的问题，人们开发与创新了丰富多彩的研究性学习形式，不仅采用已有的研讨班、研究小组、发现学习、探究学习、项目式学习和问题式学习等，而且创用了多样化的新型学习方式，如发现式学习、服务性学习、合作活动学习、网络学习、混元学习以及研究实践等。

**二、多项选择题**

1. ABD 【解析】基础教育课程改革的发展趋势主要有：(1)以学生发展为本、促进学生全面发展与培养个性相结合；(2)稳定并加强基础教育(课程的社会化、生活化和能力化，加强实践性，由“双基”到“四基”)；(3)加强道德教育和人文教育，促进课程科学性与人文性融合；(4)加强课程综合化；(5)课程与现代信息技术相结合，加强课程个性化和多样化；(6)课程法制化。

2. ABC 【解析】课程的**多样化**主要指：(1)课程应当广泛反映不同地区的不同经济社会发展的要求；(2)反映不同民族、阶级、阶层、群体的不同文化、利益与需求；(3)反映不同学生个人的**个性发展**的选择与诉求。简言之，要反映各方面的多样化需求。

3. ABCD 【解析】新课程理念下课堂教学行为的转变包括：(1)教师角色行为的转变；(2)教学准备行为的转变；(3)教学实施行为的转变；(4)教学评价行为的转变。

4. ABD 【解析】教师作为“**促进者**”，其角色的特点包括：(1)积极地旁观；(2)给学生心理上的支持，创造良好的学习气氛；(3)注重培养学生的自律能力。

5. ABCD 【解析】就教与学的关系而言，教师教育观念、教学方式的转变最终都要落实到学生学习方式的转变上。因此，学习方式转变被看成是本次课程改革的**显著特征**和**核心任务**。学生学习方式的转变具有极其重要的意义，这是因为学习方式的转变将会牵引出思维方式、生活方式甚至生存方式的转变。所以 A、B、C、D 四项均正确。

6. ABC 【解析】新课改要求改变课程实施过于强调接受学习、死记硬背、机械训练的现状，倡导学生**主动参与、乐于探究、勤于动手**，培养学生搜集和处理信息的能力、获取新知识的能力、分析和解决问题的能力以及交流与合作的能力。

7. AB 【解析】当课程由"专制"走向民主，由封闭走向开放，由专家研制走向教师开发，由学科内容走向学生经验的时候，课程就不只是"文本课程"（教学计划、教学大纲、教科书等文件），而更是"**体验课程**"（被教师与学生实实在在地体验到、感受到、领悟到、思考到的课程）。

8. ACD 【解析】现代学习方式的基本特征有：主动性、独立性、独特性、体验性、问题性。材料中的教师让学生通过自主质疑、合作朗读、角色扮演等方式进行课文学习，注重了主动性、问题性和体验性。B 项不属于现代学习方式的特征。

9. ABCD 【解析】可以组织学生合作学习的情况主要有以下几种：(1) 在教学内容的重点和难点处；(2) 在教学内容的易混淆处；(3) 在思维的交锋处；(4) 在思维的发散处；(5) 在规律的探索处。

10. ABCD 【解析】新课程倡导交往与互动、开放与生成的教学观，强调学生的主体性，鼓励学生参与教学，鼓励教师积极开发课程，呈现创造性的教学过程。教学不只是教师教学生学的过程，更是师生交往、积极互动、共同发展的过程，是教学相长的过程。树立"**用教材教，而不是教教材**"的观念，唤起教学活动的"目标"意识，反对"教总比不教好，教多总比教少好，教得越多越好"的经验主义做法。

11. ABD 【解析】综合实践活动课程的内容主要包括：信息技术教育、研究性学习、社区服务与社会实践以及劳动与技术教育。A 项属于研究性学习，B 项属于社区服务，D 项属于社会实践。C 项属于体育活动，不属于综合实践活动课程。故本题选 A、B、D 项。

12. ACD 【解析】材料中，肖老师改变往日讲授的方式，让学生通过观察、记录、交流的方式进行学习，体现了对自主学习和探究学习的运用，说明肖老师注重学习方式的转变，故 A 项正确。学生边观察边记录，并纷纷发表自己的看法，进行小组探究，最后由肖老师进行总结，说明肖老师注重促进学生个体对知识的建构，故 C 项正确。在交流成果时，肖老师发现小彤欲言又止，便鼓励她发表自己的看法，并对她的回答进行肯定性评价，说明肖老师注重通过鼓励来帮助学生建立自信，故 D 项正确。B 项材料中未体现。

13. ACD 【解析】相对于分科课程而言，综合实践活动是一门综合性课程，包括内容综合、学习方式综合和活动时空综合三个方面。因此，B 项错误。

14. ABD 【解析】新课程倡导的学习方式：**自主**学习、**探究**学习、**合作**学习。

15. AB 【解析】影响基础教育改革的理论、理念非常庞杂，有些理论主要影响着基础教育的宏观改革，如人力资本理论、终身教育思潮、全民教育思潮等，而有些理论却对基础教育改革的微观领域影响较大，如人本主义教育理念、建构主义教育理念、多元智力理论等。

16. AB 【解析】新课程强调教学是教与学的交往、互动，师生双方相互交流、相互沟通，在这个过程中，教师与学生分享彼此的思考、经验和知识，交流彼此的情感、体验与观念，丰富

教学内容，求得新的发现，从而达成共识、共享、共进，实现教学相长和共同发展，彼此形成一个真正的“学习共同体”。

**三、判断题**

1. B　**【解析】**STEAM、创客教育、研学旅行等课程，引导学生走出校门、走向社会，在真实、多元、跨学科的社会生活情境中学习。这些课程更突显**综合性**和实践性。

2. A　**【解析】**教师角色转变的原因包括：(1)终身教育的要求；(2)网络时代教师权威的消解；(3)知识观的变迁；(4)我国新课程改革的需要。所以题干表述正确。

3. A　**【解析】**回归生活是新课程改革的必然归属。回归生活意味着要培养在生活世界中会生存的人。

4. B　**【解析】**综合实践活动是现代教育中的个性内容、体验内容和反思内容，与传统教育片面追求教育个体的发展、共性和知识有所不同，综合实践活动提供了一个相对独立的学习生态化空间，学生是这个空间的主导者，学生具有整个活动绝对的支配权和主导权，能够以自我和团队为中心，推动活动的进行。教师在综合实践活动中，只是一个引导者、指导者和旁观者。

5. B　**【解析】**新课程倡导的学习方式有自主学习、探究学习、合作学习。接受学习有其自身的优点，新课程改革要求改变课程实施过程中**过于强调**接受学习的现状，但不是要抛弃接受学习。

# 第五部分 教师职业道德

## 错误率：50%以上

### 考点1 教师职业道德的价值蕴含

**[2020 河南·单选]** 教师职业道德确立和保护了学生作为个性的人的价值和精神的独立，从而促使学生的发展既符合社会需求又满足个体需求。这体现了教师职业道德具有(　　)

A. 教育价值　　B. 伦理价值　　C. 文化价值　　D. 社会价值

**[考生易错]** A或D

**[思路分析]** 本题有40%的同学易错选A项、30%的同学易错选D项。考生易将教师职业道德的“教育价值”与“伦理价值”弄混。教师职业道德具有教育价值、文化价值、伦理价值。教育价值是指，教师是从事教育工作的人，其职业道德的教育价值是客观存在的。教师职业道德对社会成员也具有教育价值。同时，教师职业道德所含有的教育价值也体现在它对教师自身的教育中。伦理价值是指，在教育过程中，教师职业道德具体表现为热爱学生、尊重学生的人格、培养学生的思想品德、增进学生的健康、挖掘学生的潜力、陶冶学生的情操、锻炼学生的意志、发展学生的个性……所有这些，确立和保护了学生作为个性的人的价值和精神的独立，从而促使他们的发展既符合社会的需要，又满足个体的需要；既符合道德的原则，又符合学生身心成长规律的要求。从这个意义上讲，教师职业道德具有明显的伦理价值。

**[正确答案]** B

**变式练习**

1. **[单选]** 与其他的职业道德相比，师德具有的特殊价值是(　　)

A. 经济价值　　B. 伦理道德价值

C. 规范性价值　　D. 激励性价值

**答案：** B

**解析：** 师德的伦理价值是由教师职业劳动的特殊性决定的。从劳动对象角度看，学校教育是以**向师性**和**模仿性**强的未成年人为对象的。没有伦理道德参与的教育过程，就不能成为真正的教育过程。师德是教育伦理价值的集中体现，因为与其他的职业道德相比，师德具有特殊价值——伦理道德价值。

**2.［单选］**教师职业道德既是一种行为规范，又是一种独特的社会存在，反映着教育对自身文明和社会文明的系统思考和追求，这体现了教师职业道德的（　　）

A. 文化价值　　B. 教育价值　　C. 伦理价值　　D. 人文价值

**答案：**A

**解析：**教师职业道德的文化价值表现在，教师职业道德既是一种**行为规范**，又是一种**文化现象**。它的发展，不仅仅是提出一定的职业道德规范或根据社会及教育的实际变化更新教师职业道德，同时总是伴随着对这些规范的理论解释，它反映着教育对自身文明和社会文明的系统思考和追寻，体现出浓郁而又独特的**文化意蕴**，进而使教师职业道德不仅呈现出一种独特的规范存在，也体现出一种独特的文化存在。

**考点2 ▶教师职业道德的功能**

［2020 山东·单选］教师职业道德最基本的社会作用是（　　）

A. 对教育对象的教育功能　　B. 对教师工作的促进功能

C. 对社会文明的示范功能　　D. 对教师修养的引导功能

**［考生易错］**A 或 C

**［思路分析］**本题有35%的同学易错选A项、28%的同学易错选C项。考生易将教师职业道德功能弄混。教师职业道德的功能包括：(1)对教师工作的促进功能；(2)对教育对象的教育功能；(3)对社会文明的示范功能；(4)对教师修养的引导功能。其中，教师职业道德对教师工作的促进功能是教师职业道德最基本的社会作用。

对教师工作的促进功能具体指：教师职业道德相对于学校的规章制度、教育计划、教学大纲等，能够更灵活、更有效，时时处处地指导、调节与监督教师的教育行为。教师职业道德能够通过激发动力、评价优劣、调节行为来处理和调节各种利益关系，保证教师教学工作的顺利开展和教育任务的圆满完成。因此，这是教师职业道德最基本的社会作用。

**［正确答案］**B

**变式练习**

**1.［单选］**孔子曰："其身正，不令而行；其身不正，虽令不从。"这句话揭示了教师职业道德对教育对象具有（　　）功能。

A. 促进　　B. 示范　　C. 引导　　D. 教育

**答案：**D

**解析：**"其身正，不令而行；其身不正，虽令不从"强调了行为示范的重要性。教师职业道德对教育对象的教育功能体现在教师职业行为的示范性特点上。故题干所述揭示了教师职业道德对教育对象具有教育功能。

**2.［判断］**教师职业道德的功能可以直接或间接地以各种方式体现在社会生活的各个方面上，这就是它对社会文明的示范功能。（　　）

A. 正确　　B. 错误

**答案：**A

**解析：**教师职业道德对社会文明的示范功能通过三种途径表现出来：(1)通过培养学生的**优良品德**而影响社会道德；(2)通过教师参加各种**社会活动**而影响社会道德；(3)通过教师的家庭生活和社会生活，促进社会主义**新型人际关系**的建立和发展。这些都直接或间接地以各种方式体现在社会生活的各个方面，促进文明之花处处开。

考点3 ▶教师职业良心

[2020 山东·判断]教师职业良心的形成首先会受到教师职业道德基本原则的影响。(　　)

A. 正确　　B. 错误

**[考生易错]**A

**[思路分析]**本题有68%的同学易将题干内容判断为正确。考生易对"教师职业良心"的概念理解不透彻。所谓教师职业良心,就是教师在对学生、学生家长、同事以及对社会、学校、职业履行义务的过程中所形成的特殊道德责任感和道德自我评价能力。因此,从教师个体职业良心形成的角度看,教师的职业良心首先会受到社会生活和群体的影响。

**[正确答案]**B

**变式练习**

**[多选]**从教师个体职业良心形成的角度看,教师的职业良心首先会受到________和________的影响。(　　)

A. 社会舆论　　B. 社会生活　　C. 群体　　D. 内心信念

**答案:**BC

**解析:**从教师个体职业良心形成的角度看,教师的职业良心首先会受到社会生活和群体的影响。

考点4 ▶教师公正

[2017 河南·多选]教师公正对学生的学习积极性发挥十分重要,这一重要性体现在(　　)

A. 对学生心理　　B. 对学生生理

C. 对学生个体　　D. 对学生集体

**[考生易错]**ACD

**[思路分析]**本题有65%的同学易错选A项。考生易对教师公正对学生学习积极性的重要性理解不透彻。教师公正是指教师在教育职业活动中,公平合理地对待和评价全体合作者。教师公正对学生的学习积极性发挥十分重要,这一重要性体现在两个方面:一个是对学生个体;另一个是对学生集体。对学生个体而言,教师公正是学生学习积极性的源泉之一。对于学生集体来说,不公正的教师行为会人为地造成学生集体的分裂。

**[正确答案]**CD

**变式练习**

1. **[单选]**在教师职业道德范畴中,体现着一定社会对教师的根本要求,是教师职业道德修养水平的重要标志的是(　　)

A. 教师公正　　B. 教师良心　　C. 教师人格　　D. 教师义务

**答案:**A

**解析:**教师公正是教师职业道德修养水平的**重要标志**,体现着一定社会对教师的**根本要求**。

2. **[判断]**教师公正是学生学习积极性的源泉之一。(　　)

A. 正确　　B. 错误

**答案**:A

**解析**:对学生个体而言,教师公正是学生学习积极性的源泉之一。

## 考点5 教书育人与为人师表

[2020 **河南·判断**]为人师表是教师职业区别于其他任何职业的根本所在。(　　)

A. 正确　　B. 错误

**[考生易错]**A

**[思路分析]**本题有62%的同学易将题干内容判断为正确。考生易将“为人师表”与“教书育人”的地位弄混。为人师表——教师职业的内在要求,是教师在处理其与自己的关系时应遵循的原则要求。教书育人——教师的天职,是教师在履行教育义务过程中最主要、最基本的道德责任。“教书育人”是教师职业区别于其他职业的根本所在,是教师的根本职责。

**[正确答案]**B

### 变式练习

1. [**单选**](　　)是教师职业的内在要求。

A. 为人师表　　B. 教书育人　　C. 爱岗敬业　　D. 关爱学生

**答案**:A

**解析**:为人师表是教师职业的内在要求,是教师在处理其与自己的关系时应遵循的原则要求。教书育人是教师的天职,是教师在处理其与职业劳动的关系时所遵循的原则要求。爱岗敬业是教师职业的本质要求,是教师处理其与教育事业的关系时所应遵循的原则要求。关爱学生是师德的灵魂,是教师处理其与学生的关系时所应遵循的原则要求。

2. [**判断**]教书育人是要培养学生的健全心智,只有心理上也健康了,才能保证学生的全面发展。(　　)

A. 正确　　B. 错误

**答案**:A

**解析**:教书育人,归根结底是要培养学生的健全心智,只有心理上也健康了,才能保证中小学生德、智、体、美诸方面的全面发展。

## 考点6 关爱学生与爱岗敬业

[2018 **河南·单选**]陶行知先生说:“在教师手里操着幼年人的命运,便是操着民族和人类的命运。”这要求教师要(　　)

A. 爱国守法　　B. 爱岗敬业　　C. 关爱学生　　D. 终身学习

**[考生易错]**C

**[思路分析]**本题有43%的同学易错选C项。考生易将“关爱学生”与“爱岗敬业”的概念弄混。“关爱学生”就是要求教师有热爱学生、诲人不倦的情感和爱心。亲其师,信其道。没有爱,就没有教育。这是调节教师与学生关系的基本行为准则。而“爱岗敬业”倡导教师“志存高远,勤恳敬业,甘为人梯,乐于奉献”。乐于奉献的精神特别需要提倡。陶行知先生曾说:“在教师手里操着幼年人的命运,便是操着民族和人类的命运。”只有当教师把教育作为一项事业、作为自己的人生追求时,才可能默默奉献、甘为人梯,这是教育工作的核心价值所在。

**[正确答案]**B

**变式练习**

1.［单选］“爱之,能勿劳乎？忠焉,能勿诲乎？”这体现的教师职业道德规范是(　　)

A. 为人师表　B. 爱岗敬业　C. 爱国守法　D. 关爱学生

**答案:**D

**解析:**题干引言出自《论语·宪问》,大意为:爱他,能不以勤劳相劝勉吗？忠于他,能不以善言来教诲他吗？反映在师生关系上,即要求教师要学会真正关心学生,做学生的良师益友。这体现了关爱学生的教师职业道德规范。

2.［单选］李老师和学生家长产生矛盾,被学生家长辱骂和投诉,但李老师还是努力做好本职工作。这体现了其具备(　　)的职业道德。

A. 爱岗敬业　B. 教书育人　C. 关爱学生　D. 终身学习

**答案:**A

**解析:**爱岗敬业的师德规范要求教师对工作高度负责,认真备课上课,认真批改作业,认真辅导学生,不得敷衍塞责。李老师即使被学生家长辱骂和投诉,还是努力做好本职工作,这是爱岗敬业的表现。

## 考点7 教师职业道德情感

［2020 河南·判断］职业道德情感是人们在职业活动中选择道德行为的决定力量,职业道德情感一旦形成,就会积极地影响和调节人们的道德行为。(　　)

A. 正确　B. 错误

**［考生易错］**A

**［思路分析］**本题有69%的同学易将题干内容判断为正确。考生易对教师职业道德情感的作用理解不透彻。职业道德情感是人们在职业活动中选择道德行为的直接推动力量,职业道德情感一旦形成,就会积极地影响和调节人们的道德行为。情感不能成为决定力量。

教师职业道德情感包括:(1)职业正义感;(2)职业责任感;(3)职业义务感;(4)职业良心感;(5)职业荣誉感;(6)职业幸福感。其中,职业幸福感是教师从事职业活动最强大的精神动力和根本目的。

**［正确答案］**B

**变式练习**

1.［单选］在教师职业道德情感中,教师职业道德行为的出发点是(　　)

A. 职业良心感　B. 职业责任感　C. 职业幸福感　D. 职业义务感

**答案:**B

**解析:**教师职业道德情感包括以下几方面内容:(1)职业正义感;(2)职业责任感;(3)职业义务感;(4)职业良心感;(5)职业荣誉感;(6)职业幸福感。其中,职业责任感既是职业道德行为的出发点,又是激励教师实现某种职业道德目标的**动力**。

2.［单选］(　　)是教师在履行自己职业责任的过程中产生的一种使命感。

A. 职业良心　B. 职业荣誉感

C. 职业幸福感　D. 职业义务感

**答案:**D

**解析:**职业义务感是教师在履行自己职业责任的过程中产生的一种**使命感**。

考点8 ▶教师职业道德修养的方法

[2020 **辽宁·单选**]作为人民教师,加强职业道德修养必须建立在职业道德实践的基础上,为此首先要做到( )

A. 勤学　　B. 自律　　C. 慎独　　D. 兼听

**[考生易错]**B或C

**[思路分析]**本题有23%的同学易错选B项、27%的同学易错选C项。考生易将教师职业道德修养方法中的"勤学"与"慎独"的关系弄混。教师职业道德修养必须克服旧道德修养脱离社会实践,片面讲求个人"修身""养性"的弱点,切实把职业道德修养建立在职业道德实践的基础上。认真学习理论知识,努力提高职业道德认识,是进行职业道德修养的重要前提和必经途径。而慎独是教师职业道德修养的最高层次。因此,学习是修养的前提,最后才能达到慎独。

**[正确答案]**A

**变式练习**

1. **[多选]**教师在职业道德修养中要达到慎独,应着重从哪几个方面下功夫( )

A. 要求教师注意把师德规范内化为内心信念,化作行为的品质

B. 要重视在无人监督时,自觉履行师德规范,养成良好的师德行为习惯

C. 要在"隐"和"微"处着手,狠下功夫

D. 即使在独处和无人监督之时,也依然按照师德规范行事

**答案:**ABCD

**解析:**教师能否"慎独",即在无人监督的情况下,处处按照社会主义教师道德的要求行事,直接关系到学生的全面发展。因此,在职业道德修养中要自觉进行"慎独"。离开了"慎独",也就无所谓真正的道德修养。教师在职业道德修养中要达到这一崇高境界,应着重从以下三个方面下功夫:(1)要求教师注意把师德规范**内化**为内心信念,化作行为的品质,并且以此来支配自己的行动,即使在独处和无人监督之时,也依然按照师德规范行事。(2)要在"隐"和"微"处着手,狠下功夫。(3)要重视在无人监督时,自觉履行师德规范,养成良好的师德行为习惯。

2. **[多选]**下列属于教师职业道德修养的基本方法的是( )

A. 虚心向他人学习,自觉与他人交流　　B. 坚持自律和他律相结合

C. 加强理论学习,注意内省、慎独　　D. 勇于实践锻炼,增强情感体验

**答案:**ACD

**解析:**教师职业道德修养的基本方法包括:(1)加强理论学习,注意**内省、慎独**;(2)勇于实践磨炼,增强情感体验;(3)虚心向他人学习,自觉与他人交流。B项坚持自律和他律相结合属于教师职业道德修养的基本原则。

## 错误率:75%以上

考　点 ▶教师职业道德的特点

[2020 **辽宁·多选**]下列属于教师职业道德的特点的是( )

A. 教师职业道德标准具有高度的严格性

B. 教师职业道德意识具有强烈的示范性

C. 教师职业道德影响具有潜在的深远性

D. 教师职业道德内容具有鲜明的时代性

**[考生易错]** ABCD

**[思路分析]** 本题有86%的同学易错选B项。考生易将教师职业道德的特点弄混。教师职业道德的特点包括:(1)教师职业道德标准具有高度的严格性;(2)教师职业道德意识具有强烈的自觉性;(3)教师职业道德行为具有独特的示范性;(4)教师职业道德影响具有潜在的深远性;(5)教师职业道德内容具有鲜明的时代性。

考生可采用关键词对应法来识记这些知识点:"标准"对应"严格","意识"对应"自觉","行为"对应"示范","影响"对应"深远","内容"对应"时代"。

**[正确答案]** ACD

**变式练习**

1. [单选]下列说法错误的是(  )

A. 教师职业道德标准具有高度的严格性　　B. 教师职业道德内容具有潜在的深远性

C. 教师职业道德意识具有强烈的自觉性　　D. 教师职业道德行为具有独特的示范性

**答案:** B

**解析:** 教师职业道德内容具有鲜明的时代性。

2. [判断]教师职业道德影响具有高度的自觉性。(  )

A. 正确　　B. 错误

**答案:** B

**解析:** 教师职业道德影响具有潜在的深远性。

## 进阶测评

| 限时:25分钟 | 用时:________分钟 | 总题数:26道 | 正确题:________道 |
|---|---|---|---|

### 一、单项选择题

1. 苏联教育家苏霍姆林斯基告诫教师:"请你记住,你不仅是自己学科的教员,而且是学生的教育者、生活的导师和道德的引路人。"这反映了教师职业道德的(  )特点。

A. 教育的专门性　　B. 教书和育人要求的一致性

C. 内容的全面性　　D. 功能的多样性

2. 王老师是一名物理老师,私下里偷偷开办了一个补习班,对物理课上学习困难的学生进行有偿家教,很多学生通过王老师的家教,成绩进步了不少。关于王老师的做法,下列说法正确的是(  )

A. 符合教师职业道德规范中的爱岗敬业

B. 体现了教师职业道德规范中的关爱学生

C. 践行了教书育人的教师职业道德规范

D. 违背了为人师表的教师职业内在要求

3. 教师职业道德规范中,能判断教师行为是非善恶的最根本的道德标准是(  )

A. 廉洁从教　　B. 遵守公德

C. 依法执教　　D. 为人师表

4. 教师的职业道德不是先天就有的，而是在教学活动中逐渐形成的，职业道德的形成即职业道德的修养，它不包括职业道德的(　　)

A. 自我教育　　B. 自我改造

C. 自我认知　　D. 自我完善

5. 师德修养的历史继承性特点首先需要教师(　　)

A. 从历史和文化中汲取精神营养，传承和弘扬世界各民族的职业道德

B. 从历史和文化中汲取精神营养，传承和弘扬中华民族的优秀师德

C. 继承古代孔子、孟子的思想，传承儒家思想文化

D. 继承现代陶行知、蔡元培的教育思想，践行和弘扬他们的主张

6. 教师正确对待自身业务的基本规范是指(　　)

A. 爱岗敬业、依法执教　　B. 热爱学生、教学相长

C. 严谨治学、博学多才　　D. 关心集体、团结协作

7. 教师职业道德规范所规范的是(　　)

A. 思想行为　　B. 职业行为

C. 道德认识、道德情感和道德行为　　D. 思想行为和职业行为

8. 地理老师张某给学生讲课时经常读错字，有学生对他提出了纠正意见。虽然他当时虚心接受了学生的意见，但过后依然我行我素，并公开说老师年龄大了，有些习惯改不了。同时，他表示自己是教地理的，不是教语文的，希望学生谅解。张老师的做法(　　)

A. 正确，张老师取得了学生的谅解

B. 正确，张老师又不是教语文的

C. 错误，张老师没有做到廉洁从教

D. 错误，张老师没有做到为人师表

9. “谦虚谨慎、尊重同志、相互学习、相互帮助，维护其他教师在学生中的威信。关心集体，维护学校荣誉，共创文明校风”。这是师德教育的(　　)原则。

A. 和平共处　　B. “双赢”协作

C. 领导带头　　D. 民主合作

10. 教师职业道德规范体系中，(　　)是着眼于从理想主义与现实主义相结合的角度对教师职业道德的定位，它既表达了现实社会特别是教育工作对教师职业伦理行为的基本要求，同时又考虑到我国教师现有的师德水平以及如何促进教师职业道德向更高层次迈进。

A. 现实层次　　B. 原则层次

C. 理想层次　　D. 规则层次

11. 不同社会的教师职业道德或多或少地存在着某些相同或相似的规范或要求。这说明教师职业道德具有(　　)

A. 本质性　　B. 传承性

C. 共同性　　D. 稳固性

## 二、多项选择题

1. 下列关于教师职业道德的表述正确的是(　　)

A. 教师职业道德由教书育人的基本素养和履行教师职业的特殊素养组成

B. 教师职业道德建设的目标是提升教师个人的道德水平

C. 师德发展的途径是团结协作、互勉共进

D. 师德的核心内容是由教师劳动的特点来决定的

2. 教师职业道德在全社会道德体系中处于(　　)地位。

A. 重要　　B. 主干　　C. 核心　　D. 主导

3. (　　)是师德的生命,也是教师应具备的业务素质。

A. 遵纪守法　　B. 严谨治学

C. 不断进取　　D. 廉洁自律

4. 从道德修养角度来看,教师培养良好的道德义务感要做以下哪些努力(　　)

A. 努力提高自己的道德义务认知水平

B. 努力深化自己的道德责任情感认知

C. 努力提升自己的教育事业意识水平

D. 实现教育义务意识向教育良心的转化

5. 教师必须提高对职业道德的认识,重点在于(　　)

A. 提高对教师职业道德价值的认识　　B. 提高对教师道德原理和规范的认识

C. 提高对教师仪表服饰作用的认识　　D. 提高对学校教育教学规律的认识

6. 教师幸福的实现需要两个方面的前提条件,即(　　)

A. 狭义幸福能力的培养　　B. 广义幸福能力的培养

C. 自我幸福能力的培养　　D. 给予他人幸福能力的培养

7. 教师职业道德修养的基本途径是(　　)

A. 加强专业知识的学习

B. 确定学习目标向他人学习

C. 努力学习教师道德理论,树立人民教师道德的理论人格

D. 参加社会实践,做到知行统一

8. 下列举措中属于加强师德师风建设的有(　　)

A. 加强教师党员队伍建设　　B. 贯彻党和国家教育方针政策

C. 积极开展协作与交流　　D. 加强对师德师风的监察监督

9. 2008 年修订的《中小学教师职业道德规范》具有以下哪些特点(　　)

A. "以人为本"　　B. 继承与创新相结合

C. 广泛性与先进性相结合　　D. 他律与自律相结合

10. 关爱学生是教师职业道德要求中的重要规范,关爱学生就要设身处地地为学生着想。下列有关关爱学生的做法,正确的是(　　)

A. 对待学生的消极行为,教师要当机立断,马上进行说理教育和情感教育

B. 当学生的成绩不能满足教师的期望和要求时,教师要重复提醒学生,使其明确努力方向

C. 当师生对同一问题的认知存在差异时,教师应"求同存异",尊重学生的选择

D. 如果在某问题上是教师自己的过错,教师要敢于承认自己的错误,真诚地向学生道歉

11. 教师职业态度的基本要求是(　　)

A. 有主人翁的责任感　　B. 有从事教育劳动的光荣感和自豪感

C. 要有肯于吃苦的精神　　　　D. 认真学习教师职业纪律的有关规定

**三、判断题**

1. 教师职业道德是教师职业活动中不可或缺的素养，是教师完成教育任务的保障，也是教育事业成败的根本因素。（　　）

A. 正确　　　　B. 错误

2. 教师道德是指教师个人的道德而不是指教师的职业道德。（　　）

A. 正确　　　　B. 错误

3. 体罚可以帮教师树立威信，所以不能因为某位教师体罚了某位学生而说该教师违反了教师职业道德。（　　）

A. 正确　　　　B. 错误

4. 为了提升师德修养，教师在学习师德修养理论的同时，还要提高教育教学技能。（　　）

A. 正确　　　　B. 错误

## 参考答案及解析

**一、单项选择题**

1. B　**【解析】**教师的职责是既要教学生有关具体事物的知识，又要让学生知晓立身处世的品德，是**教书与育人的统一**。题干中的“教员”体现的是教书要求，“教育者”“生活的导师”“道德的引路人”体现的是育人要求，所以题干所述反映了教师职业道德的教书和育人要求的一致性特点。

2. D　**【解析】**2008 年修订的《中小学教师职业道德规范》中关于“为人师表”的要求之一是自觉抵制有偿家教，不利用职务之便谋取私利。题干中的王老师的做法明显违背了为人师表的师德规范。

3. C　**【解析】**在中小学教师职业道德规范中，依法执教是完成本职工作的前提基础，是国家和社会对教师提出的道德要求。它是判断教师行为是非善恶的最根本的道德标准，具有重要的现实意义。

4. C　**【解析】**职业道德修养是指人们为了在职业道德方面达到一定的水平而进行的自我教育、自我锻炼、自我改造和自我完善的过程。

5. B　**【解析】**师德修养的基本的特点之一是历史继承性。中华民族历来是一个崇尚师德和师德修养的民族，从古代的孔子、孟子，到现代的陶行知、蔡元培，历代圣哲先贤、教育家对师德内涵和修养都提出过非常深刻独到的见解和观点，并终其一生践行自己的主张，成为世人楷模。倡导师德修养，首先就需要教师从深厚的历史和文化底蕴中汲取丰富的精神营养，责无旁贷地**传承**和**弘扬**中华民族的优秀师德。

6. C　**【解析】**爱岗敬业、依法执教是教师正确对待职业的行为规范；热爱学生、教学相长是教师正确处理师生关系的行为规范；严谨治学、博学多才是教师正确对待自身业务的基本规范；关心集体、团结协作是教师正确处理集体中人际关系的行为规范。故选 C 项。

7. D　**【解析】**2008 年印发的《教育部 中国教科文卫体工会全国委员会关于重新修订和印发<中小学教师职业道德规范>的通知》提出：“充分认识新时期加强教师职业道德建设的重要意义。在新形势下修订并重新印发《中小学教师职业道德规范》，对于激励和引导广大教师向全国教育系统的模范教师,特别是抗震救灾英模教师学习,树立崇高的职业理想,自觉规范思想行为和职业行为,做让人民满意的教师,具有重要的现实意义。"故教师职业道德规范所规范的是教师的**思想行为和职业行为**。

8. D 【解析】为人师表的教师职业道德规范要求教师严于律己,以身作则;衣着得体,**语言规范**,举止文明。题干中的张老师经常读错字且不加以改正,其做法违背了"为人师表"的教师职业道德规范的要求。

9. B 【解析】题干所述内容体现了全体教师要相互尊重、团结协作、齐心协力,共同促进学生的健康成长。这体现了师德教育的"双赢"协作原则。

10. B 【解析】教师职业道德规范体系包含三个基本层次,即理想层次、原则层次和规则层次。**理想层次**着眼于从较高层次的理想状态对教师职业道德定位,它代表教师职业道德的发展方向,是社会对教师职业伦理行为的高要求。**原则层次**着眼于从理想主义与现实主义相结合的角度对教师职业道德的定位,它既表达了现实社会特别是教育工作对教师职业伦理行为的基本要求,同时又考虑到我国教师现有的师德水平以及如何促进教师职业道德向更高层次迈进。**规则层次**体现了对教师职业伦理行为的底线要求,是每一个教师在教育工作中必须遵守的职业伦理要求。

11. C 【解析】所谓教师职业道德的**共同性**,是指不同社会、不同阶级的教师职业道德或多或少地存在着某些相同或相似的规范和要求。故本题选 C。

## 二、多项选择题

1. ACD 【解析】B 项将教师职业道德等同于教师个人的道德,这种观点是**不正确**的。

2. BC 【解析】教师职业道德在全社会道德体系中处于核心和主干地位。

3. BC 【解析】严谨治学、不断进取是师德的生命,也是教师应具备的业务素质。严谨治学,是指教师要具有坚实的知识功底和对待科学的严肃态度。因此,教师必须做到勤奋学习,不断钻研业务,力求精益求精,不断进取,努力提高自身的知识素养和业务能力。

4. ACD 【解析】从道德修养的角度看问题,教师培养良好的道德义务感至少要做三项主观上的努力:(1)努力提高自己的道德义务认知水平;(2)努力提升自己的教育事业意识水平;(3)实现教育义务意识向教育良心的转化。

5. AB 【解析】提高教师职业道德认识,主要包括三个方面:(1)对教师职业道德**价值**的认识;(2)对教师职业道德规范原理的认识;(3)提高教师职业道德的判断能力。

6. AB 【解析】教师的幸福能力及其培养实际上就是教师幸福的实现问题。教师幸福的实现需要两个方面的前提条件:一是**狭义幸福能力**的培养;二是**广义幸福能力**的培养。

7. CD 【解析】教师职业道德修养的基本途径包括:(1)努力学习教师道德理论,树立人民教师道德的理论人格;(2)参加社会实践,做到**知行统一**。

8. AD 【解析】着力提升思想政治素质,全面加强师德师风建设的措施包括:(1)加强教师党支部和党员队伍建设。(2)提高思想政治素质。(3)弘扬高尚师德。注重加强对教师思想政治素质、师德师风等的监察监督。

9. ABCD 【解析】2008 年修订的《中小学教师职业道德规范》具有以下特点:(1)坚持"**以人为本**";(2)坚持继承与创新相结合;(3)坚持广泛性与先进性相结合;(4)倡导性要求与禁行性规定相结合;(5)他律与自律相结合。

10. CD 【解析】对待学生的消极行为,教师首先要了解情况,再根据实际情况采取合理措

施，故A项错误。B项教师将自己的意愿强加给学生，没有做到尊重学生，故B项错误。C、D项教师的行为做到了尊重学生。

11. ABC 【解析】教师职业态度体现为对学生、对工作、对教育事业的态度。对学生，教师要以一种欣赏的眼光和积极的心态投身于教育教学活动之中，要努力为学生营造宽松、和谐的成长氛围，为学生的健康成长投入自己的生命激情；对待事业，教师必须有主人翁的责任感，具有从事教育劳动的光荣感与自豪感；对待具体工作，要有肯于吃苦的精神。

三、判断题

1. B 【解析】教师职业道德是教师职业活动中不可或缺的素养，是教师完成教育任务的保障，也是影响教育事业成败的重要因素。故题干说法错误。

2. A 【解析】有观点认为，应将教师道德与教师职业道德加以区分，有些师德规范中的要求，如语言文明、礼貌待人、举止端庄等并没有什么"教师"职业的特征，实际上是每一个公民都应该遵守的一种个人道德，所以这些道德可以称作教师的个人道德，即教师道德，但不宜称作教师职业道德。

3. B 【解析】"不讽刺、挖苦、歧视学生，不体罚或变相体罚学生"属于关爱学生师德规范的具体职业行为要求之一，体罚违背了此师德规范要求。

4. B 【解析】实践是认识的基础，也是道德修养的基础。教师在学习师德修养科学理论的同时，还必须积极参加社会实践，不断锤炼，不断进步，不断升华。

# 第六部分　教育教学技能

## 错误率：50%以上

### 考点1 ▶课堂导入的类型

**[2018广东·单选]**历史教师在讲解《三国鼎立》一课时，首先问学生："黄巾大起义的意义是什么？"然后在学生回答的基础上，很自然地导入新课："黄巾大起义瓦解了东汉政权，在群龙无首的情况下，大小地方实力派拥兵自立，进行分裂割据。这就是今天我们这堂课要学习的内容。"这种课堂导入属于(　　)

A. 话题式导入　　B. 温故知新式导入
C. 悬念式导入　　D. 故事式导入

**[考生易错]**A

**[思路分析]**本题有44%的同学易错选A项。考生易将"话题式导入"与"温故知新式导入"两个知识点弄混。话题式导入主要是围绕文章核心内容出发，有一个导入的"主题词"。而温故知新式导入是以复习学生已经学过或日常生活中已经了解的知识为基础，将其发展、深化，引导出新的教学内容，达到温故知新的目的。这种导入不仅可以帮助学生巩固已学的知识，加强新旧知识之间的联系，使学生易于明确本节课的教学目的、任务和重点，而且也易于激发学生探求新知的欲望。题干中历史老师由学生已学的"黄巾大起义"导入新课，属于温故知新式导入。

**[正确答案]**B

**变式练习**

1. **[单选]**刘老师在上《狐假虎威》一课时，是这样导入的："同学们，你们觉得老虎和狐狸哪个更厉害呢？"同学们回答："老虎是动物之王，当然是老虎厉害啦！"而刘老师说："但是我们今天学习的这只狐狸，比老虎更厉害哦！"同学们纷纷好奇起来。这种导入方式属于(　　)

A. 情境导入　　B. 悬念导入　　C. 游戏导入　　D. 温故导入

**答案：**B

**解析：**悬念导入是指教师在教学导入的过程中设置悬念，引起和激发学生对将要学习的知识产生强烈兴趣的导入方法。题干中刘老师的开讲充分激发了学生的好奇心，引起了学生对学习新知识的兴趣，运用的是悬念导入法。

2. **[多选]**王老师通过带领学生回顾上节课的学习内容来引出本节课的教学任务。张老师通过呈现圆柱体、长方体等立体图形引导学生探究不同图形的异同。材料中老师们运用的课堂导入方法包括(　　)

A. 温故导入　　B. 实例导入　　C. 直观导入　　D. 情景导入

**答案：**AC

**解析:**王老师运用的课堂导入方法是温故导入。温故导入是指教师通过帮助学生复习与即将学习的新知识有关的旧知识,从中找到新旧知识的联结点,合乎逻辑、顺理成章地引导学生学习新知识的一种导入方法。张老师运用的课堂导入方法是直观导入。直观导入指教师借助于实物、标本、挂图等直观教具,以及投影、录像等媒体或示范性实验,对与教学内容相关的信息进行演示,并引导学生通过观察产生疑问,进行思考,从而自然进入新课学习的一种导入方法。故答案选 A、C 项。

## 考点 2 理答的方式

[2019 **广东·单选**]在教师提问之后,学生虽然提供了正确答案,但他们提供的答案往往不够深入,或者不够详细,或者不够清楚,或者不够规范,这时教师要求学生提供补充信息,进一步解释或澄清自己的观点,使自己的答案更深入、更详细、更清晰、更规范。这种理答方式属于(　　)

A. 探究　　B. 提示

C. 延伸　　D. 转引

**[考生易错]**C

**[思路分析]**本题有 44% 的同学易错选 C 项。考生易将理答的方式中的"探究"和"延伸"弄混。探究是指在教师提问之后,学生虽然提供了正确答案,但他们提供的答案往往不够深入,或者不够详细,或者不够清楚,或者不够规范,这时教师要求学生提供补充信息,进一步解释或澄清自己的观点,使得自己的回答更深入、更详细、更清晰、更规范的一种理答方式。延伸是指教师在随后的教学中用到学生前面提供的正确结论,或者教师对学生提供的正确答案做进一步的发挥,使其更具概括性、代表性、普遍性的一种理答方式。延伸实际上对学生是一种非常含蓄、十分有效的奖励手段,因为它能满足学生的成功感。同时,延伸也有助于提高学生的认识能力。

探究强调的是学生进一步补充信息或解释观点,而延伸则是教师根据学生的回答作进一步的发挥,两者的主体不同。

**[正确答案]**A

### 变式练习

1. **[单选]**黄老师在进行提问时,小芳回答了正确答案,但过程不够详细,黄老师应进行的追问方式是(　　)

A. 探究　　B. 提示　　C. 延伸　　D. 转引

**答案:**A

**解析:**探究是指在教师提问之后,学生虽然提供了正确答案,但他们提供的答案往往不够深入,或者不够详细,或者不够清楚,或者不够规范,这时教师要求学生提供补充信息,进一步解释或澄清自己的观点,使得自己的回答更深入、更详细、更清晰、更规范的一种理答方式。根据题意,黄老师应该进行的追问方式是探究。

2. **[判断]**教师对学生提供的正确答案做进一步的发挥,使其更具概括性、代表性、普遍性。学生感到被激励,成就感满满。这种理答方式是延伸。(　　)

A. 正确　　B. 错误

**答案:**A

**解析:**延伸是指教师在随后的教学中用到学生前面提供的正确结论,或者教师对学生提供的正确答案做进一步的发挥,使其更具概括性、代表性、普遍性的一种理答方式。

考点3 ▶巩固的类型

[2017 广东·单选]在数学课堂上,张老师通过课件展示一个圆。张老师:"同学们,我们已经认识了一个特殊的平面图形——圆,说说你已经知道了关于圆的哪些知识?"学生:"知道圆的特征,圆的各部分名称,圆的周长和面积的计算方法……"张老师:"同学们真棒!掌握得很好! 这节课,我们上有关圆的练习课。"张老师的巩固方式属于(　　)

A. 练习式巩固　　B. 新旧知识对比式巩固

C. 复述式巩固　　D. 列举式巩固

**[考生易错]**A 或 B 或 D

**[思路分析]**本题有21%的同学易错选 A 项、14%的同学易错选 B 项、14%的同学易错选 D 项。考生易将"练习式巩固"与"复述式巩固"的概念弄混。新旧知识对比式巩固指教师要求学生将新旧知识进行对比,以此巩固知识。列举式巩固指对于公式和规律以及其他需要熟练应用的教材内容,教师可采用举例的方法进行巩固教学。练习式巩固是指通过练习巩固学生所学的内容。而复述式巩固是指教师在导入新课时,复述与新知相关的旧知,或教师要求学生复述所学的重要内容。练习式巩固可以巩固学生所学知识,教师还可以据此调整教学节奏,及时弥补教学不足。而复述式巩固则是在课堂导入的过程中,通过复习旧知识来引入新课。

**[正确答案]**C

**变式练习**

1. [单选]有些教学内容之间存在着相近的关系,学生的记忆容易产生混淆。对此,教师应该选用的巩固方法是(　　)

A. 提纲式巩固　　B. 问答式巩固

C. 归纳表格式巩固　　D. 图像式巩固

**答案:**C

**解析:**归纳表格式巩固是指有些教学内容之间存在着**相近的关系**,学生的记忆容易产生混淆,教师应引导学生共同概括所学知识,并列成表格以达到巩固教学内容的目的。

2. [单选]教师讲完楞次定律一节时,就叫学生重做验证楞次定律的实验,通过学生自己做实验,使他们进一步加深对楞次定律的认识,较好地掌握楞次定律,从而提高课堂教学效果。此巩固的方式属于(　　)

A. 复述式巩固　　B. 板演操作式巩固

C. 练习式巩固　　D. 实验演示式巩固

**答案:**D

**解析:**在巩固教学时教师可让学生上讲台**模仿教师**的演示进行实验,这就是实验演示式巩固。题干所述内容为实验演示式巩固的典型事例。

考点4 ▶教学反馈与教学反思

[2018 河北·单选]在课堂教学中,教师有意识地收集和分析教与学的情况,并做出相应反应的教学行为是(　　)

A. 教学反馈　　B. 教学反思　　C. 教学研究　　D. 教学评价

**[考生易错]**B

**[思路分析]**本题有43%的同学易错选 B 项。考生易将"教学反思"与"教学反馈"的概念弄混。教学反思是指教师对已经发生或正在发生的教学活动进行积极、持续、周密、深入、

自我调节性的思考，并寻求多种方法解决问题的过程。按照教学反思时间的前后，可把教学反思分为课前反思、课中反思与课后反思。其中，课中反思是指教师在教学过程中对自我讲授情况、课堂教学中学生听课情况以及教学氛围的整体进行的监控和调节。

而教学反馈则是指教师在课堂教学中，有意识地收集和分析教育教学的状况，并做出相应反应的教学行为。教学反馈是以促进学生学习为目的的，要求多途径地获取学生的反馈信息。

教学反思强调教师思考自身的教学行为并努力解决存在的问题，而教学反馈则强调教师及时获取学生的反馈，并做出相应的反应来促进学生的学习。

[正确答案]A

**变式练习**

**[判断]**教学反馈是指教师对已经发生或正在发生的教学活动进行积极、持续、周密、深入、自我调节性的思考，并寻求多种方法解决问题的过程。(　　)

A. 正确　　　　B. 错误

**答案：**B

**解析：**教学反思是指教师对已经发生或正在发生的教学活动进行积极、持续、周密、深入、自我调节性的思考，并寻求多种方法解决问题的过程。

## 考点5 结课的类型

[2018 **河南·单选**]上下两节课的内容或形式具有密切联系或适宜迁移的，最适合的结课方法是(　　)

A. 归纳结课　　　　B. 悬念结课

C. 探索式结课　　　　D. 震撼式结课

**[考生易错]**A

**[思路分析]**本题有46%的同学易错选A项。考生易将“归纳结课”与“悬念结课”弄混。归纳结课是指教师用总结性的语言提纲挈领地再现一节课或一个章节的知识结构体系，从而结束课堂教学的方法。悬念结课是指教师通过设置疑问、留下悬念以启发学生思考的结课方法。在上下两节课的内容有密切联系时，教师可以通过一个吸引人的悬念激发学生的求知欲，顺势要求学生带着疑问去预习新课，为下一节课做好铺垫。

归纳结课强调对本节课的内容进行总结，而悬念结课则强调上下两节课内容的联系。

[正确答案]B

**变式练习**

1. **[单选]**教师用总结性的语言提纲挈领地再现教学内容中的知识结构体系，从而结束课堂教学的方法是(　　)

A. 悬念结课　　　　B. 归纳结课

C. 探索式结课　　　　D. 震撼式结课

**答案：**B

**解析：**归纳结课即教师用总结性的语言提纲挈领地再现一节课或一个章节的知识结构体系，从而结束课堂教学的方法。

2. **[单选]**教师利用课堂教学的结束环节，提出问题，引导和鼓励学生把所学知识向课外延伸，这样的结课方法是(　　)

A. 归纳式结课方法　　　　B. 探索式结课方法

C. 悬念式结课方法　　　　D. 震撼式结课方法

**答案**:B

**解析**:探索式结课方法,即教师利用课堂教学的结束环节,结合该节课的教学内容,提出问题,引导和鼓励学生把所学的知识向课外延伸,激发学生学习和研究新知识的兴趣,提高分析问题和解决问题的能力。

## 错误率:75%以上

### 考点1 教学目标设计

[**2018 河南·多选**]科学设置教学目标要注重(　　)

A. 教学目标的时代性和多元性

B. 教学目标的整体性和发展性

C. 教学目标的激励性和层次性

D. 教学目标的可操作性和可检测性

[**考生易错**]ABCD

[**思路分析**]本题有85%的同学易错选A项。考生易对科学设置教学目标的要求理解不透彻。科学设置教学目标要注意:首先,要注重教学目标的整体性和发展性;其次,要注重教学目标的激励性和层次性;再次,要注重教学目标的可操作性和可检测性。教学目标是学校教学的出发点和归宿,是教学活动预期达到的学习效果和标准。因此,教学目标的设置应该落到实处。

[**正确答案**]BCD

**变式练习**

[**判断**]科学设置教学目标要注重教学目标的个体性和发展性。(　　)

A. 正确　　　　B. 错误

**答案**:B

**解析**:科学设置教学目标要注重教学目标的整体性和发展性。

### 考点2 板书的设计

[**2020 河南·多选**]下列有关板书的描述,正确的有(　　)

A. 在黑板上推导公式、演算例题或书写方程式属于板演

B. 在黑板上画各种图形、符号和表格属于板画

C. 系统板书构成了整个课堂板书的骨架,一般保留于课堂教学的全过程

D. 辅助板书反映教学内容中有关诠释性、延伸性信息,提示有关重要的知识,一般随教学进程的发展随写随擦或择要保留

[**考生易错**]ABCD

[**思路分析**]本题有84%的同学易错选D项。考生易对辅助板书的概念及作用理解不透彻。辅助板书又称附属板书或副板书。其特点是能反映教学内容中有关诠释性、延伸性信息,能提示有关零散的知识。辅助板书是对基本板书的具体补充或辅助说明,一般随教学进程的发展随写随擦或择要保留。提示与教学内容有关的重要知识的板书,是不可随写随擦或择要保留的。

[**正确答案**]ABC

变式练习

[多选]下列关于教师板书的相关行为,做法恰当的是(　　)

A. 根据不同的教学目的设计不同的板书

B. 不写或少写板书

C. 对难度较大的概念、公式先书后讲

D. 尽可能将所教授内容都写在黑板上

**答案**:AC

**解析**:板书设计要针对教学内容和学生特点,因文因人制宜,不能千篇一律。根据不同的目的,板书设计也要不同。A项正确。板书设计要注意书写规范和内容规范。所谓内容规范,就是要浓缩整节课的内容为一体,板书的词句要简明精练,内容表达要明确、清晰、简明。不能不写或少写板书,也不能板书过多过滥,B、D项表述错误。板书还要注重时效性,板书的时机一般分先讲后书、先书后讲和边讲边书,对难度较大的概念、公式等一般适宜先书后讲。C项正确。

## 进阶测评

| 限时:25分钟 | 用时:________分钟 | 总题数:23道 | 正确题:________道 |
| --- | --- | --- | --- |

**一、单项选择题**

1. 教师的教学基本技能包括教学设计、课堂教学、作业批改和课后辅导、教学评价、(　　)等五个方面。

A. 教学反思　　B. 教学研究

C. 教学观摩　　D. 教学培训

2. 孟子说:“征于色,发于声,而后喻。”强调的是教师的(　　)

A. 道德教育　　B. 专业素养

C. 教学技能　　D. 教育机智

3. 课堂提问中,含有“请用自己的话解释”“有何根据”“何以见得”等关键词语的题目一般属于(　　)

A. 综合型问题　　B. 应用型问题

C. 分析型问题　　D. 理解型问题

4. (　　)是对学生继续发问。如果学生回答不正确,教师会对原问题重新措辞后提出一个与原问题相关的问题;或者将原问题分解,简化为几个小问题逐一发问。

A. 转问　　B. 探问　　C. 质问　　D. 询问

5. 某语文老师在讲解《左忠毅公逸事》一课时,提问道:“文章一开头先交代‘风雪严寒’的天气有什么必要?把这几个字去掉好不好?”并让学生思考讨论,组织语言回答。这种提问方式属于(　　)

A. 正问式提问　　B. 逆问式提问

C. 比较式提问　　D. 创造式提问

6. 为了让学生理解课文中的“类比法”,刘老师设计的教学目标是“用自己的话解释类比法”“找出课文中运用类比法的句子”。这说明教学目标应该(　　)

A. 能够表述教师的做法　　B. 能够明确观察和测量

C. 紧扣课文内容　　D. 适当脱离课文内容

7. 能够反映文章内容情节变化、体现各部分内容的联系、有利于理清思路的板书是(　　)

A. 提纲式板书　　B. 演算式板书

C. 语词式板书　　D. 线索式板书

8. 在课程结束时,教师通过班级分组竞赛的方式进行结课。这属于(　　)

A. 比较结课　　B. 活动结课

C. 悬念结课　　D. 拓展延伸结课

9. 陈老师走进教室,面对学生的交头接耳、吵吵闹闹,他把食指竖起来放在嘴上,表示“不要讲话”,这种手势语属于(　　)

A. 象征性手势　　B. 指示性手势

C. 会意性手势　　D. 隐蔽性手势

10. 教师根据学生的反应,给予肯定、否定或启发、指点,唤起学生新的成就感,提高学生下一步学习与课堂交流的积极性,体现了教学反馈的(　　)

A. 动力功能　　B. 检测功能

C. 调控功能　　D. 评价功能

11. 洪老师在导入《三国鼎立》这一节内容的教学时,先给同学们出了一个谜语,“凿壁偷光,打一人名”,再由谜底“孔明”引入三国历史的学习。洪老师所用的课堂导入方法是(　　)

A. 设疑导入　　B. 趣味导入

C. 直观导入　　D. 情境导入

12. 结课的好坏是衡量教师教学艺术水平高低的标志之一。例如,杨老师在一堂课结束后为诱发学生的求知欲,留下疑问并对学生说:“欲知后事如何,且听下回分解。”杨老师采用的这种结课方式是(　　)

A. 悬念结课　　B. 拓展延伸结课

C. 活动结课　　D. 归纳结课

**二、多项选择题**

1. 在学生回答问题有困难、不能作答或回答不完全时,教师应适时介入,一般包括(　　)

A. 核查学生是否明白问题的意思

B. 鼓励学生尽快作出回答或完成教学指示

C. 切勿提示问题的要点、关键或答案的结构

D. 在学生没听清题意时,原样重复所提问题

2. 结课可以起到的作用有(　　)

A. 增强学习兴趣　　B. 整理知识要点

C. 巩固学习内容　　D. 升华学生情感

3. 教育口语是指教师有目的地对学生进行思想品德教育和行为规范教育的谈话,它是教师的日常工作用语。教育口语的基本要求是(　　)

A. 必须具有明显的教育指向性　　B. 要有可接受性

C. 要有多样性和灵活性　　D. 要有严肃性和规范性

4. 在教《孔乙己》时,某教师的导入设计为:“同学们,我们都知道鲁迅,他是著名的文学家、思想家和革命家,他是我们浙江绍兴人,应该说是我们浙江人的骄傲。今天我们就来学习

他的一部优秀的小说作品《孔乙己》。”这种导入(　　)

A. 模糊了导入的目的性　　B. 忽视了导入的有效性

C. 遵循了导入的启发性　　D. 体现了导入的趣味性

5. 课堂提问是目前课堂师生对话的主要模式,有效提问的时机主要包括(　　)

A. 在新课导入时提问　　B. 在重难点处提问

C. 在知识需要迁移时提问　　D. 在无疑问处提问

6. 下列属于对教师讲解技能的评价内容的有(　　)

A. 变换教学形式,课堂生动活泼

B. 综合概括有条理,有利于形成概念等结论

C. 能调动学生积极性,促进思维发展

D. 逻辑严密,条理清楚

7. 经常性的教学反思可使教师从经验型教学走向研究型教学,更新其固守的经验和模式,不断提高教学水平。下列选项中属于教学反思的有效途径的是(　　)

A. 记教学日记　　B. 征求学生意见

C. 评价学生学习的效果　　D. 总结和提炼教学经验

**三、判断题**

1. 提问是师生的双向交流,它比单向交流的讲授好。(　　)

A. 正确　　B. 错误

2. 折射型问题是通过把问题返回给提问者,从而令他们更多地自己想想该怎样回答。(　　)

A. 正确　　B. 错误

3. 刘老师在教《狼牙山五壮士》时不直接问学生战士和壮士的区别,而故意将“壮士”写成“战士”,让学生发现然后进行辨析。刘老师采用的提问形式是互问型提问。(　　)

A. 正确　　B. 错误

4. 教师在导入新课时故设悬念,可以激发学生的求知欲望,进而从设疑到解疑,体现了知识探究的渐进过程。(　　)

A. 正确　　B. 错误

## 参考答案及解析

**一、单项选择题**

1. B 【解析】教师的教学基本技能包括教学设计、课堂教学、作业批改和课后辅导、教学评价、**教学研究**等五个方面。

2. C 【解析】“征于色,发于声,而后喻”的意思是:一个人的想法,只有从脸色上显露出来,在声音中表现出来,然后才能为人们所了解。意在强调教师在教学过程中要注意表情、语言表达等,即教师要重视提高自己的教学技能。

3. D 【解析】理解提问,是检查学生对事物本质和内部联系的把握程度的提问。需要学生对已学过的知识进行回忆、解释、重新整合,对学习材料进行**内化处理**,组织语言然后表达出来。提问使用的关键词是:怎样理解、有何根据、为什么、怎么样、何以见得等。

4. B 【解析】探问是对同一学生继续发问。如果学生回答不正确,教师会对原问题重新措辞后提出一个与原问题相关的问题;或者将原问题分解,简化为几个小问题逐一发问;或者提供回答线索;或者问一个与原问题相关的新问题。

5. B 【解析】逆问,即倒问。教师不从教学内容的正面提出问题,而是从反面提出假设,让学生通过**对照比较**,自己做出结论。这种提问如"**平地起波澜**",具有刺激性和挑战性,可促使学生深入思考,训练学生的逆向思维。例如,钱梦龙老师讲《左忠毅公逸事》时,问:文章一开头先交代"风雪严寒"的天气有什么必要?这四个字去掉好不好?

6. B 【解析】题干中刘老师陈述教学目标所用的描述语言具有清晰性,是可以观察和测量的。这说明教学目标应该能够明确观察和测量。

7. D 【解析】线索式板书是围绕某一教学主线,抓住重点,运用线条和箭头等符号,把教学内容的结构、脉络清晰地展现出来的板书。其特点是能较好地反映文章内容情节的**发展变化**,注重文章各部分的**相互联系**,从而把教材的梗概一目了然地展现在学生的面前,使学生对它的全貌有所了解,**思路清晰**,**线条明朗**。

8. B 【解析】活动结课是指教师采用讨论、实验、演示、竞赛等形式进行结课的方法。题干中教师采用"分组竞赛的方式"进行结课属于活动结课。

9. C 【解析】教学中的手势按其构成方式和功能的不同分为以下几类:(1)**指示性手势**:是用以具体指明表述中论及的人或事物及其所在位置的手势。这种手势有实指和虚指之分。(2)**描述性手势**:用来摹形状物的手势。这是以手运动的轨迹来勾勒人或事物的外形轮廓,从而给听众具体印象的手势。其表现在于神似,而不苛求形似,往往只具有示意性。(3)**会意性手势**:主要通过手势的动作趋向来示意说话人的思想、情感。虽然看起来比较抽象,但用得准确、恰当,就能引起听众心理上的联想,启发思维。(4)**象征性手势**:这是一种用于表示抽象意念的手势。题干中陈老师把食指竖起来放在嘴上,表示他想让大家安静下来。陈老师的动作反映了他的想法,故其手势属于会意性手势。

10. A 【解析】教学信息反馈在课堂交流中主要有三个方面的功能,即动力功能、检测功能和调控功能。其中,教师根据学生的反应,依据一定的教学目的向学生提供一定的反馈信息(肯定、否定或启发、指点),学生则从教师的这一反馈中提高或降低自尊感和自信心,唤起新的获得成功(或放弃努力)的需要,引起下一步进行学习活动和课堂交流的积极性(或消极性)变化。同样,学生根据教师的教学,也依据一定的学习目的向教师提供一定的反馈信息(理解或疑惑、肯定或否定、接受或拒绝等),教师也从学生这一反馈中增强(或减弱)自信程度和积极性,并又做出相应的适合于学生学习或维护教师尊严的反应。教学信息反馈的这种增强或者降低课堂交流积极性的属性,我们称之为教学信息反馈的动力功能。

11. B 【解析】趣味导入包括谜语导入法、歌谣导入法、故事导入法、游戏导入法等。其中谜语导入是指教师利用已有或自创的谜语导入新课的一种方法。洪老师所用的课堂导入方法属于趣味导入。

12. A 【解析】悬念结课是指教师通过设置疑问、留下悬念以启发学生思考的结课方法。杨老师的结课给学生留下了疑问,能够诱发学生的求知欲,这种结课方式属于悬念结课。

## 二、多项选择题

1. ABD 【解析】提问过程的介入阶段即在学生回答问题有困难、不能作答或回答不完全时,教师应适时介入,以不同的方式鼓励、引导、启发、帮助学生回答问题。教师的行为主要考虑以下五个方面:(1)**核查**:核对查问学生是否明白问题的意思;(2)**催促**:鼓励学生尽快

作出回答或完成教学指示;(3)**提示**:提示问题的要点、关键或答案的结构,帮助学生作出完整的回答;(4)**重复**:在学生没听清题意时,原样重复所提问题;(5)**重述**:在学生对题意不理解时,教师用不同词句重述问题或重新表述一次问题。

2. ABCD 【**解析**】教学结课的作用有:(1)增强学生的学习兴趣;(2)总结整理知识要点;(3)巩固强化学习内容;(4)帮助学生情感升华;(5)**铺垫**后续内容。

3. ABC 【**解析**】教育口语是指教师有目的地对学生进行思想品德教育和行为规范教育的谈话,它是教师的日常工作用语。教育口语的基本要求是:必须具有明显的**教育指向性**;要有可接受性;要有多样性和灵活性。故本题选 A、B、C 三项。

4. AB 【**解析**】本节课的主要目的是学习课文《孔乙己》,但老师在导入时,主要介绍了作者的情况,没有介绍课文的情况,没有将学生的思维集中到教学内容上来,模糊了导入的目的性,也没有把教学目标与所设计的导入结合考虑,忽视了导入的有效性。

5. ABCD 【**解析**】有效提问的时机:(1)在**新课导入**时提问;(2)在学生发生思维障碍时提问;(3)在重难点处提问;(4)在学生**无疑处**提问;(5)在知识需要迁移时提问。除此之外,教师还可以在需要建立新旧知识之间的联系时,需要建立新的知识结构或图式时抓住时机,提出有效问题。

6. BC 【**解析**】对教师讲解技能的评价内容如下:(1)通过讲解使学生了解了不同的思维方法;(2)能提供丰富材料,使学生充分感知;(3)对材料分析比较,揭示事物**本质特征**;(4)综合概括有条理,有利于形成概念等结论;(5)应用所学知识解决问题,及时巩固;(6)能调动学生积极性,促进思维发展;(7)教师语言生动、清晰、简练;(8)能及时检查学生理解,反馈强化。A 项属于对教态变化技能的评价内容,D 项属于对教学语言技能的评价内容。

7. ABCD 【**解析**】教学反思的有效途径有:(1)记教学日记;(2)说课;(3)听课与评课;(4)征求学生意见;(5)评价学生学习的效果;(6)总结和提炼教学经验。

**三、判断题**

1. B 【**解析**】讲授和提问各有优缺点,题干的描述太绝对化。

2. B 【**解析**】**反射型问题**是通过把问题返回给提问者,从而令他们更多地自己想想该怎样回答。**折射型问题**就是将提问者提的问题转给其他学生来思考和回答。故题干说法错误。

3. B 【**解析**】题干所述的提问形式为曲问型提问。曲问型提问即针对某一教学内容,教师不直接提问,而是拐上一两个弯,绕道迂回,问在此而意在彼,使学生开动脑筋,通过一番思考、探究才能回答。互问型提问是指由学生提出问题,学生回答问题。

4. B 【**解析**】教师故设悬念,可以激发学生的求知欲望,从设疑到解疑,是知识讲授的渐进过程。

# 图书反馈

## 重磅！真题重奖征集！

「凡提供当年度考试真题者，根据真题完整度，可获得0~500元现金奖励。」

具体请联系QQ:1831595423

（温馨提示：所提供真题须是当年度考试真题，且真实有效。最终解释权归山香教育所有）

亲爱的考生：

感谢您对山香教育的信任和支持，您的建议是我们前进的动力！为进一步提高图书质量，我们特向全国各地的考生开展有奖反馈活动。

❶ **凡通过研发部QQ提供山香图书错题反馈者，均能获得价值99元的山香网课《高频考点》（基础版）大礼包1份。**

❷ **凡通过图书反馈链接提供山香图书意见反馈者，可获得价值299元的山香网课《高频考点》（豪华版）超级大礼包1份。**

¥99
大礼包

¥299
超级大礼包

联系方式：400-600-3363　　研发部QQ：1831595423

招教网
招考资讯抢先知晓

山香官网
一站式考编服务平台

山香网校
线上学习方便快捷

图书订正链接
全面勘误及时更新